2.º CONGRESSO DE INVESTIGAÇÃO CRIMINAL

2.º CONGRESSO DE INVESTIGAÇÃO CRIMINAL

ORGANIZAÇÃO:

Associação Sindical dos Funcionários de Investigação Criminal da Polícia Judiciária (ASFIC/PJ)

Instituto de Direito Penal e Ciências Criminais da Faculdade de Direito da Universidade de Lisboa (IDPCC/FDUL)

COORDENAÇÃO CIENTÍFICA:

Maria Fernanda Palma
Augusto Silva Dias
Paulo de Sousa Mendes

2.º CONGRESSO DE INVESTIGAÇÃO CRIMINAL

COORDENAÇÃO CIENTÍFICA
MARIA FERNANDA PALMA
AUGUSTO SILVA DIAS
PAULO DE SOUSA MENDES

EDITORA:
EDIÇÕES ALMEDINA. SA
Av. Fernão Magalhães, n.º 584, 5.º Andar
3000-174 Coimbra
Tel.: 239 851 904
Fax: 239 851 901
www.almedina.net
editora@almedina.net

PRÉ-IMPRESSÃO | IMPRESSÃO | ACABAMENTO
G.C. GRÁFICA DE COIMBRA, LDA.
Palheira – Assafarge
3001-453 Coimbra
producao@graficadecoimbra.pt

Outubro, 2010

DEPÓSITO LEGAL
318212/10

Os dados e as opiniões inseridos na presente publicação
são da exclusiva responsabilidade do(s) seu(s) autor(es).

Toda a reprodução desta obra, por fotocópia ou outro qualquer
processo, sem prévia autorização escrita do Editor, é ilícita
e passível de procedimento judicial contra o infractor.

Biblioteca Nacional de Portugal - Catalogação na Publicação

CONGRESSO DE INVESTIGAÇÃO CRIMINAL, 2.º,
Lisboa, 2009

2.º Congresso de Investigação Criminal / org. Associação Sindical dos Funcionários de Investigação Criminal da Polícia Judiciária, Instituto de Direito Penal e Ciências Criminais da Faculdade de Direito da Universidade de Lisboa
ISBN 978-972-40-4226-8

I – ASSOCIAÇÃO SINDICAL DOS FUNCIONÁRIOS DE INVESTIGAÇÃO CRIMINAL DA POLÍCIA JUDICIÁRIA
II – INSTITUTO DE DIREITO PENAL E CIÊNCIAS CRIMINAIS. Faculdade de Direito da Universidade de Lisboa

CDU   343
      061

Apoio institucional:

MINISTÉRIO DA JUSTIÇA

POLÍCIA JUDICIÁRIA

ORDEM DOS ADVOGADOS

Patrocínios:

Organizadores:

 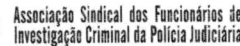  

PROGRAMA

25 e 26 de Março de 2009
AULA MAGNA DA REITORIA DA UNIVERSIDADE DE LISBOA

25 DE MARÇO

08h30 Credenciação e entrega de documentação

SESSÃO DA MANHÃ

09h00 Intervenção de abertura, pelo Presidente do Conselho Directivo da Faculdade de Direito da Universidade de Lisboa
09h15 Justificação do Congresso, pelo Presidente da Direcção Nacional da ASFIC/PJ
09h30 Apresentação científica do Congresso, pela *Prof.ª Doutora Maria Fernanda Palma* (Faculdade de Direito da Universidade de Lisboa)
10h00 Intervenção do Bastonário da Ordem dos Advogados
10h15 Intervenção do Ministro da Justiça

PAINEL 1.º
CRIMINALIDADE ORGANIZADA E INVESTIGAÇÃO CRIMINAL

PRESIDENTE: Director Nacional da Polícia Judiciária

MODERADOR: *Prof. Doutor Paulo de Sousa Mendes*

11h00 Criminalidade organizada e combate ao lucro ilícito, pelo ***Prof. Doutor Augusto Silva Dias*** (Faculdade de Direito da Universidade de Lisboa)
11h20 Criminalidade organizada e corrupção, pelo ***Juiz Desembargador Carlos de Almeida*** (Tribunal da Relação de Lisboa)
11h40 Autoria e comparticipação na criminalidade organizada, pela ***Mestra Helena Morão*** (Faculdade de Direito da Universidade de Lisboa)
12h00 Debate
12h30 Intervalo para almoço

SESSÃO DA TARDE

PAINEL 2.º
COOPERAÇÃO INTERNACIONAL NA INVESTIGAÇÃO CRIMINAL

PRESIDENTE: Vice Procurador-Geral da República

MODERADOR: **Prof.ª Doutora Maria Fernanda Palma**

15h00 Criminalidade organizada na Europa: perspectivas teorética e empírica, pelo **Prof. Doutor Hans-Jörg Albrecht** (Instituto Max Planck de Direito Penal Estrangeiro e Internacional de Freiburg im Breisgau)

15h20 Cooperação judiciária europeia e internacional, pela **Mestra Carlota Pizarro de Almeida** (Faculdade de Direito da Universidade de Lisboa)

15h40 Debate

16h20 Pausa / café

PAINEL 3.º
MEIOS DE OBTENÇÃO DE PROVA

PRESIDENTE: Presidente do Supremo Tribunal de Justiça

MODERADOR: **Prof. Doutor Augusto Silva Dias**

16h45 A nova regulamentação da vigilância das telecomunicações na Alemanha, pelo **Prof. Doutor Klaus Rogall** (Universidade Livre de Berlim)

17h10 Escutas telefónicas, pelo **Prof. Doutor Luiz Flávio Gomes** (Rede de Ensino Luiz Flávio Gomes – S. Paulo)

17h30 Investigação criminal e protecção da privacidade na jurisprudência do Tribunal Europeu dos Direitos do Homem, pela **Prof.ª Doutora Lorena Bachmaier Winter** (Universidade Complutense de Madrid)

17h55 Debate

18h30 Fim dos trabalhos

DIA 26 DE MARÇO

SESSÃO DA MANHÃ

PAINEL 4.º
OS SIGILOS BANCÁRIO E FISCAL E A DIFICULDADE DE RESPONSABILIZAR DIRIGENTES E BENEFICIÁRIOS ECONÓMICOS DAS ORGANIZAÇÕES CRIMINOSAS

PRESIDENTE: Presidente do Tribunal Constitucional

MODERADOR: *Prof. Doutor Augusto Silva Dias*

09h30   Perspectivas constitucionais em matéria de segredo bancário, pela *Prof.ª Doutora Maria Fernanda Palma* (Faculdade de Direito da Universidade de Lisboa)

09h50   A orientação da investigação para a descoberta dos beneficiários económicos e o sigilo bancário, pelo *Prof. Doutor Paulo de Sousa Mendes* (Faculdade de Direito da Universidade de Lisboa)

10h10   A investigação da criminalidade tributária: relato de uma experiência, pelo *Mestre António Trogano* (Polícia Judiciária)

10h30   Debate

11h15   Pausa /café

PAINEL 5.º
PROBLEMÁTICA DOS CIRCUITOS ECONÓMICO-FINANCEIROS ASSOCIADOS AOS PARAÍSOS FISCAIS

PRESIDENTE: Presidente do Supremo Tribunal Administrativo

MODERADOR: *Prof. Doutor Paulo de Sousa Mendes*

11h30   O crime de "lavagem de capitais": uma perspectiva crítica dogmática e de política criminal, em especial a partir da experiência legislativa cabo-verdiana, pelo *Mestre Jorge Carlos Fonseca* (Instituto Superior de Ciências Jurídicas e Sociais de Cabo Verde)

11h50   Parcerias público-privadas: a única forma eficiente de combater a pirataria, por *Laurent Masson* (Director para a Anti-Pirataria e Cibercrime da Microsoft Corporation, EMEA – Europa, Médio Oriente e África)

12h10   Debate

13h00   Intervalo para almoço

SESSÃO DA TARDE

PAINEL 6.º
PESQUISA, RECOLHA E PRODUÇÃO DE PROVA DA ACTIVIDADE CRIMINOSA ORGANIZADA

PRESIDENTE: *Prof. Doutor Jorge Miranda*

MODERADOR: *Mestre António Pragal Colaço*

15h00 O intercâmbio de informações no domínio da investigação penal entre Estados-membros da União Europeia, pelo ***Prof. Doutor Mark A. Zöller*** (Universidade de Trier)

15h20 Direcção e execução da investigação criminal no quadro do Estado de Direito (Contributos para uma melhor sintonia), pelo ***Procurador-Geral Adjunto Euclides Dâmaso Simões*** (Procuradoria Geral da República)

15h40 Um novo paradigma metodológico na investigação do crime organizado, pelo ***Dr. José Braz*** (Polícia Judiciária)

16h00 Debate

16h30 Pausa /café

PAINEL 7.º
RELEVÂNCIA DO INSTITUTO DA PROTECÇÃO DE TESTEMUNHAS COMO MEIO DE PRODUÇÃO E PRESERVAÇÃO DE PROVA NA CRIMINALIDADE ORGANIZADA

PRESIDENTE: Secretário de Estado Adjunto e da Justiça

MODERADOR: *Prof. Doutor Augusto Silva Dias*

17H30 Os programas de protecção de testemunhas nos EUA e em Portugal, pelo ***Dr. Carlos Pinto Abreu*** (Presidente do Conselho Distrital de Lisboa da Ordem dos Advogados)

17h50 "Arrependido": a colaboração processual do co-arguido na investigação criminal, pela ***Mestra Inês Ferreira Leite*** (Faculdade de Direito da Universidade de Lisboa)

18h10 Debate

18h45 Intervenção de encerramento, pelo Presidente do Conselho Científico da Faculdade de Direito de Lisboa

Justificação do Congresso

CARLOS ANJOS
Presidente Nacional da ASFIC/PJ

Começo esta minha intervenção por agradecer à Faculdade de Direito da Universidade de Lisboa o facto de ter aceite o nosso desafio para conjuntamente organizarmos este evento. Para nós, uma pequena Associação Sindical, que representa a esmagadora maioria dos investigadores criminais da Polícia Judiciária, é um enorme orgulho podermos partilhar juntamente com esta academia a organização deste evento, o qual será certamente um sucesso importante para todos nós.

Seguidamente uma palavra de agradecimento também para o Ministério da Justiça, pelo apoio que nos foi concedido, apoio esse que muito nos honrou.

Um agradecimento extensível à Direcção Nacional da Polícia Judiciária, que foi inexcedível no apoio que nos foi concedido, satisfazendo todas as necessidades, acedendo a todas as nossas solicitações.

Um agradecimento que fazemos também à Ordem dos Advogados, na pessoa do Senhor Bastonário, que desde a primeira hora e logo que foi por nós contactado, aceitou patrocinar este evento.

Apresentação científica do Congresso

MARIA FERNANDA PALMA
*Professora Catedrática da Faculdade
de Direito da Universidade de Lisboa*

Senhor Ministro da Justiça,
Senhor Presidente do Conselho Directivo da Faculdade de Direito de Lisboa
Senhor Presidente da ASFIC,
Caros estudantes,

Começou há mais de um ano a organização deste Congresso, após um convite dirigido à Faculdade de Direito de Lisboa pela Associação Sindical dos Funcionários da PJ.

Agradeço aqui publicamente o convite e louvo a perspectiva que o orientou: pedir a colaboração da Universidade no estudo (científico) dos problemas que a prática suscita, não permitindo que a discussão se baseie nas primeiras intuições ou no mero discurso político conveniente.

Foi também este gesto uma demonstração perante os poderes públicos da necessidade de investimento nas Ciências Sociais e na Ciência do Direito, erradamente retiradas das prioridades do investimento na Ciência.

O problema cuja análise nos foi proposta foi o da repercussão das necessidades de maior eficácia na investigação criminal, perante a criminalidade mais sofisticada, na aquisição e preservação da prova e nos critérios jurídicos que vigoram no Processo Penal. São estes critérios limitativos, devem ser adaptados, são necessárias novas fórmulas jurídicas? O Estado de Direito com as suas garantias deverá ceder perante a urgência e necessidade de conter o flagelo da criminalidade altamente organizada, quer a violenta quer a económica e financeira?

A protecção da vida privada e da liberdade geral de desenvolvimento da vida pessoal e patrimonial torna-se um custo demasiado elevado para o Estado de Direito? Até onde será legítimo constitucionalmente restringir estes direitos e liberdades, sob que critérios e na base de que ponderações?

Por outro lado, para a eficácia da investigação criminal que novos instrumentos e critérios são desejáveis? Que tipo de escutas e de acesso a dados pessoais se tornam imprescindíveis?

A recente Reforma do Código de Processo Penal poderia ter ido mais longe nestes domínios ou até, como já se tem ouvido dizer, foi orientada no sentido oposto? Vivendo no tempo de uma crise financeira e económica, não se tornará premente flexibilizar a colaboração entre a supervisão e a investigação criminal, nomeadamente facilitando o acesso a dados de que as entidades de supervisão dispõem sem duplicar processos e procedimentos?

O habitual controle por juiz dos modos de obtenção de prova não terá de ceder perante a urgência de intervenção da Administração Fiscal ou das Polícias?

Perguntar-se-á ainda se mesmo ao nível da formulação dos tipos criminais existirá necessidade de antecipar a incriminação para evitar processos difíceis e morosos de prova, invertendo, na prática, o tradicional princípio da presunção de inocência e criando, como tem sido várias vezes proposto, o crime de enriquecimento ilícito ou parificando a corrupção para acto ilícito e para acto lícito, de modo a radicalmente dispensar as autoridades que investigam de complexas diligências que tendem a ser infrutíferas.

Em matéria de criminalidade complexa e altamente organizada ou que controla novos meios de informação, como a transmissão de dados através da Internet, há uma rápida deslocalização espacial e uma tendencial internacionalização.

A cooperação judiciária internacional torna-se fundamental e assiste-se, hoje, na União Europeia a uma orientação no sentido de se poder obter uma rápida troca de informações entre Estados ou, por exemplo, no terreno do segredo bancário, a possibilidade de as próprias administrações fiscais acederem às contas dos seus investigados noutros países.

Os vários acordos assumidos no plano internacional vão no sentido de aumentar a cooperação na própria investigação criminal, transpondo as barreiras das diferentes ordens jurídicas (uniformizando de alguma forma através da cooperação os critérios jurídicos a que a investigação obedecerá) e mesmo no sentido de elevar um grupo de crimes, como os de ordem económico-financeira, de tráfico de pessoas ou de redes de pornografia infantil, a crimes que atingem um estatuto de objecto de Direito Internacional Penal. E assim é não por atingirem o patamar dos crimes contra a humanidade, mas por só poderem ser combatidos através da cooperação internacional.

Mas para além da cooperação judiciária internacional, torna-se óbvio que há uma tendencial uniformização da actividade criminosa em países com um tipo de organização social semelhante ou apenas como expressão dos fenómenos da globalização e da circulação planetária de informação.

O Direito Penal, ao proteger valores essenciais da vida colectiva, justifica mais do que qualquer outro ramo do Direito uma reflexão conjunta dos académicos de diversos países. Desde o século XIX que há uma recíproca inspiração dos códigos penais de diversos países e que os movimentos de reforma recolhem inspiração no pensamento jurídico de outros países.

O mesmo se dirá do Direito Processual Penal em que os valores do Estado de Direito se manifestam de modo directo.

A ideia de uma espécie de constitucionalismo universal subjaz a instituições como a Comissão para a Democracia através do Direito, do Conselho da Europa, a que tenho a honra de pertencer como representante independente do Estado português, que visa uma colocação da informação jurídica ao serviço da consolidação e desenvolvimento democráticos nas novas democracias e nas velhas democracias que se acomodaram a rotinas menos democráticas.

A colaboração entre autores de diversos países é, consequentemente, um factor essencial para o pensamento jurídico.

Concretizando estes objectivos, a ASFIC colocou nas mãos dos professores de Direito Penal da Faculdade de Direito de Lisboa e do Instituto de Direito Penal e Ciências Criminais a organização científica do Congresso, tendo sido convidados vários professores de Direito Penal estrangeiros com prestígio, nos seus países e internacionalmente, e que abordarão temas significativos da actualidade jurídica em matéria de investigação criminal.

Por último devo dizer que este Congresso tem duas finalidades imediatas: contribuir para a formação dos funcionários de investigação criminal e pôr em diálogo todos os intervenientes jurídicos na investigação criminal (magistrados, polícias e advogados).

Esse diálogo entre diversas posições desempenhadas pelos actores da investigação criminal poderá, por vezes, ser mais vigoroso, mas é imprescindível. A compreensão das necessidades práticas e da problemática jurídica associada é, consequentemente, o principal objectivo do Congresso.

A missão dos professores de Direito Penal que organizaram este Congresso é, porém, fundamentalmente, a de manifestar os valores do Direito na sua autonomia perante os critérios políticos, de poder, ou lógicas de pura eficácia técnica administrativa.

Os valores do Direito não são superiores ou inferiores a outros valores respeitantes a outras áreas da actividade social, como os da Política ou da Economia, mas têm uma função específica – a de responderem a uma dimensão elevada de cada pessoa, à sua procura de justiça na solução do caso individual. Os valores do Direito são construídos a partir dos interesses e necessidades das pessoas e da vida colectiva, não procuram soluções de poder ou domínio, mas antes a articulação da liberdade de cada um com a dos outros segundo uma lei geral de liberdade, como dizia Kant.

É com essa lúcida independência e conhecimento do que o Direito pode valer na sociedade da crise, da sociedade do desencanto, mas também da esperança num futuro à altura do ser humano, na sua dignidade, que vos apresento, pela parte da Faculdade de Direito de Lisboa, o 2.º Congresso de Investigação Criminal da Associação Sindical dos Funcionários da Investigação Criminal da Polícia Criminal.

Lisboa 24 de Março de 2009

Intervenção do Bastonário da Ordem dos Advogados

MARINHO E PINTO
Bastonário da Ordem dos Advogados

Exm.º Sr. Ministro da Justiça
Exm.º Sr. Director Nacional da Polícia Judiciária
Exm.º Sr. Presidente do Conselho Directivo da Faculdade de Direito de Lisboa
Exm.º Sra. Prof.ª Doutora Fernanda Palma
Exm.º Sr. Presidente da Associação Sindical dos Funcionários de Investigação Criminal

As minhas primeiras palavras são de saudação aos organizadores deste Congresso: a Faculdade de Direito da Universidade de Lisboa e, sobretudo, a Associação Sindical dos Funcionários de Investigação Criminal da Polícia Judiciária. Parabéns por esta iniciativa; ela é muito positiva; é mesmo muito positiva, esta combinação entre uma das mais qualificadas escolas de direito de Portugal e uma das mais prestigiadas polícia de investigação criminal da Europa.

Todos esperamos, pois, que este Congresso de Investigação Criminal constitua um momento de reflexão sobre os caminhos que têm sido trilhados neste domínio e, sobretudo, que essa reflexão produza os resultados susceptíveis de conduzir a uma maior eficácia na prevenção e repressão da criminalidade violenta e altamente organizada. Espera-se, também, que tenha um impacto positivo na redefinição de práticas que têm vindo a ser questionadas um pouco por todo o lado.

O facto de este Congresso ocorrer num período em que está em discussão pública a proposta de lei que define os objectivos, prioridades e orientações da política criminal para o biénio 2009/2011 constitui uma circunstância particularmente feliz, pois as suas conclusões não deixarão, certamente, de ser devidamente valoradas pelo legislador.

O combate à criminalidade não se faz com alterações legislativas a quente, nomeadamente, as que são exigidas pelo turbilhão do sensacionalismo mediático que caracteriza infelizmente a generalidade dos órgãos de comunicação social portuguesas. Lamentavelmente, em Portugal, a informação sobre crimes e criminalidade não é, na maior parte dos casos, uma informação rigorosa.

Neste contexto, muitas das medidas legislativas constituem mais uma reacção às notícias sobre crimes, do que propriamente uma resposta adequada à própria criminalidade. Com essas medidas procura-se, muitas vezes, atenuar mais os efeitos políticos associados à ocorrência de fenómenos delituosos do que combater verdadeiramente os crimes e punir os seus autores.

A investigação criminal, que para ser verdadeiramente eficaz deveria estar afastada dos debates públicos, está muitas vezes no centro de controvérsias políticas e partidárias, com todas as consequências nefastas que isso acarreta para a sua credibilidade. É urgente retirar a investigação criminal das fogueiras mediáticas, onde tem vindo a ser queimada parte substancial da sua credibilidade. Quando a investigação criminal é notícia, em Portugal, é quase sempre por maus motivos.

A prevenção e a repressão dos crimes constituem uma das mais relevantes funções do Estado de direito que deve ser devidamente valorizada. Por isso, deve estar a cargo apenas de polícias altamente especializadas, como é a Polícia Judiciária, e não de entidades vocacionadas para a defesa de outros valores, mesmo que igualmente relevantes num Estado de direito.

Infelizmente, opções políticas erradas levaram a que outras forças policiais vocacionadas apenas para garantir a segurança de pessoas e bens fossem também redireccionadas para a investigação criminal. As consequências destas opções não são positivas, pois não só não melhorou a eficácia da investigação como conduziu a uma diminuição das garantias de segurança.

Os recursos (que não são muito elevados), que deveriam ser canalizados unicamente para a segurança dos cidadãos e dos seus bens, passaram também a ser canalizados para acções de investigação criminal, conduzindo, por vezes, a situações de emulação entre investigadores, altamente prejudiciais para a sua eficiência e credibilidade.

Existe hoje na sociedade portuguesa um sentimento generalizado de insegurança, os cidadãos em geral sentem que à noite as suas cidades foram abandonadas pelas forças de segurança, pois não se vê um polícia fardado nas ruas. Este facto origina um sentimento de insegurança que é explorado, muitas vezes inescrupulosamente, por forças políticas sem projectos ideológicos consistentes. O seu verdadeiro programa de acção reduz-se à permanente ampliação do sentimento de medo e de insegurança, que muitas vezes são, eles próprios, artificialmente gerados pela propaganda política aliada à forma sensacionalista como os órgãos de informação tratam as questões da segurança e da criminalidade.

Por tudo isso é imperioso que o Estado actue com serenidade e determinação na superação destes estados de coisas e não se deixe, ele próprio, envolver pela necessidade de responder a quente a essas situações.

A actuação do Estado deve ser orientada para o aumento da operacionalidade e eficácia das polícias e não para alterações legislativas, muitas vezes feitas à pressa, sem a necessária ponderação de todas as implicações normativas que lhe estão associadas. A criminalidade combate-se com o aumento da capacidade de resposta e de eficiência das Polícias e não com alterações legislativas, determinadas por critérios ou objectivos políticos, que, a maior parte das vezes, serve apenas para os órgãos da comunicação social.

Termino como comecei, saudando os organizadores deste Congresso e fazendo votos para que ele produza os efeitos necessários às transformações que urge fazer no domínio da investigação criminal.

Não tenho dúvidas que este Congresso é já um êxito. Esperamos apenas que as suas conclusões correspondam às altas expectativas geradas.

Bem-hajam.

Painel 1.º
CRIMINALIDADE ORGANIZADA
E INVESTIGAÇÃO CRIMINAL

Criminalidade organizada e combate ao lucro ilícito

AUGUSTO SILVA DIAS
*Professor Associado da Faculdade
de Direito da Universidade de Lisboa*

*Quem cabritos vende
e cabras não tem,
de algum lado lhe vem*

PROVÉRBIO

I. EM BUSCA DE UM CONCEITO OPERATIVO DE CRIMINALIDADE ORGANIZADA NO DIREITO PROCESSUAL PENAL PORTUGUÊS

1. Desfasamentos do ordenamento jurídico português quanto ao conceito de criminalidade organizada

O conceito de criminalidade organizada é oriundo da Criminologia e tem vindo a ser submetido a um processo de juridificação um pouco por toda a Europa e também entre nós. Porém, sem grande rigor.

A al. *m*) do art. 1.º do Código de Processo Penal (doravante, CPP) apresenta uma definição de criminalidade altamente organizada baseada apenas num catálogo objectivo de crimes, enunciado sem preocupações de proporcionalidade e sem o respaldo de um correctivo normativo que impeça que à suspeita da prática de um dos crimes vá associada, sem mais, a possibilidade de aplicação de medidas processuais excepcionais. Além disso, aquela al. *m*) refere-se à criminalidade altamente organizada, o que abre espaço à pergunta sobre como será tratada a criminalidade simplesmente organizada no CPP.

De criminalidade organizada *tout court* encontramos uma definição no art. 1.º da Lei n.º 5/2002, de 11 de Janeiro, em moldes semelhantes aos do CPP. Na verdade, essa definição parte de um catálogo de crimes que é parcialmente coincidente com o do art. 1.º do CPP. Resulta daqui, desde logo, que crimes como o tráfico de estupefacientes, o tráfico de armas, a corrupção, o branqueamento de capitais e a associação criminosa tanto constituem, no nosso sistema jurídico, casos de criminalidade organizada como de criminalidade altamente organizada. Já o peculato, a participação económica em negócio, o contrabando e o lenocínio podem ser casos de criminalidade organizada mas não de criminalidade altamente organizada. Por fim, e mais estranho ainda, o tráfico de pessoas constitui um caso de criminalidade altamente organizada, mas não de criminalidade organizada (apenas o é o tráfico de menores).

O n.º 2 do art. 1.º dispõe que o regime processual e sancionatório excepcional previsto na Lei n.º 5/2002 só é aplicável a crimes como o contrabando, lenocínio, «tráfico e viciação de veículos furtados» (??) (als. *j*) a *n*)) se estes forem praticados de forma organizada. A novidade é aqui a introdução de um correctivo. Mas o alcance limitado que lhe é conferido sugere *a contrario* que os outros crimes do catálogo, como o tráfico de estupefacientes ou a corrupção passiva e o peculato, podem ser objecto de tais medidas excepcionais mesmo se não forem cometidos de forma organizada. O legislador do CPP e da Lei mencionada parece partir da presunção de que, por exemplo, o tráfico de estupefacientes ou a corrupção passiva são cometidos sempre de forma organizada, o que não só está longe de constituir uma evidência, como abre a porta à aplicação de medidas gravosas a crimes cometidos de forma singular e fora de qualquer contexto organizado.

Por outro lado, os catálogos, tanto da al. *m*) do art. 1.º do CPP, como do art. 1.º da Lei n.º 5/2002, estão descritos de forma vaga e imprecisa, contendo crimes de distinta gravidade, alguns dos quais puníveis com pena de prisão de limite máximo inferior a 3 anos, como a corrupção para a prática de acto lícito e o tráfico de influência para a obtenção de decisão lícita[1]. A sujeição de crimes desta natureza a um regime jurídico excepcional não é compreensível à luz do princípio da proporcionalidade.

O quadro descrito não pode deixar de causar insegurança jurídica se tivermos presente que a definição do que é criminalidade organizada funciona como pressuposto da aplicação de um regime processual e sancionatório mais severo, consistente em medidas fortemente restritivas de direitos e liberdades. Um dos desafios da minha comunicação é saber se há forma de eliminar ou, pelo menos, minimizar as deficiências assinaladas.

2. Soluções

Uma solução para corrigir e regularizar o conceito de criminalidade organizada podia ser vinculá-lo à realização do crime de associação criminosa. É esta a linha seguida na recente Decisão-quadro 2008/841/JAI de 24 de Outubro de 2008. Depois de definir no art. 1.º organização criminosa e associação estruturada (??) o diploma prevê no art. 2.º duas infracções relativas à participação em organização criminosa (als. *a*) e *b*)), obrigando os Estados-Membros a prescrever para ambas uma pena de prisão com a duração máxima de, pelo menos, dois a cinco anos de prisão. Nesta perspectiva, criminalidade organizada existiria sempre que se verificasse um dos crimes de participação em organização criminosa das als. *a*) e *b*) do art. 2.º.

Concordo com FIGUEIREDO DIAS[2] que não deve ser esta a via a seguir. Uma coisa é o crime de participação em organização ou associação criminosa outra, diferente, é a criminalidade organizada enquanto conceito instrumental que liga a aplicação de certas consequências jurídicas de ordem processual e sancionatória a determinados crimes previamente tipificados. Mas já não sigo o autor citado quando defende que

---

[1] Refere-se também à amplitude, fluidez tecnológica e flutuação conceptual da legislação portuguesa nesta matéria. Rui Pereira, *A criminalidade económica: perspectivas dogmáticas e desafios político-criminais,* in O Direito, ano 138.º, (2006) I, pp. 154-5.

[2] V. *A criminalidade organizada: do fenómeno ao conceito jurídico-penal,* in RBCC, n.º 71 (2008), p. 14 e s. e 20 e s.

«conditio sine qua non da viabilidade e prestabilidade do conceito jurídico-penal de criminalidade organizada é a existência ... do crime de organização ou de associação criminosa»[3] e mais adiante que «o conceito jurídico-penal de criminalidade organizada deve supor, por um lado, a prática do crime de associação criminosa e, por outro, a prática pela associação de crimes – ... – de particular natureza e gravidade»[4].

Não me parece acertada a tese da conexão necessária entre criminalidade organizada e crime de associação criminosa por três ordens de razões. Por um lado, porque implicaria uma perda de função do conceito de criminalidade organizada: se a prática do crime de associação criminosa comportasse sempre a aplicação das referidas consequências processuais e sancionatórias excepcionais, aquele conceito perderia autonomia e interesse prático. Não tem sentido afirmar que sobraria a possibilidade de aplicar o regime extraordinário aos crimes cometidos pela associação criminosa, pois a sua aplicação decorreria já e sempre da realização anterior do próprio crime de associação criminosa. Por outro lado, porque o crime de associação criminosa não coincide com o conceito de criminalidade organizada. Podemos imaginar casos em que não se verifica ou não se prova um ou mais elementos do ilícito típico do art. 299.º do CP e todavia se conclui que o crime ou crimes praticados o foram de forma organizada[5]. Ao invés, podemos conceber situa-

---

[3] *A criminalidade organizada*, p. 15.
[4] *A criminalidade organizada*, p. 26 e s.
[5] Pense-se no caso do indivíduo que, de quando em vez, se alia aos membros de uma associação criminosa para cometer determinados crimes e retirar daí elevadas vantagens económicas. Imagine-se ainda que o seu contributo não é necessário para o desempenho da actividade criminosa da organização, mas o inverso: a organização é que é estrategicamente importante para o indivíduo em causa poder praticar os crimes e lucrar financeiramente com isso. Esse indivíduo não é fundador, promotor, nem membro, nem sequer apoiante da associação criminosa (pois o contributo que ele dá à prática do facto não traz proveito para a associação), por isso que não realiza o ilícito-típico do art. 299.º do CP e, mesmo que o faça sob qualquer das modalidades de autoria mencionadas, pode o seu comportamento não ser punível por associação criminosa por falta de consciência da ilicitude específica deste crime – v. sobre todos estes pontos, FIGUEIREDO DIAS, *Comentário Conimbricense do Código Penal*, anots. art. 299.º, §s. 25 e ss. e 36. Suponho que ninguém contestará que, mesmo nas situações referidas, o sujeito desta história será punido pelos crimes cometidos sob forma organizada e poderá ser alvo das medidas processuais e sancionatórias excepcionais legalmente previstas para esta espécie de criminalidade.

ções em que se prova a prática do crime de associação criminosa e, no entanto, não se verifica algum ou alguns elementos do conceito de criminalidade organizada, como seja o propósito lucrativo (v. *infra*)[6]. Por fim, a tese da conexão necessária contraria a evidência de que, segundo o art. 1.º da Lei n.º 5/2002, pode ser cometido de modo organizado um conjunto de crimes diversos e autónomos em relação ao de associação criminosa.

Pelas razões expostas, penso que é mais correcto o entendimento de que a relação entre crime de associação criminosa e conceito de criminalidade organizada, embora tendencial, é contingente. Pode não se verificar o ilícito típico do crime de associação criminosa e, todavia, o crime em causa pertencer ao catálogo legal e ter sido praticado de forma organizada ou vice-versa.

A solução rectificativa e regularizadora do conceito deve, em meu entender, resultar de uma outra via. Uma via que, reconhecendo embora a necessidade da intervenção legislativa, concede um amplo espaço à correcção interpretativa dentro dos limites impostos pelos princípios da separação de poderes e da reserva de lei. Na verdade, a intervenção legislativa é indispensável sobretudo no que tange à rectificação das disparidades entre o catálogo do art. 1.º do CPP e o do art. 1.º da Lei n.º 5/2002, tendo em vista a uniformização daquele conceito na ordem jurídica nacional. Por seu turno, a interpretação correctiva, de sentido restritivo, permite adequar a objectividade dos catálogos de cada um dos preceitos ao princípio da proporcionalidade e à fenomenologia do crime organizado. Esta interpretação assenta em três aspectos fundamentais.

i. O reconhecimento definitivo de que a criminalidade organizada constitui um conceito instrumental no sentido acima referido e não uma incriminação ou algo necessariamente conexo com uma incriminação.

ii. Os crimes a que as medidas excepcionais associadas ao conceito de criminalidade organizada são aplicáveis, se devem constar de um catálogo legal, como acontece no art. 1.º do CPP e no art. 1.º da Lei

---

[6] Note-se que a definição que o n.º 5 do art. 299.º do CP dá de associação criminosa dispensa a referência à intenção lucrativa, diferentemente do que sucede com o conceito de criminalidade organizada.

n.º 5/2002, não devem, contudo, ser uns quaisquer. Tem razão FIGUEIREDO DIAS[7] ao exigir que se trate de crimes de especial gravidade, considerando sobretudo as molduras penais cominadas na lei. Não é aceitável que crimes de pequena gravidade, puníveis com pena de prisão até 3 anos, possam ser objecto de um regime jurídico particularmente severo. É o caso, como FIGUEIREDO DIAS bem viu, da corrupção passiva para acto lícito (art. 373.º do CP) cuja pena aplicável é até 2 anos de prisão ou multa até 240 dias[8] ou – acrescento – dos crimes de tráfico de influência previstos na al. *b*) do n.º 1 e no n.º 2 do art. 335.º do CP puníveis com pena de prisão (ou multa) respectivamente até 6 meses e até 3 anos. Submeter crimes desta gravidade a medidas altamente compressoras de direitos e garantias, não pode deixar de contender gravemente com o princípio da proporcionalidade. É em nome deste princípio que a al. *m*) do art. 1.º do CPP e as als. *d*) e *e*) do art. 1.º da Lei devem ser interpretadas restritivamente de modo a excluir aquelas formas de corrupção passiva e de tráfico de influência. O mesmo vale em relação ao peculato de coisa de valor diminuto (art. 375.º, n.º 2, do CP), ao peculato de uso (art. 376.º do CP) e às formas simples de contrabando, puníveis nos arts. 92.º, 93.º e 94.º do RGIT com penas até 3 anos de prisão[9]. Mesmo o crime de associação criminosa deve estar sujeito a uma restrição análoga. Para que se justifique a aplicação do severo regime processual e sancionatório do CPP e da Lei, não só terão de se verificar nele todos os elementos do conceito de criminalidade organizada, como ainda é de exigir que a associação criminosa em causa se dedique comprovadamente à prática de crimes previstos em ambos os catálogos. Já a al. *d*) do art. 1.º da Lei, relativa ao «tráfico e viciação de veículos furtados», deve ser alvo de uma interpretação abrogante, pois, que eu saiba, não há na ordem jurídica nacional nenhum crime com essa denominação.

iii) Finalmente, todos os crimes dos catálogos do art. 1.º do CPP e do art. 1.º da Lei n.º 5/2002 devem ter sido praticados de forma organi-

---

[7] V. *A criminalidade organizada*, p. 28.
[8] V. *A criminalidade organizada*, p. 29.
[9] A esta luz é de restringir a aplicação da al. *j*) do art. 1.º da Lei aos casos de contrabando qualificado do art. 97.º do RGIT.

zada. Deste modo, a presunção de que há crimes que, considerados em si mesmos, são cometidos de forma organizada não pode operar como presunção inilidível. É possível estender esta ideia à al. *m*) do art. 1.º do CPP e a todo o art. 1.º da Lei n.º 5/2002 no quadro do Direito vigente? Julgo que sim. Portugal ratificou a Convenção das Nações Unidas contra a Criminalidade Organizada Transnacional[10] cujo art. 2.º al. *a*) define grupo criminoso organizado do seguinte modo: «um grupo estruturado de três ou mais pessoas, que exista durante um certo período de tempo e actue de forma concertada com a finalidade de cometer um ou mais crimes graves ou crimes tipificados pela presente Convenção, com a intenção de obter, directa ou indirectamente, um benefício económico ou outro benefício de ordem material»[11]. Esta definição faz parte da ordem jurídica interna, possuindo inegável valor interpretativo que não pode deixar de ser considerado na compreensão do sentido e do alcance de todas as infracções constantes de ambos os catálogos legais. Assim, a aplicação das medidas extraordinárias aos crimes previstos na al. *m*) do n.º 1 do art. 1.º do CRP e nas als. *j*) a *n*) do art. 1.º da Lei carece da comprovação positiva da sua comissão de forma organizada, ao passo que a aplicação de tais medidas aos crimes referidos nas als. *a*) a *i*) do último preceito cede perante a comprovação negativa da sua prática organizada, isto é, perante a prova de que a sua realização não corresponde aos elementos da definição transcrita. A distinção efectuada pelo n.º 2 do art. 1.º da Lei assenta no juízo de que os crimes previstos nas als. *a*) a *i*) são normal ou frequentemente praticados de forma organizada, mas esse juízo, pelas razões invocadas, admite informação no caso concreto.

Os três aspectos referidos concorrem para compatibilizar a aplicação das consequências processuais e sancionatórias excepcionais previstas para combate à criminalidade organizada com as exigências constitucionais de proporcionalidade na restrição de direitos e liberdades fundamentais (art. 18, n.º 2, da CRP). Ou a criminalidade é grave e organizada e justifica a aplicação de consequências processuais e sancionatórias especialmente gravosas ou não é uma coisa nem outra e então a concor-

---

[10] A Convenção foi aprovada para ratificação pela Resolução da AR n.º 32/2004, foi ratificada pelo Decreto do PR n.º 19/2004 e publicada no DR I-A n.º 79, de 2 de Abril de 2004.

dância prática entre eficácia da perseguição penal e garantias não comporta a adopção dessas consequências. Os três aspectos sublinhados são por isso de grande relevância e utilidade não só para a interpretação mas também para orientação da revisão legislativa do normativo vigente.

II. O COMBATE AO LUCRO ILÍCITO COMO ESTRATÉGIA POLÍTICO-CRIMINAL DE REACÇÃO À CRIMINALIDADE ORGANIZADA

1. O lucro ilícito como mínimo denominador comum à criminalidade económica e à criminalidade organizada

Sem embargo das diferenças, a criminalidade organizada encontra na actividade económica o seu campo principal de realização, e partilha com a criminalidade económica a relevância do lucro como finalidade objectiva e motivação do agir[12]. Não admira, pois, que o combate ao lucro ilícito desempenhe um importante papel político-criminal na luta contra ambas as formas de criminalidade. Isso mesmo é reconhecido ao nível internacional e comunitário, como documenta a Decisão-quadro 2005/212/JAI, de 24 de Fevereiro, onde se lê que «a principal motivação da criminalidade organizada além-fronteiras é o lucro. Por conseguinte, para ser eficaz, qualquer tentativa de prevenir e combater essa criminalidade deverá centrar-se na detecção, congelamento, apreensão e perda dos produtos do crime». As estratégias e os instrumentos do combate ao lucro ilícito dependem, como é de esperar, da gravidade dos crimes e das suas repercussões sociais, aspectos que atingem o seu ponto máximo quando se trata do crime organizado, no sentido que atrás procurei esclarecer.

---

[11] A decisão-quadro 2008/841/JAI, de 24 de Outubro de 2008, contém uma definição idêntica a esta. Já o conceito de «associação estruturada» descrito também no art. 1.º não se percebe bem para que serve.

[12] Neste sentido, v. ALBERTO ALESSANDRI, *Criminalità económica e confisca dell profitto*, in DOLCINI/PALIERO (a cura di), Studi in onore di Giorgio Marinucci, vol. III, ed. Giufrè, 2006, pp. 2114 e 2128.

2. Medidas de combate ao lucro ilícito no âmbito da criminalidade organizada: apreciação crítica

Diversas têm sido as medidas de combate ao lucro ilícito propostas pela doutrina e consagradas em vários ordenamentos jurídicos e em diplomas internacionais e comunitários. Um aspecto comum a todas elas tem sido o alargamento progressivo do conceito de lucro. Ao lucro ou ganho obtido com a prática do crime são atribuídos significados distintos consoante o contexto normativo em que é considerado. Assim, enquanto objecto da específica intenção de enriquecimento na burla, por exemplo, o lucro é identificado com o reverso do aumento do passivo ou da diminuição do activo patrimonial da vítima, um cálculo de onde são excluídos os proveitos extraídos indirectamente do crime, como sejam os lucros futuros. Mas já como elemento não escrito de uma diversidade de ilícitos-típicos económicos, o lucro é entendido como a vantagem económica extraída da prática do facto, um conceito que inclui também os lucros esperados no futuro e as vantagens competitivas conseguidas através do crime. No entanto, como aspecto relevante no combate à criminalidade organizada, assiste-se no Direito Comunitário e nos Direitos dos Estados Europeus à tendência para o lucro exceder os proventos extraídos da prática do crime e abranger toda a vantagem económica que se estima obtida através da actividade criminosa do autor. Neste contexto, os ganhos estimados reportam-se à globalidade da actividade criminosa e não directamente a um crime ou a crimes determinados. Exemplo disso é o conceito de produto avançado na Decisão-quadro 2005/212/ /JAI: «qualquer vantagem económica resultante de infracções penais». Mas o alargamento do conceito de lucro no âmbito da criminalidade organizada manifesta-se também no plano subjectivo, estendendo-se aos rendimentos de terceiros com quem o agente mantém relações. Neste sentido vai igualmente a Decisão-quadro citada[13]. Em suma, o próprio

---

[13] O n.º 3 do art. 3.º do diploma convida cada Estado-Membro a estudar «as medidas necessárias que o habilitem ... a declarar perdidos, no todo ou em parte, bens adquiridos pelos próximos da pessoa em questão e bens cuja propriedade tenha sido transferida para uma pessoa colectiva em relação à qual a pessoa em questão – agindo individualmente ou conjuntamente com os seus próximos – disponha de uma influência de controlo».

alargamento do conceito de lucro ilícito integra o elenco das medidas que formam a estratégia de combate ao crime organizado.

De entre essas medidas merecem destaque as que passam pela incriminação directa ou indirecta do enriquecimento injustificado e as que se centram no plano das consequências jurídicas. As primeiras consistem na criação específica de um crime de enriquecimento injustificado e na punição desta forma de enriquecimento através de uma certa concepção do crime de branqueamento de capitais. As segundas traduzem-se na aplicação de uma pena de multa pelo valor ou pela multiplicação do valor do lucro auferido com a prática do crime e no confisco dos lucros provenientes da actividade criminosa.

O debate público (ao nível nacional e internacional) em torno destas medidas tem sido afectado por alguma falta de clareza, resultante sobremaneira da falta de uma distinção entre enriquecimento ou lucro ilícito e enriquecimento injustificado. É que enquanto o lucro ilícito é composto pelos ganhos que se prova em juízo resultarem da prática de um crime, o enriquecimento injustificado é composto pelas vantagens cuja proveniência o arguido não explica de todo ou não explica satisfatoriamente. Esta distinção é tanto mais importante quanto é certo que cada um dos conceitos suscita uma ordem de problemas diferente perante a Constituição penal e processual penal. Vejamos como.

2.1. Soluções ao nível da incriminação (directa ou indirecta)

A criação de um crime de enriquecimento injustificado foi avançada entre nós no chamado Projecto João Cravinho de combate à corrupção[14],

---

[14] V. art. 2.º do Projecto de Lei n.º 374/X, que prevê uma nova redacção para o art. 386.º do CP passando a conter um crime de enriquecimento injustificado cometido por funcionário. O crime proposto não se inscreve no círculo mais vasto das medidas de combate à criminalidade organizada, pois o Projecto circunscreve-o ao âmbito específico do combate à corrupção. Também o Projecto de Lei n.º 726/X-4.ª, da autoria do grupo parlamentar do PCP, propõe a introdução do crime de enriquecimento ilícito, aditando ao CP o art. 374.º-A. Este projecto vai mais longe porque estende a autoria do crime a todos os cidadãos em relação aos quais se verifique, no âmbito de um procedimento tributário, que estejam na posse de património e rendimentos «anormalmente» (??) superiores aos indicados nas declarações de imposto anteriores.

sem ter reunido consenso, como é sabido. De quando em vez, a propósito de inquéritos a casos de corrupção, a imprensa nacional dá conta de vozes que lamentam a inexistência de um crime de enriquecimento injustificado, o qual permitiria investigar, acusar e quiçá punir situações patrimoniais suspeitas de provir de actividade criminosa[15]. Em meu entender, esta solução é de rejeitar por não ser compatível com princípios constitucionais em que se estriba o Direito Penal e Processual Penal de um Estado Democrático de Direito. A prova do risco de proveniência criminosa do património ou do modo de vida do suspeito traduz-se no fundo na prova da possibilidade de um e outro resultarem da prática de crimes, prova essa que encontra arrimo em presunções, as quais, por sua vez, serão confirmadas se não forem ilididas pelo arguido. O fundamento da condenação reside, pois, na combinação da presunção de proveniência criminosa dos ganhos e da incapacidade ou dificuldade de o arguido a ilidir, convencendo o tribunal de que tais ganhos provêm afinal de actividades lícitas. Trata-se, como é bom de ver, de um fundamento que colide frontalmente com a presunção de inocência e os seus corolários[16]. Basta que o arguido se cale, fazendo um uso normal do direito ao silêncio para que caia sobre ele, fulminante, a espada de Dâmocles da punição.

Já se argumentou na discussão recente que o crime de enriquecimento injustificado não implica qualquer inversão do ónus da prova porque o eixo da ilicitude não reside na falta de explicação para a situação patrimonial ostentada, mas na detecção de património ou de rendimentos anormalmente superiores aos indicados nas declarações (fiscais ou outras) apresentadas. A realização do ilícito-típico basta-se, portanto, com a prova da posse pelo obrigado à declaração (ou por interposta pessoa) de património ou de rendimentos desproporcionados em relação aos comunicados em declarações anteriores. Se o arguido não justificar

---

[15] V. «Diário de Notícias» de 6 de Março de 2009, p. 16, a notícia «Ministério Público diz que há indícios de enriquecimento ilícito» por parte de autarcas e funcionários da Câmara Municipal de Braga.

[16] Sobre os corolários da presunção de inocência, v. JORGE FONSECA, *Um novo processo penal para Cabo Verde*, ed. AAFDL, 2003, p. 41 e ss., considerando-a «o mais emblemático e fundamental dos princípios por que deve reger-se um processo penal de um Estado de direito».

a proveniência desse património suspeito, nada mais é necessário para a verificação do crime. Se o arguido apresentar justificação convincente, estará a contribuir para a exclusão da ilicitude do facto[17].

Esta linha de argumentação é de todo inaceitável. Considerar que o núcleo do ilícito-típico é constituído pela incongruência entre património actualmente possuído e património anteriormente declarado, ou seja, pela posse de riqueza inesperada e não revelada publicamente, significa erguer o crime sobre bases inconstitucionais. Por duas razões. Porque a Constituição garante a todos o direito à propriedade privada (art. 62.º, n.º 1) e por isso possuir riqueza, declarada ou não, não pode constituir *qua tale* um facto ilícito seja de que natureza for. Por outras palavras, não pode ser proibido simplesmente ostentar património ou rendimentos superiores ou muito superiores aos constantes de declarações anteriormente entregues. Em segundo lugar, porque a Constituição veda a criação de crimes de mera suspeita. A incriminação de situações de suspeita ou de presunção de ilicitude de certa conduta carece de um laivo mínimo de danosidade que a justifique à luz do princípio da proporcionalidade do n.º 2 do art. 18.º da CRP. Esse mínimo de danosidade só pode assentar, em minha opinião, na falta de justificação para a incongruência patrimonial, pois só a partir desta omissão do arguido há base para fundar a suspeita sobre a proveniência ilícita da sua situação patrimonial. O problema é que, como vimos, um tal fundamento inverte o ónus da prova fazendo-o recair sobre o agente, pois o ilícito-típico passa a consistir na não justificação ou na justificação não convincente da incongruência patrimonial. Dito de um outro modo, embora por esta via já seja perceptível uma certa danosidade do comportamento – a perigosidade decorrente da fundada suspeita – a punibilidade estriba-se no sacrifício do princípio da presunção de inocência.

Mas há ainda outro problema. Se a incriminação se funda na suspeita de que a desproporção patrimonial resulta da prática de crimes, a sua previsão não pode deixar de ser vista como a consagração de um princípio de oportunidade. Pois o princípio da legalidade ou obrigatoriedade

---

[17] Esta fundamentação é atribuída ao Procurador-Geral Adjunto Júlio Pereira e reproduzida pelo ex-deputado do PS João Cravinho num artigo de opinião sobre o tema publicado no jornal «Expresso», de 18 de Abril de 2009.

da acção penal não impõe da investigação do crime ou crimes de cuja prática se suspeita? Não é esta a direcção político-criminalmente correcta da investigação criminal à luz de tal princípio? Se a resposta às questões colocadas for afirmativa, como julgo que deve ser, então a incriminação do enriquecimento injustificado confere ao Ministério Público (doravante, MP) a faculdade de investigar e perseguir o suspeito por aquilo que fez ou por aquilo que tem. Um cenário de oportunidade dificilmente sustentável perante o n.º 1 do art. 219.º da CRP.

Outra forma, desta feita indirecta, mas não menos controversa, de incriminar o enriquecimento injustificado tem lugar através de uma certa interpretação do crime de branqueamento de capitais, previsto no art. 368.º--A do CP, que dispensa a comprovação de aspectos essenciais do ilícito--típico principal ou precedente. Tal interpretação insere-se numa estratégia político-criminal mais vasta de transformar o branqueamento em objectivo principal da perseguição penal, em detrimento do ilícito-típico precedente[18]. Suponhamos que a conta bancária de determinada pessoa regista movimentos de quantias avultadas de dinheiro ou que essa pessoa gasta elevadas somas de dinheiro num casino. A pessoa em causa é conhecida pelas suas ligações a uma rede de narcotráfico. Quer o Banco quer o Casino conhecem o seu currículo e ambas as instituições aceitam a aplicação do dinheiro em causa. Bastará a suspeita quanto à sua proveniência criminosa, isto é, quanto à sua obtenção através da prática de facto criminalmente ilícito para punir os agentes (o Banco e o Casino) por branqueamento de capitais? Em meu entender, a resposta é rotundamente negativa. Se o ilícito-típico principal ou precedente (no exemplo dado, o tráfico de estupefacientes) funciona no branqueamento de capitais como condição objectiva de punibilidade, como defende um sector da doutrina[19], então a sua realização fáctica tem de ser necessariamente

---

[18] Sobre esta estratégia político-criminal e outras implicações que daí decorrem, v. SOUSA MENDES/SÓNIA REIS/ANTÓNIO MIRANDA, *A dissimulação dos pagamentos na corrupção será punível também como branqueamento de capitais?*, in ROA, ano 68 (2008), II/III, especialmente p. 802 e ss.

[19] V. JORGE FERNANDES GODINHO, *Do crime de «branqueamento» de capitais*, ed. Almedina, 2001, pp. 165 e 229, nota 525, sendo a sua posição sobre este ponto, todavia, algo confusa; SOUSA MENDES/SÓNIA REIS/ANTÓNIO MIRANDA, *A dissimulação dos pagamentos na corrupção*, p. 801.

comprovada no processo. O n.º 4 do art. 368.º-A apenas permite que sejam ignorados na prova o local da prática do facto principal e a identidade dos seus autores. Significa isto que, sob pena de o facto principal não poder funcionar como condição de punibilidade do facto sucedâneo de branqueamento, têm de ser objecto de prova, no processo penal instaurado pelo crime de branqueamento, pelo menos, a realização algures de uma conduta de tráfico de estupefacientes, contando com a comparticipação da pessoa em causa, e a conexão entre essa conduta e as quantias de dinheiro que entraram na conta bancária ou foram gastas no Casino. Mas se assim é, então o branqueamento não pode funcionar como forma de punição do enriquecimento injustificado: a sua punibilidade depende da prévia comprovação objectiva da proveniência criminosa das somas de dinheiro que se pretendem branquear. O que é punido através do crime de branqueamento é, isso sim, a conversão, transferência, ocultação ou dissimulação de lucro comprovadamente ilícito.

2.2. Soluções ao nível das consequências jurídicas do crime

Outra solução preconizada é, como disse, a indexação da multa ao montante do lucro ilícito ou a um multiplicador desse montante (dobro, triplo, sêxtuplo, etc.). A multa surge assim como instrumento indirecto de confisco do lucro obtido, cuja determinação prescinde da relação com os elementos do crime. Embora consagrada em ordenamentos jurídicos europeus, como o espanhol[20], esta solução não é compatível com o sistema constitucional português, por razões que se prendem com os princípios da legalidade e da culpa. Em relação ao primeiro, não há dúvida de que a multa indexada ao lucro constitui uma pena absolutamente indeterminada. Não é possível perceber quais os seus limites máximo e mínimo através da estatuição legal, a qual, por isso, carece totalmente de moldura penal. Deste modo, a reacção punitiva do juiz torna-se impre-

---

[20] V. sobre a questão no Direito Penal espanhol, CHOCLÁN MONTALVO, *El comiso y la confiscación, medidas contra las situaciones patrimoniales ilícitas*, in Cuadernos y Estudios de Derecho Judicial, n.º 28 (2000), p. 360 e ss.; JESÚS TRILLO NAVARRO, *Delitos económicos: la respuesta penal a los rendimientos de la delincuencia económica*, ed. Dykinson, 2008, p. 148 e ss.

visível para os destinatários[21]. Por outro lado, a multa indexada ao lucro escapa ao método de aplicação desta pena fundado no princípio da culpa. Na verdade, a medida da multa é determinada por meio de três operações: fixação da quantidade de dias-multa; cálculo do montante de um dia-multa; multiplicação do número de dias-multa pelo valor do dia--multa[22]. A primeira operação, o apuramento do número de dias-multa, funda-se na culpa do agente e em necessidades de prevenção, o que obsta *ab initio* à fixação da medida da multa com base em cálculos meramente objectivos de carácter aritmético. A multa é, assim, entre nós uma verdadeira pena e não uma mera sanção pecuniária.

Mas esta solução não é viável no nosso ordenamento jurídico por uma outra razão. Os crimes cometidos sob forma organizada, que constam de um catálogo, como vimos, são – ou devem ser – crimes graves para os quais a multa não constitui em regra pena aplicável, nem como pena alternativa, nem como pena substitutiva da prisão. Apesar de subsistirem ainda alguns resquícios (*v.g.* no DL n.º 28/84), tem vindo a ser banida do nosso ordenamento – e bem – a opção político-criminal de previsão cumulativa de prisão e multa, no âmbito da qual o presente obstáculo à solução indexante não se verificaria.

Mais aceitável me parece o confisco ampliado do lucro ilícito[23] decretado na sequência de uma condenação, embora reconheça que a figura está longe de ser pacífica. A Decisão-quadro 2005/212/JAI, que tenho vindo a referir, vai no sentido de admitir um confisco dessa natureza. O n.º 2 do art. 3.º do diploma prevê a aplicação da medida uma vez apurado que o valor dos bens do condenado é desproporcionado em

---

[21] Em argumentos de legalidade se apoiou o *BVerfG* para declarar inconstitucional a *Vermögenstrafe*, uma pena patrimonial aplicável em complemento de uma pena de prisão (superior a 2 anos) e calculada sobre a totalidade do património do agente, que foi introduzida no art. 43a do StGB pela Lei de Combate à Criminalidade Organizada – v. 2 BvR 794/95, de 20 de Março de 2002. Sobre os contornos desta pena, v. KARL LACKNER, *StGB*, 21.ª ed., ed. Beck, 1995, §43 a; refere-se à *Vermögenstrafe*, na doutrina portuguesa, JORGE FERNANDES GODINHO, *Brandos costumes? O confisco penal com base na inversão do ónus da prova*, in Liber discipulorum Jorge de Figueiredo Dias, Coimbra Editora, 2003, p. 1323 e s. e nota 38.

[22] V. FIGUEIREDO DIAS, *Direito Penal Português, PG II – As consequências jurídicas do crime*, ed. Notícias, 1993, § 144 e ss.

[23] Sobre a história do confisco, antes e após o iluminismo, v. ALBERTO ALESSANDRI, *Criminalità económica e confisca del profitto*, p. 2107 e ss.

relação aos seus rendimentos lícitos «e um tribunal nacional estiver plenamente persuadido de que os bens em questão foram obtidos a partir da actividade criminosa da pessoa condenada». O diploma estende a possibilidade do confisco aos bens adquiridos durante um certo período anterior à condenação por familiares do condenado e aos bens cuja propriedade tenha sido transferida para uma pessoa colectiva na qual o condenado detém uma posição de domínio (art. 3.º, n.º 3). Embora proclame (considerando 10) o objectivo de assegurar que todos os Estados-membros disponham de regras sobre a perda dos produtos do crime, «nomeadamente, no que respeita ao ónus da prova relativamente à origem dos bens detidos por uma pessoa condenada pela prática de uma infracção relacionada com a criminalidade organizada», o diploma não impõe nenhuma solução nesta matéria.

Em algumas ordens jurídicas europeias deparamos com medidas de confisco ampliado que vão além do estabelecido na Decisão-quadro. No Direito inglês, o *Drug Trafficking Act* de 1994 e no *Proceeds of Crime Act* de 2002[24], no Direito italiano, as leis ns. 575 de 1965, 501 de 1994, 45 de 2001 e 228 de 2003[25], no Direito espanhol, o Projecto de Lei de 2007 de modificação do CP[26], no Direito português, a Lei n.º 5//2002 (art. 7.º e ss.)[27], acolhem um regime de confisco ampliado assente estruturalmente numa presunção e numa inversão do ónus da prova. A suspeita[28] ou a condenação[29] pela prática de um crime sob forma

---

[24] Para mais detalhes sobre estes diplomas, v. MILLINGTON/WILLIAMS, *The proceeds of crime*, Oxford, 2003, p. 278 e ss.

[25] V. ALBERTO ALESSANDRI, *Criminalità económica e confisca del profitto*, p. 2110 e ss.

[26] Publicado no Boletin Oficial de las Cortes Generales (Serie A) de 15 de Janeiro de 2007. Sobre a orientação do Projecto no que diz respeito ao confisco, v. JESÚS TRILLO NAVARRO, *Delitos económicos*, p. 84 e ss.; TERESA AGUADO CORREA, *La regulación del comiso en el Proyecto de Modificación del Código Penal*, in RECPC 05-04 (2003).

[27] Para mais detalhes sobre o confisco nos sistemas jurídicos europeus, v. ALBERTO ALESSANDRI, *Criminalità económica e confisca del profitto*, p. 2137 e ss.; JORGE FERNANDES GODINHO, *Brandos Costumes? O confisco penal*, p. 1320 e s.

[28] É quanto basta para accionar o confisco no âmbito da aplicação de medidas preventivas previstas na legislação italiana, por exemplo, na Lei n.º 575 de 1965 (revogada em 1990)– v. ALBERTO ALESSANDRI, *Criminalità económica e confisca del profitto*, p. 2110 e s.

[29] Como exige de forma peremptória o art. 7.º da Lei n.º 5/2002.

organizada lança a suspeita ou torna razoável a suposição de que os sinais exteriores de riqueza manifestados pelo arguido provêm da actividade criminosa em cujo quadro o crime foi cometido. A associação entre aqueles sinais e a intencionalidade lucrativa própria da criminalidade organizada alimenta tal suposição. Isto posto, à acusação compete provar a desproporção entre o património ostentado e o rendimento licitamente obtido pelo arguido e a este cabe ilidir a suspeita de que essa incongruência patrimonial se funda na actividade criminosa organizada. Tal incongruência constitui a base da presunção e do ónus da prova invertido[30]. Se o arguido não ilidir a presunção, ou o fizer de forma deficiente ou não convincente, contribuirá para a convicção do tribunal de que os bens resultam da actividade criminosa e promoverá a aplicação do confisco.

O confisco de bens, assim concebido, cumpre finalidades político-criminais idênticas à da perda de bens e vantagens relacionados com a prática do crime: reforçar na consciência colectiva o lema de que o crime não compensa e evitar que o património obtido de forma criminosa organizada seja utilizado para cometer novos crimes ou para ser «investido» na economia legal. A sua natureza é, pois, eminentemente penal, constituindo em nosso entender um efeito da pena[31-32].

---

[30] Não acompanho, pois, DAMIÃO DA CUNHA, *Perda de bens a favor do Estado*, in CEJ (org.), Medidas de combate à criminalidade organizada e económico-financeira, Coimbra Editora, 2004, pp. 137, 143 e 148, quando afirma, tendo por base a Lei n.º 5//2002, que a presunção de ilicitude patrimonial recai sobre «todo o património» (no entanto, em outras passagens, como a da p. 147, defende que a presunção do art. 7.º «refere-se exclusivamente à 'não congruência' de certo património»). A meu ver, a liquidação dirigida (e não necessariamente realizada) pelo MP possui três operações: levantamento de todo o património actual e adquirido nos últimos 5 anos; apuramento do rendimento lícito; diferença entre um e outro.

[31] Sobre a figura do efeito da pena, v. FIGUEIREDO DIAS, *Direito Penal português*, *PG, II*, §s. 85 e s., 227 e ss., cujo traço distintivo principal é a filiação em exigências de prevenção e não em exigências de culpa, por isso que não é verdadeira pena. O confisco é, em minha opinião, um efeito patrimonial, não automático, da pena.

[32] Não me parece correcta a caracterização do confisco da Lei n.º 5/2002 como «uma reacção análoga a uma medida de segurança», como defende JORGE FERNANDES GODINHO, *Brandos costumes? O confisco*, p. 1349, seguindo a posição de FIGUEIREDO DIAS acerca da perda de vantagens do crime do art. 111.º do CP. Por um lado, porque o confisco ampliado do art. 7.º pressupõe a condenação e só pode ser condenado quem age com culpa. Por outro lado, porque o confisco ampliado, sendo medida excepcional,

Com tais finalidades e configuração jurídica, o confisco ampliado escapa às críticas a que vimos estar sujeita a solução de incriminação do enriquecimento injustificado. Enquanto neste a não infirmação pelo arguido da suspeita de proveniência ilícita do património constitui a confirmação da culpa e portanto o fundamento da punição, no confisco essa não infirmação é apenas pressuposto de um efeito da pena, nenhuma relação mantendo com a culpa. Na Lei n.º 5/2002, o confisco tem como pressuposto a condenação do arguido por um crime do catálogo cometido sob forma organizada e neste capítulo não funciona qualquer presunção (a qual, a existir, só poderia ser uma presunção de culpa, frontalmente contrária ao princípio da presunção de inocência). Deste modo, a presunção da ilicitude dos lucros e a incapacidade para a ilidir, que compõem o instituto em apreciação, não atingem o núcleo essencial do princípio da presunção de inocência e dos seus corolários.[33]

Não se ignora que o confisco ampliado assenta numa presunção *juris tantum* e numa inversão do ónus da prova[34], que têm por objecto a matéria que subjaz à aplicação de um efeito da pena, e que a medida é decretada numa altura em que a sentença condenatória ainda não transitou em julgado e em que, portanto, se mantém em vigor a presunção de inocência. Mas não pode esquecer-se que a aplicação do confisco na sentença condenatória tem em vista estender o direito ao recurso a este efeito da pena, o que não sucederia se essa aplicação tivesse lugar após o trânsito em julgado. A menos que o confisco culminasse um incidente processual autónomo, de natureza civil ou «administrativo-fiscal», a

---

dotada de especial gravosidade, deve ter pressupostos de aplicação mais apertados do que a perda de vantagens, designadamente quanto ao universo de destinatários. Parece-me, pois, mais adequado considerá-la um efeito da pena, inaplicável por isso em caso de absolvição (o que sucederá, por exemplo, se o arguido for declarado inimputável). De rejeitar é também a caracterização da figura como «uma medida de carácter não penal (no sentido de que nada tem a ver com o crime)... No fundo, uma sanção administrativa prejudicada por uma anterior condenação penal», sustentada por DAMIÃO DA CUNHA, *Perda de bens a favor do Estado*, pp. 134 e 150, pelas razões acima apontadas e por outras de que me ocuparei *infra*.

[33] Igualmente, neste sentido, v. RUI PEREIRA, *A criminalidade económica*, p. 163, nota 28.

[34] Sobre a relação entre ambos os aspectos, baseada na concepção da presunção como regra de prova, v. JORGE GODINHO, *Brandos costumes? O confisco penal*, p. 1318 e s.

empreender após o trânsito em julgado da sentença condenatória, solução que tem sido adoptada em outras ordens jurídicas e é defendida entre nós por LOURENÇO MARTINS[35] e DAMIÃO DA CUNHA[36], mas então a figura não só perderia a ligação ao crime e ao contexto organizado em que este foi praticado e, portanto, natureza penal[37], como ainda suscitaria uma série de problemas de difícil resolução, mormente o de saber quais as garantias do condenado em tal procedimento. O sistema constitucional de garantias afectas ao processo penal, designadamente a presunção de inocência, não suporta uma espécie de «burla de etiquetas» que consiste em relegar para formas de processo não penal, subtraídas à influência daquelas garantias (pelo menos à sua influência mais forte) medidas de carácter punitivo (embora acessório) que cumprem finalidades de prevenção geral positiva próprias do sistema penal[38].

Por estes motivos, penso que é a todos os títulos preferível que o confisco seja objecto de um incidente processual enxertado e correndo paralelamente ao processo penal e seja decretado na sentença condenatória. Reconheço que isso implica alguma compressão do princípio da presunção de inocência. Trata-se, contudo, de uma compressão que não é desproporcional e, consequentemente, inconstitucional[39]. Não só por-

---

[35] V. *Luta contra o tráfico de droga – Necessidades da investigação e sistema garantístico*, in RMP, ano 28 (2007), n.º 111, p. 50 e ss.

[36] V. *Perda de bens a favor do Estado*, p. 150.

[37] Na verdade, o crime passaria a constituir apenas o pretexto e não já o fundamento do confisco. Perante este cenário, caberia perguntar: por que não prescindir do crime e do processo penal na aplicação do confisco? Para desencadear um procedimento administrativo ou civil não bastaria a constatação da incongruência entre a totalidade do património e o rendimento lícito?

[38] É esta, quanto a mim, a crítica principal a endereçar à posição em causa: começando por considerar o confisco como uma «sanção tão incisiva» que justifica a maior segurança e certeza na sua aplicação (assim, DAMIÃO DA CUNHA, *Perda de bens a favor do Estado*, p. 162) ela acaba por preconizar a aplicação da medida num procedimento administrativo autónomo, posterior ao processo penal. Acaso um procedimento deste tipo oferece a solenidade e o rol de garantias que a aplicação de uma sanção desta natureza reclama? Sobre esta questão, respondendo-lhe negativamente, v. JOHN VERVAELE, *Las sanciones de confiscación: un intruso en el Derecho Penal?*, in Doctrina Penal, n.º 2 (1998), p. 79 e s.

[39] Em sentido oposto, v. JORGE FERNANDES GODINHO, *Brandos costumes? O confisco*, p. 1358 e s.

que colhe fundamento na necessidade de combater o lucro ilícito em formas graves de criminalidade, altamente lesivas de bens jurídicos e corrosivas da coesão social, mas também porque não incide sobre aspectos que influenciam ou fundamentam a condenação e a aplicação de pena. A presunção que cria para o arguido um ónus da prova não é a de que ele é culpado da prática do crime que é objecto do processo ou da prática de outros crimes difíceis de provar (isso sim, seria uma presunção de culpa)[40], mas a de que a diferença estimada entre o património que ele ostenta e os seus rendimentos lícitos provém da actividade da organização criminosa em cujo âmbito o crime pelo qual é condenado foi praticado. Esta presunção traz implícito apenas que aquela diferença patrimonial tem origem em negócios e transacções ocorridos no quadro da actividade criminosa organizada. Nada mais.

A compatibilidade do confisco ampliado previsto no *Drug Trafficking Act* de 1994 com o princípio da presunção de inocência (consagrado no art. 6.º § 2 da Convenção Europeia dos Direitos do Homem) foi, de resto, afirmada com argumentos parcialmente idênticos pelo Tribunal Europeu dos Direitos do Homem no caso *Phillips vs. Reino Unido*, em Acórdão de 5 de Julho de 2001[41]. *Brevitatis causa*, o Tribunal centrou a sua argumentação em dois pontos essenciais. Na ideia de que o confisco não implica uma nova acusação (*charge*), nem uma nova condenação ou absolvição, antes pressupõe a declaração de culpa centrada num objecto distinto (o crime que é alvo de condenação) e consiste numa operação análoga à determinação pelo Tribunal do montante da multa ou

---

[40] Neste sentido, que me parece errado, v. JORGE FERNANDES GODINHO, *Brandos costumes? O confisco*, pp.1350 e s., 1353 e 1359, para quem ao provar a origem lícita do património, o arguido está indirectamente a provar a sua inocência relativamente à prática de outros crimes (idêntica posição é tomada por DAMIÃO DA CUNHA, *A perda de bens a favor do Estado*, p. 127).

[41] V. sobre este Acórdão ANTÓNIO HENRIQUES GASPAR, *Tribunal Europeu dos Direitos do Homem (direito penal e direito processual penal) 2001*, in RPCC, ano 12 (2002), p. 291 e s.; JORGE FERNANDES GODINHO, *Brandos costumes? O confisco*, p. 1352 e ss., em tom crítico. Uma análise da jurisprudência anterior do Tribunal Europeu dos Direitos do Homem, designadamente do caso *Welch vs. Reino Unido*, no qual o tribunal defendeu a compatibilidade da "confiscation order" com o art. 6.º da Convenção e a natureza sancionatória penal da medida, opondo-se à possibilidade da sua aplicação retroactiva; v. JOHN VERVAELE, *Las sanciones de confiscación*, p. 68 e ss.

da medida da prisão a serem impostos a um sujeito já condenado (v. § 34 do Acórdão). Mas o Tribunal apoiou-se também na assunção, a meu ver discutível[42], de que, pese embora a presunção de inocência ilumine o processo penal na sua totalidade e não somente a apreciação dos méritos da acusação, o princípio surge apenas em conexão com o crime que é objecto da acusação (e do processo) e, por isso, não é aplicável ao confisco – «uma vez comprovada a culpa pela prática desse crime, o art. 6.º § 2 não é aplicável a alegações sobre o carácter e a conduta do arguido enquanto parte da formação da sentença ...» (v. § 35 do Acórdão). Se não é aceitável circunscrever a presunção de inocência à questão da culpabilidade, colocando fora da sua alçada a questão da sanção, nem tão pouco fazer depender a força normativa do princípio da fase em que o processo se encontra, não é defensável também considerar a presunção de inocência um princípio absoluto, subtraído ao conflito e à ponderação prática.

Se não é ilegítimo que o confisco seja aplicado na sentença condenatória, como efeito da pena, já é inadmissível que seja executado antes do trânsito em julgado daquela sentença. A observância desta condição é importante para adequar a medida sancionatória ao princípio da presunção de inocência, pois, servindo-nos de um critério difundido na doutrina[43], torna-a socialmente suportável face à possibilidade de o arguido a quem é aplicada vir a ser declarado inocente e absolvido em sede de recurso[44].

---

[42] V. a opinião divergente dos juízes BRATZA e VAJIC anexa ao Acórdão, contestando, com razão, a posição da maioria dos juízes segundo a qual o art. 6.º § 2 da Convenção não á aplicável ao procedimento de confisco.

[43] Sobre este critério v. FIGUEIREDO DIAS, *Sobre os sujeitos processuais no novo Código de Processo Penal*, in CEJ (org.), Jornadas de Direito Processual penal: o novo Código de Processo Penal, ed. Almedina, 1993, p. 27, reportando-se às medidas de coacção; KLAUS VOLK, *Grundkurs StPO*, 4.ª ed., ed. Beck, 2005, § 8 n.º 4.

[44] No sentido da necessária precedência de condenação, v. JORGE FERNANDES GODINHO, *Brandos costumes? O confisco*, pp. 1342 e 1347, admitindo, porém, contraditoriamente, a aplicação da medida a inimputáveis e agentes sem culpa (v. p. 1349 e nota 102); PINTO DE ALBUQUERQUE, *Comentário do Código de Processo Penal*, art. 127.º anot.16 i). Não são aceitáveis soluções, como a do Projecto de revisão do CP espanhol, que admitem a aplicação do confisco mesmo em caso de absolvição do arguido. Desse modo, a figura é aproximada do arresto civil e perde ligação ao crime, com repercussões inevitáveis ao nível da perda de garantias quanto à sua aplicação.

A Lei n.º 5/2002 não prevê a extensão do confisco ao património da própria organização criminosa. Quando não há lugar à condenação pelo crime de associação criminosa, a falta da previsão de tal medida constitui uma falha político-criminal grave. A condenação de um dos membros da organização criminosa deve possibilitar a sujeição a confisco do próprio património desta. Sobre este património recairá então a presunção de proveniência criminosa nos termos acima enunciados e sobre o membro ou membros condenados – enquanto representantes ou membros da organização – o ónus de ilidir essa presunção. A justeza desta medida é tanto maior quanto ela se louva na circunstância – por diversas vezes reiterada *supra* – de a condenação assentar também na prova de que o crime ou crimes foram cometidos no quadro e em proveito de organização criminosa. Um aspecto que o legislador português deve considerar tendo em vista o aperfeiçoamento dos instrumentos previstos na Lei n.º 5/2002.

3. O confisco do lucro ilícito no art. 7.º e ss. da Lei n.º 5/2002: limites de validade e regras de aplicação

O confisco ampliado vem previsto no art. 7.º e ss. da Lei n.º 5/2002 nos moldes anteriormente descritos. Pelas razões que antes expus, o disposto nestes preceitos não atinge o núcleo essencial do princípio da presunção de inocência e seus corolários. Ponto é, no entanto, que se verifiquem algumas condições que formam os pressupostos de validade do instituto, e sejam seguidas algumas regras na sua aplicação. Passo a enunciar umas e outras de forma um tanto apodíctica.

   i) Do ponto de vista legislativo deve ser observado um critério estreito de proporcionalidade na inclusão de novos crimes nos catálogos dos arts.1.º do CPP e da Lei n.º 5/2002 e ser introduzido *de pleno* nesses catálogos o correctivo que vincula a aplicação do confisco e das restantes medidas processuais excepcionais à comprovação efectiva da comissão do crime sob forma organizada.

   ii) No plano processual o MP deve fazer a prova da factualidade que subjaz à presunção, nomeadamente do valor do património do arguido, do valor do seu rendimento lícito e do valor da disparidade entre este e aquele, reportada temporalmente aos 5 anos anteriores à condenação[45]. Deste modo, o ónus da prova é repartido pelo MP e pelo arguido, cabendo a este apenas ilidir a presunção de que o valor da incongruência patrimonial provém da actividade criminosa organizada;

iii) No plano da sentença o juiz deve decidir a questão (acessória) do confisco após a decisão da questão (principal) do crime, ou seja, aquela deve ser decidida, tendo em conta a defesa apresentada pelo arguido, após terem sido decididas as questões da culpabilidade e da sanção, nos termos dos arts. 368.º e 369.º do CPP. Esta regra procedimental é importante para que o juízo acerca da questão principal não seja contaminado pela metodologia diversa que a questão acessória implica;

iv) Indispensável é também que tenha havido condenação em pena efectiva pois seria manifestamente desproporcional a aplicação de uma medida tão gravosa do ponto de vista dos direitos patrimoniais na sequência de uma simples dispensa de pena ou mesmo de uma condenação em pena suspensa[46];

v) A medida não deve afectar terceiros de boa fé, que tenham adquirido legalmente os bens[47], sejam familiares do condenado,

---

[45] Não tem razão JORGE FERNANDES GODINHO, *Brandos costumes? O confisco penal*, ps.1327 e 1343 (nem PINTO DE ALBUQUERQUE que o secunda) quando considera que o regime português assenta numa pura e simples inversão do ónus da prova, não exigindo a comprovação de elementos adicionais que sustentem a provável origem criminosa dos bens. Convém recordar que tem de ser provado, antes de mais, que o arguido praticou o crime sob forma organizada e que a condenação se documentou também nessa prova. É daí, da incongruência entre o património detido e os rendimentos lícitos e – aspecto adicional importante em minha opinião – da articulação destes aspectos com o género de actividade criminosa que o condenado realizava, que nasce a presunção da proveniência ilícita de uma parcela desse património. Se, por exemplo, o arguido é condenado por ser membro de uma organização terrorista internacional não vemos como possa surgir, só por isso, a suspeita séria de que os bens que ele possui provêm daquela actividade criminosa: o terrorismo necessita de fundos para se financiar mas não é uma actividade geradora de lucros.

[46] Em sentido idêntico, v. DAMIÃO DA CUNHA, *Perda de bens a favor do Estado*, p. 125, nota 1.

[47] O Projecto de 2007 de Modificação do Código Penal espanhol consagra expressamente este princípio.

sejam pessoas colectivas, em nome da pessoalidade da pena e dos seus efeitos. Não é admissível, designadamente, que a presunção funcione contra terceiros, impondo-lhes o ónus de provar a licitude da doação ou da transacção através da qual receberam os bens[48];

vi) A medida deve ser executada apenas após o trânsito em julgado da sentença condenatória, pelas razões aduzidas *supra*;

vii) O arresto constitui, sem dúvida, uma importante condição de eficácia do confisco. Não pode, contudo, ser requerido pelo MP e decretado pelo juiz antes da acusação. O n.º 2 do art. 10.º da Lei n.º 5/2002 dispõe que o arresto incide sobre o valor apurado como vantagem resultante da actividade criminosa. Ora, esse apuramento tem lugar aquando da liquidação pelo MP (ou por entidade por ele coordenada) na acusação. A expressão «a todo o tempo» deve reportar-se, assim, a todo o tempo após a acusação. Este regime não comprometerá a eficácia do confisco, já que o arguido pode durante o inquérito desfazer-se da totalidade ou de parte do seu património? Talvez, mas a solução não poderá residir na convocação ao presente contexto dos arts. 181.º, n.º 1, e 228.º do CPP, em especial do argumento de que quer a apreensão, quer o arresto, podem ser decretados legalmente durante o inquérito. Por um lado, o art. 10.º define um regime especial que, nos termos gerais, derroga o regime geral. Por outro lado, o regime geral contido nos preceitos do CPP mencionados não se adequa ao presente contexto. O n.º 1 do art. 181.º refere-se à apreensão, um meio de obtenção da prova cuja aplicação depende do grande interesse para a descoberta da verdade ou para a prova dos objectos visados, pressupostos que fazem pouco ou nenhum sentido quando relacionados com o arresto. Por seu turno, o regime do arresto preventivo do art. 228.º não é transponível para o âmbito do arresto da Lei n.º 5/2002 por duas ordens de razões. Em primeiro lugar, o arresto preventivo é uma figura subsidiária da caução económica: só é

---

[48] Igualmente neste sentido, JORGE FERNANDES GODINHO, *Brandos costumes? O confisco*, pp.1345 e 1348.

decretável a requerimento e quando tiver sido fixada e não prestada caução económica (v. também o n.º 5 do art. 228.º). Depois, porque os bens objecto do arresto correspondem ao valor fixado para a caução económica. Ora, no quadro do confisco ampliado não só não está prevista a figura da caução económica, como o valor fixado para o arresto resulta por inteiro da liquidação realizada na acusação. Sem prejuízo de intervenção legislativa sobre a Lei n.º 5/2002 com vista a corrigir estes pontos e a aumentar a eficácia do arresto, penso que, no quadro vigente, é possível por via interpretativa melhorar um pouco este aspecto. Na verdade, a Lei não impõe que o arresto seja decretado após audição do arguido ou sequer após a notificação ao arguido da liquidação efectuada ou coordenada pelo MP. É certo que o n.º 4 do art. 8.º estipula que recebida a liquidação no tribunal «é imediatamente notificada ao arguido e ao seu defensor», mas, como é bom de ver, nada impede que essa notificação seja precedida do arresto dos bens. «Imediatamente» não significa «antes de» proceder ao arresto. Sendo o arresto executado antes de o arguido tomar conhecimento da instauração do procedimento de confisco enxertado no processo penal, isso diminuirá certamente a probabilidade de este dissipar os bens.

Criminalidade organizada e corrupção

CARLOS RODRIGUES DE ALMEIDA
Juiz Desembargador

1. Colocação do problema

Uma intervenção sobre a criminalidade organizada e a corrupção num painel que perspectiva todos os temas que nele são tratados do ponto de vista da investigação criminal e da aquisição e preservação da prova parece-me que afasta por completo do seu âmbito uma pretensão de análise dogmática dos tipos incriminadores e uma abordagem dos problemas que, em face da lei vigente, se colocam, a esse nível, ao aplicador.

A meu ver, nem mesmo comporta qualquer reflexão que tenha por objecto central o significado político-criminal e o sentido que tiveram as diversas alterações introduzidas desde a entrada em vigor do actual Código Penal na configuração dos tipos que prevêem e punem este fenómeno.

Apesar da relevância destes aspectos e de ter a consciência de que eles não podem deixar de estar sempre presentes, pareceu-me mais útil e adequado utilizar esta oportunidade para partilhar convosco algumas das preocupações que, no respeitante à incriminação da corrupção, me assolam como cidadão empenhado na coisa pública, que procura estar atento à realidade e que, beneficiando da experiência que a profissão de juiz lhe proporciona, do estudo que ela exige e da reflexão a que o seu exercício necessariamente conduz, pretende continuar a manter um olhar crítico sobre a realidade.

A principal dessas preocupações tem a ver com o modo como se têm estruturado os tipos penais relativos à corrupção, os elementos objectivos e subjectivos que os integram, a forma como eles se caracterizam e distinguem, como se articulam com as normas processuais penais características de um Estado de Direito Democrático, as dificuldades de prova que essa conformação gera e a ineficiência que provoca.

No seu Tratado de Direito Penal, a propósito da construção da teoria da infracção, Jescheck afirma que ela *«deve ser compatível com as condições do exercício da acção penal num procedimento formalizado».* Deve *«ser clara e simples para que possa ser aplicada de modo igualitário e seguro na actuação quotidiana da polícia, do Ministério Público e dos tribunais que actuam num período limitado de tempo e com escassez de pessoal».* *«Os elementos do conceito de crime devem poder ser provados de forma credível no processo penal através dos meios probatórios admissíveis. Por isso, os elementos subjectivos apenas devem ser previstos se se encontrarem de tal forma vinculados a factores objectivos que possam ser averiguados com facilidade»* e, acrescento eu, possam ser determinados de uma forma segura.

Preocupações como as que Jescheck exprime quanto aos cuidados a ter na construção da teoria da infracção levam-me a questionar se os tipos incriminadores neste campo se encontram construídos de uma forma que permita enfrentar o fenómeno da corrupção como ele se apresenta hoje nas sociedades ocidentais. Não punindo os comportamentos que não têm dignidade penal e não carecem de tutela deste ramo do ordenamento jurídico, mas também sem deixar impunes aqueles actos que, com base nesses mesmos critérios, devam ser sancionados.

O legislador português terá estruturado os tipos incriminadores de uma forma clara e simples? Os elementos que os integram, sem deixarem de traduzir a danosidade social constitucionalmente exigível, que se consubstancia nas consequências políticas, sociais e económicas da corrupção, serão susceptíveis de prova simples e segura através dos meios próprios do processo penal? Os elementos subjectivos – que a meu ver distinguem a corrupção para acto lícito da corrupção para acto ilícito e justificam a previsão de molduras penais significativamente diferentes – poderão ser averiguados e comprovados com facilidade de uma forma fiável?

No início da minha carreira, quando era ainda estagiário, um colega mais velho contava-me que, numa comarca do litoral onde tinha estado colocado, perguntava por vezes aos agentes da fiscalização económica de então que lhe apareciam sistematicamente com processos relativos a pequenos crimes de especulação se as redes deles eram diferentes das dos pescadores daquela comarca, que apanhavam os peixes grandes e deixavam escapar os pequenos.

Em termos equivalentes perguntarei: não estarão os nossos instrumentos penais em geral e as instituições que os aplicam mais aptos para combater a corruptela do que a corrupção?

2. As dificuldades de punição da corrupção

É a este conjunto de perguntas que, de uma forma breve, pretendo dar uma primeira resposta, com a convicção de que ela é apenas um contributo para uma discussão, embora não mais do que isso. Ora, a meu ver, os tipos penais relativos à corrupção são excessivamente complexos, de prova demasiado difícil, contendo elementos subjectivos que, em muitos casos, a custo são determináveis com rigor, não obstante ser deles que depende a imposição de penas com uma duração muito diferente, com as consequências que daí resultam, nomeadamente, em sede de prazos de prescrição e dos instrumentos processuais que podem ser utilizados. Na verdade, da qualificação do acto que o funcionário praticou ou pretendia vir a praticar como contrário aos deveres do cargo depende, ao nível substantivo, a aplicação do prazo prescricional de 10 anos – e não o de 5 anos que é o previsto para o caso de se tratar de um crime de corrupção para a prática de acto lícito – e, no campo processual, o leque das medidas de coacção aplicáveis – nomeadamente a possibilidade de imposição da suspensão do exercício de funções, prevista no artigo 199.º do Código de Processo Penal – e mesmo, embora de forma não inequívoca, a possibilidade de realização de escutas telefónicas. Isto quando se sabe que, na corrupção, que não lesa directa e imediatamente nenhuma pessoa em particular e para a qual, muitas vezes, existe um acordo entre o corruptor e o corrupto, que os associa também no propósito de esconder a sua actividade delituosa, a prova será sempre difícil e as cifras negras elevadas.

Para além de complexos e de prova difícil, os tipos legais relativos à corrupção, tal como eles são tradicionalmente configurados entre nós, não incluem no seu âmbito comportamentos com elevada danosidade social e igualmente carentes de tutela penal.

Embora em Portugal, que eu conheça, não existam investigações criminológicas adequadas, baseadas em trabalhos de campo amplos, julgo ser pacificamente aceite que a corrupção não é, nas sociedades ocidentais de hoje, um acto pontual praticado apenas no exercício de funções administrativas e judiciárias por agentes de baixo escalão hierárquico.

Para além dos problemas que se suscitam, mesmo no âmbito dessas funções, em especial quando reportadas ao exercício de poderes discricionários, e deixando de lado, para este efeito, a chamada corrupção no sector privado, não se pode ignorar que o comportamento corrupto também pode ter lugar no exercício de funções legislativas.

Até 2001 essas funções estiveram por completo excluídas do âmbito da tutela penal porquanto o legislador transpôs para a Lei n.º 34/87, de 16 de Julho, sem alterações de maior, os tipos concebidos para a punição dos funcionários, o que exigia que sobre o acto prometido ou praticado pudesse ser formulado um juízo de licitude ou ilicitude, juízo esse que não se podia fazer quanto a actos legislativos, salvo, eventualmente, se eles fossem inconstitucionais ou ilegais.

Para que não se suscitem equívocos, é preciso dizer que não me conto entre aqueles que diabolizam a chamada "classe política", mas não posso deixar de reconhecer que em todas as actividades em que se exerce um poder, por mais ínfimo que seja, pode haver abuso, pode o seu titular aproveitar o exercício da função para obter benefícios pessoais ilegítimos, para si ou para os seus, por mais amplo que seja o universo dos beneficiários.

Tomando como paradigma, para este efeito, a corrupção passiva para acto ilícito, todos sabemos que o artigo 372.º do Código Penal e as outras disposições legais que, com maior ou menor variação, incriminam semelhante tipo de condutas, exigem que o agente, dolosamente e sem que lhe seja devida, solicite ou aceite vantagem, patrimonial ou não patrimonial, ou a sua promessa para um qualquer acto ou omissão contrários ao dever do seu cargo, prevendo a lei a aplicação a esse comportamento de uma pena de prisão de 1 a 8 anos.

E também sabemos que o crime se consuma com a mera solicitação ou aceitação, não exigindo o efectivo recebimento da vantagem, nem muito menos a prática do acto ilícito pelo funcionário.

Por mais ténue que seja a conexão que se prevê existir entre a solicitação ou aceitação e o acto funcional, este tem de se encontrar minimamente determinado ou ser, pelo menos, determinável.

Ora, essa forma de configurar o tipo incriminador tem em mente, do meu ponto de vista, uma corrupção pontual, ocasional, a pequena corrupção que, em geral e com mais facilidade, é apanhada nas malhas da justiça e é objecto de condenação. Sem pretender desvalorizar a sua relevância, até pelo sentimento que gera na comunidade, considero, no entanto, que não deve ser ela o objecto central de uma política criminal que pretenda, actualmente, responder de forma adequada a este fenómeno.

Com efeito, os comportamentos que prioritariamente importa sancionar são aqueles que se inserem na corrupção organizada e sistémica. Essa tece-se longamente, é fruto de relações prolongadas, está, na maior parte dos casos, relacionada com a actividade empresarial, gera, ao longo do tempo, actos de mútuo benefício cujas conexões, muitas vezes, nem os próprios conseguem individualizar.

Num sistema processual que, para a condenação, impõe que a infracção se prove para além de qualquer dúvida razoável e no qual se aplica, e deve continuar a aplicar, o princípio *in dubio pro reo*, não podemos estranhar que muitos desses casos dificilmente possam ser objecto de prova segura e, consequentemente, de condenação no nosso sistema penal.

E com isto chegamos ao segundo ponto de que, a este propósito, vos queria falar.

Se muitas vezes já se torna extremamente complexo provar a conexão entre o acto do corruptor e o do corrupto, não se torna menos complexo provar que a solicitação ou a aceitação estão relacionadas com a prática de um acto ilícito.

E se atentarmos na diferença que existe entre as molduras penais – a prisão de 1 a 8 anos no caso de corrupção passiva para acto ilícito e a prisão até 2 anos ou a multa até 240 dias no caso de corrupção passiva para acto lícito – não poderemos deixar de questionar se será apropriado que uma variação tão significativa da pena aplicável deva ficar dependente da prova de um elemento subjectivo, que constitui uma prova, em muitos casos, extremamente difícil e pouco segura.

Como já atrás aflorei, muitos dos poderes conferidos aos funcionários, com a extensão que este conceito assume em direito penal, têm natureza discricionária, sendo o seu exercício dificilmente sindicável.

Não nos podemos admirar que em muitos desses casos se acabe também por considerar que o acto não era ilícito e que o agente, se vier a ser punido, o seja pelo crime fundamental e não pelo qualificado.

A estas dificuldades, que têm origem na configuração legal das incriminações, soma-se uma outra, que tem a ver com uma certa cultura judiciária vigente entre nós.

Na realidade, não posso deixar de dizer que, da parte de alguns operadores judiciários, se verifica alguma dificuldade no momento de apreciar a prova neste tipo de casos.

Não que, a meu ver, se deva baixar o *standard* de prova, que se deva ser menos exigente quanto à prova de determinados crimes, nomeadamente dos de corrupção. O padrão de aferimento deve, em todos os casos, ser o mesmo.

O tribunal só deve condenar quando não tiver qualquer dúvida razoável de que o agente praticou o crime.

Mas o tribunal não pode exigir prova directa de elementos do tipo incriminador que só indirectamente se podem provar. Exprimindo-me através de terminologia cara aos civilistas, através de inferências de factos instrumentais, esses sim objecto de prova directa.

As «máximas de experiência», que *«incluem conhecimentos técnicos, leis científicas e simples generalizações do senso comum»*, permitem e impõem, quer pelo seu peso individual, quer pela força que lhes advém da valoração conjunta, que o tribunal alcance, de forma suficientemente segura, conclusões sobre factos que não foram, e dificilmente poderiam ser, objecto de prova directa.

Portanto, sem abdicar de qualquer garantia em relação à prova, o magistrado deve ser capaz de extrair de determinados factos as conclusões que, com alto grau de probabilidade, eles propiciam, assumindo a responsabilidade pelas inferências realizadas e procurando demonstrar através da motivação da decisão, em termos que sejam endo e extraprocessualmente controláveis, o que o levou a decidir da forma como o fez.

3. Procurando vias de saída

Sendo estas algumas das razões que explicarão um tão baixo nível de condenações penais em matéria de corrupção, pergunto: tem justificação bastante exigir a conexão entre o acto e a vantagem? Deve manter-se, ainda hoje, com a relevância que tem, a distinção entre corrupção passiva própria e imprópria quando, para a consumação do crime, não se exige a prática efectiva do acto funcional e a prova da sua ilicitude gera tantas dificuldades?

Deve manter-se o paralelismo quanto aos fundamentos da qualificação dos crimes de corrupção passiva e activa? Justificar-se-á assentar a qualificação desses crimes exclusivamente na natureza ilícita do acto quando existem outros factores que agravam consideravelmente a sua ilicitude?

Não será possível, através da previsão de uma moldura penal suficientemente ampla, com a simultânea exclusão da tipicidade de comportamentos que não justificam a intervenção penal, os quais podem obter adequado e mais célere sancionamento por via do direito disciplinar, e através da aplicação, aos casos típicos de menor gravidade da pena de multa alternativa e das penas de substituição previstas, com grande generosidade, na versão actual do Código Penal, não será possível, perguntava, conceber um tipo base que não inclua entre os seus elementos qualquer referência à natureza lícita ou ilícita do acto funcional?

Parece-me bem que sim e, mais do que isso, parece-me até que o modelo dessa incriminação já consta hoje do Código Penal, no n.º 2 do artigo 373.º, na redacção que foi introduzida neste preceito pela Lei n.º 108/2001, de 28 de Novembro, se bem que, no contexto em que hoje se insere, uma tal incriminação se encontre, em grande medida, desvalorizada e subalternizada, estando as condutas que incrimina equiparadas, em termos da pena que lhes corresponde, às de corrupção passiva para a prática de acto lícito.

Constituiria então corrupção passiva, punível com a pena que se considerasse adequada, que poderia ser a de prisão até 5 anos ou multa até 600 dias, o acto de o funcionário solicitar ou aceitar, para si ou para terceiro, sem que lhe fosse devida, vantagem patrimonial ou não patrimonial de pessoa que tivesse tido, tivesse ou fosse previsível que viesse a ter qualquer pretensão dependente do exercício das suas funções públicas.

É certo que, a manter-se como bem jurídico tutelado a «autonomia intencional do Estado», se construiria desta forma um crime de perigo abstracto e não um crime de dano. Mas será que teria mais inconvenientes a utilização de uma tal técnica do que os que derivam daquela que até hoje tem sido utilizada a título principal?

Por certo não e essa solução teria a vantagem de alargar o âmbito da incriminação, em termos equilibrados, aos actos de natureza legislativa sem que, por essa forma, se confundissem os campos da responsabilidade política e da responsabilidade penal.

Podia manter-se a qualificação da conduta em função da ilicitude do acto, mas a qualificação derivaria então da sua efectiva prática e não da intenção de o vir a praticar.

Podia aproveitar-se a oportunidade para prever outros fundamentos de qualificação e para incluir normas específicas para o caso de ter sido praticado um acto no uso de um poder discricionário, com a definição de critérios para, à luz do direito penal, se aferir a sua licitude ou ilicitude.

Tenho perfeita consciência que alguns me responderão que, do ponto de vista da administração, dos interesses que quanto a ela a incriminação pretende tutelar, a diferente natureza do acto é de extrema relevância e o benefício alcançado pelo corruptor é estranho ao bem jurídico tutelado.

Outros dirão que não se pode aceitar que se atenda às exigências processuais, nomeadamente em matéria de prova, para a definição dos tipos e que, ao advogar esta alteração, estarei a alargar a abrangência mas a retirar especificidade aos tipos incriminadores, permitindo a punição de comportamentos que não a justificam.

Outros ainda alegarão que estou a sair do direito penal do facto e a encaminhar-me perigosamente para um direito penal do autor.

Não me parece que tenham, quanto ao essencial, razão. E na medida em que a possam ter, uma correcta interpretação do tipo poderá delimitar correctamente o seu âmbito.

É certo que, com estas alterações, não se resolveriam todos os problemas que hoje se colocam, como sejam, entre outros, aqueles que derivam do facto de o agente, no momento em que actuou, ainda não ter a qualidade ou já não ter a qualidade pressuposta pelo tipo, nem se evitaria que continuasse a ser difícil a prova do recebimento da vantagem, tais são os subterfúgios que para isso podem ser utilizados.

Mas, estou em crer, dar-se-ia, ao nível legislativo, um passo significativo para reduzir as cifras negras e diminuir os índices de corrupção que, até as instâncias internacionais, reconhecem existir em Portugal.

Autoria e participação no "crime contratado"*

HELENA MORÃO
*Assistente da Faculdade de Direito
da Universidade de Lisboa*

Sumário: 1. Introdução: um caso modelo de "homicídio contratado"; 2. A solução jurisprudencial da instigação; 3. A orientação jurisprudencial da autoria mediata; 4. Os diferentes modelos jurisprudenciais de decisão e o problema do início da tentativa; 5. Perspectivas de reforma.

1. Introdução: um caso modelo de "homicídio contratado"

O problema da autoria e da participação no crime usualmente designado, do ponto de vista criminológico, como "contratado" tem ocupado, particularmente nos últimos tempos, quer os investigadores criminais quer a jurisprudência portuguesa, e suscitado acesos debates em *blogs* jurídicos, na imprensa e na opinião pública.

O caso modelo a que me refiro é o seguinte: *A* decide matar *B* e, para esse efeito, contacta *C*, propondo-lhe a realização do facto, a troco do pagamento de uma certa quantia. A proposta é acompanhada de um plano de execução e encobrimento bastante minucioso traçado pelo próprio *A*, que abrange data, hora, local, modo de execução, arma a

---

* O presente texto corresponde, nos seus traços essenciais, à conferência proferida a 25 de Março de 2009.

utilizar, elementos de identificação e localização da vítima, e ainda a simulação do móbil do crime. *C* afirma a sua aceitação, mas entrega todos os elementos de prova de que dispõe às entidades policiais e não realiza o facto.

Este padrão de hipótese pode complicar-se, verificando-se, nos casos jurisprudenciais, situações de pluralidade de contratantes ou de contratados e de intermediários entre os primeiros e os segundos.

Ora, sobre hipóteses deste tipo, foram proferidos nos últimos anos pelos menos quatro acórdãos, das Relações do Porto e de Coimbra e do Supremo Tribunal de Justiça. Acrescente-se que estas decisões não têm um sentido uniforme e, que, no que se refere ao Supremo Tribunal de Justiça, se encontra neste momento pendente um recurso extraordinário de fixação de jurisprudência para o pleno das secções criminais.

O dilema de incontornáveis efeitos práticos que estas hipóteses colocam é precisamente o da punibilidade ou impunidade do contratante *A* e, para este efeito, a jurisprudência nacional tem vindo recentemente a explorar todos os recursos dogmáticos possíveis, nos termos que passaremos a analisar: em primeiro lugar, a solução da instigação, em segundo lugar, a orientação da autoria mediata e, finalmente, a articulação destes diversos modelos de decisão com o problema do início da tentativa.

A resolução desta questão assume, aliás, uma projecção relevante no plano da investigação criminal, confrontando os órgãos de polícia criminal com a dificuldade de saber se haverá nestes casos notícia de crime ou se se tratará, ao invés, de facto penalmente irrelevante que não deve dar lugar à abertura de qualquer processo.

2. A solução jurisprudencial da instigação

A figura do instigador só foi introduzida no sistema jurídico-penal português como instituto legislativo autónomo em 1982[1]. No Direito anterior, este conceito apenas tinha autonomia doutrinária, uma vez que

---

[1] Cfr. a nossa dissertação de mestrado, *Da Instigação em Cadeia – Contributo para a dogmática das formas de comparticipação na instigação*, Coimbra, 2006, p. 27 e ss.

a lei, fundando-se na ideia de autoria como causa necessária do facto, apenas previa a categoria do *autor moral*, que abrangia cumulativamente as realidades que hoje conhecemos como autoria mediata e instigação (artigo 20.º, n.ᵒˢ 2, 3 e 4, do Código Penal de 1886). O Código Penal de 1982, no seu artigo 26.º, pôs termo a esta uniformidade normativa, diferenciando aquele que "executa o facto (…) por intermédio de outrem", o *autor mediato*, daquele que "determina outra pessoa à prática do facto, desde que haja execução ou começo de execução", o *instigador*.

A orientação jurisprudencial da instigação é a acolhida no Acórdão do Supremo Tribunal de Justiça de 31 de Outubro de 1996, relatado pelo juiz conselheiro FERREIRA DA ROCHA[2].

De acordo com esta solução, *A* deve ser absolvido do crime de tentativa de homicídio, por não se ter verificado qualquer "execução ou começo de execução" do autor material *C*. *A* terá tentado determinar *C* à prática do facto, nos termos da 4.ª proposição do artigo 26.º, mas a mera tentativa de instigação não é punida entre nós. Efectivamente, sendo *A* um instigador, o princípio da acessoriedade exige, para que seja punido, a prática de pelo menos um acto de execução pelo autor imediato.

A punibilidade da tentativa de instigação encontrava-se prevista no artigo 31.º do Projecto EDUARDO CORREIA, proposta que foi veementemente contestada por GOMES DA SILVA, na Comissão Revisora[3], qualificada por FIGUEIREDO DIAS como "altamente duvidosa, por penetrar profundamente na punibilidade de meras intenções ou propósitos"[4], e acabou por ser afastada no Código Penal em vigor.

Na nossa perspectiva, é esta a resposta correcta a dar ao caso. De facto, a punição prevista para o instigador encontra a sua razão de ser na circunstância de este criar um risco proibido de nascimento e

---

[2] Acórdão do Supremo Tribunal de Justiça de 31 de Outubro de 1996 (FERREIRA DA ROCHA), processo n.º 48 948, *www.dgsi.pt*.

[3] V. *Actas das Sessões da Comissão Revisora do Código Penal – Parte Geral*, 1.º e 2.º vols., Lisboa, s.d., pp. 206 e ss.

[4] Cfr. JORGE DE FIGUEIREDO DIAS, *Direito Penal – Sumários e Notas das Lições ao 1.º ano do Curso Complementar de Ciência Jurídicas da Faculdade de Direito de 1975-1976*, Coimbra, 1976, p. 88.

execução de uma decisão criminosa, que se materializa numa resolução e início de execução por parte do autor, concretizando, deste modo, um ataque acessório ao bem jurídico tutelado[5]. Mas o instigador, enquanto participante, só pode concretizar o seu ataque ao bem jurídico através da execução do autor.

Ora nem a contratação nem o recebimento do pagamento podem ser considerados actos de execução do instigado, uma vez que não são comportamentos que, de acordo com a experiência comum, façam esperar que se lhes sigam actos idóneos a produzir a morte típica, nos termos da alínea c) do n.º 2 do artigo 22.º, por falta de proximidade, quer temporal quer espacial, com a esfera de protecção da vítima.

Eventuais elos intermediários da cadeia de instigação deverão, no âmbito desta lógica argumentativa, ficar igualmente impunes, uma vez que, quer estes se possam qualificar como instigadores quer como cúmplices, consoante os casos, a sua punibilidade encontra-se igualmente sujeita ao preenchimento do requisito do art. 26.º, *in fine*, ou à verificação da prática do facto previsto no n.º 1 do artigo 27.º, isto é, pelo menos, ao começo da tentativa por parte do autor material[6].

A solução do caso não é diferente para quem entenda que o instigador assume, no nosso sistema jurídico-penal, a natureza de autor e não de participante, como FIGUEIREDO DIAS[7]. Já tivemos oportunidade de discordar desta orientação, por considerarmos que criar a vontade criminosa no autor imediato não equivale a dominar o facto: o instigador não domina a decisão do instigado, pois é o próprio executor quem, como autor responsável, detém a liberdade de a adoptar ou recusar e possui portanto esse domínio[8]. Mas, na realidade, mesmo que se acolha esta concepção e não se veja o pressuposto do início de execução da parte

---

[5] V. a nossa dissertação de mestrado, *op. cit.*, pp. 36 e ss. e 155 e ss.

[6] Acerca da punibilidade dos intermediários na instigação em cadeia, cfr. a nossa dissertação de mestrado, *op. cit.*, pp. 178 e ss. e 187 e ss.

[7] V. JORGE DE FIGUEIREDO DIAS, "La instigación como autoría – ¿Un requiem por la 'participación' como categoría de la dogmática jurídico-penal portuguesa?", in *Homenaje al Profesor Dr. Gonzalo Rodríguez Mourullo*, Madrid, 2005, p. 343 e ss.; e *Direito Penal – Parte Geral*, tomo I (*Questões fundamentais – A doutrina geral do crime*), 2.ª ed., Coimbra, 2007, p. 797 e ss.

[8] Cfr. a nossa dissertação de mestrado, *op. cit.*, p. 35.

final do artigo 26.º como uma manifestação da acessoriedade, tratar-se--á então de uma exigência político-criminal de exteriorização do processo de determinação, essencialmente interno ou psicológico: também assim a actuação do autor-instigador só se revelará imediatamente perigosa para o bem jurídico se e quando o instigado der princípio à execução[9].

A resposta de impunidade que aqui se sustenta não invalida evidentemente que a Polícia Judiciária não acompanhe estas situações, no âmbito da prevenção criminal, através de acções de dissuasão da prática de crimes, procurando, nomeadamente, identificar o contratante, recorrendo, por exemplo, a acções encobertas preventivas, à fiscalização e vigilância de locais, com eventual registo de som e imagem, ou a revistas e buscas, e estando atenta a um eventual flagrante delito por parte de um executor alternativo.

Efectivamente, a Polícia Judiciária não assume apenas a natureza de órgão de polícia criminal, mas também de serviço de segurança e, nessa qualidade, cabe-lhe a missão de garantir a segurança e proteger os direitos das pessoas e de prevenir a criminalidade, nos termos da Lei de Segurança Interna e do artigo 4.º da respectiva Lei Orgânica, mesmo que não surja qualquer início de tentativa e não chegue a haver abertura de inquérito por ausência de notícia de crime.

3. A orientação jurisprudencial da autoria mediata

A solução jurisprudencial da autoria mediata é a acolhida pelo Acórdão do Supremo Tribunal de Justiça de 16 de Outubro de 2008, relatado pelo juiz conselheiro ANTÓNIO COLAÇO[10], e ainda pelo Acórdão da Relação do Porto de 20 de Setembro de 2006, relatado pelo juiz desembargador JORGE JACOB[11]. Ambos tratam do mesmo caso, o primeiro em sede de recurso ordinário da decisão absolutória, o segundo a propósito

---

[9] V. JORGE DE FIGUEIREDO DIAS, *Direito Penal – Parte Geral*, tomo I, p. 822 e ss.

[10] Acórdão do Supremo Tribunal de Justiça de 16 de Outubro de 2008 (ANTÓNIO COLAÇO), processo n.º 07P3867, *www.dgsi.pt*.

[11] Acórdão da Relação do Porto de 20 de Setembro de 2006 (JORGE JACOB), processo n.º 0644842, *www.dgsi.pt*.

do recurso de um despacho que aplicou a medida de coacção prisão preventiva ao contratante.

De acordo com esta linha de orientação, o contratante A do nosso caso modelo não seria um instigador, mas sim um autor mediato, com pleno domínio do facto.

A colocação desta hipótese suscita imediatamente diversas dúvidas. Qual o fundamento da autoria mediata neste tipo de situações? Não poderá, de certo, tratar-se de um caso clássico de domínio da vontade através de erro ou de coacção, uma vez que o contratado é, nestes casos, um agente plenamente responsável. Não se poderá configurar também uma hipótese de domínio do facto através de um aparelho organizado de poder, a construção roxiniana inspirada nos casos do nacional-socialista Eichmann, do espião da KGB Staschinsky e nos padrinhos da máfia italiana[12], uma vez que nem o contratante detém o domínio de uma organização rigidamente hierarquizada e de dimensão considerável, nem se verifica uma elevada fungibilidade ao nível do contratado. É verdade que o acórdão do Supremo do passado mês de Outubro chega a invocar a possibilidade, sempre em aberto, de substituição do executor material, relacionando-a com o domínio do facto. Mas, na construção roxiniana, uma mera possibilidade deste género é manifestamente insuficiente para fundamentar a autoria mediata, tem antes de se tratar de uma situação em que, se um dos executores se recusa a cumprir a ordem ou falha, é imediata e prontamente substituído por outro, sem afectação da realização do plano global, razão pela qual se vê o executor material plenamente responsável como um mero instrumento, uma vez que a realização do facto não depende afinal da sua vontade. Ora nenhum deste conjunto de pressupostos se verificou nos casos concretos objecto das decisões jurisprudenciais que agora analisamos.

Uma forma possível de sustentar a autoria mediata numa hipótese destas seria recorrer à construção que CONCEIÇÃO VALDÁGUA tem vindo a desenvolver ao longo dos últimos anos e que representa, de certa

---

[12] V. CLAUS ROXIN, "Straftaten im Rahmen organisatorischer Machtapparate", *GA*, 1963, p. 193 e ss.; *Autoría y Domínio del Hecho en Derecho Penal*, Madrid, 2000, p. 269 e ss.; e *Strafrecht – Allgemeiner Teil*, 2.º vol. (*Besondere Erscheinungsformen der Straftat*), Munique, 2003, p. 46 e ss.

forma, um regresso à figura do autor moral do Direito antigo, por procurar subtrair à figura comparticipativa da instigação casos usual e pacificamente aceites como tal[13]. Esta tese, à qual os acórdãos citados frequentemente se referem, toma de empréstimo as ideias de pacto de ilicitude e de subordinação da vontade do instigado à do instigador que PUPPE e JAKOBS formularam para a instigação[14], mas aplicando-as agora ao instituto comparticipativo da autoria mediata. Enquanto que, para os autores germânicos, os casos em que o executor faz depender da vontade do *homem-de-trás* a manutenção da decisão de executar o facto são os únicos merecedores da pena prevista para a instigação, permitindo diferenciá-la da mera cumplicidade; para CONCEIÇÃO VALDÁGUA, a subordinação voluntária do autor material à decisão do *homem-de-trás* será uma forma de domínio do facto que fundamenta a autoria mediata. Assim, se o *homem-de-trás* se arroga, de modo expresso ou concludente, a competência para travar o executor e este lhe reconhece, expressa ou tacitamente, essa competência, como nos casos de aliciamento em que se verifica um ajuste criminoso, haverá domínio da vontade do *homem-de-trás*, sobrando a figura da instigação para aqueles casos em que a decisão final sobre a execução do facto é da competência exclusiva do autor material. O famoso mandante do caso Meia Culpa seria assim, por exemplo, um autor mediato e não um instigador[15].

---

[13] Cfr. CONCEIÇÃO VALDÁGUA, *Observações suscitadas pela conferência do Professor Claus Roxin sobre "Autoria mediata através de domínio da organização"*, proferida na Universidade Lusíada de Lisboa em 6 de Novembro de 2002 (Colóquio Internacional de Direito Penal – Criminalidade Organizada), p. 1 e ss.; "Figura Central, Aliciamento e Autoria Mediata – Contributo para uma crítica intra-sistemática da doutrina de Claus Roxin sobre a delimitação da autoria mediata face à participação, no âmbito dos crimes de domínio", in *Estudos em Homenagem a Cunha Rodrigues*, 1.º vol., Coimbra, 2001, p. 917 e ss.; e "Autoria mediata em virtude do domínio da organização ou autoria mediata em virtude da subordinação voluntária do executor à decisão do agente mediato?", in *Liber Discipulorum para Jorge de Figueiredo Dias*, Lisboa, 2003, p. 651 e ss.
[14] V. INGEBORG PUPPE, "Der objektive Tatbestand der Anstiftung", *GA*, 1984, p. 101 e ss.; e GÜNTHER JAKOBS, *Derecho Penal – Parte General – Fundamentos y Teoría de la Imputación*, 2.ª ed., Madrid, 1997, p. 805 e ss.
[15] Cfr., sobre este caso, a nossa dissertação de mestrado, *op. cit.*, p. 74 e ss.

Esta concepção parece-nos ser de rejeitar, por razões análogas (*mutatis mutandis*) às que já invocámos noutra sede para as teses de PUPPE e JAKOBS[16], uma vez que o critério decisivo que adopta para a qualificação de um comportamento como autoria mediata, em detrimento da sua subsunção na categoria da instigação, acaba por residir essencialmente na motivação pessoal do executor.

Ora, um sistema jurídico assente num princípio de Direito Penal do facto terá necessariamente de afastar uma conceptualização da figura da autoria em que o desvalor do comportamento do autor mediato varie em razão de o autor imediato realizar o facto motivado pelo cumprimento do pacto de ilicitude ou, ao invés, determinado pelo *homem-de-trás*, mas movido por razões pessoais.

Por outro lado, não se compreende por que razão as situações em que o executor se subordina voluntariamente à vontade do *homem-de--trás* justificariam o merecimento de pena da autoria, quando os casos reveladores de maior perigosidade para o bem jurídico são precisamente aqueles em que o *homem-de-trás* não detém o poder de fazer o autor material desistir, perdendo o controlo do processo lesivo que iniciou.

Finalmente, se há algo que o nosso caso modelo ilustra com acutilância é precisamente que o "se" e o "como" da realização do facto não se encontram nas mãos do contratante: o aliciado pode mudar de ideias e deixar de ser sensível ao aliciamento.

4. Os diferentes modelos jurisprudenciais de decisão e o problema do início da tentativa

Mas admitamos a solução da autoria mediata como hipótese de reflexão. De acordo com a jurisprudência do Supremo do passado Outono, a grande relevância em qualificar o contratante do crime como autor mediato e não como instigador seria a de se poder afirmar que o início da tentativa se verificaria mais cedo.

Não é absolutamente claro quando começará a tentativa para esta linha jurisprudencial. Parece que se iniciaria com a encomenda do crime ao autor imediato, com a sua contratação, com a ordem para matar, nos

---

[16] V. a nossa dissertação de mestrado, *op. cit.*, p. 148 e ss.

termos da alínea c) do n.º 2 do artigo 22.º, uma vez que se trataria de acto que poderia fazer esperar que se lhe seguissem os actos idóneos a produzir a morte e que, por essa razão, colocaria a vítima imediata e directamente em perigo, ameaçando objectivamente o seu círculo de protecção. Mas o Supremo refere também outros comportamentos relevantes: a idoneidade dos meios e contactos estabelecidos, o planeamento do *modus operandi*, as precisões de tempo, modo e lugar, o ajuste do dinheiro e a própria aceitação da intermediação do negócio.

É verdade que o artigo 26.º abre caminho à possibilidade de se chegar a soluções diversas, no que se refere à *tentativa* do autor mediato e do instigador, já que a tentativa de instigação fica impune, uma vez que o instigador só pode ser punido se o instigado iniciar a execução do facto, enquanto que, no que toca à autoria mediata, a lei rejeitou, como requisito de punição do autor mediato, a exigência de que o autor material tenha praticado actos de execução ou, pelo menos, deixou aparentemente em aberto a resolução da questão de saber se um tal pressuposto deve ou não ser exigido[17].

Em bom rigor, o Código Penal português é compatível quer com uma *solução global*, que defenda que a tentativa do autor mediato só começa quando o instrumento inicia a prática de actos de execução, quer com uma *solução individual*, que admita que o princípio da tentativa do autor mediato se pode verificar antes de o autor imediato começar a execução, para utilizar as conhecidas expressões de SHILLING.

A generalidade da doutrina portuguesa tende a concordar com a solução global, precisamente porque a execução do autor mediato se realiza, em regra, integralmente por intermédio de outrem, mas não rejeita a hipótese individual de punir o autor mediato por tentativa, nos casos em que, mesmo que o autor material instrumentalizado não chegue a praticar actos de execução, seja possível enquadrar o comportamento do autor mediato na alínea c) do n.º 2 do artigo 22.º[18]. Isto é, o autor

---

[17] Cfr. a nossa dissertação de mestrado, *op. cit.*, pp. 32-33.

[18] Assim, tendencialmente, CONCEIÇÃO VALDÁGUA, "Figura Central, Aliciamento e Autoria Mediata", p. 932 e ss.; e "Autoria mediata em virtude do domínio da organização ou autoria mediata em virtude da subordinação voluntária do executor à decisão do agente mediato?", p. 671 e ss.; FERNANDA PALMA, *Da "Tentativa Possível" em Direito Penal*, Coimbra, 2006, p. 96 e ss. e 163 e ss.; e JORGE DE FIGUEIREDO DIAS, *Direito Penal – Parte Geral*, tomo I, p. 818 e ss.

mediato deverá ser punido por tentativa se ele próprio iniciar a execução, mesmo que o instrumento lhe não dê seguimento. Isso sucederá, por exemplo, na hipótese em que D pede a E que toque à campainha da casa onde tinha previamente instalado um engenho explosivo que é accionado por esse toque, sem que E o saiba, uma vez que neste caso se verificará um perigo típico imediato, iminente, para o bem jurídico.

Ora o problema da orientação jurisprudencial que agora apreciamos é precisamente este: mesmo que se opte por qualificar o contratante A do nosso caso modelo como autor mediato, em hipótese alguma se poderá considerar que ele praticou qualquer acto de execução.

Afirmava o Conselheiro JOSÉ OSÓRIO na Comissão Revisora que a fórmula do Projecto que veio, no essencial, a ser consagrada na alínea c) do n.º 2 do artigo 22.º, "era particularmente feliz, na medida em que traduzia a medida do alarme do facto e a medida da proximidade do perigo, a primeira através do recurso à experiência comum e a segunda através do recurso à previsibilidade dos factos subsequentes"[19].

Ora, a mera encomenda do crime ao executor ou até, no caso mais recente do Supremo, aos meros intermediários que nunca chegaram a contactar um eventual executor não coloca, por si só, o agente em contacto com a esfera de protecção da vítima. Não se pode afirmar que a simples contratação do homicídio gere, de uma perspectiva *ex ante*, uma perigosidade directa da acção, no sentido de que, ponderando o plano do agente em conjugação com a experiência comum, exista uma situação de ameaça para o bem jurídico, em que a sua lesão parece inevitável, excepto por ocorrência de um factor imprevisível ou da desistência do próprio agente. Há, efectivamente, a necessidade de praticar ainda demasiados actos intermédios de aproximação à esfera da vítima para que tal se verifique.

Nem sequer haverá aqui uma hipótese de tentativa impossível, por inaptidão não manifesta do meio, em função de os contactados não se encontrarem na realidade disponíveis para encontrar um autor material, sem que o contratante o soubesse, como chegou a invocar o Conselheiro SIMAS SANTOS em declaração de voto ao acórdão do Supremo do passado mês de Outubro. É que também o fundamento da punição da ten-

---

[19] V. *Actas das Sessões da Comissão Revisora do Código Penal – Parte Geral*, 1.º e 2.º vols., p. 173.

tativa impossível se alicerça na criação, de uma perspectiva *ex ante*, de uma situação de insegurança existencial para o bem jurídico, de uma perturbação da esfera de segurança e de protecção da vítima em que a ofensa só por mero acaso não se concretiza[20], o que pelos argumentos acima invocados, não se verificou.

Como realça a declaração de vencido do Conselheiro SOUTO MOURA ao mesmo acórdão (seguida pelo Conselheiro SANTOS CARVALHO), a normal experiência da vida não indica que após a actuação do contratante se seguiria a morte da vítima, tudo dependeria ainda e decisivamente da colaboração dos contratados que, no caso decidido pelo Supremo no passado mês de Outubro, nem se sabe bem quando viriam a contactar o executor.

Exemplo de uma linha de jurisprudência mais correcta, nesta perspectiva, é o Acórdão do Tribunal da Relação de Coimbra de 12 de Setembro de 2007 (Processo n.º 702/06.8GBCNT-A.C1, *www.dgsi.pt*), relatado pelo juiz desembargador GABRIEL CATARINO[21]. Embora nesta decisão se discuta a qualificação do contratante e o Relator se incline, muito discutivelmente, para a solução da autoria mediata, conclui ele no entanto que a mera encomenda do crime não é suficiente para fundar a punição, uma vez que não perturba, por si só, a esfera de tranquilidade e liberdade da vítima, não se verificando, por isso, a prática de um acto de execução previsto na alínea *c*) do n.º 2 do artigo 22.º, por parte do autor mediato.

E a hipótese da co-autoria, sugerida em declaração de voto ao acórdão do Supremo de 2008, pelos Conselheiros SOARES SANTOS e SIMAS SANTOS, não deixa de revestir o mesmo problema: ainda que se admitisse, como alguma literatura jurídica, que o contratante *A*, como cérebro do crime, por força da pormenorizada planificação que viria a ter uma repercussão essencial na execução, poderia vir a ser punido como co-autor, mesmo não praticando actos de execução[22], sempre faltaria de qualquer forma que algum outro co-autor os tivesse praticado e que a tentativa se tivesse iniciado.

---

[20] Cfr. FERNANDA PALMA, *Da "Tentativa Possível" em Direito Penal*, pp. 55 e ss.
[21] Acórdão do Tribunal da Relação de Coimbra de 12 de Setembro de 2007 (Relator: GABRIEL CATARINO), processo n.º 702/06.8GBCNT-A.C1, *www.dgsi.pt*.
[22] V., acerca deste problema, a nossa dissertação de mestrado, *op. cit.*, p. 139.

5. Perspectivas de reforma

Se hipóteses como a do contratante *A* são afinal casos de tentativa de instigação não puníveis, cabe perguntar: e não deveriam sê-lo[23]? De acordo com a comunicação social, o presidente do colectivo que absolveu, em 1.ª instância, o arguido do caso decidido pelo Supremo em Outubro passado, terá afirmado sentir um "sabor amargo ao dizer 'está absolvido'"; por o comportamento do arguido ser "moralmente censurável, eticamente deplorável e socialmente extremamente perigoso, mas não punível criminalmente".

O instigador não oferece perigo imediato para o bem jurídico, não o pode atacar se não através do autor, pelo que, puni-lo, em regra, antes do início da execução do autor, não encontra qualquer justificação à luz do próprio fundamento de punição da instigação[24]. Por outro lado, punir generalizadamente meras tentativas de participação, sem que haja risco directo de lesão ou de perigo de lesão do bem jurídico, também não tem razão de ser na perspectiva do fundamento da punição da tentativa: "a criação de risco e insegurança para os bens jurídicos só se concretiza com o início da execução do autor material. Até lá, a esfera de segurança dos bens jurídicos e a liberdade da vítima não são postas em causa"[25].

Parece-nos, desta forma, que consagrar, no nosso sistema jurídico-penal, disposições como a do Código Penal alemão, que estabelecem genericamente a punição da mera tentativa de instigação e transformam, por norma, meros actos preparatórios em tentativas, ou figuras tão amplas como a *solicitation* e a *conspiracy* do ordenamento norte-americano ou o *incitement* e a *conspiracy* da ordem jurídica inglesa, que abrangem também actos de mera tentativa de cumplicidade e punindo por vezes este tipo de comportamento com pena análoga à do crime consumado, seria de difícil legitimação constitucional diante dos princípios do Direito Penal do facto, da ofensividade e da necessidade da pena.

Todavia, não seria forçosamente inconstitucional determinar uma dupla antecipação da tutela penal meramente casuística, à imagem do

---

[23] Cfr., sobre este assunto, FERNANDA PALMA, "Tentativa de instigação", *Sentir o Direito – Correio da Manhã*, 26 de Outubro de 2008, www.correiomanha.pt.
[24] V. a nossa dissertação de mestrado, *op. cit.*, pp. 36 e ss. e 155 e ss.
[25] FERNANDA PALMA, *Da "Tentativa Possível" em Direito Penal*, p. 101.

que sucede com a punição excepcional dos actos preparatórios. Poderia ponderar-se punir, excepcionalmente, por exemplo, como crime autónomo, a tentativa de instigação:

a) Que se referisse apenas aos bens jurídicos mais relevantes, como a tentativa de instigação do homicídio;
b) Na modalidade da instigação eficaz, aquela que cria efectivamente uma resolução criminosa, na linha de pensamento de autores como LETZGUS[26], e afastando assim do âmbito da punição a mera instigação fracassada que não se chega a revelar objectivamente perigosa como no caso decidido pelo Supremo no passado Outono;
c) Que fosse punível, por exemplo, com uma dupla atenuação da pena, porque, ao contrário da tentativa do autor, não oferece risco directo de lesão do bem jurídico e a este diverso desvalor da acção corresponde um merecimento de pena diferente.

Mas também se deve questionar qual a coerência político-criminal de punir o contratante *A*, quando se aceita pacificamente que não deve ser punido, por exemplo, o agente singular que traça meticulosamente um plano de assassínio para o dia seguinte (com definição de hora, local, modo de execução, arma a utilizar, elementos de identificação e localização da vítima, a simulação do móbil do crime) e, na véspera, tudo revela a um amigo que o denuncia antes do começo do evento à Polícia Judiciária, sem que chegue a haver princípio de execução?

Qualquer que seja a resposta, o que parece relevante frisar é que a solução da questão da punibilidade do contratante *A* pertence apenas, nos termos constitucionais, ao Parlamento, enquanto titular do *ius puniendi*, e se encontra absolutamente subtraída do domínio da jurisprudência. Até lá, a Polícia Judiciária deve continuar a desempenhar o seu papel no âmbito da prevenção criminal, dissuadindo a concretização destes projectos criminosos através dos meios legais preventivos que se encontram ao seu dispor.

---

[26] Cfr. KLAUS LETZGUS, *Vorstufen der Beteiligung – Erscheinungsformen und ihre Strafwürdigkeit*, Berlim, 1972, p. 126 e ss.

Painel 2.º

COOPERAÇÃO INTERNACIONAL NA INVESTIGAÇÃO CRIMINAL

*Criminalidade organizada na Europa: perspectivas teorética e empírica**

HANS-JÖRG ALBRECHT
Director do Departamento de Criminologia do Instituto Max Planck de Direito Penal Estrangeiro e Internacional

1. Introdução: criminalidade organizada e política criminal

O conceito "criminalidade organizada" é caracterizado por mitos, estimativas e especulação. Assim, nas últimas décadas, este conceito levou a uma mobilização ao nível da política criminal nacional, europeia e internacional, sendo particularmente impulsionada por dois acontecimentos. Em primeiro lugar, o facto de, desde a década de 1970, na Europa, se terem vindo a expandir fortemente os mercados de droga ilegais. Em segundo lugar, por, em finais da década de 1980, se ter verificado a queda da cortina de ferro, o aumento da migração transfronteiriça e a abolição dos controlos fronteiriços. A partir da década de 1990, verificou-se uma mudança total, depois de, em muitos países europeus, não ter havido, inicialmente, qualquer tendência generalizada para se prestar qualquer tipo de atenção à criminalidade organizada[1]. Tornou-se então evidente que a liberalização dos mercados, a liberdade de circulação de pessoas e bens e a globalização da economia representam factores que se reflectem também nos mercados ilegais. As reformas do direito penal, assim como as políticas da União Europeia e das Nações

---

* Tradução efectuada por Conceição Lima, Lídia Nascimento, Rita Pereira Eduardo. Revisão científica por Paulo de Sousa Mendes.
[1] MEYER, J.: Organized Crime: Recent German Legislation and the Prospects for a Coordinated European Approach. The Columbia Journal of European Law 3 (1997), pp. 243-255.

Unidas constituem prova de que a criminalidade organizada transnacional é considerada um risco bastante elevado. Prevê-se, nomeadamente, determinadas ameaças de criminalidade organizada em sociedades que se encontram em situações de pós-conflito, tais como as regiões dos Balcãs ou da África do Sul, em particular no que diz respeito à dificuldade em criar estruturas democráticas e manter um crescimento económico contínuo[2]. Devido ao anteriormente exposto, os planos de reconstrução para a região dos Balcãs visam ainda um controlo eficaz da criminalidade organizada[3]. Tal significa igualmente uma alteração do conceito de segurança, o qual deixará de corresponder à ideia clássica de segurança interna para se transformar num conceito de segurança *lato sensu*, incluindo a segurança externa e enfatizando, em particular, a cooperação judicial e policial a nível internacional. Desde a década de 1990 que, em análises nacionais e europeias relativas a ameaças e riscos, se tem vindo a tentar avaliar a dimensão e a evolução do tráfico de estupefacientes e de seres humanos, da criminalidade económica grave, da corrupção e do branqueamento de capitais[4].

Por parte de convenções das Nações Unidas, documentos da União Europeia, do Conselho da Europa e da OCDE existem recomendações, e por vezes mesmo imposições, no sentido de implementar métodos de investigação novos, encobertos e técnicos, assim como a tipificação de determinados crimes com vista a um controlo eficaz da criminalidade organizada. A Convenção de Viena de 1988, Contra o Tráfico de Estupefacientes e Substâncias Psicotrópicas, a Convenção (de Palermo) de 2000, Contra a Criminalidade Organizada Transnacional e a Convenção

---

[2] NEDCOR: The NEDCOR Project on Crime, Violence and Investment. Main Report, Pretória 1996; United Nations, Report of the Secretary-General: The rule of law and transitional justice in conflict and post-conflict societies, (S/2004/616) 3 de Agosto de 2004.

[3] Council of Europe, European Commission, CARPO Regional Project, Update of the 2006 Situation Report on Organised and Economic Crime in South-eastern Europe, Estrasburgo 2007.

[4] Cfr., p. ex., Serious Organized Crime Agency: The United Kingdom Threat Assessment of Serious Organized Crime 2008/2009, Londres 2008; Bundeskriminalamt: Lagebild Organisierte Kriminalität 2007, Wiesbaden 2008; Europol: EU Organised Crime Threat Assessment 2008, Haia 2008.

das Nações Unidas Contra a Corrupção exemplificam o elevado grau de atenção prestada à criminalidade organizada por parte da política criminal internacional. Também a política europeia de segurança foca, à partida, a sua atenção na criminalidade organizada[5]. As Convenções Schengen, o Sistema de Informação Schengen (SIS)[6], a Europol e a Eurojust[7], o instrumento das equipas de investigação conjuntas[8], fundamentam-se no objectivo de controlar eficazmente os fenómenos transfronteiriços da criminalidade organizada, tais como o tráfico de estupefacientes, de seres humanos, de migrantes, etc.

Tendo em vista as presentes evoluções da política criminal, é de admirar que, tanto a nível europeu como a nível internacional, ainda não tenha havido um consenso quanto ao conceito de criminalidade organizada. A definição contida no artigo 2.º da Convenção de Palermo de 2000, realçando um "grupo estruturado" de "três ou mais pessoas" que "actua concertadamente" com o propósito de cometer "crimes graves" estabelecidos na presente Convenção, com o objectivo de obter "benefício económico ou outro benefício material", não vai muito mais para além da descrição da cumplicidade (ou de um grupo). Na Alemanha, a definição ainda hoje utilizada nos relatórios do *Bundeskriminalamt* [Departamento Federal de Investigação Criminal], referentes à criminalidade organizada, acentua "a prática de crimes de forma sistemática com a finalidade de obtenção de poder ou lucro", "mais de duas pessoas", que "actuam concertadamente mediante a divisão de tarefas, por um período de tempo prolongado ou indeterminado, sob utilização de estruturas comerciais ou semelhantes, com recurso a violência, ou a outros meios adequados de intimidação, ou mediante o exercício de influência

---

[5] FIJNAUT, C.: Policing international organized crime in the European Union. *In*: Fijnault *et al.* (ed.): Changes in Society, Crime and Criminal Justice in Europe. Volume II. International Organised and Corporate Crime. Antuérpia 1995, pp. 181-194.

[6] FIJNAUT, C.: The Schengen Treaties and European Police Co-operation. European Journal of Crime, Criminal Law and Criminal Justice 1 (1993), pp. 37-56.

[7] WOODWARD, R.: Establishing Europol. European Journal of Criminal Policy and Research 1 (1993), pp. 1-33, p. 9 ss; MEYER, J.: *loc. cit.* 1997, p. 252 e ss.

[8] RIJKEN, C.: Joint Investigation Teams: principles, practice, and problems. Lessons learnt from the first efforts to establish a JIT. Utrecht Law Review 2 (2006), pp. 99-118.

sobre a política, a comunicação social, a administração pública, a justiça ou a economia". Noutros países europeus foi possível encontrar definições semelhantes.[9]

Até agora, o debate sobre definições de criminalidade organizada não tem sido muito produtivo. Entretanto, tem vindo a verificar-se, por toda a Europa, um descontentamento em relação ao conceito de criminalidade organizada[10], propondo-se hoje em dia, inclusive, a renúncia ao termo criminalidade organizada[11]. De facto, o conceito da criminalidade organizada tem vindo a ser, nos últimos 10 anos, substituído cada vez mais pelo termo rede criminosa, o qual mostra uma menor carga (cultural), permitindo, ainda, uma melhor descrição das características do fenómeno[12]. De resto, e por parte dos legisladores, o conceito de criminalidade organizada somente tem vindo a ser adoptado excepcionalmente no direito penal material ou formal. Pelo contrário, continua a falar-se de associação criminosa ou grupo criminoso e de criminalidade grave em geral.

2. O decurso histórico das investigações empíricas internacionais referentes à criminalidade organizada

A criminalidade organizada como tema de investigação e de estudo caracteriza-se, *a priori*, por aspectos regionais, os quais remetem para desenvolvimentos políticos e culturais específicos. Destaques, relativamente à investigação da criminalidade organizada, podem ser encontrados em Itália e na América do Norte. Na América do Norte as ciências

---

[9] VAN DE BUNT, H.: De definitie van georgnaiseerde criminaliteit. *In*: Bovenkerk, F. (ed.): De georganiseerde criminaliteit in Nederland. Deventer 1996, pp. 27-36, pp. 30.

[10] Cfr., p. ex., VAN DUYNE, P.: Organized Crime and Business crime-enterprises in the Netherlands. Crime, Law and Social Change 19 (1993), pp. 103-142.

[11] House of Lords: Europol: coordinating the fight against serious and organised crime. Report with Evidence. London: The Stationery Office, 12 de Novembro de 2008.

[12] ARQUILLA, J., RONFELDT, D. (ed.): Networks and Netwars: The Future of Terror, Crime, and Militancy. Rand, Novembro de 2001.

sociais, em particular a criminologia, bem como as comissões de estudo estatais, têm vindo a ocupar-se, já desde o início do século XX, com a descrição e explicação dos fenómenos da criminalidade organizada[13], as abordagens clássicas para explicar crimes habituais, teorias da subcultura e dos conflitos culturais, assim como modelos relativos à criminalidade de empresa e à associação criminosa. A imagem norte-americana respeitante à criminalidade organizada deveu-se bastante a diversas comissões de estudo estatais, que, na década de 1950, a caracterizavam como uma organização criminosa hierarquicamente organizada e controlada por "famílias" italianas. O facto de ter havido uma maior concentração na organização "Cosa Nostra" e em imigrantes italianos espelha teorias de conspiração e de transmissão cultural. Conclusões correspondentes foram produzidas pela "Comissão Katzenbach", encarregue, na década de 1960, de um estudo semelhante[14]. As descrições bastante explícitas e detalhadas de "famílias" italianas, com estruturas organizatórias equiparáveis a empresas normais, certamente munidas de exigências de lealdade feudal, não serviram, somente, como fonte para diversos romances e filmes, como foram também alvo de uma elevada atenção na criminologia e sociologia criminal americana[15].

A partir da década de 1970 começa a impor-se uma imagem diferente do crime organizado. Uma das primeiras diferenças apontadas prende-se com a tomada de conhecimento de que a criminalidade organizada não constitui um exclusivo dos imigrantes sicilianos, participando no crime organizado igualmente outras minorias étnicas, assim como grupos pertencentes à população geral[16]. Os estudos referem-se, em segui-

---

[13] Cfr., em resumo, FIJNAUT, C.: Organized Crime: The forms it takes, background and methods used to control it in Western Europe and the United States. In: Kaiser, G., ALBRECHT, H.-J. (Ed.): Crime and Criminal Policy in Europe. Freiburg 1990, p. 53-98; SMITH, D. C.: Wickersham to Sutherland to Katzenbach: Evolving an "official" definition of organized crime. Crime, Law and Social Change 16 (1991), pp. 135-154.

[14] The President's Commission on Law Enforcement and Administration of Justice: Task Force Report Organized Crime. Washington 1967.

[15] Cfr., p. ex., CRESSEY, D.: Theft of the Nation: The Structure and Operations of Organized Crime in America. Nova Iorque 1969.

[16] Pennsylvania Crime Commission: A Decade of Organized Crime. 1980 Report. St. Davids 1980, p. 16 ss.; POTTER, G. W.: Criminal Organizations. Vice, Racketeering, and Politics in an American City. Prospect Heights 1994, p. 7 e ss.

da, à mistura da criminalidade organizada com os problemas de gangs de jovens delinquentes nas grandes cidades e com o fenómeno dos grupos de motociclistas (Hell's Angels, Bandidos). As diferentes economias paralelas relativas a estupefacientes, prostituição e jogos de fortuna ou azar encontram-se ainda caracterizadas por um elevado grau de concorrência, a qual, certamente, não é nem sempre nem maioritariamente levada a cabo mediante violência, mas sim, e na maior parte das vezes limitada mediante acordos[17]. De resto, é possível encontrar provas de uma mistura entre actividades lícitas e ilícitas, em particular nas áreas dos sindicatos, da construção e da recolha de lixo[18], incluindo esta realidade transições entre formas empresariais lícitas e ilícitas. Assim sendo, realça-se a conclusão de que, em média, não é possível verificar a existência de uma grande estabilidade relativamente ao crime organizado; esta afirmação é válida no que diz respeito à orientação em actividades lícitas e ilícitas, por um lado, e no que diz respeito à dimensão temporal da actividade, por outro. Não é por acaso que, na década de 1980, se desenvolvem na América do Norte abordagens teóricas que realçam o significado de desordem e instabilidade nas estruturas da criminalidade organizada[19]. De um ponto de vista geral, estudos e noções sobre criminalidade organizada de autoria americana tiveram, quanto ao crime organizado e relativamente à realidade europeia, uma influência extremamente elevada. Tal é especialmente válido para a ideia de a criminalidade organizada apresentar no seu cerne um carácter pelo menos semelhante a uma associação, que ocupa, ainda, posições semelhantes a monopólios nos mercados negros, que se infiltra na economia e na sociedade convencional e que, por fim, é impulsionada pela ânsia de poder. De resto, nos estudos norte-americanos sobre a criminalidade organizada, também foram criadas as bases para a hipótese da conspiração. De acordo com a teoria da conspiração, pressupõe-se que as actividades criminosas do tipo mafioso se baseavam em grupos com compor-

---

[17] REUTER, P.: Disorganized Crime. Illegal Markets and the Mafia. Cambridge 1984.
[18] JACOBS, J. B.: Gotham Unbound: How New York City Was Liberated from the Grip of Organized Crime. Nova Iorque 1999.
[19] REUTER, P.: *loc. cit.* 1984, com documentação adicional.

tamentos conspirativos e que penetravam na sociedade americana a partir do exterior.

Outro ponto principal, no que concerne à investigação da criminalidade organizada, pode ser encontrado em Itália. Os estudos, que tiveram início no século XIX (também Lombroso já havia comentado a máfia) e que hoje continuam como investigações sócio-históricas, ocupam-se da chamada máfia "de velha guarda" e da sua função de manutenção da ordem pública. É realçado o facto de a verdadeira função da (velha) máfia não ser a comissão de crimes, mas sim um sistema de ordem e de soberania, o qual era entendido como alternativa ao domínio estrangeiro não aceite[20]. Trata-se da criação de um poder que visava a protecção de direitos e interesses, a mediação ou jurisprudência e, por fim, também o estabelecimento de normas (informais)[21]. Após a Segunda Guerra Mundial, a máfia sofreu uma modernização, libertando-se da sua função tradicional de manutenção da ordem pública e separando-se das suas estruturas culturais e sociais, com as quais apresentava uma ligação histórica. A partir de meados da década de 1960, as actividades tomam um rumo novo, *i.e.* sob a forma de crimes económicos[22], focando-se agora, de facto, na comissão de crimes, em particular sob a forma de participação nos mercados negros dos estupefacientes e das armas. A situação italiana específica é marcada pela forte interligação que se tem vindo a intensificar entre a velha máfia e a administração e a política, bem como por um forte envolvimento em actividades lícitas como a construção, a qual é apoiada mediante corrupção e estreita cooperação com agentes políticos e estatais. Enfatiza-se a enorme mistura de actividades lícitas e ilícitas. De resto, verifica-se uma aproximação considerável entre a típica criminalidade de "colarinho branco" e a criminalidade económica, por um lado, assim como a criminalidade cometida pela máfia, por outro[23]. No entanto, em Itália também não se parte do princípio da existência de

---

[20] HESS, H.: Mafia: Zentrale Herrschaft und lokale Gegenmacht. Tübingen 1970.
[21] ARLACCHI, P.: Mafia business: the mafia ethic and the spirit of capitalism. Londres 1986.
[22] PAOLI, L.: The Integration of the Italian Crime Scene. European Journal of Crime, Criminal Law and Criminal Justice 4 (1996), pp. 131-162, p. 132 e ss.
[23] PAOLI, L.: *ibidem* 1996, p. 148 e ss.; Bernasconi, P.: *op. cit.* 1995, p. 7 e ss.

associações com carácter semelhante a monopólios. Pelo contrário, faz--se referência a redes e grupos diversificados, os quais surgem, em particular desde finais da década de 1960, a partir de processos de integração e diferenciação vertical e horizontal[24]. Tal verifica-se quando grupos mafiosos devem ser caracterizados de acordo com o particularismo e estruturas de lealdade que, por norma, se dão ao nível dos laços familiares[25]. Desenvolvimentos e fenómenos sócio-históricos correspondentes à máfia siciliana também são conhecidos sob a forma dos Yakuza no Japão, das Tríades na China e dos cartéis de cocaína na Colômbia[26]. A estes é comum a sua origem num estatuto de minorias, num poder central não aceite ou segregação da sociedade e reduzidas oportunidades de carreira em sociedades convencionais. Têm, ainda, em comum uma determinada resistência – se bem que do ponto de vista internacional se apresente de formas variadas – e uma base económica, a qual não é consentida socialmente ou, pelo menos, é moralmente proscrita.

É igualmente possível encontrar investigações, relativamente a fenómenos da criminalidade organizada, noutros países europeus e que tiveram o seu início relativamente cedo. A literatura criminológica do século XIX e da primeira metade do século XX ocupou-se da criminalidade organizada, se bem que, por vezes, mediante a utilização de outras designações, com diferentes focos sobre o conteúdo e diferentes perspectivas teóricas ou jurídico-políticas. No século XIX, a atenção focava--se ainda em larga escala (já na altura numa perspectiva histórica) nas quadrilhas de gatunos do século XVII e XVIII, que na altura já haviam desaparecido, ou nas quadrilhas de vigaristas, que tentavam escapulir-se ao poder central para zonas em parte ainda de difícil acesso, cometendo assaltos, ou então protestando ou oferecendo resistência ao poder que consideravam injusto[27]. Este tipo de "criminalidade" caracterizava-se pelo confronto violento e a descoberto com as autoridades. A destruição dos

---

[24] PAOLI, L.: *ibidem* 1996, p. 136 e ss., p. 141 e ss.
[25] PAOLI, L.: *ibidem* 1996, p. 161.
[26] Tríades chinesas, cfr. BOOTH, M.: The Triads. New York 1990, com comparações quanto às formas de aparecimento da máfia na Sicília e nos EUA.
[27] KÜTHER, C.: Räuber und Gauner in Deutschland. Das organisierte Bandenwesen im 18. und frühen 19. Jahrhundert. Göttingen 1987.

locais de refúgio e de esconderijo das quadrilhas de gatunos (que existiam por toda a Europa e na América do Norte continuaram a existir até aos finais do século XIX, início do século XX[28]) e o aumento conexo da eficácia da polícia, a sua drástica vantagem relativamente ao uso de violência, levou à extinção das quadrilhas de gatunos e de bandidos organizados – o que na América do Norte aconteceu mais tarde – não levando, no entanto, à extinção das bases sociais para a comissão de crimes contra a propriedade e de roubo, assim como para a subsistência de grupos da população pertencentes às mais baixas classes sociais e marginalizados. Com a industrialização e a urbanização surgem o meio urbano, as subculturas e o submundo, apresentando uma estreita ligação com as economias paralelas da prostituição, dos jogos de fortuna e azar e de bens furtados. Manifesta-se aqui então algo que, principalmente na investigação e literatura criminológica da primeira metade deste século, atraiu imensa atenção. Trata-se de fenómenos descritos mediante o conceito de delinquente profissional, *i.e.* de delinquente habitual. Por sua vez, o delinquente profissional e o submundo constituem parte integrante da percepção sobre as "classes perigosas"[29]. Heindl descreveu ostensivamente esta relação no seu livro "Der Berufsverbrecher" [O delinquente profissional] de 1928, 6.ª edição. De facto, e de acordo com Heindl, os delinquentes profissionais representam um poder organizado[30]. Tal poder toma forma num submundo pouco acessível e quase invisível. A relevância dos delinquentes profissionais, *i.e.* o perigo que representam, assenta no seu profissionalismo aquando da comissão de crimes. No entanto, o referido perigo baseia-se igualmente em algo que hoje em dia desempenha um papel central na designação da criminalidade organizada. Ou seja, os delinquentes profissionais não agem a título individual, apresentando uma forte ligação entre eles, uma hierarquia própria, divisão de tarefas, valores e normas próprias, assim como um sistema

---

[28] Cfr. V. TROTHA, T.: Recht und Kriminalität. Tübingen 1982.
[29] TOMBS, R.: Crime and the Security of the State: The "Dangerous Classes" and Insurrection in Ninteenth-Century Paris. *In*: Gatrell, V.A.C. *et al.* (ed.): Crime and the Law. The Social History of Crime in Western Europe since 1500. London 1980, pp. 214-237, p. 215.
[30] HEINDL, R.: Der Berufsverbrecher. Ein Beitrag zur Strafrechtsreform. 6.ª ed., Berlin 1928, p. 157.

penal e disciplinar próprio, mediante o qual são penalizados os membros deste submundo aquando de acções divergentes. Trata-se, por assim dizer, de uma contra-sociedade, descrita mediante o conceito do delinquente profissional. Ao mesmo tempo é descrita uma diferença essencial desta contra-sociedade em comparação com as quadrilhas de gatunos organizadas dos séculos XVII e XVIII[31]. Nos submundos das sociedades modernas, a violência adoptou outras funções[32]. Já não serve aquando de disputas com o poder central, sendo, agora, limitada ao uso contra os próprios membros do submundo que venham a violar alguma norma, às actividades conexas e inerentes aos mercados negros ou para efeitos de intimidação de vítimas e testemunhas. Esta última função pode ser agregada à finalidade da redução sistemática de riscos de repressão penal.

3. Princípios e conclusões mais recentes no âmbito da investigação da criminalidade organizada

A investigação no âmbito das ciências criminais e sociais relativamente à criminalidade e origem da mesma concentrou-se, desde a década de 1960, essencialmente na prática individual de "crimes de massa" e na criminalidade de rua atribuída sobretudo a indivíduos jovens do sexo masculino[33]. As correntes teóricas dominantes da sociologia criminal, sob a forma de princípios abstractos inerentes à teoria da anomia, relativos à perspectiva interaccionista (*labeling approach*), e de assumpções baseadas em aprendizagens teóricas relativamente à associação diferenciada e à teoria do controlo, abordaram a integração de indivíduos na sociedade, tendo investigado essencialmente percursos indivi-

---

[31] HEINDL, R.: *loc. cit.*, p. 157.
[32] Fundamentalmente, VON TROTHA, T.: Recht und Kriminalität. Tübingen 1982, p. 60 e ss.
[33] Cfr. SHAPLAND, J.: Crime: A Social Indicator or Social Normality? *In*: Robert, Ph., Sack, F. (ed.): Normes et Deviances en Europe. Un Debat Est-Ouest. Paris 1994, pp. 101-126; cfr. tb. DE NIKE, H. J., EWALD, U., NOWLIN, CH. J. (ed.): Victimization Perception after the Breakdown of State Socialism. First Findings of a Multi-City Pilotstudy 1993. Berlim 1995.

duais. Tal é igualmente válido para a investigação da carreira, cujo objecto[34], na verdade, se centrou, até ao presente, sobretudo ao nível da carreira individual e, em particular, da previsibilidade da mesma para efeitos de utilização de estratégias de segurança, podendo também os conceitos dela decorrentes ser aplicados com êxito à investigação da criminalidade organizada e racional[35]. Os inquéritos de vitimação e de delinquência efectuados nas décadas de 1980 e 1990, com base na criminalidade praticada de forma individual, eram elaborados com vista ao apuramento das mutações da criminalidade e das alterações ao nível da segurança interna associadas às transformações políticas e económicas verificadas na Europa de Leste e na Europa Central. Desta investigação foram quase totalmente excluídos os fenómenos da criminalidade organizada e transnacional que em larga medida correspondem a crimes "sem vítimas".

O interesse inicialmente manifestado relativamente a investigações no âmbito da criminalidade organizada foi esporádico e isolado[36]. Para tal, contribuiu certamente a inexistência de instrumentos estatísticos e empíricos aferidos, susceptíveis de ilustrar fenómenos inerentes à criminalidade organizada e suas características, os quais também não foram praticamente desenvolvidos até ao momento. A investigação empírica relativa à criminalidade organizada delineada a partir da década de 1990 foi em larga medida iniciada pela polícia ou desenvolvida a partir de fontes de informação policiais. O *Bundeskriminalamt* tem feito, desde o início da década de 1990, o levantamento sistemático de dados estatísticos de natureza criminal relativos ao fenómeno da criminalidade organizada. Outros serviços de polícia a nível europeu, incluindo a Europol, produziram também, a partir da década de 1990, estatísticas e relatórios

---

[34] Em resumo, ALBRECHT, H.-J.: Kriminelle Karrieren. *In*: Kaiser, G., Kerner, H. J., Sack, F., Schellhoss, H. (ed.): Kleines Kriminologisches Wörterbuch. 3.ª ed. Heidelberg 1993.

[35] Cfr. INCIARDI, J. A.: Careers in Crime. Chicago 1975; cfr. Sutherland, E. H.: The professional thief. Chicago 1967.

[36] Cfr., p. ex., KERNER, H. J.: Professionelles und organisiertes Verbrechen. Versuch einer Bestandsaufnahme und Bericht über neuere Entwicklungstendenzen in der Bundesrepublik Deutschland und in den Niederlanden. Wiesbaden 1973.

específicos relativos à criminalidade organizada[37]. É digno de nota o facto de alguns relatórios, entre os quais o Relatório Europol, transitarem de uma abordagem equiparável a estatística criminal para uma Avaliação de Ameaça (*Threat Assessment*), tal como é designada. Os relatórios sobre a criminalidade organizada não adiantam muito em relação a algumas, poucas, indicações de carácter geral, o que seria conveniente para a descrição e análise da criminalidade organizada. Não é inesperado que os crimes dominantes sejam os ligados à droga e que a proporção de imigrantes (ou de estrangeiros), em função do crime, seja estimada em números elevados. O levantamento estatístico efectuado pela polícia relativamente à criminalidade organizada permite, porém, proceder à análise dos inquéritos já classificados pela polícia como criminalidade organizada. Os resultados de uma investigação efectuada no *Max-Planck-Institut für Ausländisches und Internationales Strafrecht* [Instituto Max Planck de Direito Penal Estrangeiro e Internacional] revelam que os factos em causa poderiam ter sido também descritos através de conceitos, tais como a criminalidade cometida por bandos ou grupos[38].

Um procedimento mais vantajoso do que a filtragem dos processos ou dos factos com base em definições da criminalidade organizada bastante abrangentes e teoricamente pouco elucidativas[39] parece ser o tratamento sistemático de áreas onde seja presumível a prática de crimes cometidos de forma racional (*i.e.*, orientada para uma vantagem económica), com divisão de tarefas e, assim sendo, igualmente organizada. Tal é o caso, sobretudo nos mercados negros e nas economias paralelas. As especificidades do mercado negro podem, de resto, ser também levadas em consideração, contribuindo assim para o esclarecimento de padrões específicos de comportamento e de organização. As perspectivas de organização e de divisão de tarefas são, assim, acrescidas de uma perspectiva de mercado. Com efeito, as áreas da criminalidade discutidas no contexto da criminalidade organizada dizem respeito a drogas, a

---

[37] Bundeskriminalamt: Lagebild Organisierte Kriminalität Bundesrepublik Deutschland 1996, Wiesbaden 1997.

[38] KINZIG, J.: Die rechtliche Bewältigung von Erscheinungsformen organisierter Kriminalität. Berlim 2004.

[39] POTTER, G.W.: Criminal Organizations. Vice, Racketeering, and Politics in an American City. Prospect heights 1994, p. 17.

diferentes formas de criminalidade contra a propriedade e bens patrimoniais, à extorsão, ao tráfico de seres humanos sob diferentes formas, a jogos de fortuna ou azar, à prostituição, à criminalidade económica e ambiental e ao branqueamento de capitais. Isto refere-se, no entanto, a mercados negros e economias paralelas, ou seja, sistemas em que domina a procura e a oferta e onde as ligações marcadamente económicas entre a sociedade convencional e o crime organizado têm um papel a desempenhar. O conceito de criminalidade organizada deve, por isso, ser acrescido de uma análise relativa a mercados negros específicos, nomeadamente o meio e as estruturas de oportunidade, de cujas especificidades se podem extrair conhecimentos relativos à formação de organizações e à racionalização do crime. A formação das economias paralelas e dos mercados negros surge através da regulamentação penal e administrativa.

Isto torna-se evidente na área das burlas relativas a investimentos e a subsídios. A investigação sobre a criminalidade patrimonial organizada remete ainda a significância das estruturas de oportunidade para o facto de a criação de oportunidades (*i.e.*, riscos), sob a forma da política de subsídios da União Europeia, não ter estado associada à criação das respectivas estruturas de controlo[40]. De acordo com investigações empíricas, trata-se de empresas relativamente pequenas (em média com três a cinco empregados). No entanto, pontualmente também pode ser o caso de grandes empresas, com centenas de empregados. Além disso, conforme seria de esperar, a maior parte são empresas legalmente constituídas, que se dedicam à burla organizada em diversos graus. Num certo aspecto, a criminalidade de âmbito económico e ambiental apresenta características típicas da economia paralela, *i.e.*, do mercado negro, uma vez que, por um lado, a regulamentação jurídica faz com que sejam criadas novas oportunidades, mas por outro lado, com as novas oportunidades surgem incentivos sob a forma de proventos ilegais.

Relativamente ao mercado ilícito da droga é possível comprovar a existência de estreitas interacções entre a criminalidade organizada e o controlo social de âmbito penal. De facto, também se verifica que, no

---

[40] MARTYN, N.: The fight against EC fraud. *In*: Fijnaut, C. *et al.* (ed.): *loc. cit.*, Volume II, Antuérpia 1995, pp. 195-213.

que diz respeito ao mercado negro da droga, existem poucos estudos relativos às estruturas de interacção entre a oferta e a procura, bem como à organização do tráfico de estupefacientes em si. Apesar de a investigação ter recaído sobre a vertente da oferta, desde meados da década de 1980 que tal foi realizado principalmente com o objectivo de se fazer uma estimativa da ordem de grandeza das receitas obtidas no mercado negro da droga. Até ao momento, praticamente não foram abordadas questões relativas à organização interna de grupos que se movimentam no mercado negro da droga. De facto, verifica-se que até ao momento a investigação empírica se dedicou basicamente ao mercado da heroína[41]. Não surgiram monopólios nos mercados da droga. Em vez disso, existe uma forte concorrência entre diversos fornecedores[42], em parte até com recurso a violência. No entanto, relativamente aos mercados da droga europeus não existem, até ao momento, quaisquer indícios de se ter desenvolvido um nível de violência à escala dos mercados das grandes cidades americanas[43]. No entanto, a violência poderia constituir um meio essencial para a regularização dos conflitos típicos do mercado. Com uma violência aberta aumentam os riscos de repressão penal. As organizações e grupos que se dedicam ao mercado da droga são, pois, relativamente instáveis. Um forte controlo por parte da polícia leva a que precisamente no mercado da heroína não se consigam desenvolver estruturas de grupos estáveis. O mercado negro da droga em si apresenta-se como muito estável, no entanto isto não se aplica à organização da oferta, mas sim à estabilidade da procura e à existência de refúgios onde, tal como é o caso do Afeganistão (ou de alguns países dos Balcãs na década de 1990), não é possível a aplicação de medidas de repressão penal. Na verdade, é mais adequado não considerar o mercado da droga um sistema integrado, que abrange todos os passos desde o cultivo e produção até à entrega ao consumidor. Em vez disso deveriam ser diferenciados vários circuitos, ou subsistemas, desde a produção até ao

---

[41] Cfr., p. ex., WAGSTAFF, A., MAYNARD, A.: Economic Aspects of the Illicit Drug Market and Drug Enforcement Policies in the United Kingdom. Londres 1988, p. 6 e ss.
[42] WAGSTAFF, A., MAYNARD, A.: *ibidem* 1988, p. 6.
[43] Cfr., p. ex., FIJNAUT, C. *et al.*: Eindrapport. Georganiseerde Criminaliteit in Nederland. Tweede Kamer der Staaten-General 1995-1996, 24072, n.º 16, p. 67 e ss.

pequeno tráfico, ou tráfico de rua. Assim, por um lado, o sistema de distribuição da droga, ou o mercado negro da droga, nunca poderá dispor da racionalidade característica do mercado normal (principalmente no que diz respeito ao desenvolvimento de monopólios) e, por outro lado, tal resulta, principalmente nas interfaces dos subsistemas, numa circulação mantida em movimento contínuo pelas possibilidades de obtenção de proventos e pela necessidade de reacção às medidas de repressão penal, o que dificulta a mesma.

Presume-se que uma actividade significativa da criminalidade organizada seja a extorsão sistemática, *i.e.*, a extorsão de protecção. A extorsão de protecção também constitui um elo indispensável entre a criminalidade organizada e o sistema económico legal[44]. Existem conclusões e ensaios relativamente a este assunto, sobretudo provenientes da América do Norte, segundo os quais a extorsão de protecção pode apresentar-se sob diversas formas, tendo desde sempre sido prestada mais atenção à extorsão na indústria da restauração. Na verdade, a investigação não permite retirar grandes conclusões em relação a uma estimativa da ordem de grandeza, nem dos possíveis princípios de explicação dessas formas de criminalidade. A extorsão de protecção verifica-se principalmente nas minorias étnicas e em determinados sectores ou regiões[45]. Em parte, os casos de protecção Hellfeld, que ocorreram em países europeus na década de 1990, trataram-se de extorsões específicas (extorsões de "donativos") que, no contexto do financiamento da luta de guerrilha curda ou com o financiamento de actividades militares na antiga Jugoslávia (durante a guerra civil jugoslava), tinham, de certa forma, um carácter quase epidémico. Um inquérito realizado pela *Hauptverband des Deutschen Einzelhandels* [Federação do Comércio a Retalho] na década de 1990 confirma esta conclusão. De acordo com os resultados do inquérito, 0,2% das empresas declararam que nos dois anos que antecederam

---

[44] Cfr. FIJNAUT, C., *et al.*: Eindrapport. Georganiseerde Criminaliteit in Nederland. Tweede Kamer der Staaten-General 1995-1996, 24072, n.º 16, p. 91 e ss.

[45] Cfr. também as investigações holandesas FIJNAUT, C., *et al.*: Eindrapport. Georganiseerde Criminaliteit in Nederland. Tweede Kamer der Staaten-General 1995--1996, 24072, n.º 16, p. 94 e ss., que apresenta outras provas relativas a investigações empíricas, das quais resultam indicações claras relativamente a diferenças regionais e elementos étnicos.

o inquérito foram vítimas de extorsão de protecção ou de tentativas de uma extorsão desse tipo[46]. Pelo contrário, as extorsões de víveres, roubo e furto com arrombamento, com 0,7%, 8% e 36%, respectivamente, ocupam uma posição muito superior no que diz respeito à prevalência de vitimização. Isto vai ao encontro do facto de os comerciantes inquiridos atribuírem um potencial de crescimento à extorsão de protecção muito reduzido por comparação com os diversos crimes[47]. Na verdade, supõe--se sempre que em determinadas minorias étnicas existe uma propagação endémica da extorsão de protecção, e aqui especialmente no que diz respeito à indústria da restauração[48].

Uma outra área na qual se suspeita da existência de criminalidade organizada, e à qual as recentes reformas do direito penal essencialmente se reportam, é a do branqueamento de capitais (e a política da apreensão de activos acumulados). Neste caso, são, por um lado, a importância e a ordem de grandeza das receitas relativas à formação e continuidade da criminalidade organizada que justificam a relevância desta questão, mas, por outro lado, o branqueamento de capitais remete para um mercado no qual a procura da aplicação dos proventos ilegais e do dinheiro proveniente do mercado negro que chame menos a atenção recai sobre uma oferta correspondente. O GAFI (Grupo de Acção Financeira Internacional) estimou que o volume de negócios relativo ao tráfico de cocaína, heroína e cannabis é de cerca de 122 mil milhões de dólares por ano (na América do Norte e na Europa). Foi ainda presumido que cerca de dois terços deste montante se destinavam a branqueamento de capitais e a reinvestimento (quer em actividades ilegais, quer legais). Na verdade, há outras estimativas sobre o volume de negócios a nível mundial no mercado negro da droga que vão muito mais além. Essas estimativas chegam aos 500 mil milhões, e até mesmo aos 800 mil milhões por ano, enquanto que o GAFI estima que o produto bruto

---

[46] Hauptverband des Deutschen Einzelhandels: Gefährdung des Einzelhandels durch Kriminalität und Umweltverschlechterung. *S.l.*, 1997, p. 2 e ss.

[47] Hauptverband des Deutschen Einzelhandels: *ibidem*, p. 3.

[48] OHLEMACHER, T., PFEIFFER, CH.: In Konfrontation mit Schutzgelderpressung und Korruption? Eine bundesweite Befragung von deutschen und ausländischen Gastronomiebetrieben. Kriminalistik 51 (1997), pp. 470-474; KELLY, R. J., CHIN, K-L., FAGAN, J. A.: The Dragon Breathes Fire: Chinese Organized Crime in New York City. Crime, Law and Social Change 19 (1993), pp. 245-269.

resultante do tráfico de droga se situa em cerca de 300 mil milhões de USD. No entanto, as bases para tais estimativas não são claras, nem os valores estimados em termos globais parecem ser proveitosos para o desenvolvimento da política criminal. Em suma, a investigação aponta para que até agora não se pode partir do princípio de que há elevados montantes acumulados nas mãos de alguns grupos organizados. Apesar de a investigação relativa a mercados de droga apontar para que o tráfico de droga seja dominado por organizações, os mercados de droga também são, de facto, caracterizados por uma grande concorrência. Assim, é muito provável que as receitas sejam distribuídas por um grande número de grupos. No nível inferior da distribuição é evidente que para cada um dos envolvidos no tráfico de rua os montantes são bastante reduzidos, e que, por outro lado, uma parte muito significativa dos proventos é utilizada no consumo de droga, bem como nas despesas de sustento[49].

Com os conceitos do tráfico de seres humanos é abordado um fenómeno que parece ter estado esquecido durante muito tempo, mas que agora, sob as condições das sociedades modernas e industrializadas, bem como da migração internacional, remete, por um lado, para a formação de nichos de comportamento mesmo em meios e subculturas desviantes, e, por outro lado, deixa perceber que se formaram novos e lucrativos mercados (internacionais)[50], tanto no caso do tráfico de seres humanos, como no do auxílio à imigração ilegal, sendo a estrutura, a dimensão e o desenvolvimento dos fenómenos essencialmente determinados pelas disposições legais relativas à imigração (legal). O tráfico de mão-de--obra, a imigração ilegal organizada e o tráfico de mulheres para fins de contracção de matrimónio e de prostituição têm, nas últimas décadas, chamado cada vez mais a atenção sobre si[51]. Na década de 1990, o

---

[49] JOHNSON, B. D., KAPLAN, M.A., SCHMEIDLER, J.: DAYS with Drug Distribution: Which Drugs? How many Transactions? With what Returns? *In*: Weisheit, R. (ed.): Drugs, Crime and the Criminal Justice System. Nunn Hall, Cincinnati 1990, pp. 193-214.

[50] Em resumo SIEBER, U., BÖGEL, M.: Logistik der organisierten Kriminalität. Wiesbaden 1993, p. 200 e ss..

[51] Cfr., p. ex., a criação de uma comissão de investigação parlamentar no âmbito do tráfico de seres humanos e da prostituição na Bélgica e estudo empírico para aconselhamento relativamente ao tráfico de mulheres e à prostituição, de FIJNAUT, C.: Prostitutie, Vrouwenhandel en (vermeende) Politiecorruptie in Antwerpen. Leuven, Amersfoort 1994; Heine-Wiedenmann, D., Ackermann, L.: Umfeld und Ausmaß des

tráfico de seres humanos foi problematizado sobretudo em vários países dos Balcãs, onde nos últimos anos também se debateu a questão da ordem de grandeza desse tráfico. Certamente as informações resultantes das estatísticas oficiais sobre o tráfico de seres humanos estão impregnadas das mesmas incertezas existentes noutras áreas da criminalidade, que são caracterizadas pela falta ou inactividade dos denunciantes. Este facto deixa espaço para estimativas cujas bases são dificilmente perceptíveis. De qualquer forma, um estudo mais recente das Nações Unidas sobre a região dos Balcãs, com base nas informações disponíveis, chegou à conclusão que, de forma geral, no que diz respeito ao tráfico de seres humanos e à criminalidade organizada, os Balcãs não constituem uma região especialmente ameaçada.

Se se sintetizar as investigações mais recentes relativas à criminalidade organizada, acima mencionadas de uma forma resumida, verifica-se que os estudos são realizados, por um lado, com base em perspectivas com uma tendência político-criminal muito marcada, e, por outro, com um interesse muito prático num conhecimento relevante para a acção penal. Tal é visível nas questões orientadoras das investigações, que começam por ser descritivas[52] e depois se reportam a áreas que também são directamente relevantes em termos práticos. As questões baseiam-se no seguinte: quem está envolvido na criminalidade organizada? Onde é que são visíveis a organização e a divisão de tarefas, *i.e.*, as estruturas hierárquicas? Qual a abrangência da criminalidade organizada? Quais as receitas que a criminalidade organizada proporciona? E, por fim, qual a logística e quais as técnicas utilizadas na comissão de crimes?[53] Obvia-

---

Menschenhandels mit ausländischen Mädchen und Frauen. Estugarda, Berlim, Colónia 1992, p. 186 e ss.

[52] BOVENRKERK, F.: Ons kennisniveau omtrent de traditionele vormen van georganiseerde misdaad. *In*: BOVERNKERK, F. (ed.): De georganiseerde criminaliteit in Nederland. Deventer 1996, pp. 91-99, p. 91, em que é dada uma síntese do estado do conhecimento relativamente à criminalidade organizada através de questões como quais delitos, quais autores e qual dimensão; cf. também as análises acerca da Mafia italiana, que em grande medida são concebidas através de visões histórico-descritivas. PAOLI, L.: The Integration of the Italian Crime Scene. European Journal of Crime, Criminal Law and Criminal Justice 4 (1996), pp. 131-162.

[53] Cfr., p. ex., FIJNAULT, C., BOVENKERK, F., BRUINSMA, G. J. N., VAN DE BUNT, H. G.: Eindrapport Georganiseerde Criminaliteit in Nederland. Tweede Kamer der Staten-Generaal, Gravenhage 1996, p. 9.

mente que um conhecimento desse tipo quase não tem relevância quer para a elucidação, quer para o acréscimo de informações no campo da criminologia e da sociologia criminal.

4. Princípios de elucidação sobre a criminalidade organizada

As referências que têm de ser produzidas no contexto da elucidação sobre a criminalidade organizada dizem respeito às estruturas culturais, sociais, políticas, jurídicas e económicas de uma sociedade. À partida, isto não diferencia a elucidação sobre a criminalidade organizada da elucidação sobre a criminalidade "normal". Mas, enquanto que no caso da criminalidade "normal", que se resume à criminalidade individual, se aborda o grau de envolvimento do indivíduo ou a sua posição nas estruturas sociais, no caso da criminalidade organizada a questão é haver condições para a formação de uma organização duradoura e estável e de que forma tal capacidade de organização se relaciona com as estruturas sociais[54]. A constituição de organização e de estruturas similares a estruturas empresariais não surge naturalmente, dependendo de toda uma série de características do meio envolvente, do tipo dos mercados, do contexto étnico, económico e político. Não se deve descurar o facto de, em parte, ter surgido uma relação simbiótica entre o submundo e a sociedade legal, a subcultura e as instâncias sociais de controlo, relação essa que tem de ser funcional até pelo facto de o submundo, através da prostituição e da prestação de outros serviços ou bens imorais ou ilegais satisfazer, em primeiro lugar, uma procura gerada fora do submundo[55]. É isto que, em termos modernos, faz com que o submundo seja duradouro e viável. Esta simbiose reporta-se, aliás, em escalas diferentes, tanto às estruturas económicas e sociais, como às estruturas políticas e culturais[56]. Esta simbiose pode desenvolver-se de diversas formas, quer

---

[54] Cfr., em resumo, Institut de Sciences Pénales et de Criminologie: Criminalité Organisée et Ordre dans la Société. Marselha 1997.

[55] CUSSON, M.: La Notion de Crime Organisee. *In*: Institut de Sciences Penales et de Criminologie: *loc. cit.*, 1997, pp. 29-43, p. 34 e ss.

[56] Cfr., p. ex., o contrabando de tabaco, que seria impensável sem a existência da indústria tabaqueira e dos seus canais de distribuição legais.

através das relações individuais, quer da aceitação de vantagens[57] e da corrupção sistemática, quer seja através de se arranjar uma determinada clientela política ou social[58]. É de considerar o efeito de espiral e de esteira, considerado importante no âmbito do comportamento criminoso de cariz económico. Por fim, neste ponto também é necessário estabelecer as ligações entre as subculturas e as autoridades de acção penal que, a título de exemplo, podem ser estabelecidas através de operações encobertas sistemáticas ou da obtenção de informações através de informadores. Esse tipo de compromissos sociais levou, aparentemente, a uma certa discrição das características da criminalidade organizada associadas às subculturas, a uma grande promoção da estabilidade e da continuidade, tendo ainda contribuído para que os delinquentes com perturbações sociais e psíquicas e a "criminalidade de todo o mundo" nas sociedades modernas evoluíssem para um problema teórico e empírico, próprio da criminologia e da política criminal. Por oposição, o submundo (ou as subculturas a ele associadas), como potencial contraprojecto sério da sociedade convencional quase não é considerado, não tendo, de qualquer forma, surgido durante muito tempo como área temática séria da investigação, uma vez que os fenómenos das subculturas, que podem ser equiparados à criminalidade organizada, tornam-se visíveis por, de certa forma, os acessos, em termos jurídico-políticos, à prostituição, aos jogos de fortuna e de azar e à pornografia logo no início serem tolerantes, e a partir da década de 1960 se terem tornado cada vez mais liberais, sendo apenas visíveis nas áreas marginais como pontos de ligação relativamente ao direito penal repressivo. Isto só se veio a alterar novamente com a criação de novos mercados negros, mas principalmente com a propagação das drogas ilegais na década de 1960, que implicou a intensificação, a nível internacional da legislação penal relativa à droga.

Presentemente dá-se destaque a elementos de natureza racional, empresarial e económica na comissão de crimes, sendo, por outro lado, estabelecidas referências relativas à criminalidade empresarial e económica. Esta mudança não é de surpreender. Os mercados negros do tipo dos que surgiram a partir da década de 1960, nomeadamente da droga,

---

[57] HOPKIN, J.: Political Parties, Political Corruption, and the Economic Theory of Democracy. Crime, Law and Social Change 27 (1997), pp. 255-274.

imigração, burla relativa a investimentos ou branqueamento de capitais requerem um elevado nível logístico e já não estão associados a uma determinada subcultura ou submundo. Nesta medida, com certeza faz sentido falar-se de uma diluição das fronteiras entre a criminalidade económica organizada, ou criminalidade relativa a empresas, e a criminalidade organizada clássica. Com as teorias do actor racional e das estruturas de oportunidade os fenómenos da criminalidade empresarial e económica moderna, por um lado, e os fenómenos dos crimes clássicos contra a propriedade, por outro, são de novo abordados do mesmo modo e com base nas mesmas variáveis[59]. Na verdade, tal não é suficiente. Os mercados negros estabelecem condições especiais, que não permitem um desenvolvimento económico racional como o da economia de mercado legal. Na verdade, também se remete para as mesmas variáveis quando se aborda o significado dos controlos normativos (ou morais), uma vez que apesar de segundo a teoria da associação diferencial de Sutherland os grupos (ou organizações) se distinguirem pela rejeição de comportamentos criminosos, *i.e.,* pela aceitação das normas, tal não quer dizer que estes grupos, que vão buscar a sua identidade à avaliação positiva de determinados actos irregulares, não sejam caracterizados por (outras) orientações normativas ou morais. Uma orientação puramente racional do comportamento não será suficiente para manter a coesão do grupo.

A teoria do actor racional teve um especial significado no desenvolvimento de medidas para apreensão de activos acumulados. As estratégias de apreensão de activos acumulados são sustentadas por suposições de que a criminalidade organizada produz proventos elevados, de que estes proventos contribuem para a formação, estabilização e expansão da criminalidade organizada (representando condições determinantes para o surgimento de crimes), de que a apreensão de receitas tem um efeito preventivo e, finalmente, de que com outras formas de acesso a proven-

---

[58] BLOCK, A. A., GRIFFIN, S. P.: The Temasters, The White House, The Labor Department. A Commentary on the Politics of Organized Crime. Crime, Law and Social Change 27 (1997), pp. 1-30.
[59] VAN DE BUNT, H.: EC fraud and the morality of the EC regulation. *In*: FIJNAUT, C. *et al.* (ed..): Changes in society, crime and criminal justice in Europe. Vol. II, International organised and corporate crime. Antuérpia 1995, pp. 73-84, p. 77 e ss.

tos ilegais (especialmente através dos instrumentos de arresto e perda, ou da pena de multa) o objectivo preventivo apenas é transposto de forma insuficiente[60]. Na verdade, se olharmos para a investigação empírica vemos que o papel desempenhado pelas vantagens financeiras na emergência de crimes e na prevenção praticamente não foi investigado de forma sistemática[61]. Na verdade, a investigação criminológica, a nível internacional, lidou com a questão de se e em que medida a introdução de meios de apreensão de activos acumulados leva a uma alteração das taxas do crime, especialmente a alterações a nível do tráfico de droga e da criminalidade organizada relativa a droga. Estudos económicos demonstraram que mesmo estimativas muito optimistas sobre a escala dos activos passíveis de apreensão estão associadas a aumentos quase imperceptíveis dos preços da droga vendida a retalho[62]. Também existem conclusões decorrentes de investigações[63] relativas às decisões racionais do actor individual. Assim, é de partir do princípio que as oportunidades de lucro surgem, fundamentalmente, com os mercados negros. É por esse motivo que logo à partida é improvável que as penas que visam a supressão de incentivos venham a ter uma influência significativa enquanto existirem as bases para a emergência de tais decisões racionais (e isso é o mercado negro). Pode ser demonstrado que apesar de, por um lado, a possibilidade de lucro constituir um incentivo fundamental para a decisão de se ter um comportamento criminoso, por outro lado, o risco de se voltar a perder os proventos tem apenas efeitos muito marginais sobre a decisão.

A análise dos mercados negros que se estabeleceram nas últimas décadas nos países europeus mostra uma nítida participação de minorias

---

[60] KAISER, G.: *loc. cit.* 1989, p. 685 e ss.

[61] KERNER, H.-J.: Der Verbrechensgewinn als Tatanreiz – aus kriminologischer Sicht. *In*: Bundeskriminalamt (ed.): Macht sich Kriminalität bezahlt? Aufspüren und Abschöpfen von Verbrechensgewinnen. Wiesbaden 1987, pp. 17-50.

[62] DESSECKER, A.: Gewinnabschöpfung im Strafrecht und in der Strafrechtspraxis. Freiburg 1991; WAGSTAFF, A., MAYNARD, A.: Economic Aspects of the Illicit Drug Market and Drug Enforcement Policies in the United Kingdom. Londres 1988.

[63] SMETTAN, J.: Kriminelle Bereicherung in Abhängigkeit von Gewinnen, Risiken, Strafen und Moral. Freiburg 1992.

étnicas[64]. Isto não se aplica somente ao mercado da droga, em que as ramificações internacionais praticamente exigem a inclusão de participantes estrangeiros em transportes de grandes dimensões, mas também, como é óbvio, ao pequeno tráfico e às redes de distribuição ao nível dos mercados nacionais ou locais. As relações entre as minorias étnicas e os mercados negros podem surgir como consequência da produção de produtos ilegais em determinados países, havendo determinadas vantagens estratégicas no acesso aos produtos para os grupos originários dos países em causa. O papel desempenhado pelas minorias étnicas na emergência da criminalidade organizada, e no processo da mesma, foi principalmente realçado no âmbito da "teoria da conspiração", tendo com isso a sua importância sido muito exagerada, uma vez que são muito mais as condições sociais e económicas marginais associadas à origem étnica que determinam uma participação desigual em determinados mercados negros[65].

O conceito de rede[66] representa um desenvolvimento fulcral na análise da criminalidade organizada (e dos mercados negros a ela associados). O conceito de rede presume que não estamos a lidar com fenómenos hierarquicamente estruturados, com fenómenos que têm um único centro e uma única periferia. Os nós das redes podem apresentar dimensões diversas, no entanto a característica central da rede é a redundância. Um ou vários nós podem ser eliminados sem que a função global da rede seja afectada. Isto também explica por que motivo apesar dos sucessos individuais na repressão do tráfico de estupefacientes, o mercado da droga persiste. Na Colômbia, por exemplo, conseguiu-se desmantelar os grandes cartéis de droga da década de 1980. Isto mudou o tráfico de cocaína. Em vez dos grandes cartéis de droga, surgiram muitos grupos de pequena dimensão. Ao que parece, a evolução para redes

---

[64] Cfr., p. ex., ANDERSON, M.: The United Kingdom and Organised Crime – the International Dimension. European Journal of Crime, Criminal Law and Criminal Justice 1 (1993), pp. 292-308, p. 294 e ss.

[65] LEHMANN, B.: Bekämpfung vietnamesischer Straftätergruppierungen in Berlin. Der Kriminalist 30 (1998), pp. 50-58, p. 57.

[66] ARQUILLA, J., RONFELDT, D. (ed.): Networks and Netwars: The Future of Terror, Crime, and Militancy. Rand, Novembro de 2001.

também contribuiu para uma maior proximidade entre a criminalidade transnacional ou organizada e os movimentos terroristas[67], em relação aos quais também se destaca o carácter de rede[68]. Isto aplica-se tanto ao financiamento de organizações e actividades terroristas, como a fusões entre os movimentos terroristas e a criminalidade organizada[69], em que a dimensão política é utilizada como pouco mais que uma fachada para as actividades do mercado negro[70]. A constituição de uma aliança entre os movimentos social-revolucionários e o submundo criminoso na verdade já existe em estratégias do século XIX, continuando a existir no século XX nas variantes terroristas da República Federal da Alemanha, bem como na América do Norte[71]. As descrições contemporâneas do financiamento do terrorismo, *i.e.*, dos grupos terroristas, também remetem para a importância fundamental dos mercados ilegais, especialmente do mercado da droga, para angariação de meios financeiros.

Assim, o conceito de criminalidade organizada engloba na sua configuração jurídico-política um elemento que se identifica com os fenómenos descritos relativamente à criminalidade organizada, como reacção a um arranque "fraco" e a uma sociedade igualmente fraca. Na verdade, uma tal orientação do conceito de criminalidade organizada leva a que a atenção seja de novo dirigida para questões criminológicas fundamentais, bem como para uma repolitização do conceito de criminalidade, pois as suposições associadas a um tal princípio referem-se, por um

---

[67] DISHMAN, C.: Trends in Modern Terrorism. Studies in Conflict Terrorism 22 (1999), pp. 357-362, p. 362.

[68] WILLIAMS, P.: Transnational Criminal Networks. *In*: ARQUILLA, J., RONFELDT, D. (ed.): Networks and Netwars: The Future of Terror, Crime, and Militancy. Rand, Novembro de 2001, pp. 61-97.

[69] DISHMAN, C.: Terrorism, Crime, and Transformation. Studies in Conflict & Terrorism 24 (2001), pp. 43-58.

[70] Cfr. Silke, A.: *In* Defense of the Realm: Financing Loyalist Terrorism in Northern Ireland – Part One: Extortion and Blackmail. Studies in Conflict & Terrorism 21 (1998), pp. 331-361; SILKE, A.: Drink, Drugs, and Rock´n´ Roll: Financing Loyalist Terrorism in Northern Ireland – Part Two. Studies in Conflict & Terrorism 23 (2000), pp. 107-127, no qual se comunica que apesar de um cessar-fogo estável durante anos continuaram a decorrer actividades para angariação de fundos por parte dos grupos terroristas lealistas na Irlanda do Norte.

[71] LAQUEUR, W.: Terrorismus. Die globale Herausforderung. Frankfurt, Berlim 1987, p. 41 e ss..

lado, a processos sociais e, por outro, ao papel do Estado e das entidades estatais, bem como a um papel activo dos delinquentes profissionais, que se aproveitam de um poder central fraco para prosseguirem e alargarem as suas opções de negócio. As hipóteses providenciadas neste contexto têm uma natureza dinâmica e assentam num diagnóstico pessimista do desenvolvimento e de estado das sociedades actuais. É perante este cenário que também são descritos os riscos sociais e económicos associados à criminalidade organizada. Os pontos de partida são, pois, estabelecidos com base nas afirmações de que os regimes de valores e normas sociais estão a decair e a perder a sua força integrante[72]. Segundo estas análises, as fraquezas da sociedade convencional são visíveis na pronta participação dos seus membros (que habitualmente se regem pelas leis) nos mercados negros, através dos quais, por seu turno, a criminalidade organizada obtém os meios financeiros para, através da corrupção e infiltração na economia legal, enfraquecer ainda mais as já vulneráveis entidades estatais, bem como o sistema económico. No entanto, aqui trata-se sobretudo de minar o sistema judicial e político. O perigo delineado em tais análises diz respeito a uma substituição do sistema de valores convencional pelo da criminalidade organizada (*i.e.*, das subculturas e submundos a ela associados). No seu essencial, esta noção é uma tentativa de subversão política e económica que, apesar de não ter objectivos políticos, mas sim uma maximização desenfreada dos lucros, se reveste de um carácter político e apresenta traços de um capitalismo aventureiro.

5. Resumo

1. A criminalidade organizada remete para processos (históricos), principalmente para a formação do domínio central, do monopólio do poder e, assim, do Estado Moderno, bem como para a urbanização e industrialização.

---

[72] WILHELMS, U.: Politische und polizeiliche Dimensionen der organisierten Kriminalität. Der Kriminalist 1993, pp. 233-236, p. 235.

2. Nesta medida, a criminalidade organizada constitui, em primeira instância, uma parte da diferenciação cultural, económica e social das sociedades modernas.

3. Além disso, a criminalidade organizada é identificada como uma subcultura, cuja perigosidade e poder de ameaça são observados desde o século XIX no estabelecimento (bem sucedido) de nichos sociais dificilmente controláveis e acessíveis e de uma resistência persistente, considerando a aceitação de determinadas normas jurídicas.

4. Assim, a atenção também é dirigida para as bases económicas próprias de determinadas subculturas, que existem nos mercados negros e em diversas formas de economia paralela.

5. De facto, as bases económicas apresentam grandes variações a nível internacional e dependem do grau de tolerância ou abertura social e cultural, conforme demonstra uma comparação entre a América do Norte e a Europa, em termos de prostituição, jogos de fortuna e azar, pornografia e droga.

6. As investigações relativas à criminalidade organizada são caracterizadas por várias suposições que durante muito tempo tiveram e, em parte, ainda hoje têm uma grande influência, englobando-se aqui "suposições de conspiração" e a "teoria da transmissão cultural"[73], e, por fim, os dois pontos de vista conceptualmente relacionados dos efeitos "corruptores" do submundo e do submundo como uma "contra-sociedade". Além disso, são os conceitos de relações "parasitas" e "simbióticas" entre o submundo e a sociedade legal que determinam o ponto de vista[74].

7. De facto, os fenómenos conexos já não são considerados na criminologia moderna das décadas de 1950 e 1960. A criminologia que visa o delinquente, e que até às décadas de 1950 e 1960 ainda lidava com as questões do delinquente habitual e do delinquente profissional, despojou consideravelmente estes fenómenos das estruturas económicas e sociais importantes para uma compreensão adequada.

---

[73] Cfr. apenas KANTHER, M.: Organisierte Kriminalität: Ein Problem in ganz Europa? *In*: Bundesministerium des Innern: Texte zur Inneren Sicherheit. Vol. II. Bona 1997, pp. 6-18, p. 6.

[74] FIJNAUT, C. *et al.*: *loc. cit.*, 1995-1996, p. 91.

8. De facto, de tudo isto também resulta que tal não é necessário para uma compilação cientificamente conforme, servindo até mesmo uma acção jurídico-política dos fenómenos aqui abordados relativamente ao conceito de criminalidade organizada, pois, em última análise, não é da organização que resultam os elementos fundamentais dos fenómenos de criminalidade que aqui têm interesse, mas sim da subcultura (e dos processos históricos que a geraram) e dos mercados negros, bem como da quase inevitável emergência nas sociedades modernas de estruturas de lealdade particulares (uma particular solidariedade social, por exemplo) e do enfraquecimento da aceitação das normas jurídicas, devido a uma grande necessidade de regulação dos riscos, a qual não só proporciona oportunidades, mas também leva a uma maior predisposição para utilização dessas novas oportunidades.

9. Seria melhor operar com o conceito de rede, bem como colocar em primeiro plano os elementos teoricamente relevantes, que dizem sobretudo respeito ao mercado (negro) e a estas disposições reguladoras (normativas).

Cooperação judiciária europeia e internacional[1]

CARLOTA PIZARRO ALMEIDA
*Assitente da Faculdade de Direito
da Universidade de Lisboa*

Dizer que a novas formas de criminalidade terão de corresponder novas formas de direito penal é hoje já um lugar comum, de tão repetido que tem sido e de tal modo evidente se tornou. Pode-se, como alguns autores têm feito, defender que o direito penal não deve abdicar dos princípios na sua pureza e que tem potencialidades para fazer face aos novos desafios através de instrumentos compatíveis com esses princípios. Mas, seja por falta de empenhamento seja por falta da criatividade necessária, o caminho tem sido feito principalmente no sentido de encontrar novas formas de resposta, levando progressivamente à criação de um "direito penal a duas velocidades", com regras diferentes – e menos exigentes em termos de garantias – para certo tipo de criminalidade, denominada criminalidade transnacional em atenção àquela que será talvez a sua característica mais marcante.

Não se deve esquecer também que a fácil mobilidade, quer das pessoas quer das actividades desenvolvidas, determina o aumento do que costuma ser designado como *forum shopping*, levando a que os agentes procurem ser julgados no foro que lhes aparece como mais vantajoso. A isto pode responder-se por duas vias: a da harmonização – que tornará

---

[1] Corresponde, com ligeiras correcções, ao texto lido no âmbito do Painel "Cooperação internacional na investigação criminal", no dia 25 de Março de 2009.

inútil o *forum shopping* – e a da cooperação. No âmbito desta última, é de destacar a recomendação constante das conclusões de Palermo no sentido de "identificar o melhor Estado para instaurar o processo por um caso particular" e, na União Europeia, o artigo 6.º da Decisão 2002/187/ /JAI (criação da Eurojust), no qual se prevê a possibilidade de este organismo "solicitar às autoridades competentes dos Estados-Membros em causa que ponderem a possibilidade de admitir que uma delas esteja em melhor posição para dar início a uma investigação ou instaurar um procedimento penal por factos precisos".

A crescente globalização da criminalidade decorre de vários factores, dos quais podemos destacar:

- a dimensão das organizações criminosas (assemelhando-se às empresas multinacionais características da economia moderna, mas actuando no campo do ilícito);
- os meios disponíveis, nomeadamente a Internet (que, por natureza, não conhece fronteiras);
- a actividade predominante, porque geradora de maiores lucros: o tráfico, seja ele de estupefacientes, de pessoas, de armas ou mesmo de órgãos;
- como complemento indissociável da grande criminalidade, o branqueamento (que pressupõe movimentação internacional dos lucros ilícitos auferidos);
- no caso particular da União Europeia, a liberdade de circulação – de capitais, de mercadorias e, principalmente, de pessoas – funcionando como um poderoso catalizador do problema.

A necessidade de cooperação judiciária é hoje imperiosa, sob pena de se perder em definitivo a luta contra os senhores do crime. Por isso se tem assistido a um esforço intenso no sentido de encontrar os meios adequados para dotar de eficácia o direito penal. Este esforço, desenvolvido à escala global, tem assumido especial relevância, como seria de esperar, no espaço europeu.

O Tratado de Amesterdão preconiza a cooperação penal como meio de alcançar "um espaço de liberdade, de segurança e de justiça" – expressão que se tornou a referência paradigmática de todas as medidas introduzidas a partir de 1997 e que se encontra, aliás, transposta para o artigo 7.º, n.º 6, da Constituição Portuguesa. Qual a relação entre estes três termos, é algo que deve preocupar-nos e a que voltaremos mais adiante.

A cimeira realizada em Tampere em 1999 pode considerar-se um ponto de viragem. Aí se definiram quatro eixos considerados determinantes:
1. Harmonização do direito substantivo (foram já enunciados como objectivos principais: as incriminações relativas a exploração sexual, tráfico de pessoas e responsabilidade penal de pessoas colectivas);
2. Reconhecimento mútuo;
3. Coordenação da investigação;
4. Protecção dos direitos fundamentais no processo penal.

Na sequência da Cimeira de Tampere, surgiram vários instrumentos de cooperação, dos quais podemos destacar a Europol, a Rede Judiciária Europeia, a Eurojust e o Mandado de Detenção Europeu. Em áreas específicas, como o combate ao branqueamento ou à fraude, foram também criados ou desenvolvidos organismos que permitem uma actuação concertada dos Estados membros – *vide* o caso do OLAF, que, por sua vez, tem desenvolvido uma crescente cooperação com a Eurojust, como é referido no último relatório de actividades desta última.

Na óbvia impossibilidade de abordar aqui todas as questões suscitadas pela actuação destas instituições, optei por me centrar nos seguintes problemas:

1. No âmbito do mandado de detenção europeu:

   a) a eliminação da exigência de dupla incriminação nos crimes do catálogo;

   b) a (des)necessidade de reconhecimento de sentenças no caso do artigo 4.º, n.º 6, da Decisão Quadro 2002/584, a que corresponde o artigo 12.º, n.º 1, alínea *g)* da Lei n.º 5/2003.

2. No âmbito dos meios de prova, abordarei a questão da eventual ilicitude das mesmas por não preenchimento das exigências impostas pela legislação do Estado requisitante.

O mandado de detenção europeu, que veio substituir nas relações entre os Estados-Membros todos os anteriores instrumentos em matéria de extradição, apresenta, relativamente a este instituto, as seguintes diferenças que podemos considerar fundamentais:

- possibilidade de entrega de nacionais por qualquer crime, e não apenas nos casos consagrados no artigo 33.º, n.º 3, da Constituição (antecipando esta regra, e de forma a torná-la viável constitucionalmente, procedeu-se à introdução do n.º 5 do mesmo artigo);
- subtracção do processo ao poder executivo, fazendo intervir apenas as entidades judiciárias;
- ausência da exigência de dupla incriminação.

O afastamento do princípio da dupla incriminação é assumido expressamente no artigo 2.º, n.º 2, da Decisão-Quadro 2002/584, de 13 de Junho.

Como se afirma no Preâmbulo desta Decisão, o regime do mandado de detenção europeu "é baseado num elevado grau de confiança entre os Estados membros". Mas, ainda que se admita que essa confiança se justifica por todos os Estados-Membros partilharem da mesma cultura e dos mesmos princípios atinentes a direitos fundamentais, podemos questionar-nos sobre a bondade do regime criado, em face de algumas perplexidades suscitadas pela sua concretização.

Analisemos esta problemática a partir do acórdão do Supremo Tribunal de Justiça de 4 de Janeiro de 2007. Embora o caso sobre que incide esta decisão não se enquadre no âmbito da criminalidade organizada, parece-me que o acórdão elenca os principais problemas relacionados com o sistema instituído para o mandado de detenção europeu e em particular com as dificuldades suscitadas pelo método "de catálogo" criado.

Claramente tributário de alguma da melhor doutrina publicada sobre o tema, o aresto discute o âmbito do princípio do reconhecimento mútuo, com incidência particular na dispensa de controlo de dupla incriminação. Considera o Tribunal que esta dispensa pressupõe "a existência de valores e bens jurídicos comuns que devem ser tutelados pelo direito penal", aceitando os seus membros que a "incriminação de comportamentos que afectem tais valores é inerente à partilha de valores comuns, independentemente dos *nomina* próprios de cada sistema". O afastamento do controlo da dupla incriminação implicará, deste modo, a "verificação sobre se, em termos materiais e segundo os princípios da confiança e do reconhecimento mútuo, os factos que justificam a emissão do mandado e a qualificação que lhes respeitar nos termos definidos pela autoridade da emissão ainda integram os círculos materiais que se definem na lista comum, ou manifestamente deles se afastam". E assim, caberá à autoridade judiciária do Estado da execução proceder a um primeiro controlo, dito genérico – ou seja, "verificar se o facto ou factos que dão origem ao mandado fazem parte da lista, referindo-se a um *domínio da criminalidade* aí previsto" – e em seguida, a um controlo jurídico, que se "analisa num controlo da incriminação do facto ou factos no Estado de emissão. Nesta segunda fase a autoridade judiciária fica subordinada à definição dos factos pelo direito do Estado de emissão, isto é, tem de se ater aos elementos constitutivos do tipo legal de crime tal como eles estão previstos na lei do Estado de emissão e não aos elementos constitutivos do tipo legal de crime tal como eles estão previstos na lei do seu Estado.

No caso, as autoridades judiciárias do Reino de Espanha solicitaram a execução de um mandado de detenção europeu relativamente a uma cidadã de nacionalidade espanhola, para procedimento penal pelo crime p. e p. no artigo 225.º bis, 2.º, n.º 2 do Código Penal espanhol, por a pessoa procurada ter procedido à retenção de uma filha menor, impedindo e impossibilitando o efectivo direito do pai da menor (cidadão holandês) ao cumprimento do regime de visitas e estadias com a filha, de acordo com o estabelecido na resolução Judicial de 7 de Agosto de 2003, do juiz de 1.ª instância de Cáceres. Para efeitos de execução do mandado, o crime tinha sido assinalado pela autoridade espanhola como integrando *"sequestro, detención ilegal y toma de rehenes"*.

Admitindo embora que "o afastamento dos factos do elenco de um dos domínios de criminalidade da 'lista' e das qualificações, materiais e não nominais, que lhe estão subjacentes, tem de ser patente e resultar, directa e imediatamente, das próprias formulações e do enquadramento formal, sistemático e material da lei do Estado da emissão", o Tribunal defende não ser de aceitar cegamente, sem qualquer controlo, o enquadramento atribuído pelo Estado de emissão.

A autoridade judicial espanhola emitente do mandado assinalou que a infracção em causa, que determinou o procedimento penal, cabia na área material de *"secuestro, detencion ilegal y toma de rehenes"*, – ou, na expressão correspondente da Lei n.º 65/2003, *"rapto, sequestro e tomada de reféns"* – considerando, no entanto, em concreto, que os factos que fundamentam a emissão do mandado integram o crime p. e p. no art.º 225.º, bis, n.º 2, 2.º do Código Penal espanhol, qualificação a que fez acolher os seguintes factos: "procedeu [a pessoa procurada] ao rapto e à retenção da sua filha menor, impedindo e impossibilitando o efectivo direito do pai da menor ao regime de visitas e estadias com a filha".

Penso ser de acolher sem reservas a teoria de que a qualificação não é inconsequente, não é apenas um *nome*: ela deve corresponder a uma realidade cujo desvalor seja partilhado pelas diversas ordens jurídicas, por forma a que as incriminações compreendidas no catálogo assumam alcance sensivelmente idêntico para todos os Estados Membros. Mas até que ponto é possível exercer o controlo dessa conformidade sem entrar em colisão com a disposição constante do artigo 2.º, n.º 2, da Decisão--Quadro 2002/584? Parece que só um entendimento "moderado" da exclusão do controlo da dupla incriminação será capaz de ultrapassar este obstáculo.

Ao abdicarmos de qualquer controlo, a não ser o nominalista, não estaremos do mesmo passo a abdicar de controlar a conformidade com os limites que os princípios da proporcionalidade e da ofensividade, constitucionalmente consagrados, impõem ao direito penal? Se, por hipótese, em um Estado-Membro fosse considerada crime (com a designação correspondente a um crime do catálogo) uma conduta que, por violação do artigo 18.º, n.º 2, da Constituição, em caso algum fosse passível de pena no nosso país, não havendo controlo da materialidade subjacente a essa designação, teríamos de proceder à entrega da pessoa procurada por violação de uma lei que, segundo as nossas concepções fundamentais, seria inconstitucional e ilegítima – prática contrária aos mais elementares princípios da cooperação judiciária internacional.

Sempre se poderá argumentar que entre os Estados-Membros tal hipótese não chegará nunca a verificar-se, uma vez que todos partilham dos mesmos valores fundamentais. Ainda que tal corresponda à verdade, não pode ainda assim esquecer-se que a projecção dos mesmos princípios pode divergir consideravelmente de Estado para Estado, assumindo nuns manifestações consideradas inaceitáveis em outros. E, por outro lado, abdicar de todo e qualquer controlo não é forma de garantir que, quando existam desvios, eles serão detectados e evitados. Como ilustração do problema, basta referir o valor da vida humana – sem dúvida considerado, e em posição cimeira, por todos os Estados-Membros – e lembrar as divergências existentes quanto à incriminação de condutas como a eutanásia, o auxílio ao suicídio ou mesmo o aborto.

Mesmo admitindo que a nível de criminalidade organizada nos deparamos com um relativo consenso "de regime" entre todos os Estados, não é de excluir que, mesmo aí, pontualmente surjam disparidades. Mal andaríamos, em termos de direitos e garantias, se, por se tratar de uma área da luta contra o crime considerada prioritária, não se admitisse colocar também aqui as mesmas questões e resolvê-las com o mesmo rigor.

No acórdão referido, o Tribunal considerou que, dada a factualidade descrita e a inserção sistemática – no ordenamento jurídico do Estado emissor, sublinha-se – só por manifesto erro "de etiquetas" se poderia enquadrar a conduta da arguida num dos crimes de catálogo. E estando, a partir daí, liberto da proibição de controlo da dupla incriminação, veio a concluir que a conduta descrita não constituiria crime no direito nacional, recusando o cumprimento do mandado[2].

Admitir, como o fez o Acórdão do Supremo Tribunal de Justiça, a necessidade e possibilidade de controlar o conteúdo da realidade subjacente à incriminação invocada pelo Estado de emissão do mandado, com vista a confirmar, ou não, a sua inclusão num dos crimes de catálogo, nem se pode, em bom rigor, designar como controlo da dupla incriminação, pelo menos na formulação menos radical deste conceito. Pois que não se vai fazer essa avaliação de acordo com um determinado preceito do ordenamento nacional (o que violaria, desde logo, a norma constante do artigo 2.º, n.º 2, da Decisão-Quadro 2002/584, que remete para a "definição segundo o Estado-Membro de emissão"), mas tão só aferir da conformidade com a plataforma de valores comuns em que assenta o regime do artigo 2.º da Decisão Quadro 2002/584.

Passando agora a debruçar-nos sobre o problema do reconhecimento da sentença proferida em outro Estado-Membro, tomaremos como ponto de partida uma outra decisão judicial.

---

[2] Actualmente tal comportamento enquadra-se no art. 249.º, n.º 1, c), e é punível com pena de prisão até dois anos ou com pena de multa até 240 dias.

O Acórdão do Supremo Tribunal de Justiça de 23 de Novembro de 2006 pronunciou-se sobre a seguinte questão: tendo sido emitido mandado de detenção europeu contra A., de nacionalidade portuguesa, para cumprimento de uma pena de 18 meses, em França, veio o arguido invocar a causa de recusa facultativa prevista no artigo 12.º, n.º 1 alínea g) da Lei n.º 65/2003. Depois de diversas vicissitudes processuais que aqui não relevam, o Tribunal da Relação de Guimarães concluiu, por acórdão de 11.9.2006, estarem verificados os pressupostos de aplicação da causa de recusa prevista na citada alínea g), e consequentemente decidiu recusar a execução do mandado de detenção europeu, ordenando simultaneamente que a pena a que ele respeitava fosse cumprida pelo Tribunal da Comarca de Viana do Castelo, o competente por aplicação analógica do art. 103.º da Lei n.º 144/99, de 31.8.

O recurso interposto pelo Ministério Público teve por fundamento o não reconhecimento da sentença condenatória emitida pelos tribunais franceses, pelo que o acórdão da Relação teria violado as normas constantes dos artigos 234.º, n.º 1, e 237.º do Código de Processo Penal, bem como o regime estatuído na Lei n.º 144/99, de 31 de Agosto.

O Supremo Tribunal de Justiça pronunciou-se no sentido de não ser necessário o reconhecimento da sentença a executar, com a seguinte fundamentação: o mandado de detenção europeu constitui um instrumento superior de cooperação judiciária, específico do espaço da União Europeia, distinto da extradição, porquanto assente no princípio do reconhecimento mútuo. A revisão da sentença estrangeira, como o processo de extradição, baseiam-se, ao invés, precisamente na ideia de "suspeição" ou, no mínimo, de dúvida em relação ao pedido, precisamente porque proveniente de Estado relativamente ao qual não vigora o princípio do reconhecimento mútuo, e daí a necessidade de rever e confirmar a sentença estrangeira ou de avaliar com rigor o pedido de extradição.

O carácter simplificado do instituto do mandado de detenção europeu, próprio de uma cooperação que procura a eficácia sob pena de falhar os seus próprios objectivos, repudia a criação de incertezas e impasses quanto ao desenrolar do processo. A recusa do mandado de detenção europeu, nos termos da citada al. g), só pode legitimar-se na vontade clara e prontamente expressa do Estado Português em, ele próprio, promover a execução da pena (ou medida de segurança). Se o tribunal português recusa a execução do mandado de detenção europeu, tem de imediatamente ordenar o cumprimento da pena pelo tribunal competente para o efeito.

O Tribunal defende que o Título IV da Lei n.º 144/99, de 31 de Agosto, não tem aplicação ao mandado de detenção europeu, pois constitui a "lei geral" de cooperação judiciária penal, ao passo que a Lei n.º 65/2003 constitui "lei especial", sendo que aí não está previsto nenhum processo de revisão da sentença estrangeira.

Em traços gerais, parecem-me ser de subscrever os argumentos aduzidos.

No entanto, já posteriormente a este acórdão, surgiu a Decisão-Quadro 2008/909/JAI, de Novembro de 2008, que regula a aplicação do princípio do reconhecimento mútuo às sentenças em matéria penal para efeitos de execução dessas sentenças. Criando um regime que deverá entrar em vigor em todos os Estados-Membros (excepto a Polónia) em 2011, esta Decisão-Quadro adopta uma posição que pode ser considerada moderada, na medida em que evita extremos: prevê a manutenção do instituto do reconhecimento de sentença, mas deixa pouca margem à entidade competente de cada Estado membro para recusar esse mesmo reconhecimento. Embora o artigo 9.º enumere uma lista de motivos que permitem essa recusa, alguns são meramente formais e a maior parte dos restantes está relacionada com as situações previstas no artigo 3.º da Decisão-Quadro 2002/584, de 13 de Junho. Em contrapartida, o artigo 7.º prevê uma longa lista de situações em que o reconhecimento não pode ser recusado e afasta, nesses casos, o controlo da dupla incriminação.

A aplicação deste regime ao mandado de detenção europeu nos casos previstos nos artigos 4.º, n.º 6, e 5.º, n.º 3, da Decisão-Quadro 2002/584/JAI está expressamente contemplada no artigo 25.º deste diploma, pelo que parece ter ficado esclarecida a questão da necessidade de reconhecimento de sentença que foi alvo do acórdão do Supremo Tribunal de Justiça referido *supra*, e no sentido oposto ao aí propugnado. Vejamos: o principal argumento utilizado pelos Conselheiros foi o de que o mandado de detenção europeu consubstanciava um regime especial dentro do regime geral atinente à cooperação judiciária internacional. Segundo esse entendimento, e considerando que o mandado de detenção europeu repousa numa relação de especial proximidade e confiança acrescida entre os Estados-Membros, não haveria necessidade de reconhecimento de sentença, dando-se de imediato execução à mesma.

Se constatamos, através de diplomas emanados dos próprios órgãos da União Europeia, que estes não rejeitam a revisão e reconhecimento de sentenças para efeitos de execução das mesmas em Estado diferente daquele onde foram proferidas, pelo contrário, cai pela base a argumentação que poderia sustentar um regime especial e temos de regressar à aplicação do regime geral (a revisão de sentença) a executar nos termos – esses sim, especiais – previstos na nova Decisão-Quadro. E, até entrada em vigor do regime agora previsto, parece ser entendimento correcto que a revisão deve processar-se de acordo com as regras previstas nos artigos 234.º e seguintes do Código de Processo Penal. Mal se entenderia, aliás, que agora se adoptasse uma solução relativamente à qual a implementação próxima da Decisão-Quadro 2008/909/JAI constituísse um retrocesso.

Esta parece ser a conclusão a retirar, sem prejuízo de se poder considerar que o regime assim criado não será o melhor, *de jure condendo*. Pois que, efectivamente, tratando-se de uma causa facultativa de não execução do mandado, sempre se poderá argumentar que, a optar-se pela entrega do agente, este irá, afinal, cumprir uma sentença que não foi sujeita a controlo pelo Estado de execução do mandado.

Por outro lado, a exigência de confirmação da sentença trará como consequência que a condição de que depende a recusa (a execução da pena) será, por sua vez, condicional, pois passa a depender do reconhecimento da sentença condenatória – levando à incoerência e inexequibilidade do regime.

Por último, é notório que, como referido pelo Supremo Tribunal de Justiça, a Lei n.º 65/2003 não faz qualquer referência ao reconhecimento da sentença, ao invés do que se verifica na Lei n.º 144/99 (artigo 100.º); apesar de o Código de Processo Penal se aplicar subsidiariamente, esta diferença permite, pelo menos, especular sobre se não haveria efectivamente, na mente do legislador português, disponibilidade para prescindir da exigência de reconhecimento de sentença nestes casos.

Passando ao último problema que me propus abordar, referirei sucintamente a discussão em torno da obtenção de meios de prova. Discussão que, como é sabido, assenta na opção entre a *lex loci* e a *lex fori* relativamente às exigências de que depende a validade da prova.

Adiante-se desde já que a recente Decisão-Quadro 2008/978/JAI do Conselho de 18 de Dezembro veio dar novo fôlego a toda a polémica que tem envolvido esta matéria.

Se vários diplomas de direito internacional, emanados principalmente das Nações Unidas, dão preferência ao princípio *locus regit actum* – ou seja, as diligências de prova devem obedecer ao direito do Estado onde são efectuadas e, sendo aí válidas, serão aceites como tal no Estado requerente – é também um facto que este princípio aparece frequentemente temperado por manifestações do princípio *forum regit actum*.

A Lei n.º 144/99, no artigo 146.º, consagra a *lex loci* no que respeita a pedido de auxílio solicitado a Portugal (n.º 1) mas logo no n.º 2 admite que possa ser solicitado o auxílio em conformidade com a lei do Estado requisitante. Acrescenta, no entanto, que esta possibilidade está condicionada à não violação de princípios fundamentais do direito português – referência importante para a discussão do problema, mesmo na outra vertente, ou seja, a admissibilidade em Portugal de provas obtidas em outro Estado e segundo o direito aí vigente.

Relativamente à obtenção de prova em Portugal, a opção da Lei n.º 144/99 é clara, consagrando expressamente a *lex loci* em diversas disposições – *vide* os artigos 160.º, n.º 4, 160.º-B, 160.º-C e mesmo, no que se refere à apreensão de objectos, o artigo 159.º.

Devemos concluir que, inversamente, serão de aceitar as provas validamente obtidas em outro Estado – validamente segundo a lei desse Estado, mas não face às disposições do direito português?

É aqui que surgem os maiores problemas, sendo de distinguir, segundo a maioria dos autores, duas situações distintas: se se verificar violação de um princípio com consagração constitucional, será de rejeitar a prova assim obtida, ainda que seja válida segundo a *lex loci*. Para obviar a estas situações, deverá o Estado português, quando solicitar a cooperação, especificar as condições em que a prova deve ser obtida. Se a invalidade resultar do não cumprimento de um preceito vigente no ordenamento português mas sem ofensa de princípios constitucionais, considera-se geralmente que, em obediência ao princípio *locus regit actum* consagrado em várias convenções subscritas por Portugal, deverão os tribunais aceitar essa prova como válida.

A nível da União Europeia, a Comissão pronunciou-se já sobre esta questão, que considerou da maior importância, na medida em que tem estado na origem de grandes dificuldades na luta contra a criminalidade transnacional.

Confrontando a difícil exequibilidade do que seria um sistema "ideal" de uniformização com a necessidade de lutar contra a criminalidade organizada, a Comissão defende que, pelo menos quando estiverem em causa os interesses financeiros da Comunidade, o tribunal deve admitir as provas obtidas legalmente à luz do regime do Estado onde foram obtidas, em nome do princípio do reconhecimento mútuo enunciado em Tampere. Em abono desta posição, enfatiza que, não obstante as divergências existentes, todos os Estados membros estão vinculados aos mesmos princípios relativos a direitos fundamentais.

Estando prevista, na futura Constituição Europeia, a criação de um Ministério Público europeu, o problema vai a partir daí colocar-se mais agudamente.

A Decisão-Quadro de 18 de Dezembro de 2008 a que já aludimos prevê um mandado europeu de obtenção de provas e cria um regime que assenta, em grande medida, no princípio do reconhecimento mútuo.

No ponto 11 do Preâmbulo determina-se que o mandado europeu de obtenção de provas só seja emitido "caso os objectos, documentos ou dados em questão possam ser obtidos ao abrigo do direito interno do Estado de emissão". Paradoxalmente, no entanto, não confere poderes de controlo, nesta questão, ao Estado requisitado. Ao arrepio da tendência que se verifica na maior parte dos diplomas, a Decisão-Quadro atribui um lugar preponderante à *lex fori* (veja-se os pontos 13, 14 e 15 do Preâmbulo).

Note-se, no entanto, que, em certos casos que consubstanciam uma intromissão mais grave na privacidade, há uma derrogação desse princípio – artigo 11.º n.º 4.

A tese das duas vias referida atrás – que distingue entre invalidade da prova por violação de princípios com assento na Constituição e por violação apenas de normas infra-constitucionais – é aflorada no artigo 12.º.

Em tudo o mais, pode dizer-se que a Decisão-Quadro não traz surpresas, sendo coerente com o regime criado para o mandado de detenção europeu, nomeadamente no elenco de motivos para não execução, previstos no artigo 13.º, ou no catálogo de crimes que dispensam o controlo da dupla incriminação.

Em conclusão: constata-se claramente que a actuação das entidades judiciárias se tem desenvolvido sobre a fina linha entre o reconhecimento mútuo e a afirmação do império do direito interno, num espectro que abrange quer a legislação ordinária – geralmente subjugada – quer as normas constitucionais – de que se pretende não abdicar.

O percurso para um direito penal comunitário eficaz é atravessado por esta dicotomia. Mas não só. É patente também a tensão entre os pólos de que falámos no início da exposição: liberdade, segurança, justiça. Os apelos securitários podem levar à tentação de comprimir intoleravelmente a liberdade (leia-se, diminuindo direitos e garantias inalienáveis). Por outro lado, estes apelos correspondem a uma necessidade real de protecção face a novas formas de criminalidade que podem comprometer não apenas a segurança dos cidadãos mas os próprios alicerces do Estado de direito. Muito se tem afirmado que só uma sociedade justa é livre. Na minha perspectiva, falar de justiça como ponto de partida é algo demasiado vago face às realidades deste nosso século XXI. Eu diria de preferência, e mais pragmaticamente, que devemos buscar o *justo* equilíbrio entre a segurança e a liberdade.

Painel 3.º

MEIOS DE OBTENÇÃO DE PROVA

*A nova regulamentação da vigilância das telecomunicações na Alemanha****

KLAUS ROGALL
*Professor Catedrático
da Universidade Livre de Berlim*

I. Evolução jurídico-política e situação actual

A vigilância das telecomunicações constitui, sem dúvida, um importante instrumento na luta contra a criminalidade. As normas processuais penais sobre a matéria[1] remontam, na República Federal da Alemanha, a 1968[2]. Estas normas foram consagradas por ocasião da introdução no Código de Processo Penal do denominado "estado de necessidade constitucional" e constituíram um aspecto importante das medidas para a eliminação dos direitos de reserva dos aliados, isto é, para a restauração da soberania estadual da Alemanha. A vigilância das comunicações

---

* A presente comunicação abrange as alterações especialmente relevantes ao direito processual penal levadas a cabo pela Lei de 21 de Dezembro de 2007 (nota 8). Não pretendo tratar exaustivamente a matéria. As notas de rodapé foram limitadas ao necessário, de modo a facilitar a leitura.

** Tradução efectuada por Vânia Costa Ramos e revisão por Augusto Silva Dias.

[1] §§ 100a ss. do Código de Processo Processo Penal (*Strafprozessordnung*, doravante StPO).

[2] Lei de restrição do segredo postal, de correspondência e das comunicações à distância, de 13 de Agosto de 1968, BGBl. I, p. 949.

N.T. : A abreviatura BGBl. designa a Bundesgesetzblatt, equivalente ao Diário da República, a nível federal.

telefónicas deixou, assim, de estar reservada aos aliados. Trinta anos depois, em 1998, com fundamento nas exigências de uma luta mais efectiva contra a criminalidade organizada, o legislador introduziu a vigilância das comunicações em habitações (apelidada de vigilância acústica de espaços habitacionais) como meio adicional da luta contra o crime[3]. Parte desta legislação deveras controversa foi, porém, declarada inconstitucional pelo Tribunal Constitucional Federal, no início de 2004[4]. O legislador viu-se então obrigado a proceder a uma alteração legislativa que entrou em vigor em meados de 2005[5]. A nova redacção da lei não foi menos contestada do ponto de vista jurídico-político do que a anterior, mas a controvérsia parece ter sido ultrapassada na sequência da pronúncia favorável do Tribunal Constitucional[6]. Para esta situação poderá ter contribuído, de igual modo, a rara utilização do instrumento de vigilância acústica em habitações[7]. Como tal, não aprofundarei estas matérias na presente comunicação.

As alterações legislativas no domínio da vigilância das telecomunicações que pretendo abordar com maior detalhe entraram em vigor no início de 2008[8]. Tais alterações baseiam-se em várias considerações[9]: o

---

[3] Lei de desenvolvimento da luta contra a criminalidade organizada, de 4 de Maio de 1998, BGBl. I, p. 845. Foi precedida de uma alteração da Constituição – cf. Lei de alteração da Constituição (art.13) de 26 de Março de 1998 (BGBL.I, p. 610).

[4] BVerfGE 109, p. 279 ss. (Acórdão do Primeiro Senado, de 3 de Março de 2004).

[5] Lei de transposição do Acórdão do Tribunal Constitucional Federal, de 3 de Março de 2004 (vigilância acústica em habitações), de 24 de Junho de 2005, BGBl. I, p. 1841.

[6] BVerfG NJW 2007, p. 2753 ss. (3.ª Câmara do Segundo Senado).

[7] O número de casos de utilização daquele instrumento (retirado da nota de imprensa do Ministério Federal da Justiça, de 19 de Setembro de 2008) é o seguinte: 2007 = 10 casos; 2006 = 3 casos; 2005 = 7 casos; 2004 = 11 casos. Nos períodos anteriores, a vigilância acústica em habitações era ordenada, em média, em 30 casos por ano (ver, a propósito, as indicações fornecidas por *Meyer-Wieck*, Rechtswirklichkeit und Effizienz der akustischen Wohnraumüberwachung ("großer Lauschangriff") nach § 100c Abs. 1 n.º 3 StPO, 2003. A forte diminuição do número de casos de utilização dever-se-á, muito provavelmente, a uma tendência mais restritiva da jurisprudência do Tribunal Constitucional Federal, conducente a uma burocratização do direito.

[8] Lei da nova regulamentação da vigilância das telecomunicações e outros meios de investigação encoberta e de transposição da Directiva 2006/24/CE, de 21 de Dezembro de 2007, BGBl. I, p. 3198.

[9] Quanto a este ponto, cf. as declarações constantes do projecto de lei apresentado pelo Governo federal, Diário do Parlamento Federal (*Bundestagsdrucksache – BT-Drucks.*) 16/5846, de 27 de Junho de 2007, p. 52 ss.; além disso, *Ruhmannseder* JA 2009, 57 (58).

legislador pretendeu, em primeiro lugar, eliminar os erros e lacunas do direito vigente até então[10], bem como ir de encontro às exigências que, segundo a sua apreciação, resultaram da jurisprudência do Tribunal Constitucional Federal. Além disso, o legislador viu-se obrigado a transpor para o Direito alemão a Directiva do Parlamento Europeu e do Conselho de 15 de Março de 2006, relativa à conservação de dados no domínio das telecomunicações[11] e a Convenção do Conselho da Europa sobre Cibercrime, de 23 de Novembro de 2001[12]. Também este processo legislativo foi muito controverso do ponto de vista jurídico-político; formou-se mesmo um movimento de defensores dos direitos fundamentais e da protecção de dados pessoais que chegou a expressar as suas pretensões em manifestações de rua.

Até à data foram apresentados, por mais de 34.000 pessoas, recursos de amparo constitucionais (*Verfassungsbeschwerden*) contra a lei e contra as disposições relativas à conservação de dados que, entre outras finalidades, põem em causa a vigilância das telecomunicações. O Tribunal Constitucional Federal (Primeiro Senado) indeferiu pedidos de decisão cautelar apresentados com vista à suspensão do armazenamento de dados, decidindo, porém, que a transmissão e utilização dos dados armazenados apenas pode ter lugar na prossecução de crimes particularmente graves[13]. Ao invés, o Tribunal Constitucional Federal (Segundo Senado) indeferiu pedidos de decisão cautelar, na medida em que visavam a suspensão das disposições processuais penais do diploma[14]. A sentença sobre o processo principal é esperada apenas na segunda metade deste ano.

As expectativas que os requerentes depositaram no Tribunal de Justiça da União Europeia (TJUE) revelaram-se goradas. Como é sabido, a Irlanda – com o apoio da Eslováquia – interpôs recurso de anulação da

---

[10] Sobre os problemas e as insuficiências do antigo direito do ponto de vista empírico, cf. *Albrecht/Dorsch/Krüpe,* Zur Rechtswirklichkeit und Effizienz der Überwachung der Telekommunikation nach den §§ 100a, 100b StPO und anderer verdeckter Ermittlungsmaßnahmen, 2003, bem como *Backes/Gusy,* Wer kontrolliert die Telefonüberwachung, 2003 (Versão resumida em StV 2003, p. 249 ss.).

[11] JO L 105, p. 54.

[12] N.º 185 da Série de Tratados Europeus (STE).

[13] BVerfG NStZ 2008, p. 290 ss.; BVerfG NVwZ 2009, p. 96 ss.

[14] BVerfG NVwZ 2009, p. 103 ss.

Directiva relativa à conservação de dados, com fundamento em que a sua aprovação assentou em bases jurídicas erradas[15]. Para a recorrente, a Directiva dizia respeito à prossecução penal e não ao funcionamento do mercado interno e, como tal, a única base jurídica na qual poderia ser validamente fundamentada seriam as disposições do Terceiro Pilar e não do art. 95.º do TCE. O TJUE indeferiu o recurso em 10 de Fevereiro de 2008[16], decidindo que a Directiva foi aprovada ao abrigo da base jurídica adequada. O TJUE não teve de proceder à análise da Directiva do ponto de vista das liberdades fundamentais, em particular da protecção da reserva da vida privada.

A apresentação do enquadramento jurídico-político não ficaria completa sem olhar para um outro instrumento legislativo que conduziu a nova contestação massiva na Alemanha e levou a novo apelo ao Tribunal Constitucional Federal. Trata-se da Lei de defesa contra os perigos do terrorismo internacional através da Polícia Judiciária federal, de 25 de Dezembro de 2008[17]. Com esta lei foram atribuídas à polícia judiciária Federal (*Bundeskriminalamt – BKA*) prerrogativas operacionais que, até então, apenas estavam à disposição das autoridades policiais dos Estados federados[18], criando, do ponto de vista dos opositores à lei, um FBI alemão[19]. Tais prerrogativas estão, porém, circunscritas às tarefas de defesa contra os perigos do terrorismo internacional e de prevenção de crimes graves e, em princípio, apenas podem ser exercidas em casos nos quais tais perigos tenham natureza transfronteiriça, isto é, no caso, afectem mais do que um Estado federado[20]. Entre as referidas prerrogativas encontram-se, também, meios de vigilância das telecomunicações[21], inclusive a intervenção encoberta em sistemas informáticos (a chamada

---

[15] JO C 237, p. 5.
[16] Acórdão proferido no processo C-301/06; cf. nota de imprensa n.º 11/09, de 10 de Fevereiro de 2009.
[17] BGBl. I, p. 3083.
[18] §§ 20a ss. da Lei da Policia Judiciária Federal (BKAG).
[19] Esta crítica não é, seguramente, bem fundada. Mas se o fosse, o que teria de tão prejudicial essa criação?
[20] § 4a Abs. 1 BKAG.
[21] §§ 20h, 20l ss. BKAG.

busca *on-line*)²², tratando-se, naturalmente, em todas estas situações, não de meios de prossecução penal²³, mas sim de defesa contra perigos e de prevenção de crimes (ainda não cometidos).

II. O SISTEMA DE VIGILÂNCIA DAS TELECOMUNICAÇÕES NA ALEMANHA

A natureza federal do Estado alemão, cujo significado para a repartição de competências no domínio da segurança se tornou visível nas considerações sobre a Lei da Polícia Judiciária Federal, tem consequências relevantes para a arquitectura global da segurança do país e também para a vigilância das telecomunicações. Esta pode ser ordenada, com diferentes propósitos, por diferentes autoridades e órgãos, no âmbito das suas competências legais.

No domínio dos serviços de informação, são competentes o Serviço de Informações Federal (*Bundesnachrichtendienst – BND*)²⁴, o Gabinete Federal para Protecção da Constituição (*Bundesamt für Verfassungsschutz*), os Gabinetes dos Estados federados para Protecção da Constituição (*Landesämter für Verfassungsschutz*)²⁵ e o Serviço de Contra-informação Militar (*militärische Abschirmdienst – MAD*)²⁶. A vigilância visa, aqui, a obtenção de conhecimentos de *intelligence*, bem como a protecção pessoal de titulares de cargos públicos.

---

²² § 20k BKAG. Sobre a constitucionalidade das denominadas buscas *on-line* na Lei de protecção constitucional do Estado de *Nordrhein-Westfalen* (Renânia do Norte--Vestfália), cf. BVerfGE 120, p. 274 ss. (Primeiro Senado, Acórdão de 27 de Fevereiro de 2008).

²³ Em processo penal a busca *on-line* é, presentemente, inadmissível por falta de previsão legal, cf. BGHSt 51, p. 211 ss.

²⁴ A base legal é constituída pela Lei do Serviço de Informações Federal (*BND-Gesetz – BNDG*), de 20 de Dezembro de 1990, BGBl. I, p. 2954, 2979; a propósito da vigilância estratégica de telecomunicações, cf. BVerfGE 100, p. 313 ss.

²⁵ No âmbito da Federação é aplicável a Lei de cooperação entre a Federação e os Estados federados em matéria de protecção da Constituição e do Gabinete Federal de Protecção da Constituição (*Bundesverfassungsschutzgesetz – BverfSchG*), de 20 de Dezembro de 1990, BGBl. I, pp. 2954, 2970.

²⁶ A base legal é constituída pela Lei do Serviço de Contra-informação Militar (*MAD-Gesetz – MADG*), de 20 de Dezembro de 1990, BGBl. I, pp. 2954, 2977.

No domínio da defesa policial contra perigos, a vigilância de telecomunicações apenas pode ser ordenada pelas autoridades policiais dos Estados federados com base nas Leis de polícia estaduais; a estas acresce agora a competência da Polícia Judiciária Federal nos domínios *supra* referidos. O objectivo das medidas é, a par da protecção pessoal, a protecção contra perigos, inclusive a prevenção de crimes (ainda não cometidos).

A autoridade de investigação fiscal e aduaneira tem uma posição dúplice, uma vez que tanto actua preventivamente na investigação de delitos fiscais e aduaneiros, como no âmbito da prossecução penal. Por este motivo tem prerrogativas para vigilância preventiva de telecomunicações e correio postal[27], mas pode também actuar no âmbito das competências processuais penais descritas em seguida.

No domínio da prossecução penal, a vigilância das telecomunicações só pode ser ordenada pelas autoridades competentes[28], no âmbito de um processo penal. Diferentemente da vigilância preventiva, pressuposto da aplicação das medidas é aqui a sua exclusiva utilização para apuramento de crimes concretos, já cometidos[29]. Só estas serão, por isso, objecto das reflexões que se seguem.

---

[27] Cf. §§ 23a ss. da Lei do serviço de polícia criminal aduaneira e dos serviços de investigação aduaneira (*Zollfahndungsdienstgesetz – ZFdG*), de 16 de Agosto de 2002, BGBl. I, p. 3202; cf. também BVerfGE 110, p. 33 ss.; TEDH (Tribunal Europeu dos Direitos do Homem) NJW 2007, p. 1433 ss.

[28] Por autoridades competentes para a prossecução penal entenda-se o Ministério Público (e a polícia, sob direcção daquele), enquanto entidade promotora, e os Tribunais, enquanto entidade decisora. A nível federal são competentes o Procurador-Geral Federal e o Supremo Tribunal Federal.

[29] Até à data, não foram regulamentadas pelo legislador federal medidas de vigilância das telecomunicações para prossecução penal futura, embora possua as necessárias competências, cf. BVerfGE 103, pp. 21 ss., 113, 348 ss. A conservação de dados pelos operadores de telecomunicações conduz, em substância, à existência de dados prévios à prossecução penal, aos quais as autoridades de prossecução penal podem aceder, em caso de necessidade.

III. A VIGILÂNCIA DAS TELECOMUNICAÇÕES EM PROCESSO PENAL E OUTRAS MEDIDAS – ESTADO ACTUAL DA LEGISLAÇÃO

1. Direito sobre-regulamentado – crítica à jurisprudência do Tribunal Constitucional Federal

A regulamentação vigente no domínio da vigilância das telecomunicações assenta até ao mais ínfimo detalhe na vasta jurisprudência do Tribunal Constitucional Federal, que, em inúmeras decisões[30], forneceu indicações precisas para a redacção dos preceitos correspondentes. Como exemplos podem citar-se as exigências colocadas pelo Tribunal quanto aos crimes em que é legítima a vigilância, sobre a intervenção obrigatória do juiz na decisão de aplicação das medidas, sobre regras de utilização e proibições de prova, bem como um elevado número de obrigações de identificação, documentação, eliminação e informação e, ainda, disposições sobre a protecção posterior dos visados.

Tais indicações não são *per se* irrazoáveis. Todavia não pode deixar de reconhecer-se que o Tribunal Constitucional Federal corre o risco de exceder o seu âmbito de competências e de se arrogar poder legislativo[31]. O Tribunal não devia ter o direito de determinar quais os crimes em que pode ser efectuada a vigilância de telecomunicações e quais os crimes em que não pode sê-lo. Tal determinação compete ao legislador, devendo ser repudiada, no entanto, uma regulamentação visivelmente excessiva, que não conheça qualquer tipo de limites. É também inadequado que o Tribunal Constitucional Federal declare desproporcionais medidas de investigação e as limite a casos absolutamente excepcionais[32]. Este

---

[30] Consideração particularmente válida a propósito dos Acórdãos do Tribunal sobre a vigilância acústica em habitações (BVerfGE 109, p. 279 ss.), sobre a Lei de segurança aérea (BVerfGE 115, p. 118 ss.), sobre as buscas por cruzamento de dados pessoais (*Rasterfahndung*) (BVerfGE 115, p. 320 ss.) e sobre buscas *on-line* (BVerfGE 120, p. 279 ss.).

[31] Crítico relativamente à jurisprudência, em particular do Primeiro Senado do Tribunal Constitucional Federal, cf. *Rogall* NStZ 2008, 1 ss. e no Festschrift für Fezer (2008), p. 61 ss.

[32] O que aconteceu, por exemplo, no acórdão BVerfGE 120, p. 274 ss., segundo o qual a chamada busca *on-line* apenas é admissível quando existem indícios de um

assunto também deve ser decidido exclusivamente ou em primeira linha pelo legislador.

É, todavia, compreensível que o legislador não tenha querido arriscar e, como tal, tenha seguido de forma estrita a jurisprudência do Tribunal Constitucional Federal na redacção da lei. Daí resultou, porém, uma regulamentação excessivamente complexa e dificilmente compreensível, que – reconhecendo de forma integral o direito dos cidadãos à reserva da vida privada – não faz jus às necessidades da *praxis*.

2. A vigilância das telecomunicações (§§ 100a ss. StPO)

A vigilância das telecomunicações diz respeito a qualquer espécie de transmissão de mensagens (telefone, fax, telefone móvel, caixa de correio, e-mail, Internet)[33]. Nos últimos três anos foi ordenada em cerca de 4.800 casos por ano, principalmente em casos de criminalidade relacionada com tráfico de estupefacientes, de homicídio e de criminalidade profissionalizada ou organizada contra a propriedade ou contra o património[34].

As medidas de vigilância de telecomunicações necessitam, em regra, de autorização judicial, concedida por escrito, mediante requerimento do Ministério Público, e limitada a uma duração de três meses (com possibilidade de prorrogação – § 100b Abs. 1, 2 StPO). A autorização abrange o arguido ou as pessoas que para ele recebam ou transmitam informações ou cujo equipamento seja por ele utilizado (§ 100a Abs. 3 StPO). A efectivação das medidas é levada a cabo através dos operadores de

---

perigo concreto para a integridade física, a vida e a liberdade da pessoa ou de bens da comunidade, cuja ameaça afecte as bases ou a existência do Estado ou os fundamentos da existência do Homem.

[33] Cf. § 3, n.º 22, da Lei de telecomunicações (*Telekommunikationsgesetzes* – TKG, Lei de 22 de Junho de 2004, BGBl. I, p. 1190): "telecomunicação" é o processo técnico de envio, transmissão e recepção de sinais através de aparelhos de telecomunicação (= aparelhos ou sistemas técnicos com capacidade para enviar, transmitir, intermediar, receber, direccionar ou controlar sinais electromagnéticos ou ópticos identificáveis como mensagens, § 3, n.º 23, TKG).

[34] Cf. os quadros anexos no final desta comunicação.

comunicações[35], que possibilitam aos órgãos encarregados da prossecução penal a vigilância e providenciam as informações necessárias à sua realização (§ 100b Abs. 3 StPO). Os detalhes desta obrigação regem-se pela TKG e, em particular, pelo Regulamento de Vigilância das Telecomunicações (*Telekommunikations-Überwachungsverordnung – TKÜV*)[36].

A lei prevê ainda a obrigatoriedade de informar o Tribunal que autorizou a vigilância sobre os resultados da mesma ("feedback"; § 100b Abs. 4 S. 2 StPO) e determina que o número de medidas decretadas anualmente em todo o país seja publicado na Internet.

Os pressupostos para a autorização da vigilância de telecomunicações são os seguintes:
- Tem de existir suspeita de um crime grave, comprovada por factos[37];
- O crime em causa deve ser grave no caso concreto (gravidade concreta do facto)[38];

e

- A medida tem de ser necessária para o esclarecimento dos factos ou para investigação do paradeiro do arguido[39].

Existem dúvidas quanto à questão de saber se a vigilância de telecomunicações comporta também a chamada "vigilância de telecomunicações na fonte" (*"Quellen-TKÜ"*). Nesta modalidade acede-se, quer fisi-

---

[35] Não é necessário tratar-se de operadores profissionais; pode tratar-se também de operadores de "sistemas fechados de comunicação", por exemplo, no caso de empresas, hotéis e hospitais.

[36] Regulamento sobre conversão técnica e organizacional de medidas de vigilância de telecomunicações, de 22 de Janeiro de 2002, BGBl. I, p. 458.

[37] Estes crimes estão enunciados num catálogo constante do § 100a Abs. 2 StPO. "Crime grave" é mais do que um "crime de significado relevante" (§§ 100g, 100i StPO), mas menos do que um "crime especialmente grave" (§ 100c StPO com catálogo no § 100c Abs. 2 StPO).

[38] Com isto pretende o legislador que o Tribunal se confronte com a situação, fundamentando a sua decisão e não se limitando a deferir formalmente o requerimento do Ministério Público, sem uma confirmação atenta.

[39] A medida é necessária quando o esclarecimento dos factos ou a descoberta do paradeiro do arguido se revelem muito difíceis ou impossíveis de realizar por outros meios.

camente, quer através de instalação de "software", a um sistema técnico de informações (p. ex. um computador), de forma a possibilitar a vigilância e gravação das telecomunicações em formato descodificado[40]. Tal vigilância é requerida, por exemplo, quando o arguido comunica através do serviço "Skype", em cuja utilização os dados de som e imagem são transmitidos apenas em formato codificado. Segundo a jurisprudência do Tribunal Constitucional Federal[41], esta intervenção deve avaliar-se apenas com base no segredo das comunicações à distância (art. 10.º GG), conquanto a vigilância e gravação se circunscrevam às comunicações em curso. Desta forma, é defendida a posição segundo a qual tal medida encontra apoio, pelo menos transitoriamente[42], no § 100a StPO[43]. Pode discutir-se o acerto desta posição, mas ela será, defensável quando a vigilância for efectivada através de instalação secreta de um "software" de espionagem[44]. Aconselha-se, todavia, a aprovação urgente de regulamentação legal, especialmente após ter sido estabelecida regulamentação expressa na BKAG (§ 20l Abs. 2 BKAG), a qual podia ser levada a cabo juntamente com a regulação das buscas *on-line*.

A redacção do catálogo de crimes contido no § 100a Abs. 2 StPO é objecto de críticas esporádicas da doutrina[45], que não serão aqui tratadas especificamente. Maior importância reveste a regulamentação da chamada protecção do âmbito nuclear (*Kernbereichsschutz*), assegurada pelo § 100a Abs. 4 StPO. Esta regulamentação é objecto, presentemente, de recursos de amparo constitucional interpostos contra a lei. Quanto a este ponto, deve ter-se em conta o seguinte:

Na sua jurisprudência, o Tribunal Constitucional Federal tem decidido – em particular no Acórdão sobre a vigilância acústica em habita-

---

[40] Quanto a este ponto, cf. as respostas do Governo federal a questões do FDP, BT-Drucks. 16/6885, de 30 de Outubro de 2007, e BT-Drucks. 16/7279, de 27 de Novembro de 2007.

[41] BVerfGE 120, p. 279 ss.

[42] Neste sentido, p. ex., KK-StPO/*Nack*, § 100a n.º 27; *Meyer-Goßner*, § 100a n.º 7.

[43] BeckOK-StPO/*Graf*, 2008, § 100a n.º 31; *Beulke*, Strafprozessrecht, 10.ª ed., 2008, n.º 253; *Hornick* StraFo 2008, p. 281 (284 s.); em sentido diverso, por exemplo, LG Hamburg MMR 2008, p. 423; *Michalke* StraFo 2008, p. 287 (291); *Sankol* CR 2008, p. 13.

[44] Cf. *Ruhmannseder* JA 2009, p. 59.

[45] Cf. Por todos, *Puschke/Singelnstein* NJW 2008, p. 113 (114); *Nöding* StraFo 2007, p. 456 (457 s.); *Zöller* StraFo 2008, p. 15 (19).

ções (BVerfGE 109, p. 279 ss.) – que existe um núcleo de conformação da vida privada derivado da dignidade da pessoa[46] que tem de permanecer intocado e não pode ser relativizado pela lei. O Tribunal tem exigido, além disso, que a lei consagre mecanismos de protecção desse núcleo. O legislador tomou em consideração esta exigência através de disposições específicas respeitantes à vigilância acústica em habitações. O problema reside, porém, na circunstância de ninguém saber o que é e onde termina exactamente o núcleo de conformação da vida privada[47]. Pode, em todo o caso, afirmar-se com segurança que declarações sobre crimes cometidos e declarações através das quais são cometidos crimes[48] não cabem naquele núcleo[49]. De outra forma, não poderia ser utilizada qualquer medida de vigilância.

No domínio da vigilância acústica em habitações, o legislador sujeitou a autorização da medida ao pressuposto de que "não serão abrangidas afirmações que pertençam ao núcleo de conformação da vida privada" (§ 100c Abs. 4 S. 1 StPO). Ao invés, na vigilância de telecomunicações, considerou inadmissível a medida quando for previsível a obtenção apenas "de conhecimentos recondutíveis ao núcleo da vida privada" (§ 100a Abs. 4 S. 1 StPO). Esta decisão do legislador, seguramente consciente, é fortemente criticada na doutrina por significar uma protecção insuficiente do núcleo da vida privada[50]. Com efeito, existe uma diferença relevante no nível de protecção das chamadas formas de

---

[46] Sobre este ponto, cf. mais aprofundadamente, *Warntjen*, Heimliche Zwangsmaßnahmen und der Kernbereich privater Lebensgestaltung (2007), p. 51 ss., 53 ss.; *Rogall* ZG 2005, p. 164 (167 ss.).

[47] O Tribunal considera integrantes do núcleo essencial "processos interiores tais como sensações e sentimentos, assim como reflexões, opiniões e experiências de natureza pessoalíssima" e, ainda, "expressões de sentimentos, de experiências da vida inconsciente e formas de expressão da sexualidade". Para uma crítica desta concepção cf. *Rogall*, Festschrift für Fezer (2008), p. 73 ss.

[48] Poderão cair nesta situação as injúrias ou a coacção.

[49] BVerfGE 109, p. 319; também o legislador parte deste pressuposto, cf. § 100c Abs. 4 S. 2, 3 StPO.

[50] *Warntjen* KJ 2005, p. 276 (281 ss.); *Wolter* GA 2007, p. 183 (196 s.); *Glaser/ /Gedeon* GA 2007, p. 415 (430); *Nöding* StraFo 2007, p. 458 s.; *Zöller* StraFo 2008, p. 22; *Reiß* StV 2008, p. 539 (540 ss.); *Knierim* StV 2008, p. 599 (603 ss.); *Eisenberg*, Beweisrecht der StPO, 6.ª ed., 2008, n.º 2492.

expressão mistas (*Mischäußerungen*)[51], ou seja, naquelas que dizem respeito tanto ao núcleo essencial como ao crime sob investigação. Todavia, não se levantam aqui objecções com base em considerações de ordem prática, uma vez que numa telecomunicação nunca é possível prever com segurança qual será o conteúdo de uma conversa durante toda a sua duração ou como se vai configurar em concreto a comunicação. De resto, a jurisprudência do núcleo essencial – que não pode ser tratada aqui com mais profundidade – é uma quimera. Pois, naturalmente, tal como qualquer outra medida processual penal, a vigilância só é admitida quando se parte do princípio de que tal medida abrangerá afirmações relevantes para a investigação dos factos ou para a captura do arguido[52]. O objectivo de uma medida não pode ser nunca a obtenção de elementos irrelevantes e altamente privados. Isto decorre, desde logo, das disposições gerais[53]. O § 100a Abs. 4 S. 1 StPO representa, desta forma, uma evidência que não pode, a final, ser inconstitucional.

3. A obtenção de dados de tráfego (§ 100g StPO)

A obtenção de dados de tráfego encontra-se regulada no § 100g StPO[54]. O § 100g Abs. 1 S. 1 StPO confere às autoridades de prossecução penal poderes para recolha de dados de tráfego, desde que os mesmos se revelem necessários para o esclarecimento dos factos ou para investigação do paradeiro do arguido. A recolha que é efectuada normal-

---

[51] Sobre a máteria cf. OLG Düsseldorf StV 2008, p. 181.
[52] *Rogall*, Festschrift für Fezer (2008), pp. 76, 77 ss.
[53] Cf. §§ 155 Abs. 1, 161 Abs. 1 S. 1, 163 Abs. 2 S. 1, 244 Abs. 3 S. 2 StPO; v., igualmente, BVerfGE 113, p. 29 ss. [sobre a decisão, *Kutzner* NJW 2005, p. 2652 ss.]; p. 115, 166 ss.; *Rogall*, Festschrift für Fezer (2008), p. 77. No acórdão BVerfGE 113, p. 29, é afirmado, correctamente, que numa medida processual penal (neste caso: busca, selagem e apreensão de suportes de dados e dos dados neles contidos) o acesso a informações sem relevância para o processo deve ser evitado dentro do possível. Informações do âmbito nuclear são irrelevantes para o processo penal.
[54] Entre 1 de Maio e 31 de Julho de 2008 foram decretadas medidas em 2186 processos ao abrigo do disposto no § 100g StPO, cf. Resposta do Governo Federal a questões relativas ao impacto da conservação de dados, BT-Drucks. 16/11139, p. 3.

mente através da captação de dados em tempo real, pode também ter lugar através de um pedido e da subsequente resposta do operador de telecomunicações (cf. §§ 100g Abs. 2 S. 1, 100b Abs. 3 S. 1 StPO)[55]. Dados de tráfego são "dados produzidos, trabalhados ou utilizados quando da realização de um serviço de telecomunicações" (§ 3 n.º 30 TKG). Encontram-se especificados no § 96 TKG e – no que se refere à conservação – no § 113a TKG. Os dados de tráfego permitem obter informações detalhadas sobre as circunstâncias de uma telecomunicação, mas não sobre o seu conteúdo. A obtenção de dados de tráfego é empreendida, em regra, no início da investigação e tem como objectivo, frequentemente, a preparação da vigilância de telecomunicações; não raras vezes, as duas medidas são efectuadas em simultâneo[56]. A recolha de dados de tráfego tem lugar aquando da prática de crimes de importância significativa, também no caso concreto, categoria a que pertencem, nos termos da lei, os crimes previstos no § 100a Abs. 2 StPO (§ 100g Abs. 1 S. 1 n.º 1 StPO). A recolha é, igualmente, admissível quando se trata do apuramento de crimes cometidos por meio de telecomunicações (§ 100g Abs. 1 S. 1 n.º 2 StPO)[57]. Mas neste caso deve ser tido especialmente em consideração o princípio da proporcionalidade, pois que a lei não prevê quaisquer limitações relativamente à gravidade do crime (§ 100g Abs. 1 S. 2 StPO)[58]. Os dados de localização[59] de um telemóvel activo, mesmo que não esteja a ser utilizado, apenas podem ser obtidos se preenchidos os pressupostos do § 100g Abs. 1 S. 1 n.º 1 StPO (§ 100g Abs. 1 S. 3 StPO)[60]. É, ainda, admissível a chamada localização celular (§

---

[55] Sobre as várias possibilidades de recolha, *Ruhmannseder* JA 2009, p. 59.

[56] Cf. – no entanto, quanto à legislação anterior – *Albrecht/Grafe/Kilchling*, Rechtswirklichkeit der Auskunftserteilung über Telekommunikationsverbindungsdaten nach §§ 100g, 100h der Strafprozessordnung, BT-Drucks. 16/8434, p. 233.

[57] No espaço de tempo do relatório (*supra* nota 54) 312 processos tinham por objecto crimes cometidos por meio de telecomunicações (Resposta do Governo Federal, p. 3).

[58] O que não causará danos de maior, cf. BVerfG NJW 2006, p. 3197 (3198).

[59] Segundo o § 3 n.º 19 TKG, são dados de localização os "dados produzidos ou utilizados numa rede de telecomunicações que tornam reconhecíveis para o público a localização do aparelho receptor de um utilizador final de um serviço de telecomunicações" . Cf. também o § 96 Abs. 1 n.º 1 TKG.

[60] *Meyer-Goßner*, § 100g n.º 10; *Eisenberg*, Beweisrecht, n.º 2475, 2485; BeckOK-StPO/*Hegmann*, § 100g n.º 8.

100g Abs. 2 S. 2 StPO), através da qual pode ser detectado quem entra numa determinada célula de transmissão de telecomunicações[61]. Pretende-se, com esta medida, determinar a identidade de suspeitos ou obter indícios adicionais para o esclarecimento dos factos. A sua utilização pressupõe a comissão de um crime de relevância significativa, sendo, também aqui, devida especial consideração ao princípio da proporcionalidade, uma vez que na localização celular são abrangidos os dados de tráfego de todos os utentes de comunicações móveis que tiverem operado naquela célula de transmissão[62]. Também a chamada "busca por números digitados" (*Zielwahlsuche*), na qual se pretende descobrir números desconhecidos a partir dos quais são feitas ligações a um arguido[63], tem base legal no § 100g Abs. 1 StPO, uma vez que também aqui se trata de dados de tráfego[64]. De futuro, tal medida será dispensável, uma vez que os números de telefone de onde são feitas as ligações terão de ser conservados, independentemente da existência de processo, pelas empresas operadoras de telecomunicações, conforme o disposto no § 113a Abs. 2 n.º 1 TKG[65].

Os pressupostos para ordenar e as modalidades de efectivação das medidas estão regulados de forma idêntica à da vigilância de telecomunicações; quanto ao resto, o § 100g Abs. 4 StPO prevê novamente uma obrigação de informação.

A regulamentação da obtenção de dados de tráfegos é fortemente criticada no âmbito da discussão jurídico-política[66], o que se deve, essencialmente, à circunstância de o § 100g StPO permitir o acesso aos dados armazenados semestralmente pelas empresas de telecomunicações. A esta crítica acresce outra que considera a recolha de dados de tráfego

---

[61] Com mais detalhes sobre este ponto *Wohlers/Demko* StV 2003, p. 241 (245); *Ruhmannseder* JA 2007, p. 47 (51).
[62] Sobre este tema cf. LG Magdeburg StV 2006, p. 125 (126); LG Rostock StV 2008, p. 461 (462); *Sankol* JuS 2006, p. 698 (702).
[63] Cf. *Ruhmannseder* JA 2009, p. 60 s.; *Sankol* JuS 2006, p. 702. Para uma apreciação jurídico-constitucional, BVerfGE 100, p. 313 (366); pp. 107, 299 (328).
[64] Projecto de lei do Governo federal (nota 9), p. 131.
[65] Projecto de lei do Governo federal (nota 9), p. 131; *Ruhmannseder* JA 2009, p. 60 s.
[66] Cf., p. ex., *Breyer* StV 2007, p. 214 (218); *Zöller* GA 2007, p. 399 ss.; *Nöding* StraFo 2007, p. 460; *Puschke/Singelnstein* NJW 2008, p. 114 s.; *Klesczewski*, Festschrift für Fezer (2008), p. 19 ss.; *Velten* ibd., p. 87 ss.

uma intrusão agressiva[67], que pode ser utilizada abusivamente para a elaboração de perfis de movimentação de uma pessoa[68]. No âmbito dos recursos de amparo, interpostos contra o armazenamento de dados, o Tribunal Constitucional Federal[69], através de decisão cautelar, suspendeu a transmissão e utilização de dados armazenados às autoridades de prossecução penal (§ 113b S. 1 n.a 1 TKG) fora dos casos de inquérito para investigação de crime grave na acepção do § 100a Abs. 1, 2 StPO. O Tribunal considera que se verifica na obtenção de dados de tráfego uma afectação grave e irreversível do direito fundamental consagrado no art. 10.º, n.º 1, GG[70]. Pode considerar-se esta decisão exagerada, mas não se pode excluir que o Tribunal Constitucional Federal não venha aceitar a regulamentação legal na sua totalidade. Isso teria, contudo, consequências extraordinariamente nefastas para a prossecução penal[71].

4. Identificação e localização de cartões e de aparelhos de telemóvel (§ 100i StPO)

O § 100i StPO permite a identificação e localização de aparelhos de telemóvel através do número do aparelho (IMEI)[72] e de cartões de telemóvel através do número do cartão (IMSI)[73], desde que os mesmos se revelem necessários para a investigação de um crime de importância significativa, também no caso concreto, em particular de um dos crimes previstos no § 100a Abs. 2 StPO, e que a medida seja necessária para aquela finalidade ou para a localização do arguido (§ 100i Abs. 1 n.º 1 StPO). Com base nos mesmos pressupostos (§ 100i Abs. 1 n.º 2 StPO) pode ser, igualmente, obtida a localização de um aparelho de telemóvel.

---

[67] De igual modo, BVerfG NJW 2007, p. 3055 ss. (1.ª Câmara do Primeiro Senado).
[68] *Demko* NJW 2004, p. 57 ss.; *Puschke/Singelnstein* NJW 2008, p. 114 s.
[69] BVerfG NStZ 2008, p. 290 ss.
[70] P. ex., porque são fornecidas informações amplas sobre comportamentos comunicacionais, contactos sociais, e sobre pessoas que não têm qualquer relação com os factos imputados; sobre este ponto ver também já BVerfGE 107, p. 299 (312 ss.).
[71] Acerca das desvantagens para a prossecução penal, cf. a Resposta do Governo Federal (nota 54), p. 4.
[72] *International Mobile Equipment Identity.*
[73] *International Mobile Subscriber Identity.*

Todas estas possibilidades visam auxiliar medidas de observação ou preparar a obtenção de dados de tráfego. A previsão legal consagra ainda mecanismos para protecção de terceiros (§ 100i Abs. 2 StPO) e prevê modalidades de autorização que correspondem, no essencial, às previstas para a vigilância das telecomunicações (cf. § 100i Abs. 3 S. 1 StPO). A autorização tem um prazo limite de seis meses – com possibilidade de prorrogação (§ 100i Abs. 3 S. 2, 3 StPO).

Esta regulamentação, indispensável para o combate à criminalidade, foi, até à data, objecto de críticas pouco relevantes[74]; deverá, pois, perdurar no futuro[75].

5. Outras medidas

A disposição do § 100f StPO (vigilância acústica fora de habitações; "pequena devassa") não foi alterada em termos de conteúdo, relativamente à versão anterior, e, por isso, não carece aqui de apresentação. O Tribunal Constitucional Federal absteve-se de proferir, quanto a este ponto, decisão cautelar[76]. O mesmo se aplica às restantes medidas de observação em público, agora reguladas no § 100h StPO[77].

As autoridades de prossecução penal podem, de resto, como sempre, utilizar os seus poderes para obter informações de qualquer natureza (§§ 161, 163 StPO). Dentro destes inclui-se a obtenção dos chamados dados de inventário (*Bestandsdaten*)[78], que são importantes porque no caso de criminalidade através da Internet pode ser identificado deste modo quem é titular de um endereço dinâmico de protocolo de Internet (endereço de IP) previamente conhecido. Os fornecedores de serviços de acesso à Internet devem, nomeadamente, gravar os endereços de IP colocados à

---

[74] Cf. *Puschke/Singelnstein* NJW 2008, p. 115.
[75] Sobre a sua constitucionalidade, BVerfG NJW 2007, p. 351 ss.
[76] BVerfG NVwZ 2009, p. 103 ss.
[77] Relativamente à observação de longa duração, cf. § 163f StPO; quanto às buscas de pessoas através de GPS cf. BVerfGE 112, p. 304 ss.
[78] "Dados de inventário" (§ 3 n.º 3 TKG) são "dados de um utilizador recolhidos para o estabelecimento, configuração do conteúdo, alteração ou cessação de uma relação contratual".

disposição dos utilizadores, conforme o disposto no § 113a Abs. 4 n.º 1 TKG, e transmiti-los, mediante pedido, às autoridades de prossecução penal, (§§ 113b n.º 1 TKG, 161, 163 StPO)[79].

6. Protecção de pessoas autorizadas a recusar depoimento (§ 160a StPO)

À semelhança de outras ordens jurídicas, também o direito processual penal alemão consagra direitos de recusa de depoimento (§§ 52 ss. StPO), p. ex., a favor de familiares (§ 52 StPO), de pessoas com profissões abrangidas pelo segredo profissional (médicos, advogados, notários, entre outros, § 53 StPO) e dos seus colaboradores (como, p. ex., enfermeiras, § 53a StPO). As relações entre o arguido e estas pessoas gozam de protecção especial também no caso das apreensões (§ 97 StPO), pois a garantia de um direito de recusa de depoimento seria quase totalmente desprovida de sentido se pudesse ser contornada através do acesso a informações em suporte físico. Por este motivo, vale a proibição de apreensão. Não existiam, porém, até agora, disposições relativas a casos em que se verifica interferência em relações de confiança, especialmente através de medidas operacionais encobertas. Que efeitos produz o direito de recusar o depoimento, se os órgãos estaduais, por via de intromissão encoberta, obtiverem informações acerca de uma relação de confiança[80]? Não existia no Código de Processo Penal qualquer regulamentação sobre esta matéria (mesmo no antigo § 100a StPO). Porém, a propósito da vigilância acústica em habitações, o legislador consagrou pela primeira vez uma regulamentação – na verdade, muito complicada (§ 100c Abs. 6 StPO)[81]. A nova regulação contém agora uma disposição geral válida para todas as diligências de investigação, com excepção das inqui-

---

[79] Cf., sobre este ponto, a Resposta do Governo Federal (nota 54), p. 5.

[80] Cf., acerca deste tema, a investigação levada a cabo, a pedido do Ministério Federal da Justiça, por *Wolter* e *Schenke*, sobre "Direitos de recusa de depoimento em caso de diligências de investigação (encobertas)" („*Zeugnisverweigerungsrechte bei (verdeckten) Ermittlungsmaßnahmen*"), 2002.

[81] Cf., de resto, já o § 100h Abs. 2 (redacção anterior = em vigor até 31.12.2007) StPO.

rições e interrogatórios: o novo § 160a StPO. No entanto, os já referidos §§ 97 e 100c Abs. 6 StPO, por terem natureza de normas especiais (*leges speciales*), têm prevalência sobre a nova disposição.

O § 160a StPO só é aplicável a pessoas abrangidas por segredo profissional e respectivos colaboradores (não vale, portanto, para familiares); a norma diferencia dois grupos de pessoas abrangidas pelo segredo profissional: os ministros religiosos, os defensores e os deputados, por um lado, e os restantes grupos profissionais referidos no § 53 StPO (consultores jurídicos e profissões médicas, farmacêuticos, conselheiros de planeamento familiar e de toxicodependentes e equiparados, bem como trabalhadores dos *media*), por outro lado. Enquanto, no que se refere ao primeiro grupo, a protecção é praticamente absoluta, já quanto ao segundo ela revela-se relativa. O legislador subscreveu, pois, a concepção de que, quanto a este último grupo, não se justifica uma prevalência geral dos seus interesses, dignos de protecção, face aos interesses na prossecução penal. A nova concepção legislativa pode ser descrita da seguinte forma:

Diligências visando ministros religiosos, defensores e deputados que previsivelmente conduzam à obtenção de conhecimentos de informações protegidas (como, p. ex., no caso de uma escuta telefónica ou recolha de dados de tráfego) são inadmissíveis; existe, pois, uma proibição absoluta de produção de prova (§ 160a Abs. 1 S. 1 StPO). O mesmo se aplica nos casos em que a diligência visa um colaborador (§ 53a StPO e § 160a Abs. 3 StPO). Se, ainda assim, tiverem sido obtidos tais conhecimentos (como, p. ex., em casos de falhas técnicas), eles não podem ser utilizados ("proibição de utilização" absoluta[82]; § 160a Abs. 1 S. 2 StPO). O mesmo é aplicável às diligências que visam os colaboradores (§ 160a Abs. 3 StPO).

As limitações que acabam de ser descritas (proibição de produção e de utilização de prova) não valem se houver suspeitas de que a pessoa com legitimidade para recusar o depoimento participou no crime sob investigação (§ 160a Abs. 4 S. 1 StPO). Esta norma, certamente legítima,

---

[82] Uma proibição de utilização exclui também a utilização das informações como pista de investigação (por exemplo, para abertura de um inquérito, cf. sobre este ponto *Rogall* JZ 2008, p. 818 (827 s.).

pode levantar problemas, porque a medida pode ser dirigida contra uma pessoa relativamente à qual não existe qualquer suspeita de participação no crime, enquanto a pessoa não imediatamente afectada pela medida é, já, suspeita de ter participado no crime[83]. Estas questões permanecem por esclarecer. De igual modo, não foi esclarecida ainda a questão sobre o que é ou não válido relativamente aos defensores, uma vez que estes têm o direito a comunicar sem restrições com o seu cliente (§ 148 Abs. 1 StPO)[84].

O § 160a Abs. 1 StPO regula ainda o caso em que são obtidos fortuitamente conhecimentos abrangidos por uma relação de confiança (p. ex., pessoa de contacto do titular do segredo profissional), ou seja, conhecimentos relativamente aos quais o titular do segredo profissional poderia recusar o depoimento. Neste caso, existe apenas uma proibição de utilização (§ 160a Abs. 1 S. 5 StPO), o que parece coerente, uma vez que nas medidas contra terceiros não é, à partida, reconhecível que estes dispõem de informações protegidas. O mesmo vale para as pessoas de contacto do colaborador do titular de segredo profissional (§ 160a Abs. 3 StPO). A existência de suspeita de participação no crime relativamente à pessoa com direito a recusar o depoimento (não quanto à pessoa de contacto deste) faz, também aqui, cessar a protecção (§ 160a Abs. 4 S. 1 StPO).

Quanto às diligências dirigidas contra o segundo grupo de titulares de segredo profissional (consultores jurídicos e profissões médicas, farmacêuticos, conselheiros de planeamento familiar e de toxicodependentes e equiparados, bem como trabalhadores dos *media*)[85] vale somente

---

[83] Deve aqui partir-se do pressuposto de que a existência de uma suspeita contra o titular do segredo profissional faz cessar, de forma genérica, a protecção; no caso inverso (suspeita contra o colaborador, ausência de suspeita contra o titular do segredo profissional) pode defender-se que não cessa a protecção.

[84] Cf. sobre este ponto , p. ex., KK-StPO/*Nack*, 6.ª ed., 2008, § 160a n.º 20; *Beulke*, Festschrift für Fezer, 2008, p. 3 ss. O Tribunal Constitucional Federal (BVerfG StV 2007, p. 399 s.) considera em todo o caso inadmissível constitucionalmente a vigilância da ligação telefónica de um defensor, se ela visar a monitorização das comunicações com o seu cliente, constituído arguido por crime de catálogo; cf., também neste Acórdão, os pormenores sobre a suspeita de participação.

[85] Também aqui é concebível que as diligências sejam dirigidas directamente contra si ou contra uma pessoa de contacto, cf. *Meyer-Goßner*, StPO, 51.ª ed. p. 2008, § 160a n.º 9.

um nível de protecção diminuído. Está consagrada apenas uma proibição relativa de produção de prova, isto é, uma proibição dependente da proporcionalidade da medida (§ 160a Abs. 2 S. 1 StPO). Apenas em caso de desproporcionalidade[86] devem as autoridades abster-se da diligência, devendo quanto ao mais restringir a sua utilização até ao limite do possível (§ 160a Abs. 2 S. 2 StPO). Se os conhecimentos tiverem sido obtidos (licitamente)[87] podem ser valorados para fins de prova, desde que essa valoração seja igualmente proporcional (§ 160a Abs. 2 S. 3 StPO). A admissibilidade da sua utilização como pista de investigação é, todavia, ilimitada[88]. No restante, são também aplicáveis aqui as disposições relativas aos colaboradores (§ 160a Abs. 3 StPO) e à suspeita de participação no crime (§ 160a Abs. 4 S. 1 StPO).

A protecção dos titulares de segredos profissionais foi intensamente discutida durante o processo legislativo[89]. Em particular, argumentou-se que foram introduzidos direitos de recusa de depoimento "de segunda categoria", sem qualquer fundamento atendível, e que a situação jurídica dos titulares de segredos profissionais deve ser valorada da mesma forma[90]. Problemática é, além disso, a exclusão de outras relações de confiança que poderiam ser garantidas como, p. ex., as do §52 StPO, respeitantes aos familiares [91]. Acresce que faltam normas sobre a protecção do núcleo de conformação da vida privada[92]; este núcleo pode ser invadido precisamente no caso das relações descritas no § 160a Abs. 2 StPO (p. ex., no caso dos médicos), ou mesmo em casos que nem sequer se encontram previstos neste artigo[93].

---

[86] Como deverá ser o caso quando objecto do processo não é crime de significado relevante, cf. § 160a Abs. 2 S. 1, 2. Hs.

[87] Nos casos de obtenção ilícita valem os princípios gerais relativos às proibições de prova.

[88] KK-StPO/*Nack*, § 160a n.º 16.

[89] O autor desta comunicação manifestou a sua opinião sobre a lei na Comissão de Legislação do Parlamento Federal e recebeu diversas missivas de associações profissionais, defendendo a igualdade de tratamento de todos os grupos profissionais.

[90] Ver os pormenores da crítica em *Reiß* StV 2008, p. 540 ss.

[91] *Zöller* StraFo 2008, p. 23; *Reiß* StV 2008, p. 545 s.

[92] *Reiß* StV 2008, p. 542 ss.

[93] Todavia, esta crítica não procede, pois a protecção do âmbito nuclear deve – na medida do necessário – ser regulada pelas normas que o afectam e não pelo § 160a StPO.

Até ao presente, o Tribunal Constitucional Federal não deferiu qualquer pedido cautelar contra o §160a StPO[94]; resta, portanto, esperar para ver como o Tribunal se vai pronunciar acerca da constitucionalidade daquele normativo. Na jurisprudência proferida até à data, o Tribunal não interditou integralmente a realização de diligências contra titulares de segredo profissional, sujeitando-as apenas a um exigente juízo de proporcionalidade[95].

7. Regras de utilização[96]

Encontra-se também regulada *ex novo* na lei a utilização de conhecimentos obtidos através de diligências processuais com finalidades diferentes da investigação do crime objecto do processo. A norma aplicável é aqui o § 477 Abs. 2 S. 2-4 StPO, que regula a exportação de dados do processo penal, sendo que, aqui, apenas trataremos da utilização para (outras) finalidades processuais penais – ou seja, da exportação para um outro processo penal[97]. A utilização de conhecimentos obtidos licitamente no âmbito do processo originário não conhece, em princípio, quaisquer restrições, desde que não se trate da prossecução penal do mesmo facto[98]; de qualquer forma, esta matéria extravasa o âmbito de aplicação do § 477 Abs. 2 StPO.

---

[94] BVerfG NVwZ 2009, p. 103 ss. (107).
[95] Cf., p. ex., BVerfG NJW 2006, p. 3411 (3412); BVerfG NJW 2007, p. 1443 ss.; BVerfG NJW 2008, p. 1937 e NJW 2008, p. 2422 (2423), no caso de um advogado. Relativamente às escutas realizadas sobre advogado suspeito de branqueamento de capitais cf. BVerfG StV 2006, p. 505 ss. Relativamente à jurisprudência do TEDH, cf. EGMR NJW 2007, p. 3409 ss.
[96] A problemática das proibições de valoração da prova posteriores à produção ilícita de prova (quanto à vigilância de telecomunicações, cf., por fim, BGHSt 51, p. 1 ss.; *Knierim* StV 2008, p. 599 ss.) não pode ser aqui abordada; requeria uma exposição dedicada exclusivamente ao tema.
[97] A importação de dados para o processo penal (p. ex., do domínio do direito policial) está regulada no § 161 Abs. 2 StPO. Com informação detalhada acerca dos inúmeros problemas conexos com as regras de utilização, *Singelnstein* ZStW 120 (2008), p. 854 ss.
[98] Cf. KK-StPO/*Gieg*, § 477 n.º 3.

O § 477 Abs. 2 S. 2 StPO determina que, nos casos em que uma diligência apenas é admissível quando há suspeita da comissão de um determinado crime, os conhecimentos obtidos através dessa diligência[99] apenas[100] podem ser utilizados como prova em outro processo penal para apuramento de crimes para cuja investigação a diligência podia ter sido ordenada.

Pode parecer complicado, mas não é. A melhor forma de explicar o alcance daquele preceito é ilustrá-lo com um exemplo.

No processo penal intentado contra A, o seu telefone foi colocado sob escuta, por ele ser suspeito de ter cometido um crime de roubo agravado (crime de catálogo segundo o § 100a Abs. 2 Nr. 1i StPO). Posteriormente, é aberto um inquérito por homicídio simples contra B. As informações obtidas no âmbito da vigilância do telefone de A podem ser utilizadas como prova no processo contra B, pois neste processo também podiam ter sido vigiadas as telecomunicações de B: o homicídio simples é um crime de catálogo segundo o disposto no § 100a Abs. 2 Nr. 1f StPO).

O legislador regulou no § 477 Abs. 2 S. 2 StPO o princípio do "limiar da intervenção equivalente" (*äquivalenten Eingriffsschwelle*) também conhecido por princípio da "intervenção substitutiva hipotética" (*hypothetischen Ersatzeingriffs*)[101]. Este princípio dispõe que os conhecimentos provenientes de medidas processuais penais apenas podem servir para investigação daqueles crimes nos quais seria admissível a autorização judicial. Pode, de qualquer forma, questionar-se se a observância deste princípio é imposta constitucionalmente. Mas o legislador não ultrapassou o seu espaço de conformação legislativa ao estabelecer tal normativo. Se foi uma opção sensata, isso é já outra questão.

---

[99] A lei fala em "dados obtidos relacionados com a pessoa", sem que com isso pudesse querer significar outra coisa.

[100] Excepção feita aos casos em que as pessoas visadas pela diligência acordam na sua utilização.

[101] *Meyer-Goßner*, § 477 n.º 5 ss.; *Singelnstein* ZStW 120 (2008), p. 880 ss.; *Knierim* StV 2008, p. 601 s.; *Ruhmannseder* JA 2009, p. 63.

Deve sublinhar-se que as dificuldades aqui levantadas apenas valem para a utilização daqueles conhecimentos "para fins de prova"; a sua utilização como pista para posteriores investigações (indício probatório) (*Spurenansatz*), não se encontra abrangida pelo § 477 Abs. 2 S. 2 StPO e é permitida sem restrições[102].

8. Protecção dos direitos dos visados

Especial referência merece ainda o normativo relativo à protecção dos visados, consagrado pelo legislador no § 101 Abs. 7 StPO. No conjunto dos seus oito parágrafos, o § 101 StPO contém disposições processuais detalhadas (entre outras, as obrigações de identificação e eliminação, bem como de informação) que descrevem diligências de investigação encoberta[103]. De acordo com o disposto no § 101 Abs. 7 S. 2 StPO, os visados podem requerer perante o tribunal competente a apreciação da licitude de uma diligência, bem como do modo como foi executada, após cessação da mesma e até duas semanas após terem sido dela informados[104]. Desta decisão cabe recurso com subida imediata (§ 101 Abs. 7 S. 3 StPO). Segundo opinião reiteradamente difundida[105], este novo meio de defesa não acresce aos recursos genericamente previstos, mas substitui-os.[106] A decisão do tribunal aprecia somente a licitude da produção da prova; cabe ao tribunal *a quo* conhecer da admissibilidade da valoração dos conhecimentos obtidos[107].

---

[102] *Zöller* StraFo 2008, p. 24; *Puschke/Singelnstein* NJW 2008, p. 117; ver sobre o tema também BVerfG NJW 2005, p. 2766; *Allgayer* NStZ 2006, p. 603 (604 ss.); *Wohlers/Demko* StV 2003, 248; *Glaser/Gedeon* GA 2007, p. 435 s. Para uma análise crítica *Singelnstein* ZStW p. 120 (2008), p. 884 ss.

[103] Nas quais cabem naturalmente as diligências de vigilância das telecomunicações.

[104] Críticos relativamente à redução do prazo *Puschke/Singelnstein* NJW 2008, 116; *Nöding* StraFo 2007, p. 463.

[105] *Puschke/Singelnstein* NJW 2008, p. 116; *Nöding* StraFo 2007, p. 463; *Ruhmannseder* JA 2009, 63.

[106] BGH NStZ 2009, p. 104 (105).

[107] BGH NStZ 2009, p. 105; OLG Frankfurt NStZ-RR 2006, p. 44 (45).

9. Conclusão

O tema que abordei na minha comunicação não é, certamente, um tema confortável, visto que nenhum de nós – nenhum cidadão – gosta de ser vigiado. Por este motivo é correcto, em princípio, que a lei seja muito exigente quanto à admissibilidade das medidas de vigilância de telecomunicações e estabeleça os mecanismos necessários para protecção dos cidadãos.

As exigências podem, porém, ser levadas longe demais. As novas disposições legais alemãs, que são já objecto de crítica, por alegadamente ferirem os direitos dos cidadãos, vão, em minha opinião longe de mais, mas noutro sentido. Como deixei sugerido logo no início, elas excederam-se em detalhes. São de difícil compreensão e, por este motivo, dificilmente manejáveis na *praxis*. Deste modo, agrava-se também a propensão para o erro na produção da prova com as conhecidas consequências no plano da valoração: a justiça ocupa mais tempo a lidar com os seus próprios erros do que com a luta contra o crime. Os instrumentos legais perdem, assim, a sua efectividade.

Por outro lado, o simples facto de existir a possibilidade de vigiar as telecomunicações é já um êxito na luta contra o crime. Na verdade, um criminoso que teme que as suas comunicações sejam vigiadas e gravadas está limitado nas suas possibilidades. O "efeito intimidatório", sempre sublinhado pelo Tribunal Constitucional Federal, que seria causado na população pelas medidas encobertas de obtenção de informações e que podia levar o cidadão a não fazer uso dos seus direitos fundamentais[108] parece ter, porém, um adversário na cena do crime. Estes efeitos não foram avaliados por qualquer investigação empírica, nem por estatísticas e estudos publicados na Internet. Existem, porém, sucessos esporádicos: os ataques de Madrid foram desvendados recentemente através de medidas de vigilância de telecomunicações. Não deveríamos abdicar levianamente de possibilidades que servem, em última análise, para a nossa própria segurança.

---

[108] Cf. somente BVerfGE 113, p. 28 (45 s.); o Governo Federal concorda com esta quimera, BT-Drucks. 16/11139 (nota 54), p. 6 s.

QUADRO
Vigilância das telecomunicações em 2007

Estado da situação em 30 de Junho de 2008

Ano de Referência 2007	BW 109	BY 110	BE 111	BB 112	HB 113	HH 114	HE 115	MV[116]	NI[117]	NW[118]	RP[119]	SL[120]	SN[121]	ST[122]	SH[123]	TH[124]	GBA[125]	Total
Número de processos em que foram ordenadas medidas nos termos dos §§ 100ª StPO durante o ano de referência de 2007	748	782	178	99	62	153	610	119	340	627	285	108	248	159	143	99	46	4.806
Número de visados na acepção do § 100a, segunda parte StPO.	1.922	2.167	1.101	164	363	287	1.344	347	923	1.501	535	199	775	444	247	251	090	13.460
Distribuição dos processos de acordo com o catálogo do § 100ª, nº 1 StPO: (é possível a indicação repetida de processos)																		
1. Crimes contra a paz, alta traição e de ameaça ao Estado de Direito Democrático ou de traição à pátria ou ainda de ameaça à segurança externa (§ 100a, primeira parte, nº 1a StPO)	0	3	5	1	1	3	6	0	2	4	1	0	6	3	2	2	16	55
2. Crimes contra a defesa nacional (§ 100a, primeira parte, nº 1b StPO)	0	0	0	0	0	0	1	0	0	0	1	0	0	0	0	0	0	2
3. Crimes contra a ordem pública (§ 100a, primeira parte, nº 1c StPO)	6	45	5	1	2	3	8	1	9	34	2	2	6	8	2	0	29	163
4. Incitamento ou auxílio à deserção ou incitamento à desobediência (§ 100a, primeira parte, nº 1d StPO)	0	1	0	0	0	0	0	0	0	0	0	0	0	0	0	0	0	1
5. Crimes contra forças da NATO (§ 100a, primeira parte, nº 1e StPO)	0	0	0	0	0	0	0	0	0	0	0	0	0	0	0	0	0	0
6. Falsificação de dinheiro ou títulos (§ 100a, primeira parte, nº 2 StPO)	21	11	2	0	0	2	5	0	1	8	3	3	0	0	2	0	0	58
6a. Abuso grave de menores ou abuso de menores com resultado morte (§ 100a, primeira parte, nº 2 StPO)	1	3	5	0	0	6	0	0	1	1	1	0	0	0	0	0	0	18

---

[109] BW = Baden-Württemberg (estado federado de Baden Württemberg)
[110] BY = Bayern (estado federado da Baviera)
[111] BE = Berlin (estado federado de Berlim)
[112] BB = Brandenburg (estado federado de Brandenburgo)
[113] HB = Bremen (estado federado de Bremen)
[114] HH = Hamburg (estado federado de Hamburgo)
[115] HE = Hessen (estado federado de Hessen)
[116] MV = Mecklenburg Vorpommern (estado federado Mecklenburg-Vorpommern)
[117] NI = Niedersachsen (estado federado da Baixa-Saxónia)
[118] NW = Nordrhein-Westfalen (estado federado de Nordrhein-Westfalen)
[119] RP = Rheinland-Pfalz (estado federado da Renânia-Palatinado)
[120] SL = Saarland (estado federado de Sarre)
[121] SN = Sachsen (estado federado da Saxónia)
[122] ST = Sachsen-Anhalt (estado federado da Saxónia-Anhalt)
[123] SH = Schleswig-Holstein (estado federado de Schleswig-Holstein)
[124] TH = Thüringen (estado federado de Turíngia)
[125] GBA = Generalbundesanwalt (Procurador Geral Federal)

QUADRO
Vigilância das telecomunicações em 2007

Estado da situação em 30 de Junho de 2008

Ano de Referência 2007	BW	BY	BE	BB	HB	HH	HE	MV	NI	NW	RP	SL	SN	ST	SH	TH	GBA	Total
7. Divulgação de literatura pornográfica nos casos do §184b, parágrafo 3 StGB (§ 100a, primeira parte, nº 2 StPO)	0	20	0	0	0	0	3	0	0	0	0	0	2	0	0	0	0	25
8. Assacínio, homicídio e genocídio (§ 100a, primeira parte, nº 2 StPO)	29	58	239	9	10	9	64	5	13	44	8	2	7	7	6	1	0	511
9. Crimes contra a liberdade pessoal (§ 100a, primeira parte, nº 2 StPO)	9	25	21	3	2	9	8	1	15	9	3	5	0	0	3	0	0	113
10. Furto de bando, furto de bando grave (§ 100a, primeira parte, nº 2 StPO)	44	59	141	3	1	11	39	11	31	55	7	2	3	6	9	1	0	423
11. Roubo ou extorsão violenta (§ 100a, primeira parte, nº 2 StPO)	60	69	125	3	8	7	62	4	31	44	9	1	7	8	8	2	0	72
12. Extorsão (§ 100a, primeira parte, nº 2 StPO)	4	20	25	0	0	3	6	2	3	5	1	0	0	3	0	0	0	72
13. Receptação profissional, receptação de bando, receptação profissional de bando (§ 100a, primeira parte, nº 2 StPO)	18	5	95	4	0	22	13	1	10	19	3	3	2	4	13	0	0	212
13a. Branqueamento de capitais e encobrimento de bens patrimoniais adquiridos de forma ilícita (§ 100a, primeira parte, nº 2 StPO)	3	10	10	0	0	2	4	1	4	5	2	1	2	0	0	1	0	45
14. Crimes de perigo comum (§ 100a, primeira parte, nº 2 StPO)	10	12	17	0	3	1	11	7	9	7	3	2	6	0	7	3	0	98
15. Crimes da lei das armas, da lei relativa do comércio externo, bem como da lei de controlo de armamento de guerra (§ 100a, primeira parte, nº 3 StPO)	18	8	25	0	2	1	8	1	5	9	2	0	1	6	1	0	1	88
16. Crimes da lei de estupefacientes (§ 100a, primeira parte, nº 4 StPO)	539	572	501	73	29	77	364	82	195	429	236	87	185	114	84	89	0	3.656
17. Crimes da lei relativa à entrada e residência de cidadãos estrangeiros e da lei sobre o processo de asilo (§ 100a, primeira parte, nº 5 StPO)	16	29	29	5	4	8	10	3	21	9	6	0	22	4	7	0	0	173

QUADRO
Vigilância das telecomunicações em 2006

Estado da situação em 30 de Agosto de 2007

Ano de Referência 2006	BW	BY	BE	BB	HB	HH	HE	MV	NI	NW	RP	SL	SN	ST	S	TH	GBA	Total
Número de processos em que foram ordenadas medidas nos termos dos §§ 100ª StPO durante o ano de referência	787	739	113	100	75	162	596	142	306	534	264	113	287	170	132	96	46	4.664
Número de visados na acepção do § 100a, segunda parte StPO.	2.052	1.824	543	191	377	323	1.389	335	954	1.325	480	187	878	462	229	254	624	12.427
1. Crimes contra a paz, alta traição e de ameaça ao Estado de Direito Democrático ou de traição à pátria ou ainda de ameaça à segurança externa (§ 100a, primeira parte, nº 1a StPO)	1	23	1	0	0	0	2	0	1	3	0	0	4	6	0	4	18	63
2. Crimes contra a defesa nacional (§ 100a, primeira parte, nº 1b StPO)	1	6	0	0	0	0	0	0	0	0	0	0	0	0	0	0	0	7
3. Crimes contra a ordem pública (§ 100a, primeira parte, nº 1c StPO)	8	45	0	1	6	2	12	0	3	8	3	0	4	4	0	2	27	125
4. Incitamento ou auxílio à deserção ou incitamento à desobediência (§ 100a, primeira parte, nº 1d StPO)	0	0	0	0	0	0	0	0	0	1	0	0	0	0	0	0	0	1
5. Crimes contra forças da NATO (§ 100a, primeira parte, nº 1e StPO)	0	0	0	0	0	0	0	0	0	1	0	0	2	0	0	0	0	3
6. Falsificação de dinheiro ou títulos (§ 100a, primeira parte, nº 2 StPO)	18	10	4	1	5	3	6	0	4	9	6	1	2	1	1	0	0	71
6a. Abuso grave de menores ou abuso de menores com resultado morte (§ 100a, primeira parte, nº 2 StPO)	1	8	0	2	0	1	1	1	6	0	1	0	6	0	1	0	0	28
7. Tráfico de pessoas grave (§ 100a, primeira parte, nº 2 StPO)	8	11	1	0	0	8	5	1	3	14	6	0	2	1	2	0	0	62
7a. Divulgação de literatura pornográfica nos casos do §184b, parágrafo 3 StGB (§ 100a, primeira parte, nº 2 StPO)	0	1	0	0	0	1	2	0	0	1	0	1	2	0	1	0	0	9
8. Assassínio, homicídio e genocídio (§ 100a, primeira parte, nº 2 StPO)	33	64	143	2	10	8	41	12	15	38	7	4	5	5	6	2	1	396
9. Crimes contra a liberdade pessoal (§ 100a, primeira parte, nº 2 StPO)	3	14	1	0	4	2	6	0	0	9	1	0	2	0	0	0	0	42
10. Furto de bando, furto de bando grave (§ 100a, primeira parte, nº 2 StPO)	48	43	59	2	0	4	37	8	35	33	7	2	5	6	8	2	0	299
11. Roubo ou extorsão violenta (§ 100a, primeira parte, nº 2 StPO)	40	74	41	4	4	13	74	13	18	45	3	2	13	12	5	5	0	366
12. Extorsão (§ 100a, primeira parte, nº 2 StPO)	11	13	1	0	0	2	9	4	2	8	2	1	2	1	0	0	0	56
13. Receptação profissional, receptação de bando, receptação profissional de bando (§ 100a, primeira parte, nº 2 StPO)	18	14	51	4	3	27	14	3	7	22	5	4	4	6	2	3	0	187
13a. Branqueamento de capitais e encobrimento de bens adquiridos de forma ilícita (§ 100a, primeira parte, nº 2 StPO)	4	10	0	0	1	1	8	4	3	6	1	0	1	1	0	0	0	40
14. Crimes de perigo comum (§ 100a, primeira parte, nº 2 StPO)	7	14	24	4	5	3	20	4	12	11	3	3	3	2	13	0	0	128
15. Crimes da lei das armas, da lei relativa ao comércio externo, bem como da lei de controlo de armamento de guerra (§ 100a, primeira parte, nº 3 StPO)	5	8	7	1	4	2	3	0	2	12	0	3	1	2	10	0	0	60
16. Crimes da lei de estupefacientes (§ 100a, primeira parte, nº 4 StPO)	585	480	221	73	33	81	346	90	190	331	216	89	206	121	82	79	0	3.223
17. Crimes d a lei relativa à entrada e residência de cidadãos estrangeiros e da lei sobre o processo de asilo (§ 100a, primeira parte, nº 5 StPO)	25	31	48	6	5	0	22	11	2	7	16	4	3	25	7	1	1	209

QUADRO
Vigilância das telecomunicações em 2005

Ano de Referência 2005	BW	BY	BE	BB	HB	HH	HE	MV	NI	NW	RP	SL	SN	ST	SH	TH	GBA	Total
Número de processos em que foram ordenadas medidas nos termos dos §§ 100ª StPO durante o ano de referência	777	885	102	136	61	174	707	154	279	485	276	116	259	228	150	89	47	4925
Número de visados na acepção do § 100a, segunda parte StPO.	2123	1997	483	305	228	371	1501	358	1031	1285	533	395	617	595	248	211	325	12606
1. Crimes contra a paz, alta traição e de ameaça ao Estado de Direito Democrático ou de traição à pátria ou ainda de ameaça à segurança externa (§ 100a, primeira parte, nº 1a StPO)	1	1	0	0	0	0	3	0	1	1	6	0	6	4	1	2	10	36
2. Crimes contra a defesa nacional (§ 100a, primeira parte, nº 1b StPO)	0	24	0	0	0	0	0	0	0	1	0	0	0	0	0	0	0	25
3. Crimes contra a ordem pública (§ 100a, primeira parte, nº 1c StPO)	4	70	2	2	3	6	13	0	6	7	7	0	1	1	0	1	34	157
4. Incitamento ou auxílio à deserção ou incitamento à desobediência (§ 100a, primeira parte, nº 1d StPO)	0	0	0	0	0	0	1	0	0	0	0	0	0	0	0	0	0	1
5. Crimes contra forças da NATO (§ 100a, primeira parte, nº 1e StPO)	0	0	0	1	0	0	0	0	0	0	0	0	0	0	0	0	0	1
6. Falsificação de dinheiro ou títulos (§ 100a, primeira parte, nº 2 StPO)	20	30	7	3	0	3	7	2	4	5	3	0	1	1	1	1	0	88
6a. Abuso grave de menores ou abuso de menores com resultado morte (§ 100a, primeira parte, nº 2 StPO)	0	1	0	0	0	2	5	2	1	1	0	2	1	0	2	0	0	17
7. Tráfico de pessoas grave (§ 100a, primeira parte, nº 2 StPO)	6	6	1	0	1	6	13	0	1	15	0	0	1	0	0	0	0	50
7a. Divulgação de literatura pornográfica nos casos do §184b, parágrafo 3 StGB (§ 100a, primeira parte, nº 2 StPO)	0	2	0	0	0	0	1	0	0	2	0	2	1	0	0	0	0	8
8. Assassínio, homicídio e genocídio (§ 100a, primeira parte, nº 2 StPO)	24	66	8	3	10	13	54	8	16	28	3	9	8	9	8	2	3	272
9. Crimes contra a liberdade pessoal (§ 100a, primeira parte, nº 2 StPO)	1	1	0	0	1	2	7	0	2	6	1	1	0	3	1	0	0	26
10. Furto de bando, furto de bando grave (§ 100a, primeira parte, nº 2 StPO)	47	26	9	8	2	3	37	8	22	52	5	2	2	11	5	1	0	240
11. Roubo ou extorsão violenta (§ 100a, primeira parte, nº 2 StPO)	53	44	13	7	6	24	57	9	21	38	8	2	13	9	6	4	0	314
12. Extorsão (§ 100a, primeira parte, nº 2 StPO)	9	10	0	1	1	1	12	13	1	6	0	2	4	3	0	0	0	53
13. Receptação profissional, receptação de bando, receptação profissional de bando (§ 100a, primeira parte, nº 2 StPO)	14	58	6	2	2	25	21	12	3	26	3	2	3	8	3	1	0	189
13a. Branqueamento de capitais e encobrimento de bens adquiridos de forma ilícita (§ 100a, primeira parte, nº 2 StPO)	3	20	0	2	2	0	3	4	4	7	0	0	1	2	0	0	0	48
14. Crimes de perigo comum (§ 100a, primeira parte, nº 2 StPO)	13	36	1	5	5	4	9	3	4	1	2	0	7	2	6	0	0	98
15. Crimes da lei das armas, da lei relativa ao comércio externo, bem como da lei do controlo de armamento de guerra (§ 100a, primeira parte, nº 3 StPO)	9	14	5	2	1	1	15	2	1	6	2	0	1	5	2	2	0	68
16. Crimes da lei de estupefacientes (§ 100a, primeira parte, nº 4 StPO)	559	599	42	95	27	85	442	102	187	322	250	75	191	167	112	76	0	3331
17. Crimes da lei relativa à entrada e residência de cidadãos estrangeiros e da lei sobre o processo de asilo (§ 100a, primeira parte, nº 5 StPO)	29	38	10	8	0	20	9	1	5	13	15	19	19	14	3	1	0	204

Escutas telefônicas

LUIZ FLÁVIO GOMES
*Professor de Direito Penal na Universidade Anhangüera e
Diretor-Presidente da Rede de Ensino LFG*

No Estado de Direito os direitos, as garantias e as liberdades públicas do indivíduo só podem ser restringidos com base na lei e de forma proporcional. A interceptação telefônica consiste numa dessas limitações ao direito à privacidade, intimidade, liberdade de expressão de pensamento, etc. Sua regulamentação jurídica, destarte, deve ser a mais clara e inequívoca possível.

A observância estrita dessa disciplina jurídica, na prática, é conseqüência natural que se espera de todo operador jurídico. Qualquer desvio do texto constitucional ou legal conduz à invalidade da prova obtida, ou seja, cuida-se de prova ilícita, que deve ser desentranhada (porque inadmissível).

A flexibilização infundada em relação à interceptação telefônica conduz à construção do que hoje se chama Direito processual do inimigo.

Os juízes e as Cortes constitucionais devem estar permanentemente preocupados com o equilíbrio do jogo democrático que encerra as relações entre o indivíduo e o Estado. A restrição de qualquer direito, particularmente um de natureza fundamental, exige a intervenção do legislador (*interpositio legislatoris*), para se saber quais são os limites dessa intervenção. O Estado Democrático de Direito, enfatizou com todo acerto Carlos Augusto Bonchristiano[1], "obriga a aplicação do Direito Penal

---

[1] V. *RT* 724, p. 484.

e Processual Penal dentro de certos limites, que se associam ao respeito dos princípios da dignidade da pessoa humana, legalidade, igualdade e liberdade". A lei é o limite e dá segurança. Ao lado da Constituição e do Direito Internacional dos Direitos Humanos, é ela que forma a base do Estado Constitucional e Democrático de Direito. Os doutrinadores do iluminismo (Hobbes, Montesquieu, Beccaria e tantos outros), há mais de dois séculos, lutaram tanto pela legalidade contra as atrocidades do *ancien regime* e conseguiram, com razoável sucesso, codificar a legalidade, tendo como eixo a razão jurídica.[2] Logo, neste terceiro milênio, não é o caso de se privilegiar as famosas "razões de Estado", que é o caminho mais curto para a constituição do Leviatã (Estado diabólico).

A legitimação democrática do judiciário, de outro lado, não é direta, senão formal, racional. Quem tem que atender os reclamos populares, e mesmo assim dentro dos limites constitucionais, são os políticos, que contam com legitimação democrática direta. O Juiz, principalmente o da Corte Constitucional, está vinculado ao Direito, à Constituição e à cultura dos direitos fundamentais.

Com a sabedoria que lhe é peculiar, o Min. Celso de Mello proclamou no RE 466.343-SP o seguinte:

"Presente esse contexto, convém insistir na asserção de que o Poder Judiciário constitui o instrumento concretizador das liberdades civis, das franquias constitucionais e dos direitos fundamentais assegurados pelos tratado e convenções internacionais subscritos pelo Brasil. Essa alta missão, que foi confiada aos juízes e Tribunais, qualifica-se como uma das mais expressivas funções políticas do Poder Judiciário.

"O Juiz, no plano de nossa organização institucional, representa o órgão estatal incumbido de concretizar as liberdades públicas proclamadas pela declaração constitucional de direitos e reconhecidas pelos atos e convenções internacionais fundados no direito das gentes. Assiste, desse modo, ao Magistrado, o dever de atuar como instrumento da Constituição – e garante de sua supremacia – na defesa incondicional e na garantia real das liberdades fundamentais da pessoa humana, conferindo, ainda, efetividade aos direitos fundados em tratados internacionais de que o

---

[2] V. Luigi FERRAJOLI, El derecho como sistema de garantias, em *Jueces para la Democracia*, n. 16-17, p. 62.

Brasil seja parte. Essa é a missão socialmente mais importante e politicamente mais sensível que se impõe aos magistrados, em geral, e a esta Suprema Corte, em particular".

409 mil "grampos" telefônicos em 2007

Só no ano de 2007 foram 409 mil interceptações telefônicas ("grampos telefônicos") (Site Consultor Jurídico e O Estado de S. Paulo de 20.03.08, p. A13). Foram 1.200 interceptações por dia. Isso é muito ou pouco? Não temos parâmetros (internacionais) seguros para verificar se essa (aparentemente exorbitante) quantidade de interceptações telefônicas está dentro ou não de um patamar médio. Para o Procurador de Justiça José Carlos Cosenzo, "é um descontrole absoluto" (O Estado de S. Paulo de 26.03.08, p. A8).

Em princípio, num país que adota desde sua origem (desde 1500) a guerra civil étnica e/ou socioeconômica como bandeira de controle social, em que se registra a existência histórica de instituições punitivistas violentas, que fazem uso da tortura e da ameaça ferramentas costumeiras para a descoberta da autoria e da materialidade dos delitos, parece muito evidente que as interceptações telefônicas retratam sinal de civilização, muito distinto da barbárie que marca as investigações no Brasil (feitas pela polícia ou outras instituições, como as CPIs, por exemplo).

Em princípio (repita-se), o método investigativo das interceptações constitui um avanço, se comparado com os velhos métodos inquisitivos destrutivos e aniquiladores empregados neste país.

De qualquer maneira, também por meio da tecnologia de ponta é possível que os agentes do Estado (encarregados da repressão) pratiquem violência.

A lei das interceptações (Lei 9.296/1996), embora conte com algumas falhas, trouxe um conjunto normativo relativamente suficiente para se equilibrar o interesse público da persecução penal com os direitos fundamentais das pessoas (privacidade, intimidade, honra, etc.).

Se alguns abusos estão sendo constatados (com freqüência nos últimos tempos), com certeza, nesse caso, ao legislador não podem ser atribuídos (porque ele teve a preocupação de fazer uma série de exigências para a licitude da prova que possa ser colhida por meio da interceptação). Nossa atenção, destarte, obrigatoriamente deve ser voltada para a magistratura. Quando a lei é boa resta saber se o juiz que vai aplicá-la também é bom.

De uma magistratura sensata o que se espera é uma posição de equilíbrio, prudência e temperança. Ocorre que, nas duas últimas décadas, setores vários dessa magistratura acabaram se envolvendo e se aliando (como "bons" soldados) à luta (batalha) travada pelo poder público brasileiro para a manutenção da guerra civil étnica e/ou socioeconômica.

No que diz respeito à criminalidade do colarinho branco (das elites), finalmente a polícia federal começou a nela prestar atenção. E também aqui encontrou apoio de vários segmentos da magistratura que passaram a se comportar como "bons" companheiros dessa empreitada (dessa "cruzada" nacional). Numa ou noutra situação, perde o juiz (a magistratura) a posição de imparcialidade que lhe é (abstratamente) inerente.

Daí a responsabilidade maior residir nos tribunais. Sempre que houver algum abuso do juiz de primeira instância, a esperança que resta é a de que tudo será corrigido pelos tribunais. Ocorre que também no seio dos nossos tribunais vários magistrados se acham engajados (enfileirados, entrincheirados) com essa "causa pública" (de manutenção e incremento da nossa guerra civil que dirige seus canhões em regra contra os excluídos e, de vez em quando, contra os "privilegiados").

Os abusos que vêm ocorrendo nas interceptações telefônicas, desse modo, tendem a aumentar, na medida em que incrementa *pari passu* o engajamento guerreiro de vários setores da magistratura que, dessa maneira, vai se distanciando da sua função precípua de respeitar e fazer respeitar os direitos e garantias fundamentais dos cidadãos (ricos ou pobres) que se posicionam na linha de tiro da máquina estatal punitivista (repressivista).

Corte Interamericana (da OEA) julgará o Brasil por escuta ilegal

Tive a honra de ser indicado como perito (consultor) pela Comissão Interamericana de Direitos Humanos (que pertence à Corte Interamericana de Direitos Humanos, da OEA) e emiti meu parecer na demanda de n. 12.353, apresentada perante a Corte, contra a República Federativa do Brasil, por violação da Lei 9.296/96, que regulamenta a interceptação telefônica no nosso país. Em 1999, no noroeste do Paraná, foi autorizada uma escuta telefônica de forma ilegal. No Brasil não foi possível anular essa escuta. Daí a demanda contra ele (perante a Corte quem responde é o país signatário dos tratados, não o causador direto da violação).

Do relatório da Comissão Interamericana de Direitos Humanos constam algumas conclusões: 1.ª) a incompetência da autoridade solicitante da interceptação telefônica (polícia militar); 2.ª) a inexistência de decisão fundamentada (a decisão foi vazia, ou seja, sem nenhuma fundamentação); 3.ª) a ampliação do objeto da interceptação, que teria abrangido linha telefônica distinta da individualizada na decisão; 4.ª) o excesso na duração da interceptação (escuta autorizada por 49 dias, quando a lei fala em 15); 5.ª) a divulgação indevida das gravações.

De acordo com a demanda apresentada (fls. 12), a solicitação da interceptação telefônica fora realizada por um major pertencente ao Quadro de Oficiais da Polícia Militar do Paraná. A lei brasileira (art. 3.º da Lei n.º 9.296/96) só fala em policial civil e representante do Ministério Público. A autoridade policial só pode solicitar a interceptação na hipótese de investigação militar. Não era o caso.

A juíza da Comarca de Loanda deferiu a medida da seguinte maneira: "R. e A. Defiro. Oficie-se". A fundamentação da decisão que autoriza a interceptação telefônica é requisito previsto expressamente na lei (art. 5.º). A sua violação está mais do que evidenciada. Não houve fundamentação.

De outra parte, conquanto a autorização de monitoramento tenha sido concedida em relação a uma linha telefônica (44-4621418) pertencente à sede da investigada (COANA), a interceptação realizou-se também em relação à linha 44-4621320, instalada na sede de outra instituição (ADECON), objeto da medida, sem autorização judicial.

A lei brasileira exige, ademais, fundamentação específica em cada vez que se renova a interceptação. Houve, no caso, uma renovação. Quinze dias mais quinze dias. Ocorre que a interceptação durou 49 dias. Uma segunda renovação devia ter ocorrido e não ocorreu.

Pelo que consta dos autos, em 08 de junho de 1999 fragmentos das gravações obtidas foram reproduzidos em noticiário e em diversos meios da imprensa escrita do Brasil.

A Lei n.º 9.296/96, em dois dispositivos determina a observância do segredo de justiça em relação às diligências, gravações e transcrições resultantes da interceptação.

Em seu art. 1.º determina que o magistrado, ao autorizá-la, decrete o segredo de justiça, o que faz a interceptação ser autuada em autos apartados. Na seqüência, em seu art. 8.º determina a preservação desse sigilo.

A inobservância dessa determinação e a conseqüente quebra do segredo de justiça configura o crime previsto no art. 10.º do referido diploma.

Conclusão: diante de tudo quanto foi exposto (a incompetência da autoridade solicitante, a inexistência de decisão fundamentada, a ampliação do objeto da interceptação, o excesso na duração da interceptação, e, por fim, a divulgação indevida de trechos colhidos durante a captação) impõe-se admitir a existência de vícios insuperáveis na interceptação telefônica objeto de questionamento. Sua nulidade nos parece evidente.

Conclusão: ao que tudo indica uma vez mais o Brasil será condenado pela Corte Interamericana de Direitos Humanos. Na primeira oportunidade que isso ocorreu (caso Ximenes Lopes) o Brasil foi condenado a pagar a indenização de mais de cento e quarenta mil dólares à família da vítima, em virtude da morte daquele numa clínica psiquiátrica em Sobral (CE), sem nenhum tipo de atendimento.

Os operadores jurídicos, em geral, ainda desconhecem nossa quinta instância, que é a Corte Interamericana (sediada em San Jose, na Costa Rica). Esse panorama, no entanto, deve ser alterado o mais pronto possível. Em livro recente que escrevemos sobre o tema (*Comentários à CADH*, Gomes, L. F. e Mazzuoli, Valério, RT, São Paulo: 2008) procurámos descrever pormenorizadamente como podemos fazer chegar uma petição a essa Corte (veja p. 223, especialmente).

Sobretudo depois que o STF reconheceu o valor supralegal dos tratados internacionais de Direitos Humanos (RE 466.343-SP), devemos conhecer (o mais aprofundadamente possível) o sistema de proteção dos direitos humanos que vigora no nosso entorno interamericano. Afinal, cuidar do nosso desconhecimento é talvez o investimento mais barato que fazemos em toda nossa vida.

Gravação telefônica ou ambiental: Validade como prova

Se o seu interlocutor grava uma comunicação telefônica sua, clandestinamente, isso vale como prova? Se o seu interlocutor grava uma conversa ambiental (fora do telefone) clandestinamente, isso vale como prova? Cuida-se de prova lícita ou ilícita?

O Pleno do STF, no dia 18.02.09, reiterou sua jurisprudência atual no sentido positivo (AP 447-RS), nestes termos: "É lícita a gravação ambiental de diálogo realizada por um de seus interlocutores. Esse foi o entendimento firmado pela maioria do Plenário em ação penal movida contra ex-Prefeito, atual Deputado Federal, e outra... Quanto ao crime de responsabilidade, considerou-se, por maioria, tendo em conta a gravação ambiental e depoimentos constantes dos autos, inexistir robusta comprovação da conduta típica imputada ao ex-Prefeito, sujeito ativo do delito, não sendo possível, tratando-se de crime de mão própria, incriminar, por conseguinte, a conduta da então Secretária Municipal. Asseverou-se que a gravação ambiental, feita por um dos fiscais municipais de trânsito, de uma reunião realizada com a ex-Secretária Municipal, seria prova extremamente deficiente, porque cheia de imprecisões, e que, dos depoimentos colhidos pelas testemunhas, não se poderia extrair a certeza de ter havido ordem de descumprimento do CTB por parte do ex-Prefeito. Vencidos, quanto a esse ponto, os Ministros Joaquim Barbosa, revisor, Eros Grau, Cezar Peluso e Marco Aurélio, que condenavam os dois denunciados pelo crime de responsabilidade. Vencidos, no que tange à licitude da gravação ambiental, os Ministros Menezes Direito e Marco Aurélio, que a reputavam ilícita. AP 447/RS, rel. Min. Carlos Britto, 18.2.2009."

A primeira (e antiga) posição do STF, a propósito, foi a adotada (originalmente) na Ação Penal 307-DF, Rel. Min. Ilmar Galvão, em decisão plenária. Na ocasião firmou-se a doutrina da inadmissibilidade, como prova, de laudos de degravação de conversa telefônica e de registros contidos na memória de microcomputador... no primeiro caso por se tratar de gravação realizada por um dos interlocutores, sem conhecimento do outro, havendo a degravação sido feita com inobservância do princípio do contraditório e utilizada com violação à privacidade alheia.

Como salientou, na ocasião, o Ministro Celso de Mello,[3] "A gravação de conversação com terceiros, feita através de fita magnética, sem o conhecimento de um dos sujeitos da relação dialógica, não pode ser contra este utilizada pelo Estado em juízo, uma vez que esse procedi-

---

[3] Citado por Alexandre de MORAES, *Boletim IBCCrim* n. 44, p. 6.

mento, precisamente por realizar-se de modo sub-reptício, envolve quebra evidente de privacidade, sendo, em conseqüência, nula a eficácia jurídica da prova coligida por esse meio. O fato de um dos interlocutores desconhecer a circunstância de que a conversação que mantém com outrem está sendo objeto de gravação atua, em juízo, como causa obstativa desse meio de prova. O reconhecimento constitucional do direito à privacidade (CF, art. 5.º, X) desautoriza o valor probante do conteúdo de fita magnética que registra, de forma clandestina, o diálogo mantido com alguém que venha a sofrer a persecução penal do Estado. A gravação de diálogos privados, quando executadas com total desconhecimento de um dos seus partícipes, apresenta-se eivada de absoluta desvalia, especialmente quando o órgão da acusação penal postula, com base nela, a prolação de um decreto condenatório".

Na atualidade, embora não haja lei expressa a respeito do assunto, tornou-se bastante sólido o entendimento do STF no sentido da admissibilidade, em alguns casos, da gravação clandestina (telefônica ou ambiental) como meio lícito de prova.

Ausência de lei: sem lei nenhum direito fundamental pode ser restringido ou limitado. A aplicação analógica não é válida para a restrição de direito fundamental. A legalidade é requisito número um para a regulamentação de qualquer direito. Não havendo lei restritiva do direito à intimidade previsto no inc. X, do art. 5.º, prevalece seu sentido mais amplo, assegurador dessa liberdade. Qualquer prova obtida hoje por meio de gravação clandestina, em suma, viola a CF. É prova ilícita e, portanto, consoante nosso ponto de vista, inadmissível no processo (seja penal, seja civil).

Em algumas hipóteses, entretanto, apesar da falta de lei, a jurisprudência vem admitindo a gravação clandestina como prova. Por exemplo: quando a vítima grava o teor de uma ofensa a bens jurídicos seus. A gravação (ou filmagem) pode ser feita inclusive sem ordem judicial quando se trata de local público no qual não haja expectativa de privacidade ou quando feita em legítima defesa, estado de necessidade ou com justa causa.

Para a defesa dos seus direitos a vítima pode fazer gravação das ofensas dirigidas contra seus bens jurídicos: STF, HC 87.341-PR, Primeira Turma, j. 07.06.06. No mesmo sentido: (STJ, RHC 19136/MG, J. 5.ª T., j. 20.03.07; STJ, RMS 19785/RO, 5.ª T, 10.10.06). Ainda que a gravação seja feita por um terceiro, desde que haja anuência da vítima, a prova é válida: (STF, RE 212.081/RO, j. 05.12.97, 1.ª T). Precedentes: HC 74.678, DJ de 15-8- 97 e HC 75.261, sessão de 24-6-97, ambos da Primeira Turma. Mais recentemente, no sentido da admissibilidade da gravação ambiental: STF, AP 447-RS, rel. Min. Carlos Britto, j. 18.02.09.

Em síntese: apesar da falta de lei expressa, na atualidade a jurisprudência do STF (com exceção dos votos de Menezes Direito e Marco Aurélio – AP 447-RS) admite, em alguns casos, a gravação clandestina como meio válido de prova.

Natureza jurídica da serendipidade nas interceptações telefônicas

Serendipidade: essa estranha palavra (como nos informa Ethevaldo Siqueira – O Estado de S. Paulo de 15.02.09, p. B10) significa "algo como sair em busca de uma coisa e descobrir outra (ou outras), às vezes até mais interessante e valiosa. Vem do inglês *serendipity* (de acordo com o Dicionário Houaiss), onde tem o sentido de descobrir coisas por acaso. Serendip era o antigo nome da ilha do Ceilão (atual Sri Lanka). A palavra foi cunhada em 1754 pelo escritor inglês Horace Walpole, no conto de fadas *Os três príncipes de Serendip*, que sempre faziam descobertas de coisas que não procuravam".

Da decisão judicial que determina a interceptação telefônica sobressaem, dentre outros, dois requisitos sumamente relevantes, sendo certo que ambos estão previstos no art. 2.º, parágrafo único, da Lei 9.296/96: a) descrição com clareza da situação objeto da investigação; b) indicação e qualificação dos investigados (dos sujeitos passivos). Fala-se em parte objetiva (fática) e subjetiva (pessoas) da medida cautelar. A lei, com inteira razão, preocupou-se com a correta individualização do fato objeto da persecução, assim como com a pessoa que está sendo investigada.

Mas no curso da captação da comunicação telefônica ou telemática podem surgir outros fatos penalmente relevantes, distintos da "situação objeto da investigação". Esses fatos podem envolver o investigado ou outras pessoas. De outro lado, podem aparecer outros envolvidos, com o mesmo fato investigado ou com outros fatos, diferentes do que motivou a decretação da interceptação. É nisso que reside o fenômeno da serendipidade, que significa procurar algo e encontrar coisa distinta (buscar uma coisa e descobrir outra, estar em busca de um fato ou uma pessoa e descobrir outro ou outra por acaso).

A doutrina denomina esse fenômeno de "encontro fortuito" (*hallazgos fortuitos*) ou "descubrimientos casuales"[4] ou "descubrimientos acidentales" ou, como se diz na Alemanha, *Zufallsfunden*. Damásio E. de Jesus ainda menciona: conhecimento fortuito de outro crime, novação do objeto da interceptação ou resultado diverso do pretendido.[5]

Em princípio, o que se espera é a "identidade" ("congruência") entre o fato e o sujeito passivo indicados na decisão e o fato e o sujeito passivo efetivamente investigados (congruência entre o que se procura investigar e o que efetivamente foi encontrado). Na eventualidade de que haja discordância (com desvio, portanto, do princípio da identidade ou da congruência), impõe-se a imediata comunicação de tudo ao juiz (princípio do controle judicial), para que se delibere a respeito.[6]

A questão central na serendipidade ou no "encontro fortuito" versa sobre a validade da prova, é dizer, o meio probatório conquistado com a interceptação telefônica vale também para os fatos ou pessoas encontradas fortuitamente?

No direito alemão (StPO, parágrafo 100), consoante jurisprudência pacífica do Tribunal Supremo (BGH),[7] a prova assim alcançada tem valor jurídico, desde que o fato encontrado fortuitamente tenha conexão com algum dos crimes que autorizam (em abstrato) a interceptação telefônica. Não é preciso que haja conexão com o crime investigado ou com a pessoa investigada, senão com algum dos crimes constantes do rol previsto no citado dispositivo legal. Essa solução é muito criticada pela sua amplitude, havendo incontáveis propostas de restrição.

---

[4] V. Tomás LÓPEZ FRAGOSO, "Los descubrimientos casuales en las intervenciones telefonicas como medidas coercitivas enel proceso penal", em Derechos y Liberdades, *Revista do Instituto Batolomé de las Casas*, ano 1, out/93 a mar/94, n.2, Universidade Carlos III, Madrid, p. 82.

[5] V. "Interceptação de comunicações telefônicas", RT 735, p. 458-473.

[6] Assim: Antonio Pablo RIVES SEVA, "La prueba", cit., p. 557.

[7] Sobre o que segue, seja quanto ao direito alemão, seja quanto ao direito italiano, seja enfim quanto ao direito espanhol, v. LÓPEZ FRAGOSO, "Los descubrimientos casuales", cit., p. 83 e ss.

No direito italiano admite-se, censuravelmente, qualquer encontro fortuito, desde que o fato descoberto tenha conexão com algum crime cuja prisão seja obrigatória.

No direito espanhol não existe uma doutrina incontroversamente formada a respeito do assunto. O que se sugere, e isso também é válido para nosso direito, é o seguinte:[8] é fundamental o "critério da conexão", mas impõe-se delimitar o grau de conexão necessário para que a prova seja admitida como válida; de outro lado, é de relevância ímpar a motivação (fundamentação) da decisão autorizadora da medida, porque nela deve vir descrita a situação objeto da investigação, assim como o sujeito passivo.

Duas circunstâncias marcam o "encontro fortuito": a) que ele acontece por uma razão técnica (na hora da execução da interceptação, não há condições técnicas de distinguir *a priori* o que versa sobre o objeto da investigação e o que lhe é distinto); b) que ele se concretiza sem autorização judicial, o que é vedado pelo ordenamento jurídico, justamente por tratar-se de restrição a direito fundamental.

É válida a prova se se descobre "fato delitivo conexo com o investigado",[9] mas desde que de responsabilidade do mesmo sujeito passivo. Logo, se o fato não é conexo ou se versa sobre outra pessoa, não vale a prova. Cuida-se de prova nula.[10] Mas isso não significa que a descoberta não tenha nenhum valor: vale como fonte de prova, é dizer, a partir dela pode-se desenvolver nova investigação. Vale, em suma, como uma *notitia criminis*. Nada impede a abertura de uma nova investigação, até mesmo nova interceptação, mas independente.

O "critério da conexão" (que conduz ao reconhecimento do encontro fortuito de primeiro grau) é perfeitamente válido em nosso *ius positum*. Aliás, em virtude das peculiaridades do nosso direito, urge falar-se em conexão ou continência. Tudo porque nosso Código de Processo Penal faz essa distinção, nos artigos 76.º e 77.º.

Em relação ao encontro fortuito de fatos conexos (ou quando haja continência) parece-nos acertado falar em serendipidade ou encontro

---

[8] V. LÓPEZ FRAGOSO, "Los descubrimientos casuales", cit., p. 85 e ss.
[9] V. Jaime VEGAS TORRES, *Presuncio de inocencia*, cit., p. 393.
[10] V. Alfonso SERRANO MAÍLLO, "Valor de las escuchas", cit., p. 19.

fortuito de primeiro grau (ou em fato que está na mesma situação histórica de vida do delito investigado – *historischen Lebenssachverhalt*). Nesse caso a prova produzida tem valor jurídico e deve ser analisada pelo juiz (como prova válida). Pode essa prova conduzir a uma condenação penal.

Quando se trata, ao contrário, de fatos não conexos (ou quando não haja continência), impõe-se falar em serendipidade ou encontro fortuito de segundo grau (ou em fatos que não estão na mesma situação histórica de vida do delito investigado). A prova produzida, nesse caso, não pode ser valorada pelo juiz. Ela vale apenas como *notitia criminis*.

Conclusão: se o fato objeto do "encontro fortuito" é conexo ou tem relação de continência (concurso formal) com o fato investigado, é válida a interceptação telefônica como meio probatório, inclusive quanto ao fato extra descoberto. Essa prova deve ser valorada pelo juiz. Exemplo: autorização dada para a investigação de um tráfico de entorpecente; descobre-se fortuitamente um homicídio, em conexão teleológica. De outra parte, se se descobre o envolvimento de outra pessoa no crime investigado (de tal forma a caracterizar a continência do art. 77), também é válido tal meio probatório. Nessas duas hipóteses, em suma, a transcrição final da captação feita vale legitimamente como meio probatório e serve para afetar ("enervar") o princípio da presunção de inocência.

A descoberta de outras pessoas envolvidas com o delito investigado é prova válida:

"(...) É lícita a prova de crime diverso, obtida por meio de *interceptação* de ligações *telefônicas* de terceiro não mencionado na autorização judicial de escuta, desde que relacionada com o fato criminoso objeto da investigação. Precedentes. (...)" (STJ, HC 33462//DF, 5.ª T, j. 27.09.05).

"(...) É lícita a prova de crime diverso, obtida por meio de *interceptação* de ligações *telefônicas* de terceiro não mencionado na autorização judicial de escuta, desde que relacionada com o fato criminoso objeto da investigação. (...). (STJ, HC 33553/CE, 5.ª T, j. 17.03.05)".

E se foi descoberto crime que não admite interceptação (art. 2.º, inc. III)? Crime punido com detenção, por exemplo?

Essa é uma questão complexa. Não existe solução legal para o problema. A jurisprudência brasileira vem se posicionando no sentido da admissibilidade da prova:

"(...) Uma vez realizada a interceptação telefônica de forma fundamentada, legal e legítima, as informações e provas coletas dessa diligência podem subsidiar denúncia com base em crimes puníveis com pena de detenção, desde que conexos aos primeiros tipos penais que justificaram a interceptação (...)" (STF, HC 83515/RS, Pleno, j. 16.09.04).

"Se, no curso da escuta *telefônica* – deferida para a apuração de delitos punidos exclusivamente com reclusão – são descobertos outros crimes conexos com aqueles, punidos com detenção, não há porque excluí-los da denúncia, diante da possibilidade de existirem outras provas hábeis a embasar eventual condenação." (RHC 13.274/ /RS, 5.ª T, 19.08.2003).

A interceptação telefônica, de outro lado, não vale como meio probatório: a) seja em relação ao encontro de fato não conexo; b) seja quanto a fatos cometidos por terceiras pessoas, sem nenhuma relação de continência com o investigado.[11] Em outras palavras: não vale como prova quando se trata de uma serendipidade ou de um encontro fortuito de segundo grau.

A terceira pessoa pode ser tanto quem se comunicou com o investigado quanto quem utilizou a linha telefônica, embora não fosse o investigado. Esse encontro fortuito vale como uma *notitia criminis*. É inadmissível como meio probatório, por se tratar de prova ilícita. Providências novas e independentes, em conseqüência, podem (muitas vezes devem) ser tomadas. É fundamental que o juiz seja de imediato cientificado. E se for o caso de abertura de uma nova investigação, urge a formulação do pedido respectivo, para que o juiz possa aferir sua competência, proporcionalidade, pertinência de uma nova interceptação telefônica, etc. Se se trata de crime permanente, pode haver prisão em flagrante. Não se trata de prova ilícita ou prova ilícita derivada. De se observar que a

---

[11] V. Vicente GRECO FILHO, *Interceptação telefônica*, cit., p. 22.

origem da descoberta (fortuita) está dentro de uma interceptação lícita. Por isso, o encontro fortuito vale como uma legítima *notitia criminis*. Na doutrina nacional, neste assunto, existe divergência: Damásio E. de Jesus entende que o encontro fortuito não é válido como prova em nenhuma hipótese.[12] Vicente Greco Filho adota o critério da conexão, continência e concurso de crimes.[13] Como vimos, cremos que o critério da conexão seja válido para resolver a questão. Mas só nas hipóteses de conexão e continência (estritamente interpretadas) é que a prova seria válida. No nosso entendimento, não parece acertada a ampliação para qualquer hipótese de concurso de crimes. Em muitas ocasiões, no concurso material, por exemplo, não contaremos com nenhum tipo de conexão.

O critério da conexão ou continência (encontro fortuito de primeiro grau), como se vê, por si só, é adequado para a solução do problema. Não é de se cogitar, portanto, de extensão ou ratificação *a posteriori* pelo juiz. Isso não existe no nosso Direito, que adotou o critério da verificação *a priori*.

Quando se trata de encontro fortuito de informações sobre delitos futuros, a interceptação telefônica vale como *notitia criminis*:

"Em princípio, havendo o *encontro fortuito* de notícia da prática futura de conduta delituosa, durante a realização de *interceptação telefônica* devidamente autorizada pela autoridade competente, *não se deve exigir a demonstração da conexão entre o fato investigado e aquele descoberto*, a uma, porque a própria Lei n.º 9.296/96 não a exige, a duas, pois o Estado não pode se quedar inerte diante da ciência de que um crime vai ser praticado e, a três, tendo em vista que se por um lado o Estado, por seus órgãos investigatórios, violou a intimidade de alguém, o fez com respaldo constitucional e legal, motivo pelo qual a prova se consolidou lícita."

II – A discussão a respeito da conexão entre o fato investigado e o fato encontrado fortuitamente só se coloca em se tratando de infração penal pretérita, porquanto no que concerne as infrações futuras o cerne

---

[12] V. "Interceptação de comunicações telefônicas," cit., p. 7.
[13] V. *Interceptação telefônica*, cit., p. 19 e ss.

da controvérsia se dará quanto a licitude ou não do meio de prova utilizado e a partir do qual se tomou conhecimento de tal conduta criminosa. Habeas corpus denegado" (STJ, HC 69552/PR, 5.ª T. J. 06.02.07)".

"A captação de conversas telefônicas obtidas dentro dos padrões legais, mesmo que aclarando realidade nova, pode sustentar uma persecução autônoma, ainda mais quando o seu conteúdo se mostrar fiel ao transcurso da investigação originária. Inteligência do art. 5.º, XII, da Constituição Federal, bem assim, da Lei n.º 9.296/96". (STJ, Corte Especial, APN (ação penal) n.º 425/ES, j. 16.11.05)".

Investigación criminal y protección de la privacidad en la doctrina del Tribunal Europeo de Derechos Humanos*

LORENA BACHMAIER WINTER
Profesora Titular Derecho Procesal
Universidad Complutense, Madrid

I. Introducción

La delincuencia organizada y el complejo fenómeno del terrorismo internacional –especialmente desde los ataques terroristas del 11 de septiembre de 2001 en Estados Unidos–, han generado nuevos retos para la justicia penal. Este tipo de delincuencia se concibe como un reto global de dimensiones históricas. Los estados se enfrentan ante una delincuencia que presenta unos rasgos específicos: desborda las fronteras nacionales, produce ataques indiscriminados y genera un estado de inseguridad y hasta shock colectivo en toda la sociedad.

Los atentados de Madrid del 11 de marzo de 2004 y los posteriores atentados en el metro de Londres en julio de 2005, además de los intentos fallidos de ataques en Alemania en 2006, han puesto claramente de manifiesto que los ataques del 11 de septiembre en Estados Unidos no

---

* Este trabajo ha sido realizado en el marco del Proyecto de Investigación "Integración europea y armonización de las garantías fundamentales en el proceso penal" (SEJ2005-05719/JURI) financiado por el Ministerio de Educación y Ciencia.

constituyeron un acto aislado y, además, que Europa también es objetivo del terrorismo internacional. Europa ya no puede considerarse como un lugar de preparación de actos terroristas o lugar de refugio de sus responsables, sino que pasa a convertirse en escenario de actuación del terrorismo internacional. Ante situaciones de lo que se ha dado en llamar "mass terror", la sociedad entera –y también la europea– se siente amenazada, sentimiento que, sin duda, se ve agudizado por las noticias que retransmiten los medios de comunicación.

Ante situaciones de este tipo, la sociedad se encuentra en un estado que podría calificarse de "stress emocional". Incluso en muchos casos, el sentimiento es de demanda de seguridad, prácticamente a cualquier precio. Como decía Andrew Ashworth ante situaciones que se perciben como amenazas de la propia existencia, ante un interés público tan relevante, quién ha de preocuparse de los derechos fundamentales.

A eso añadimos que, en materia de delitos graves y, en particular, en materia de terrorismo, el estado no busca únicamente perseguir a los criminales y aplicar la sanción correspondiente, sino que lo que se busca es actuar con carácter preventivo, con el fin de evitar que se produzcan las catastróficas consecuencias que los criminales persiguen. Los instrumentos del proceso penal, tradicionalmente concebido como instrumento reactivo, para dar respuesta ante hechos delictivos ya cometidos, se torna insuficiente. La investigación debe anticiparse, para evitar la comisión del hecho delictivo. La justicia penal asume rasgos pro-activos, fundamentalmente a través de labores de inteligencia. Y, en algunos casos, la lucha contra el terrorismo, adquiere las proporciones de "war against terror", aplicando la lógica de la guerra y de la supervivencia frente al enemigo.

Si hemos iniciado esta ponencia aludiendo a esta realidad, no es porque se trate estadísticamente del tipo de criminalidad más frecuente, sino porque engloba tres factores de riesgo para la protección de los derechos fundamentales y, en especial, para el derecho a la privacidad de los ciudadanos.

Los tres factores unidos: 1) stress emocional; 2) actuación preventiva; y 3) calificación de la lucha como un estado de "guerra", constituyen una importante amenaza para la protección de los derechos fundamentales dentro del marco de la investigación penal.

En primer lugar, porque el sentimiento de fuerte inseguridad hace que los ciudadanos tiendan a aceptar más injerencias en la esfera de sus derechos fundamentales a cambio de una mayor seguridad. En segundo lugar, porque las actuaciones de los servicios de inteligencia no están sometidas a los estrictos controles que prevén las leyes procesales. Y, en tercer lugar, porque, ante situaciones que pueden calificarse de emergencia o de excepción, los propios convenios internacionales en materia de derechos fundamentales, permiten la derogación de ciertos derechos, como prevé por ejemplo, el art. 15 del CEDH.

Dentro del ámbito de la investigación penal, el recurso a medidas de investigación secretas se ha incrementado exponencialmente y, aparece aquí la tensión, presente en todo el ámbito de la justicia penal entre el respeto de los derechos individuales y el interés público de garantizar la seguridad pública. Además de la libertad, el derecho que más intensamente se ve afectado por las medidas de investigación penal que se adoptan sin conocimiento del sospechoso, es el derecho a la privacidad. En la investigación del delito el recurso a medidas limitativas de derechos fundamentales, tales como la intervención de comunicaciones –de cualquier tipo– o el rastreo de bases de datos, han adquirido una relevancia fuera de toda duda.

Pero, ¿cuáles son los límites de esas intromisiones? ¿se ve forzada la sociedad actual a renunciar a su derecho a la privacidad como precio en pago de la seguridad? ¿si el Estado cada vez interfiere con más frecuencia en la privacidad de los ciudadanos, no corremos el riesgo de estar todos bajo el control absoluto de ese aparato estatal, como sucedía en los estados totalitarios?

Conviene adelantar ya que el propio TEDH, caso *Jalloh v. Germany*, de 11.7.2006, ha declarado que "incluso en las circunstancias más difíciles, como es la lucha contra el terrorismo o contra el crimen organizado, la protección de los derechos humanos es algo no negociable, más allá de las excepciones o limitaciónes que contempla el propio Convenio"[1].

---

[1] *Jalloh v. Germany*, de 11.7.2006: "*even in the most difficult circumstances, such as the fight against terrorism and organised crime the protection of fundamental rights remains non-negotiable beyond the exceptions and derogations provided by the Convention itself*".

II. EL DERECHO A LA PRIVACIDAD: NOCIONES BÁSICAS

El art. 8 CEDH, bajo el epígrafe *"Derecho al respeto a la vida privada y familiar"*, establece:

1. Toda persona tiene derecho al respeto de su vida privada y familiar, de su domicilio y de su correspondencia.
2. No podrá haber injerencia de la autoridad pública en el ejercicio de este derecho, sino en tanto en cuanto esta injerencia esté prevista por la ley y constituya una medida que, en una sociedad democrática, sea necesaria para la seguridad nacional, la seguridad pública, el bienestar económico del país, la defensa del orden y la prevención del delito, la protección de la salud o de la moral, o la protección de los derechos y las libertades de los demás.

El art. 8 CEDH es muy similar al art. 12 de la Declaración Universal de Derechos Humanos de 1948 y del art. 17 del Pacto Internacional de Derechos Civiles y Políticos de 1966, con una diferencia importante: mientras estos dos últimos convenios protegen frente a interferencias "arbitrarias o ilegales", el art. 8 CEDH no alude expresamente a la arbitrariedad o ilicitud como límites del ámbito de aplicación.

El art. 8 CEDH protege frente a intromisiones en la vida privada, la familia, el domicilio y la correspondencia. Todos estos bienes están relacionados, pues la esfera de protección de cada uno de ellos cubre un objetivo común: garantizar la vida privada y la esfera de desarrollo personal de cada individuo. Dentro del derecho a que se respete la vida privada, obviamente quedan englobados el derecho a la vida familiar, la inviolabilidad del domicilio y el secreto de las comunicaciones.

El propio art. 8.2 CEDH, después de haber delimitado el ámbito de protección del derecho a la privacidad, enumera supuestos en que las injerencias en ese derecho son lícitas.

En este punto y sin entrar a realizar un análisis sociológico, sí conviene preguntarse si en la sociedad actual ha cambiado el significado del concepto de privacidad. Asistimos en la actualidad a un fenómeno que se ha dado en llamar "extimidad" o práctica de hacer externa la intimidad. En España existen actualmente 13 millones de personas que utilizan *facebook* y otras redes sociales en las que enseñan parte de su intimidad.

¿Ha cambiado el concepto de privacidad? ¿Ha dejado la privacidad de ser el valor tan apreciado que era en el siglo XIX y XX? Según la antropóloga argentina P. Sibilia, asistimos a un cambio en la forma en que nos construimos como sujetos. Cosas que antes se entendían como privadas, ahora se viven de cara a los espectadores. Lo introspectivo está debilitado.

Es cierto que a través de las redes sociales en internet o de *reality shows* el valor de la privacidad está experimentando un cambio. Pero también es cierto, que esa pérdida de privacidad es consentida: aquellos que hacen su intimidad externa, deciden qué parte de su privacidad desean compartir y, lo que es más importante, saben que son observados.

Por ello, aunque el momento actual viva un cambio en la valoración de la privacidad, lo cierto es que el ámbito de protección de la esfera privada, frente a los poderes públicos, a mi juicio, no se ve afectado por esa nueva concepción de la privacidad. El individuo tiene derecho a decidir qué parte de su privacidad desea compartir y tiene derecho, como regla, a saber si está siendo observado y con qué fines.

III. LA RESTRICCIÓN DEL ART. 8 CEDH EN EL ÁMBITO DEL PROCESO PENAL

A lo largo de los años, la jurisprudencia del TEDH ha logrado definir un s*tandard* mínimo de los derechos fundamentales. En el ámbito del proceso penal resulta de particular importancia la doctrina elaborada en relación con el contenido del art. 8 CEDH: al analizar cada una de las actuaciones de las autoridades públicas en relación con la prevención y represión del delito, el Tribunal ha ido delimitando el contenido del derecho a la privacidad, a la vida familiar, al domicilio o a la libre comunicación. Esa doctrina ha contribuido a crear una conciencia común en materia de derechos fundamentales, y ha sido el origen directo de muchas de las reformas legales adoptadas en materia procesal.

El propio art. 8 CEDH, después de establecer el reconocimiento de este derecho fundamental a la intimidad en sus diversas manifestaciones, señala en el segundo párrafo en qué casos puede resultar admisible en una sociedad democrática una restricción de los derechos fundamentales enumerados en el primer apartado. Por ello, a la hora de estudiar si el art. 8 CEDH ha sido infringido o no, el Tribunal en primer lugar entra a analizar si en el caso concreto se ha producido efectivamente una injerencia en alguno de los derechos amparados en este precepto. A continuación, examina si esa injerencia es conforme a la ley del lugar donde se practicó la diligencia. Y en tercer lugar valora si la medida adoptada resulta necesaria y proporcional en una sociedad democrática.

Sin duda este último requisito es el que más problemas suscita y en cuya valoración existe un mayor margen de discreción. Pero, sólo a través del estudio de cada caso concreto, de cuándo y en qué condiciones a juicio del Tribunal resulta una medida de investigación–ya sea una entrada y registro o una intervención telefónica– justificada en una sociedad democrática, puede realizarse una aproximación al contenido y límites de este derecho fundamental en el proceso penal.

1. La suficiente previsión legal

En una consolidada doctrina[2], el Tribunal ha definido como presupuesto básico de la adopción de cualquier medida restrictiva de un derecho fundamental, que la misma esté prevista en la ley, que se encuentre *"in accordance with the law"*, que tenga cobertura legal en el Estado en donde se ha llevado a cabo. La reserva de ley constituye un presupuesto formal del principio de proporcionalidad, y es consecuencia necesaria de la concepción del principio de legalidad en un Estado democrático de Derecho, que consagra el principio de la supremacía de la ley[3].

El término "ley" en este contexto no ha de interpretarse únicamente como ley en sentido formal, sino que abarca tanto la noción de ley

---

[2] Así, *Handyside v. United Kingdom*, de 7.12.1976, *The Sunday Times v. United Kingdom*, de 26.4.1979, *Huvig v. France*, de 24.4. 1990, *Valenzuela Contreras v. Spain*, 30.7.1998; *Rekvenyi v. Hungary*, de 20.5.1999.

[3] Vid., entre otros, N. GONZÁLEZ-CUÉLLAR, *Proporcionalidad y derechos fundamentales en el proceso penal,* Madrid 1990, págs. 69-70.

escrita como la de jurisprudencia o doctrina legal; en términos literales del Tribunal, comprende "written but also unwritten law"[4]. La precisión es de especial –pero no exclusiva– relevancia para aquellos países pertenecientes a la tradición de la "common law".

La exigencia de que las medidas de investigación restrictivas de un derecho fundamental estén previstas en la ley nacional implica, además, que la norma legal sea accesible al ciudadano de tal manera que pueda prever las consecuencias de la aplicación de esa norma. Accesibilidad y previsibilidad (*foreseeability*) de la norma se convierten en requisitos que afectan a la denominada calidad de la previsión legal[5]. De tal manera que la norma ha de ser suficientemente clara e indicar de manera adecuada a los ciudadanos en qué circunstancias y bajo qué condiciones están las autoridades públicas facultadas para adoptar determinadas medidas que restringen los derechos fundamentales de un ciudadano. Para ello la norma, además de ser clara, ha de ser suficientemente detallada en cuanto a la delimitación de la discrecionalidad judicial en la adopción de la medida con el fin de que puedan tomarse medidas de protección adecuadas frente a un posible abuso por parte de las autoridades públicas. Esa suficiente previsión legal resulta, además, especialmente importante, en relación con todas aquellas medidas restrictivas de derechos fundamentales que se adoptan sin conocimiento del afectado, pues en esos casos los riesgos de arbitrariedad son obviamente mayores (así, por ejemplo, *Halford*[6]). En definitiva, no se trata de que el ciudadano pueda

---

[4] *The Sunday Times v. United Kingdom*, de 26.4.1979; *Malone v. United Kingdom*, de 2.8.1984. Tal doctrina es coherente con el diverso sistema de fuentes en los ordenamientos jurídicos de *common law*, así como con el valor de la jurisprudencia de los Tribunales Constitucionales en los ordenamientos jurídicos de derecho continental europeo.

[5] Así, entre otras, *Malone v. United Kingdom*, de 2.8.1984; *Kruslin v. France* y *Huvig v. France*, ambas de 24.4.1990; *Kopp v. Switzerland*, de 25.3.1998; *Valasinas v. Lithuania*, de 24.7.2001. En la sentencia *The Sunday Times v. United Kingdom*, de 26.4.1979, sobre la restricción del art. 10 CEDH (libertad de expresión) se especifica que la norma debe permitir prever de manera razonable atendiendo a las circunstancias ("to a degree that is reasonable in the circumstances"), las consecuencias que una determinada conducta puede implicar.

[6] *Halford v. United Kingdom*, de 25.6.1997.

prever cuándo será objeto de una medida para adaptar su conducta a ella, sino que la norma debe señalar en qué supuestos pueden las autoridades realizar una injerencia en el ámbito de los derechos fundamentales de los ciudadanos, con el fin de poder articular una adecuada protección frente a posibles prácticas abusivas[7].

El Tribunal de Estrasburgo ha entendido que se incumple el requisito de la previsión legal si, aun existiendo norma legal, ésta es excesivamente general. Así sucedió (caso *Huvig*[8]) en relación con la regulación contenida en el *Code de procédure pénal* francés, pues a pesar de existir una norma de carácter legal –el entonces art. 368–, ésta era excesivamente amplia, pues autorizaba al juez de instrucción a adoptar cualquier medida necesaria para la averiguación del hecho delictivo.

Significativo a este propósito es el caso *Calogero Diana*[9], sobre la medida de detención de la correspondencia acordada frente a un preso condenado por terrorismo. La norma italiana entonces aplicable sólo especificaba las personas frente a las cuales se podía acordar la detención y apertura de la correspondencia, así como el tribunal competente para dictar esa orden. El Tribunal Europeo entendió que la excesiva imprecisión de la norma autorizante, sin especificar los motivos para acordar la restricción del derecho fundamental al secreto de las comunicaciones y sin especificar el tiempo máximo de la misma, constituía una vulneración del art. 8.2 CEDH por no cumplirse con las exigencias de previsión legal.

El TEDH también ha apreciado falta de adecuada previsión legal en sentencias dictadas en relación con las intervenciones telefónicas adoptadas en el seno del proceso penal español. En el caso *Valenzuela Contreras*[10], tal y como reconoce la propia decisión del TEDH, la interven-

---

[7] *Malone v. United Kingdom*, de 2.8.1984.
[8] *Huvig v. France*, de 24.4.1990.
[9] *Calogero Diana v. Italy*, de 15.11.1996.
[10] *Valenzuela Contreras v. Spain*, de 30.7.1998. Acerca de las escuchas telefónicas en el ordenamiento jurídico español vid., entre otros, J. LÓPEZ BARJA DE QUIROGA, *Las escuchas telefónicas y la prueba ilegalmente obtenida*, Madrid 1989; T. LÓPEZ-FRAGOSO ÁLVAREZ, *Las intervenciones telefónicas en el proceso penal*, Madrid 1991; R. MARTIN MORALES, *El régimen constitucional del secreto de las comunicaciones*, Madrid 1995; J. MONTERO AROCA, *La intervención de las comunicaciones telefónicas en el proceso penal. Un estudio jurisprudencial*, Valencia 1999; A. P. RIVES SEVA,

ción telefónica infringía el art. 8 CEDH debido a que la ley aplicable en ese momento no preveía la posibilidad de adoptar esa diligencia, posibilidad que tampoco podía entenderse autorizada directamente por la normativa constitucional española. Esta sentencia dio lugar a que se reformara el art. 579.3 de la Ley de Enjuiciamiento Criminal española con el fin de dar cobertura legal a las escuchas telefónicas.

Posteriormente, en el caso *Prado Bugallo*[11] volvió a suscitarse la misma cuestión en relación con otra intervención telefónica acordada por un juez español. Para entonces ya existía una norma legal, a pesar de lo cual el Tribunal Europeo también apreció vulneración del art. 8 CEDH, al considerar que la ley no era lo suficientemente clara y detallada como para asegurar la protección adecuada que corresponde en un Estado democrático de derecho. El art. 579.3 de la Ley de Enjuiciamiento Criminal española autorizaba al juez a adoptar mediante resolución motivada la "observación de las comunicaciones postales, telegráficas y telefónicas" por un plazo de tres meses, prorrogable por iguales períodos. Determinaba igualmente que la medida podría adoptarse frente a "las personas sobre las que existan indicios de responsabilidad criminal, así como de las que se sirvan para la realización de sus fines delictivos". Sin embargo, para el Tribunal Europeo la norma no era lo bastante detallada para cumplir la exigencia de accesibilidad y previsibilidad, pues quedaban sin especificar cuestiones tan importantes como el procedimiento para realizar las grabaciones, la selección de las conversaciones grabadas relevantes para el proceso[12].

La intervención de las comunicaciones en la jurisprudencia penal, Navarra 2000; V. MORENO CATENA, "Garantía de los derechos fundamentales en la investigación penal", en la obra colectiva *Jornadas sobre la justicia penal en España*, CGPJ, Madrid 1987, págs. 155-161; y J. JIMÉNEZ CAMPO, *La garantía constitucional del secreto de las comunicaciones*, "RDC", 1987, núm. 20, págs. 35-82, 58.

[11] *Prado Bugallo v. Spain*, de 18.2.2003.

[12] Finalmente la decisión del TEDH, *Abdulkadir Coban v. Spain*, de 26.9.2006 confirma que las intervenciones telefónicas en el proceso penal español gozan de una base legal y que la calidad de la ley cumple los requisitos de claridad y accesibilidad exigidos por el TEDH. No obstante, el Tribunal declara que sería "deseable una modificación legislativa incorporando a la Ley los principios que se desprenden de la jurisprudencia del Tribunal, tal y como ha señalado constantemente el propio Tribunal Constitucional".

A diferencia de otros presupuestos que sólo es posible definir por vía negativa, en materia de escuchas telefónicas, el Tribunal Europeo ha señalado, en los casos *Kruslin* y *Huvig*, cuáles son los aspectos mínimos que han de estar regulados en la ley para que la medida de la intervención telefónica cumpla con el presupuesto de una suficiente previsión legal. Esos aspectos son los siguientes: a) determinación de los sujetos; b) el tipo de delitos que pueden dar lugar a adoptar la medida; c) el tiempo máximo de duración de la medida; d) el procedimiento para la redacción de los informes conteniendo los extractos de las conversaciones interceptadas; e) las garantías en cuanto a la transmisión de la totalidad de las grabaciones para su posible inspección por parte de la autoridad judicial y por parte de la defensa; f) las circunstancias en las cuales pueden o deben ser borradas las grabaciones, o pueden ser destruidas las cintas que las contienen, en particular en los casos en que se haya dictado un auto de sobreseimiento respecto del imputado.

En la sentencia *Rotaru v. Romania*, de 4.5.2000, el Tribunal resuelve un asunto relativo a la existencia y utilización de datos contenidos en archivos de los servicios de inteligencia. El Sr. Aurel Rotaru, dentro de un proceso de reclamación de víctimas del régimen comunista, aparecen datos relativos a su vida privada, recogidos hacía 50 años por los servicios de inteligencia rumanos. Entre esos datos, figuraba que el recurrente era miembro de una organización de extrema derecha. Tal dato, según el Sr. Rotaru, era falso y difamatorio, por lo que presentó demanda para su corrección y por daños y perjuicios. Tales demandas fueron inicialmente desestimadas, pero posteriormente, las autoridades reconocieron, que en efecto, la información referida al Sr. Rotaru no era cierta, pues correspondía a otro ciudadano con igual nombre. Se estimó su demanda, pero se rechazó la reclamación de daños y perjuicios.

El Tribunal de Estrasburgo, en primer lugar, declara que la recogida sistemática de información relativa a una persona y su posterior archivo por autoridades públicas, afecta al derecho a la vida privada protegido en el art. 8 CEDH. En su análisis acerca de la justificación de la medida, aunque se había realizado sobre la base de una norma legal, el Tribunal resolvió que tal norma no era suficientemente precisa para garantizar una adecuada protección: la norma en cuestión no determinaba qué clase de información podía archivarse, ni las personas y circunstancias en que podían verse sometidas a esa medida de vigilancia. La ley tampoco fijaba por cuánto tiempo podía archivarse la información recabada ni las condiciones para proceder a su destrucción, ni tampoco cuáles eran las personas autorizadas para consultar esos archivos. En consecuencia, sin necesidad de entrar a pronunciarse acerca de la legitimidad del fin perseguido o de la proporcionalidad de la medida, el Tribunal estimó que en este supuesto se había producido una violación del art. 8 CEDH y condena al estado a pagar al Sr. Rotaru una compensación pecuniaria por daños.

Al establecer cuál ha de ser el contenido mínimo de la regulación nacional en esta materia, la doctrina del Tribunal ha producido un movimiento de aproximación entre los distintos ordenamientos jurídicos europeos.

2. Medida necesaria en una sociedad democrática y requisito de la proporcionalidad

Para que una diligencia restrictiva de un derecho fundamental sea conforme al art. 8 CEDH, es preciso que su aplicación pueda ser valorada como necesaria en una sociedad democrática. En palabras del Tribunal Europeo, la medida de investigación ha de responder a una "necesidad social imperiosa" (*pressing social need*)[13]. Sólo en esas circunstancias puede considerarse justificada la injerencia de las autoridades públicas en la esfera de los derechos fundamentales de los individuos. Corresponde al juez, como garante de los derechos fundamentales y de las garantías públicas, decidir en cada caso si, atendiendo a los legítimos intereses de la investigación y de la persecución del hecho delictivo, resulta justificable sacrificar en un caso determinados intereses jurídicos tan relevantes como la intimidad o la libertad individual. Pero no hay reglas absolutas o ecuaciones matemáticas para realizar la valoración de la necesidad y proporcionalidad de una medida restrictiva de un derecho fundamental. Al hilo de las decisiones sobre casos concretos, el TEDH ha sentado las siguientes pautas.

---

[13] Así, por ejemplo, en *Silver v. United Kingdom*, de 25.3.1983; o *Camezind v. Switzerland*, de 16.12.1997.

En primer lugar, para determinar si la medida es adecuada, ha de apreciarse si la misma persigue alguno de los fines legítimos enumerados en el art. 8.2 CEDH. Especialmente, para lo que aquí interesa, si la medida se justifica en aras de "la seguridad pública", "la defensa del orden y la prevención del delito", o "la protección de los derechos y libertades de los demás". Son muy raros los casos en los que se haya estimado violación por este motivo, pues de ordinario las legislaciones nacionales no hacen referencia a fines ilegítimos.

En segundo lugar, si la medida en cuestión resulta estrictamente necesaria en una sociedad democrática. Requisito que, a su vez, se desglosa en tres elementos: necesidad, idoneidad y proporcionalidad en sentido estricto. A estos elementos se une la exigencia de que existan adecuados mecanismos de control de la necesidad de la medida, esto es, que el ciudadano disponga de un cauce para poner de manifiesto la improcedencia o irregularidad de la medida acordada.

La necesidad de la medida atiende a la consideración de si hay una medida menos lesiva de los derechos de los ciudadanos que permita llegar al mismo fin. Por tanto, la valoración de la necesidad se realiza en relación con la existencia de posibles medios alternativos para alcanzar el mismo fin, o un fin análogo, que interfieran con menor intensidad en la esfera de los derechos fundamentales. Sin embargo, no es preciso que la medida sea considerada como absolutamente imprescindible, sino que es suficiente con que resulte razonablemente necesaria y conveniente[14].

El criterio de la idoneidad se refiere a si la medida resulta adecuada para cumplir el fin legítimo para el que se autoriza la restricción de un derecho fundamental. En este último caso, la apreciación se realiza sobre la base de conocimientos empírico-técnicos que permiten apreciar si con la medida se puede objetivamente obtener el resultado que se pretende.

Además, debe existir un cauce adecuado para que el ciudadano pueda defenderse frente a posibles abusos en la adopción de medidas restrictivas de derechos fundamentales. La existencia de un mecanismo

---

[14] Así, en el caso *Handyside v. United Kingdom*, de 7.12.1976, en el cual se analizan los límites de la libertad de expresión, pero cuya doctrina es aplicable a la restricción de cualquiera de los derechos fundamentales definidos en el CEDH.

de control que permita mantener las injerencias dentro de los límites de la "necesidad en una sociedad democrática" deriva de la noción de Estado de derecho. Como se señalaba en el caso *Lambert*[15], si en la legislación nacional no existe un mecanismo de control efectivo, o si, existiendo, el ciudadano se ve privado del mismo, la injerencia en el ámbito de los derechos fundamentales se torna ilícita y contraviene el art. 8 CEDH[16].

Por último, se exige que en la adopción de cualquier medida restrictiva de un derecho fundamental se cumpla el principio de proporcionalidad en sentido estricto. Ello implica que, aunque la medida sumarial sea idónea y necesaria por no existir una medida alternativa menos lesiva, su adopción resultará en una vulneración contraria al art. 8 CEDH si no supera el requisito de la proporcionalidad. El principio de proporcionalidad, por consiguiente, actúa como un importante factor de corrección y limitación de la adopción de medidas restrictivas de derechos fundamentales.

La valoración del principio de proporcionalidad no resulta sencilla. Mientras para los otros dos requisitos –idoneidad y necesidad– existen criterios valorativos de carácter empírico más o menos claros, en la apreciación de la proporcionalidad de una medida nos movemos en un campo de mucha mayor abstracción. El principio de proporcionalidad es un concepto abstracto que alude a la relación entre el fin a alcanzar –prevención-represión del delito– y el medio empleado para ello –dili-

---

[15] *Lambert v. France*, de 24.8.1998.

[16] En el caso *Lambert v. France*, de 24.8.1998, se interceptaron las conversaciones del Sr. Lambert en el marco de una investigación penal relativa a un delito de robo. La medida se acordó de conformidad con la ley, la previsión legal se consideró suficiente y se perseguía un fin legítimo. Pero, como consecuencia de una interpretación jurisprudencial de los tribunales franceses, al afectado por la medida se le negó legitimación para impugnar la duración de la interceptación telefónica, puesto que él no era el titular de la línea intervenida. Esa privación de llevar a cabo un control efectivo de la licitud de la medida, a juicio del TEDH, es constitutiva de una violación del art. 8 CEDH.

La doctrina general acerca de la necesidad de que el afectado disponga de un cauce adecuado de control de la regularidad de la medida se encuentra reflejada en *Klass and others v. Germany*, de 6.9.1978. Vid. el comentario de esta sentencia de S. TRECHSEL, *Human Rights in Criminal Proceedings*, Oxford, 2005, págs. 541-542.

gencia restrictiva de un derecho fundamental–[17]. Para ello se ponderan diversos elementos como: la gravedad del hecho delictivo; la intensidad de la sospecha o el tipo de indicios; las perspectivas de éxito de la medida; el esfuerzo en su realización en relación con el resultado a obtener; el perjuicio que se causa en relación con la utilidad del resultado. Tales elementos son criterios orientativos para valorar la contraposición entre el interés individual que puede verse afectado por la medida y el interés público que subyace en la investigación procesal penal, valoración que habrá de concretarse en cada caso. Así, a través del análisis de cada caso concreto, el Tribunal irá definiendo el concepto jurídico indeterminado del principio de proporcionalidad en relación con las diligencias sumariales restrictivas de derechos fundamentales.

Las ambigüedades implícitas en la apreciación de la "necesidad de la medida en una sociedad democrática, son reflejo de la búsqueda de un ajuste entre la garantía supranacional de los derechos humanos a que aspira el Convenio y el respeto de las características propias de cada ordenamiento jurídico nacional. Los esfuerzos jurisprudenciales por lograr un equilibrio entre ambos extremos –el respeto a la soberanía de los Estados y los valores del Convenio–, se han materializado en la llamada doctrina del 'margen de apreciación nacional', cuyo efecto ha sido relativizar el concepto de necesidad, remitiendo su determinación concreta a la prudencia del Tribunal en el enjuiciamiento de cada caso singular sometido a su jurisdicción[18].

En síntesis, esa doctrina afirma que ha de reconocerse a las autoridades de cada Estado un considerable margen de discrecionalidad a la hora de apreciar la necesidad de ciertas medidas restrictivas de las liber-

---

[17] Acerca del concepto del principio de proporcionalidad vid. W. DEGENER, *Grundsatz der Verhältnismässigkeit und strafprozessuale Zwangsmassnahmen*, Berlin 1985, págs. 31 y ss. En España sigue los mismos planteamientos N. GONZÁLEZ-CUÉLLAR, *Proporcionalidad y derechos fundamentales en el proceso penal*, cit., págs. 29 y ss.

[18] La doctrina del margen de apreciación fue enunciada explícitamente por primera vez en el caso *Handyside*, 7 diciembre 1976, §§ 48-49, en relación con la noción de lo "obsceno". Ya se encontraba implícitamente, sin embargo, en otras sentencias anteriores como en el caso *Lawless v. Ireland* de 1.7.1961.

tades adoptadas[19]. Ello se fundamenta en el argumento de que las autoridades nacionales son, de ordinario, las que se encuentran en mejor posición para valorar las exigencias que comporta la protección del interés público y también interpretar la legislación interna en vigor. De tal manera que se confiere a los Estados un ámbito de discrecionalidad en cuanto a la forma de hacer cumplir los *standards* del Convenio[20]. No obstante, tal poder de apreciación no es ilimitado, sino que va a la par con un control europeo de las decisiones estatales. Éstas se encuentran sometidas a la supervisión del Tribunal Europeo; de ahí que, en realidad, pueda hablarse de un *doble margen de apreciación*: el que pertenece al Estado para aplicar en su territorio las restricciones permitidas por el párrafo 2.º de los artículos 8 a 11 CEDH, y el que pertenece al Tribunal para revisar la legitimidad y proporcionalidad de las concretas actuaciones del Estado. Cuál deba ser el alcance de ese margen de discrecionalidad es una cuestión compleja, pero puede pensarse que cuando se ven afectados derechos que afectan particularmente a la vida privada de los individuos o a su propia identidad, es decir cuando se vea afectado alguno de los derechos del art. 8 CEDH, ese margen de apreciación discrecional debería ser más estrecho[21].

A continuación nos referiremos a algunas decisiones en materia de diligencias restrictivas de los derechos reconocidos en el art. 8 CEDH, con el fin de ilustrar con ejemplos concretos la concepción del principio de proporcionalidad que ha ido elaborando el Tribunal y a través de la cual se definen los límites del derecho a la privacidad de los ciudadanos.

---

[19] Sobre este tema vid., entre otros, Y. ARAI-TAKAHASHI, *The margin of appreciation doctrine and the principle of proportionality in the jurisprudente of the ECHR*, Anwerp-Oxford, 2002.

[20] Como pone de manifiesto Y. ARAI-TAKAHASHI, ob. cit., pág. 3, esta doctrina encuentra su origen en la jurisprudencia del Consejo de Estado de Francia, así como en la doctrina de la discrecionalidad administrativa de los sistemas jurídicos del *civil law*.

[21] Así, C. OVEY y R. WHITE, Jacobs and White The European Convention on Human Rights, Oxford 2002, pág. 211.

IV. LA MEDIDA DE ENTRADA Y REGISTRO

El art. 8 CEDH confiere protección frente a la medida de entrada y registro en domicilios. A los efectos de la aplicación de este precepto, sin embargo, el concepto de domicilio (*home*, en la versión inglesa del Convenio Europeo) se ha interpretado de manera amplia. La inviolabilidad del domicilio, según reiterada doctrina del TEDH, se extiende a todos los espacios cerrados en los cuales el ser humano desarrolla su vida no sólo privada, sino también de relación con el exterior[22]. Así, tienen cabida dentro de ese concepto el despacho profesional de un abogado (caso *Niemietz*[23]) o las dependencias de una empresa (caso *Veeber*)[24].

En el caso *Niemietz* recién citado, el recurso planteado ante el TEDH se fundaba en la posible vulneración del art. 8 CEDH como consecuencia de una medida de entrada y registro acordada en el curso de un proceso penal. Los hechos pueden resumirse así. En el curso de un proceso no penal relativo a un asunto tributario, el juez recibió una carta conteniendo insultos y amenazas. En el subsiguiente proceso penal por ofensas y posible coacción hacia un juez, la investigación arrojó como resultado que, aun no existiendo firmante de la misiva, podía establecerse una conexión con el despacho del abogado Sr. Niemietz. Para esclarecer la autoría del delito, se acordó mediante orden judicial la entrada en el despacho profesional del Sr. Niemietz y se registraron los archivos

---

[22] De manera expresiva se señala en el caso *Niemietz v. Germany*, de 16.12.1996, que sería excesivamente restrictivo reducir el concepto de "vida privada" (*private life*) a la noción del círculo cerrado en el cual el ser humano desarrolla su vida personal, excluyendo de esa noción al mundo exterior que no se encuentra en ese círculo más íntimo. Por ello no se entiende que la noción de *private life* deba excluir a las actividades de naturaleza profesional o mercantil, pues es en ese ámbito donde una mayoría de personas encuentra la oportunidad de desarrollar sus relaciones con otras personas ("with the outside world", en palabras del TEDH).

[23] Citado en la nota anterior.

[24] *Veeber v. Estonia*, de 7.2.2003. Vid. también *Stés Colas Est and Others v. France*, de 16.4.2002, respecto del registro de los locales de una empresa. El TEDH reconoce que la protección que goza una empresa frente a injerencias no tiene la misma intensidad que un domicilio particular, pero el registro arbitrario, sin una suficiente cobertura legal y para la prevención de la infracción de las normas de competencia, constituye una violación del § 8 del CEDH.

y carpetas de diversos clientes. En el desarrollo de la actuación policial no se encontraron datos relevantes ni se requisó documento alguno. El Tribunal Europeo, en su análisis de los hechos, entendió que la medida respondía a una previsión legal y que el esclarecimiento de un delito tan grave como el intento de coaccionar a un miembro de la judicatura constituía de suyo suficiente justificación como para acordar la medida de entrada y registro. No obstante, estimó que se había producido una vulneración del art. 8 CEDH sobre la base de que la medida acordada no fue proporcionada: la orden judicial que la autorizó era demasiado imprecisa, al permitir el registro de "documentos", sin limitación alguna. El Tribunal tomó también en consideración el hecho de que se trataba del despacho de un abogado, por las especiales exigencias de confidencialidad que han de respetarse en el caso del ejercicio de esta profesión, y por la repercusión que la quiebra de esa confidencialidad puede tener en la adecuada administración de justicia (y en el respeto al art. 6 CEDH). Todo ello llevaba al Tribunal a concluir que, en el caso concreto, se había producido una violación del art. 8 CEDH, al considerar la diligencia sumarial practicada no era proporcionada.

En el caso *Miailhe*[25] las autoridades aduaneras realizaron una entrada y registro en los locales del Sr. Miailhe, en el curso de un procedimiento por evasión de impuestos e infracción de las normas aduaneras, a consecuencia del cual se requisaron para posterior análisis más de 15.000 documentos. El Tribunal, aunque consideraba que la medida de entrada y registro podía resultar necesaria para la prevención y represión del delito tributario de evasión de impuestos, decidió que, en el presente caso, además de ser insuficiente la normativa aduanera, el registro de documentos se hizo de manera indiscriminada: se requisó una cantidad de documentos desorbitada y sin el suficiente control, como lo prueba el hecho de que miles de documentos fueron devueltos al recurrente por no guardar relación alguna con los hechos investigados. En conclusión, no se respetó el principio de proporcionalidad.

En el caso *Z. v. Finland*[26] se planteaba la cuestión de la medida de entrada y registro en relación con documentos médicos confidenciales.

---

[25] *Miailhe v. France*, de 25.2.93.
[26] *Z. v. Finland*, de 25.2.1997.

En el relato de los hechos se señalaba que el imputado por un delito de violación estaba infectado del virus HIV. Para determinar si el autor del delito conocía en el momento de cometer los hechos su enfermedad –lo cual daría lugar a una diferente tipificación de los hechos, encuadrándolos dentro del delito de homicidio– la fiscalía ordenó tomar declaración a los médicos de su esposa, también infectada del virus; y al mismo tiempo, ordenó el registro de los archivos médicos en el hospital en el que la esposa era atendida de su enfermedad. Como la ley finlandesa en relación con las enfermedades contagiosas, y en particular en relación con el SIDA, exige declarar acerca del posible cauce de contagio, existían suficientes argumentos para concluir que en el historial médico de la mujer del imputado podrían encontrarse datos relevantes para la investigación penal. El Tribunal de Estrasburgo, para decidir si la medida que afectaba a documentos confidenciales se había adoptado conforme al art. 8 CEDH, valoró la gravedad del delito, el modo en que se realizó el registro de los documentos –poniendo cuidado en no registrar otros que no fueran relevantes en relación con los hechos investigados– y las cautelas adoptadas por el tribunal nacional para preservar la confidencialidad de esos datos por un período de al menos 10 años. Del análisis de esos datos concluyó que la medida no era desproporcionada ni, por tanto, vulneraba el art. 8 CEDH, aunque sí estimó que el mantener la confidencialidad de esos datos sólo por el período de 10 años previsto en la ley finlandesa, había supuesto una vulneración del art. 8 CEDH[27].

V. LA INTERVENCIÓN DE LAS COMUNICACIONES

La mayoría de las sentencias dictadas por el TEDH en relación con escuchas telefónicas se centran en analizar si se ha cumplido adecuadamente el requisito de la suficiente previsión legal. En relación con la

---

[27] En esta sentencia se incluye un voto particular del Juez Mayer en el sentido de considerar que si bien es admisible que en el seno de un proceso penal se registren archivos que contienen información que afecta a la relación médico-paciente y se utilicen esos datos para el enjuiciamiento penal, la confidencialidad de los mismos debe ser mantenida de manera indefinida para no vulnerar derechos de un tercero no imputado en el proceso penal.

intervención de las comunicaciones telefónicas, uno de los *landmark cases* es el caso *Malone v. United Kingdom*[28], en el que se contiene un amplio y detallado estudio de la ley aplicable al caso, y en el que se sienta la doctrina en cuanto al requisito de la suficiente previsión legal. El Tribunal concluyó que la interceptación del teléfono del Sr. James Malone, acordada en el seno de un proceso penal por comercio ilícito de antigüedades robadas, se realizó sobre la base de una ley oscura e incierta que no permitía valorar puntos esenciales como el alcance de la medida y el procedimiento de su realización, lo cual suponía una infracción del art. 8.2 CEDH.

Los elementos que han de contenerse en la legislación nacional sobre intervenciones telefónicas fueron detallados por el Tribunal en los casos *Kruslin* y *Huvig*, ya citados, y la gran mayoría de los asuntos planteados ante el Tribunal en esta materia se han resuelto a través del análisis de ese requisito. Con ello se ha promovido claramente una reforma de las legislaciones nacionales para dotar de la suficiente claridad y previsibilidad a la regulación que autoriza la intervención telefónica en el seno de un proceso judicial penal. Sin embargo, una vez que el Tribunal de Estrasburgo ha estimado la vulneración del art. 8 CEDH por falta de previsión legal, no entra a analizar la cuestión de la necesidad de la medida. No obstante, algunas sentencias entran a analizar el concreto modo de realización de la medida. Así sucedía en el caso *Craxi v. Italy*[29], en el cual se consideró que había sido violado el art. 8 CEDH por no haberse custodiado adecuadamente las cintas que contenían las grabaciones realizadas, produciéndose como consecuencia de ello la difusión pública de las mismas. Pero, apreciada la infracción del Convenio por esta causa, el Tribunal tampoco entra a valorar la proporcionalidad de la medida.

Por tanto, según su modo habitual de proceder, habiendo encontrado una causa de infracción del Convenio Europeo, el TEDH no prosigue su análisis y no pasa a interpretar en concreto el principio de proporcionalidad. Por esa razón, no existen pautas y criterios claros en la jurisprudencia de Estrasburgo en cuanto a los elementos que determinan la necesidad y proporcionalidad de las intervenciones telefónicas. Lo dicho

---

[28] *Malone v. United Kingdom*, de 2.8.1984.
[29] *Craxi v. Italy*, de 17.7.2003.

en relación con la intervención de las comunicaciones telefónicas, sería de aplicación a las que se producen sobre las comunicaciones electrónicas o vía correo electrónico.

Una de las cuestiones específicas que se han suscitado en relación con las intervenciones telefónicas es la relativa a la afectación de terceros. Como es sabido, en la ejecución de una escucha telefónica son grabadas conversaciones de terceros respecto de los cuales no existe ningún indicio delictivo, pero cuyo derecho fundamental al secreto de las comunicaciones se ve afectado por el hecho de mantener una conversación telefónica con el destinatario de la medida. En ese contexto, resulta especialmente problemático definir los límites de la intervención de las comunicaciones cuando se ven afectados los sujetos en los que concurre un deber de secreto profesional (abogados, religiosos, etc.), o bien sujetos que por la relación de parentesco que tienen con el imputado, estarían dispensados de su deber de declarar como testigos. En concreto, es preciso clarificar qué derechos fundamentales se ven afectados, cómo incide esa afección en la valoración de la proporcionalidad de la medida y, en último término, en qué circunstancias y bajo qué condiciones cabría llevar a cabo la intervención de conversaciones de esos sujetos. Estos aspectos no han sido plenamente detallados por el TEDH, pero en la sentencia *Amann v. Switzerland*[30] el Tribunal criticó abiertamente el hecho de que en la legislación nacional suiza no existieran previsiones legales respecto de la protección de terceros cuyas conversaciones son accidentalmente escuchadas[31].

---

[30] *Amann v. Switzerland*, de 16.2.2000. En ese caso un empresario residente en Suiza recibió un pedido para comprar sus productos (máquinas de depilar) mediante una llamada telefónica. La llamada, al ser realizada desde la embajada de Rusia fue grabada, por lo que la conversación del Sr. Amann paso a incorporarse en los archivos de seguridad nacional. El Tribunal, estimó en este caso que se había producido una violación del art. 8 ECHR porque la legislación suiza en materia de escuchas telefónicas no era suficientemente precisa para cumplir con el requisito de accesibilidad y previsibilidad. Al no establecer cauces de protección para los terceros que accidentalmente se han visto sometidos a medidas secretas, la norma no cumple el *standard* requerido por el Tribunal, por lo que se estima violado el art. 8 ECHR.

[31] Sobre el problema de la afección de los derechos de terceros advierte expresamente la sentencia del Tribunal Constitucional español 184/2003, FJ 5°: "Pero, además, tampoco regula expresamente (el art. 579 LECrim) y, por tanto, con la precisión requerida por las exigencias de previsibilidad de la injerencia en un derecho fundamental las

En materia de intervención de las comunicaciones postales existe una abundante jurisprudencia del Tribunal Europeo, aunque la mayoría de los asuntos se refieren a la correspondencia de personas ingresadas en centros penitenciarios[32] y no a medidas acordadas en el seno de la instrucción penal. En tales supuestos, el Tribunal entiende que la proporcionalidad de las restricciones de los derechos fundamentales −en concreto en relación con la inviolabilidad de la correspondencia− ha de ser valorada atendiendo a los requisitos ordinarios y razonables del estado de reclusión. Ello justifica que, en ocasiones, puedan adoptarse medidas más invasivas en la esfera de los derechos fundamentales respecto de un interno que respecto de una persona en libertad[33], ya sea por motivos de seguridad o como medida de prevención del delito.

Esa doctrina resulta sumamente interesante para observar cómo se ha ido perfilando el principio de proporcionalidad como correctivo de las legislaciones nacionales en materia de régimen penitenciario. Pero

---

condiciones de grabación, custodia y utilización frente a ellos en el proceso penal como prueba de las conversaciones grabadas de los destinatarios de la comunicación intervenida, pues el art. 579 LECrim sólo habilita específicamente para afectar el derecho al secreto de las comunicaciones de las personas sobre las que existan indicios de responsabilidad criminal en el momento de acordar la intervención de las comunicaciones telefónicas de las que sean titulares o de las que se sirvan para realizar sus fines delictivos, pero no habilita expresamente la afectación del derecho al secreto de las comunicaciones de los terceros con quienes aquéllos se comunican. A estos efectos resulta conveniente señalar que al legislador corresponde ponderar la proporcionalidad de la exclusión, o inclusión, y en su caso bajo qué requisitos, de círculos determinados de personas en atención a la eventual afección de otros derechos fundamentales o bienes constitucionales concurrentes al intervenirse sus comunicaciones, o las de otros con quienes se comunican, como en el caso de Abogados o profesionales de la información el derecho al secreto profesional (arts. 24.2, párrafo 2, y 20.1.d CE), o en el caso de Diputados o Senadores el derecho al ejercicio de su cargo de representación política (art. 23.2 CE), su inmunidad parlamentaria y la prohibición de ser inculpados o procesados sin previa autorización de la Cámara respectiva (art. 71.2 CE)."

[32] Vid., por ejemplo, *Golder v. United Kingdom*, de 21.2.1975; *Silver v. United Kingdom*, 25.3.1983; *Boyle and Rice v. United Kingdom*, 27.4.1988; *Schönenberger and Durmaz v. Switzerland*, 20.6.1988; *McCallum v. United Kingdom*, de 30.8.1990; *Campbell v. United Kingdom*, de 25.3.1992; *Messina v. Italy*, de 26.2.1993 y de 24.10.2002; *Calogero Diana v. Italy*, de 15.11.1996; *Di Giovine v. Italy*, de 26.7.2001; *Puzinas v. Lithuania*, de 14.3.2002; *A.B. v. Neatherlands*, de 29.4.2002.

[33] Así, en *Golder v. United Kingdom*, de 21.2.1975.

preferimos prescindir aquí de la exposición de los casos concretos resueltos por el Tribunal: por un lado, porque esos casos no nos sirven para determinar los requisitos mínimos en materia de diligencias de investigación sumarial; y, por otro lado, porque la doctrina general contenida en ellas –relativa a la exigencia de previsión legal, interés legítimo de la medida, y necesidad de la misma en una sociedad democrática– ya ha sido expuesta más arriba. Sin embargo, sí pueden ser de interés algunos de los razonamientos del TEDH relativos a la detención y registro de la correspondencia entre el recluso y su abogado, en tanto que ese nivel de protección de la relación de confidencialidad entre abogado y cliente constituye un mínimo que debe ser respetado también fuera del ámbito penitenciario.

A este propósito, el Tribunal Europeo ha calificado la relación abogado-cliente como una relación especialmente protegida ("privileged relationship")[34], lo cual implica que debe facilitarse el acceso libre a un abogado y garantizar la comunicación libre con el mismo. De lo contrario, el derecho a la asistencia letrada, necesario para hacer realidad el derecho reconocido en el art. 6 CEDH, se vería seriamente limitado[35]. Es más, ese privilegio se extiende a toda la correspondencia mantenida entre el abogado y su cliente y no sólo a la que se refiera al proceso pendiente. El TEDH ha declarado que no hay razón para distinguir entre diferentes categorías de correspondencia entre abogado y cliente; con independencia de su motivo, esa correspondencia tiene carácter privado y confidencial, y por tanto goza, en principio, de protección especial[36]. No obstante, el Tribunal admite la posibilidad de que se adopten ciertos controles en la correspondencia entre los reclusos y sus abogados cuando ello sea necesario para la prevención del delito, para evitar la desaparición de elementos de prueba o por razones de seguridad. Así, se acepta la intervención de esa correspondencia cuando se sospecha que

---

[34] Así, por ejemplo, en *S. v. Switzerland*, de 21.11.1991.

[35] Vid. *Campbell and Fell v. United Kingdom*, de 28.6.1984.

[36] Vid. *Campbell v. United Kingdom*, de 25.2 1992, decisión que cuenta, sin embargo, con dos votos particulares, en relación con las circunstancias de la situación especial del preso, clasificado como sometido a medidas de máxima seguridad. No incidimos más en esta cuestión, pues no tiene relevancia en relación con el tema de las diligencias sumariales.

su contenido es ilícito y que los mecanismos de detección ordinarios no han logrado detectarlo. En esos casos, el Tribunal considera justificado abrir la correspondencia, pero sin que llegue a leerse su contenido. Para esto último sería necesario permitir al destinatario de la correspondencia que estuviera presente en el momento de la apertura. Sólo en casos excepcionales, cuando exista la sospecha de que el cauce de comunicación entre el abogado y la parte está siendo utilizado para fines delictivos o ilícitos, se admite la detención y lectura de esa correspondencia[37]. Un control indiscriminado de toda la correspondencia enviada al abogado sería contrario al Art. 8 CEDH.

En el caso *Erdem v. Gemany*, sin embargo, el Tribunal consideró conforme al § 8 del Convenio la intervención de las comunicaciones postales entre el recluso y su abogado, atendiendo a que se trataba de un caso de terrorismo y que la intervención estaba sometida al control de un juez independiente[38].

Por otro lado, el TEDH ha considerado desproporcionada que se confiscara la correspondencia de un preso en la que se detallaban motivos de queja respecto de las condiciones en el centro penitenciario, con el argumento de que tales quejas debían ser presentadas en primer lugar ante la propia administración penitenciaria[39].

VI. A MODO DE CONCLUSIÓN

En el ámbito del Consejo de Europa, el TEDH cumple un papel decisivo en la definición y protección de los derechos fundamentales, además de constituir un importante elemento integrador en el ámbito de la Unión europea. No estamos ante una mera declaración de derechos fundamentales, sino ante un eficaz sistema de control del cumplimiento de los mismos.

---

[37] Vid. *Campbell v. United Kingdom*, de 25.2.1992.
[38] Vid. *Erdem v. Germany*, de 5.7.2001. El Tribunal en este caso estima que las previsiones legales son suficientes y precisas, que no ha habido abuso por parte de las autoridades estatales y que la lucha contra el terrorismo constituye un motivo justificado para acordar la vigilancia de la correspondencia entre el prisionero y su abogado.
[39] Caso *Silver v. United Kingdom*, de 25.3.1983.

No obstante esos importantes avances, ha de señalarse, en primer lugar, que en materia de medidas de investigación penal que afectan al derecho a la privacidad, todavía estamos lejos de encontrar una concepción común de la proporcionalidad de estas medidas, y por tanto, todavía resulta difícil establecer los límites a la injerencia en el ámbito de la privacidad.

Gracias a la doctrina del TEDH se ha producido un significativo avance en la exigencia de una suficiente previsión legal y en la instauración de recursos y cauces de protección del individuo frente a intromisiones en sus derechos fundamentales[40]. Mediante una doctrina jurisprudencial exigente en materia de garantías procesales, ha promovido la reforma y actualización de las legislaciones de los diversos Estados miembros, generando una mayor transparencia y claridad en la adopción de las medidas de investigación procesal penal y estableciendo mecanismos de control y protección no presentes hasta entonces en algunos ordenamientos jurídicos.

Pero todavía quedan sin responder cuestiones como frente a qué tipo de delitos está justificada la injerencia en la esfera de la privacidad, o qué entiende el Tribunal por delitos graves (*serious offences*). Por otro lado, tampoco queda clarificada la cuestión de cuáles son los indicios que justifican la intromisión en la esfera de los derechos fundamentales para el fin de la investigación penal[41]. Esas cuestiones suelen quedar englobadas dentro del margen de discrecionalidad nacional, por lo que, fuera de los casos concretos en los que el Tribunal analiza el presupuesto de la proporcionalidad de una medida de investigación que restringe la esfera de la privacidad de los individuos, no disponemos de pautas exactas que delimiten el poder del Estado frente a la privacidad de los ciudadanos. El propio art. 8 CEDH prevé que por razones de interés público o de seguridad y protección frente a delitos graves, pueda limi-

---

[40] Vid. U. SIEBER, "Auf dem Weg zu einem europäischen Strafrecht. Einführung zum Corpus Iuris", en *Corpus Iuris der strafrechtlichen Regelungen zum Schutz der finanziellen Interessen der Europäischen Union* (ed. M. Delmas-Marty), Köln, 1998, pág. 26.

[41] Así también H. H. KÜHNE, "Grundsrechtsschutz in einem grenzenlosen europäischen Strafrecht", en la obra colectiva *Europäischer Grundrechtsschutz*, cit., págs. 61 y 65.

tarse el derecho fundamental a la privacidad. El respeto del derecho fundamental a la privacidad es por tanto una cuestión graduable. Y siempre que nos enfrentamos a derechos e intereses en conflicto, encontrar el equilibrio entre los poderes del estado y el derecho a la privacidad del individuo, es todo menos sencillo. La precisión de qué consideramos como "interés público" o "pressing social need" ayudará a centrar el debate y a encontrar ese equilibrio.

Pero, al final, habremos de observar la realidad y decidir cuál es el tipo de sociedad en la que uno quiere vivir, a favor de una mayor libertad y privacidad, aún a riesgo para la seguridad, o a la inversa. Mi opción decididamente es a favor de los derechos fundamentales.

Painel 4.º

OS SIGILOS BANCÁRIO E FISCAL E A DIFICULDADE DE RESPONSABILIZAR DIRIGENTES E BENEFICIÁRIOS ECONÓMICOS DAS ORGANIZAÇÕES CRIMINOSAS

Perspectivas constitucionais em matéria de segredo bancário[1]

MARIA FERNANDA PALMA
*Professora Catedrática da Faculdade de
Direito da Universidade de Lisboa*

O segredo bancário tem valor constitucional enquanto expressão de uma esfera patrimonial da pessoa, uma dimensão conjunta do direito de propriedade, do direito à privacidade e dos interesses associados à liberdade de iniciativa económica.

Diferentemente de outros segredos, como o segredo religioso ou o próprio segredo profissional em geral, em que o valor predominante é a intimidade da vida privada, a representação da pessoa como ser independente que domina o que ela própria coloca na comunicação com os outros, no segredo bancário manifestam-se dimensões associadas à esfera patrimonial e económica.

Tais dimensões patrimoniais são de uma dupla natureza: uma natureza patrimonial pessoal, no sentido da preservação do que na vida patrimonial, tal como no direito de propriedade, reflecte a organização pessoal da nossa esfera de liberdade, do nosso ambiente, para utilizar uma linguagem cibernética, e uma natureza patrimonial económica em que o segredo bancário surge associado tanto à própria credibilidade das instituições bancárias como ao interesse de reserva quanto a operações

---

[1] Este texto corresponde à versão resultante do texto da conferência proferida.

bancárias que possam revelar negócios que os respectivos autores tenham interesse legítimo em não publicitar, num sentido aproximado com o que está em causa no segredo industrial.

Poder-se-ia, assim, distinguir um valor pessoal da vida privada patrimonial e um valor económico associado à liberdade de iniciativa económica, abrangendo os particulares e as instituições bancárias.

A tutela constitucional destas dimensões da vida privada reflecte uma organização económica de mercado em que a posição de cada indivíduo de acordo com os seus fins pessoais, e não fundamentalmente de acordo com fins sociais ou colectivos, é que determina as relações entre os agentes económicos numa clara perspectiva liberal. No entanto, esta lógica liberal esteve desde sempre limitada na nossa Constituição por nítidos objectivos macro-económicos e colectivos associados à justiça distributiva e aos direitos e deveres económicos (como o direito ao trabalho) e aos princípios fundamentais da organização económica social, previstos no artigo 30.º. Assim, resulta dessa lógica constitucional a subordinação do poder económico à propriedade pública dos recursos naturais e de meios de produção, de acordo com o interesse colectivo, ao planeamento democrático do desenvolvimento económico e social, à protecção do sector cooperativo e social da propriedade dos meios de produção e à participação das organizações dos trabalhadores e das organizações representativas das actividades económicas na definição das principais medidas económicas e sociais (artigo 80.º da Constituição).

Na Constituição Económica, há, aliás, incumbências prioritárias do Estado que impõem finalidades de justiça social distributiva (artigo 81.º da Constituição), tanto na justiça fiscal como na organização do sector público, que revelam os limites sociais e colectivos de uma livre organização por cada indivíduo do seu espaço privado patrimonial.

Assim, mesmo a organização do mercado e a garantia da equilibrada concorrência é concebida para "contrariar formas de organização monopolistas e reprimir os abusos de posição dominante e outras práticas lesivas do interesse geral".

Há uma lógica de justiça distributiva e de independência económica nacional que configura o espaço económico, conformando a organização do espaço patrimonial privado.

O direito à reserva da vida privada consagrado no artigo 26.º é, porém, um aspecto da protecção da dimensão da autonomia da pessoa na definição do percurso da sua vida e a sua representação como sujeito de direitos.

A dimensão patrimonial da vida privada apenas se pode inserir no campo de uma extroversão da autonomia da pessoa, do poder de organização do seu próprio ambiente, sem que isso implique qualquer conflito com finalidades de organização económica colectiva.

Resulta desta construção uma articulação entre a liberdade de organização da vida privada patrimonial como expressão necessária do livre desenvolvimento do espaço existencial, associada aliás ao direito de propriedade[2], e os fins de justiça colectiva económica do Estado, que também visam, em última análise, assegurar a cada pessoa condições de vida adequadas e igualdade de oportunidades. Em suma, a Constituição declara uma subordinação dos poderes económicos privados ao poder político democrático e, por intermédio deste, à protecção do espaço de liberdade que torna cada pessoa um sujeito de direitos e um par na sociedade democrática. A inserção legal do segredo bancário e as restrições da sua protecção têm de ser interpretadas à luz destes parâmetros constitucionais, condicionando tanto soluções extremas de valoração absoluta do segredo bancário, bem como as de uma relativização do valor deste segredo sem critérios ponderativos.

O quadro legal da protecção do segredo bancário é composto por referências em diferentes diplomas. O regime é fundamentalmente traçado pelos artigos 78.º a 84.º do Regime Geral das Instituições de Crédito e Sociedades Financeiras, numa perspectiva comercial ou profissional – excluindo a generalidade de terceiros não intervenientes nas operações bancárias.

Nos termos do artigo 78.º, n.º 1, do RGICSF, "os membros dos órgãos de administração ou de fiscalização das instituições de crédito, os seus empregados, mandatários ou comitidos e outras pessoas que lhes prestem serviços a título permanente ou ocasional não podem revelar ou utilizar informações sobre factos ou elementos respeitantes à vida da

---

[2] Conforme HEGEL, nos *Princípios da Filosofia do Direito*, o direito de propriedade exprime uma manifestação da liberdade pessoal. Assim diz, no § 41: "Deve à pessoa dar-se um domínio exterior para a sua liberdade a fim de existir como ideia" (HEGEL, *Princípios da Filosofia do Direito*, trad. port. de Orlando Vitorino, Lisboa, 1959).

instituição ou às relações desta com os seus clientes cujo conhecimento (através dos seus agentes) lhes advenha exclusivamente do exercício das suas funções ou da prestação dos seus serviços".

Com tal regra, estão incluídos no âmbito do segredo todos os factos respeitantes à vida bancária institucional ou comercial (vertentes interna e externa) das instituições de crédito e sociedades financeiras e as relações destas com os seus clientes.

Segundo realça, a título de exemplo, o n.º 2, estarão abrangidos no segredo "os nomes dos clientes, as contas de depósito e os seus movimentos e operações bancárias".

No entanto, o artigo 78.º, n.º 2, não proíbe todo e qualquer contacto com os factos qualificados como sigilosos, mas apenas a sua revelação pública ou a terceiro, e a sua utilização com benefício próprio ou de terceiro por parte dos obrigados ao segredo (isto é, os membros dos órgãos de administração ou de fiscalização de instituições de crédito, bem assim como os empregados, mandatários, comitidos ou ainda as pessoas que lhes prestem serviços a título permanente ou ocasional)[3].

Também as pessoas que exerçam ou tenham exercido funções no Banco de Portugal estão sujeitas ao segredo (artigo 80.º, n.º 1), bem como todas as autoridades, organismos e pessoas que participem nas trocas de informações bancárias com o Banco de Portugal e ainda qualquer terceiro que não deve revelar ou aproveitar-se de factos ou elementos reservados nas relações entre as instituições de crédito e os seus clientes (artigos 81.º e 78.º, n.º 1, do Código Civil).

Questão pertinente é a que resulta de este complexo normativo não fazer distinções entre reserva quanto a operações lícitas e ilícitas. No entanto, a ausência dessa diferenciação não nos pode levar a concluir sem mais que haja obrigação de segredo relativamente a operações ilícitas na medida em que nos termos da lei penal, mas sobretudo da lei fiscal, os indícios suficientes da ilicitude permitem o levantamento do sigilo bancário. E existem, aliás, vários deveres de comunicação estabelecidos no âmbito de legislação especial.

---

[3] Assim o nota JOÃO DE MATOS VIANA, num texto não publicado, "Sigilo bancário, âmbito, limites e excepções", Lisboa, 2007.

No Código de Processo Penal, o artigo 135.º, n.º 1, admite que se recuse uma escusa de depoimento, desde logo na base da ilegitimidade da escusa, distinguindo essa situação daquela em que, sendo a escusa legítima, o tribunal ordene o depoimento, na base do interesse preponderante.

A escusa deve, porém, ser considerada ilegítima se existir um dever legal que limite o segredo, o que acontecerá no âmbito da supervisão, em providências extraordinárias de saneamento ou de liquidação, no âmbito da Lei Geral Tributária (artigo 63.º-B, n.º 9), no acesso a todas as informações ou documentos bancários sem dependência do consentimento do titular dos elementos protegidos, quando existam indícios da prática de crime em matéria tributária ou quando existam factos concretamente indiciadores da falta de veracidade do declarado. E também, no âmbito da Lei da Criminalidade Económico-Financeira, relativamente a um conjunto de crimes entre os quais o branqueamento de capitais, existe um regime especial de recolha de prova, quebra do segredo profissional e perda de bens a favor do Estado (Lei n.º 5/2002, de 11 de Janeiro, que alterou a Lei n.º 36/94, de 29 de Setembro).

Assim, de acordo com o artigo 2.º desta Lei de combate à criminalidade económico-financeira, nas fases de inquérito, instrução e julgamento de processos relativos aos crimes previstos no artigo 1.º, o segredo profissional dos membros dos órgãos sociais das instituições de crédito e sociedades financeiras, seus empregadores e de pessoas que a eles prestem serviço, bem como o segredo dos funcionários da administração fiscal, cedem, se houver razões para crer que as respectivas informações têm interesse para a descoberta da verdade.

Nestes casos, aliás, o levantamento do segredo bancário e do segredo profissional depende apenas de uma ordem de autoridade judiciária titular do processo (conforme o artigo 1.º, alínea *b*) do Código de Processo Penal, o qual diz que o juiz de instrução e o Ministério Público o podem fazer, "cada um relativamente aos actos processuais que cabem na sua competência"), em despacho fundamentado, identificando as pessoas abrangidas pela medida e especificando as informações a prestar e os documentos a entregar (n.ºs 2 e 3) ou, quando tal não seja possível, identificando as contas e as transacções relativamente às quais se pretendem informações.

Somente se, no prazo legal de 5 ou 30 dias, consoante se trate de informações disponíveis em suporte informático ou se trate dos respectivos documentos de suporte ou de informações não disponíveis em suporte informático (artigo 3.º, n.ᵒˢ 1 e 2) é que, a par de situações de fundada suspeita de ocultação de documentos ou informações, a própria autoridade judiciária titular da direcção do processo poderá proceder à apreensão dos documentos bancários junto das instituições de crédito e sociedades financeiras. No caso de tal ocorrer durante o inquérito, essa autorização depende do juiz de instrução, mas se não se tratar de um dos crimes do catálogo, a apreensão de documentação em agências bancárias está sujeita ao regime do artigo 181.º do Código de Processo Penal, devendo ser realizada pelo juiz e somente quando existirem fundadas razões para supor que os documentos "revelarão grande interesse para a descoberta da verdade e para a prova".

Note-se que a Lei da Criminalidade Económico-Financeira admite ainda o levantamento do sigilo bancário em duas outras hipóteses: controle de contas bancárias e admissibilidade de registo de voz e imagem, quando seja necessário para a investigação criminal e desde que seja ordenado por despacho judicial (artigos 6.º da Lei da Criminalidade Económico-Financeira e 188.º, n.º 1, do Código de Processo Penal).

Finalmente, deve referir-se que a Lei n.º 11/2004, de 27 de Março, que estabelecia medidas preventivas e repressivas do branqueamento de vantagens de proveniência ilícita, consagrava deveres de informação vários a cumprir pelas instituições de crédito e pelas sociedades financeiras (artigos 3.º, 4.º, 5.º, 6.º, 8.º, 9.º, 10.º, 11.º e 19.º), nomeadamente o dever de exame das operações que levantem suspeitas de relacionamento com a prática de um crime de branqueamento, o dever de comunicação imediata ao Procurador-Geral da República de qualquer suspeita ou conhecimento de factos que indiciem a prática de um crime de branqueamento (com cobertura de identidade de quem forneceu a informação, apenas utilizável em processo penal) e o dever de segredo relativamente a qualquer informação prestada e às investigações em curso, entre outros deveres de cooperação. Esta lei foi, no entanto, revogada pela Lei n.º 25/2008, de 5 de Junho, que, mantendo o essencial do regime, veio flexibilizar a metodologia de troca de informações entre as entidades sujeitas ao segredo e as autoridades que investigam.

Chegados aqui, deparam-se-nos duas ordens de questões, uma referente à interpretação e aplicação de Direito vigente e a outra à perspectiva de possibilidade de reforma do regime legal do segredo bancário.

A primeira consiste em saber se há diferentes critérios legais para o fundamento e para o levantamento do segredo bancário relativamente aos outros segredos profissionais ou mesmo ao segredo religioso. A segunda refere-se a saber se a legislação actual terá problemas de eficácia e adequação relativamente à realização dos interesses e valores conflituantes, no quadro constitucional vigente.

No que se refere à questão do fundamento do segredo, desde logo a lei ao estabelecer, no Código Penal, uma tutela de violação do dever de segredo (artigos 155.º e 196.º) assume, apesar de o procedimento criminal estar dependente de queixa ou de participação, que há um interesse público reflexo na protecção do segredo[4]. Só assim se justificaria a tutela penal. Tal interesse não pode deixar de ser o inerente ao valor fundamental de reserva da vida privada, como já se explicitou.

Mas também é certo que a vida privada patrimonial não integra a mesma esfera de valores da vida íntima e, por isso, estará muito mais aberta à possibilidade de invocação de causas de justificação e sobretudo das chamadas delimitações imanentes dos direitos no conflito com outros direitos.

A invasão da vida privada patrimonial não pode ter exactamente o mesmo desvalor da invasão da vida íntima, porque não estará em causa a esfera absolutamente intocável da dignidade da pessoa humana, mas apenas aspectos da relação com os outros relevantes para o desenvolvimento de actividade patrimonial e negocial.

No entanto, sempre que as informações atinjam conhecimentos sobre a vida pessoal, como acontecerá com registos de despesas e depósitos ou de transacções que possam indiciar modos de comportamento pessoal, poderá ser afectada a imagem social do agente e até o seu relacionamento pessoal[5].

---

[4] Sublinhando a relação da protecção penal do segredo bancário com o interesse público, cf. JERÔME LASSERRE CAPDEVILLE, *Le Secret Bancaire,* Presses Universitaires L'Air – Marseille – Puam, 2006, 2 tomos, tomo 2.º, p. 572 e ss..

[5] Nesse sentido, RABINDRANATH CAPELO DE SOUSA "O segredo bancário", in *Estudos em Homenagem ao Professor Doutor Inocêncio Galvão Telles*, 2.º vol., 2002, p. 180 e ss..

A justificação para a invasão da esfera do segredo não poderá assim derivar de qualquer interesse legítimo, como, por exemplo, a protecção de quem seja a outra parte num negócio privado, ou o interesse do conhecimento, de cariz político, de quem ainda não esteja obrigado a declaração de rendimentos, mas sempre de um interesse público superior. Este deve, porém, ser definido como realização de justiça, em concreto, isto é, em função da natureza e gravidade do concreto crime, na medida do estritamente necessário e adequado perante indícios suficientes da prática de crimes.

Tal balanceamento é feito pela lei nos casos dos crimes do catálogo da Lei da Criminalidade Económico-Financeira ou da Lei Geral Tributária e ainda nas situações genéricas perante os indícios suficientes de qualquer outro crime, nos termos do artigo 135.º do Código do Processo Penal, em que o juiz fundamentará o levantamento do segredo em função do interesse relevante e preponderante, nos casos de escusa legítima de este ser relevado.

Mas o interesse da investigação não permite delinear neste esquema legal um "estado de necessidade investigatório" que apele a uma espécie de causa de justificação para estender o regime legal mais permissivo de levantamento do segredo em certos crimes do catálogo legal (por exemplo, na Lei da Criminalidade Económico-Financeira) a outros crimes como a burla grave ou a infidelidade administrativa, por exemplo?

O facto de o regime legal prever deveres de cooperação específicos das entidades bancárias e de a lei penal tutelar sem diferenciação a violação do segredo torna muito duvidoso um estado de necessidade investigatório. Na realidade, tal estado de necessidade não caberia no artigo 34.º[6]. Na ponderação dos interesses aí prevista, não cabe o interesse na realização de justiça em si mesmo, pois isso justificaria a colocação do valor abstracto de realização da justiça numa balança em confronto com o valor da vida privada, o que levaria a uma derrogação contínua deste último valor, devido a uma tendencial sobreposição do interesse público ao privado – e essa é uma lógica viciada em que o

---

[6] Sobre os requisitos do estado de necessidade, cf. o meu estudo "O estado de necessidade justificante no Código Penal de 1982", in *Casos e Materiais de Direito Penal*, 3.ª ed., Coimbra, 2004, p. 175 e ss..

resultado de chegada da ponderação está definido à partida, o que a torna uma pseudo-ponderação.

Por outro lado, enquanto estado de necessidade supra-legal, nada justificaria que um regime legal adequado à criminalidade económico--financeira, dada a sua complexidade e o curso normal das investigações, pudesse ser aplicado a qualquer crime.

Fora desta perspectiva, porém, no plano do Direito a constituir seria admissível uma extensão do catálogo a outros crimes cuja natureza justificasse em regra o levantamento célere do segredo bancário pela sua motivação e finalidade patrimonial ou pela sua normal interferência com a vida privada patrimonial. A ideia de crimes de transacção, aproveitando nesta sede o contributo do Professor Albrecht[7], na caracterização da criminalidade "organizada" ou de crimes que envolvem uma motivação lucrativa poderia eventualmente ampliar o catálogo. Em todo o caso, o levantamento do segredo bancário deve ter fundamentação específica e reduzir a procura de informação ao estritamente necessário, sem permitir revelar aspectos da vida pessoal associados à identidade patrimonial.

No plano de constitucionalidade, suscita-se, por último, o problema de saber se os regimes especiais da Lei da Criminalidade Económico--Financeira e da Lei Geral Tributária poderão na sua flexibilidade suscitar problemas de constitucionalidade.

Duas questões com relevância constitucional se colocam: a de saber se o acesso directo da Administração Fiscal às contas bancárias fora do processo penal poderá ser inconstitucional por não colocar sob controle do juiz de instrução a invasão da privacidade e o problema de saber se os deveres de cooperação impostos às entidades bancárias e financeiras violariam o direito à reserva da vida privada bem como o próprio livre desenvolvimento da actividade económica por essas instituições.

O Tribunal Constitucional português tem mostrado na sua jurisprudência um balanceamento entre a afirmação da pertença do segredo bancário ao âmbito do direito de reserva da vida privada (Acórdão n.º 278/95)[8] e a relativização dessa integração através da distinção oriun-

---

[7] Cf. texto de HANS-JÖRG ALBRECHT inserido neste volume sobre o tema da criminalidade organizada numa perspectiva de análise social crítica.

[8] Acórdão do Tribunal Constitucional n.º 278/95, D. R. II Série, 31 de Maio de 1995.

da da doutrina entre várias esferas na vida privada, desde uma esfera íntima e pessoalíssima a outra relacional ou social ou até mesmo ao reconhecimento de uma "reserva de uma parte do acervo patrimonial" (Acórdão n.º 602/2005)[9]. Por outro lado, o Tribunal tem admitido a conformidade à Constituição dos procedimentos fiscais de quebra do sigilo bancário, em nome do interesse público, da justiça tributária e do reconhecimento até de um dever fundamental de pagar impostos (Acórdão n.º 602/2005)[10]. Mas não tem admitido condicionamentos desproporcionados do direito ao recurso do contribuinte em matéria de segredo.

Já no plano do Processo Criminal, o Tribunal Constitucional não considerou inconstitucionais as normas da Lei n.º 5/2002, de 11 de Janeiro, que flexibilizaram a decretação do levantamento do segredo por mero despacho fundamentado da autoridade judiciária competente na concreta fase do *iter* processual (Acórdão n.º 42/2007)[11].

Lendo a jurisprudência dos tribunais comuns, verifica-se que possíveis questões de constitucionalidade sobre as exigências de ponderação no levantamento do segredo, tanto nos casos do regime geral do artigo 135.º do Código do Processo Penal como da fundamentação também ponderativa do regime especial da Lei n.º 5/2002, não têm sido formuladas como questões de constitucionalidade. Transpondo para a questão de levantamento do segredo a discussão sobre a proporcionalidade na restrição pelas escutas do direito à intimidade da vida privada, deve realçar-se que, sem existirem fórmulas fechadas, é possível, no entanto, preconizar fórmulas abertas em que se começa por exigir uma ponderação entre valores concretos a quem tem o poder de levantar o segredo, controlável jurisdicionalmente, e se terá de considerar a concreta danosidade do crime investigado, a intensidade da lesão da vida privada e do núcleo atingido, num apelo a critérios como os de Hubmann, num texto antigo, mas significativo da doutrina germânica[12].

---

[9] Acórdão do Tribunal Constitucional n.º 602/2005, D.R. II Série, 21 de Dezembro de 2005.
[10] Acórdão do Tribunal Constitucional n.º 602/2005, D.R. II Série, 21 de Dezembro de 2005.
[11] Acórdão do Tribunal Constitucional n.º 42/2007, D.R. II Série, Parte D, 11 de Maio de 2007.
[12] Heinrich Hubman, *Das Persönlichkeitsrecht*, Köln, 1967.

Perguntar-se-á ainda se tudo isto não é a expressão de puros entraves à investigação criminal. A resposta deve também ela ponderar duas coisas: a concepção dos termos da investigação criminal é feita pela lei democrática e esta – a investigação criminal – a ela se terá de conformar; as finalidades da investigação são a realização da justiça do Estado e essenciais para a coesão e segurança colectivas, por isso, se, num primeiro momento, o investigador tem de compreender o legislador, faz todo o sentido que contribua tecnicamente para a feitura das leis e para a sua avaliação mostrando como se poderão tornar mais eficazes ou adequadas dentro dos limites da Constituição[13].

---

[13] Encontram-se, neste momento, na Assembleia da República, para apreciação, em matéria de sigilo bancário, o Projecto de Lei n.º 712/X/4.ª do Bloco de Esquerda e a Proposta de Lei n.º 275/X/4.ª do Governo. O primeiro destina-se a conceder à administração tributária o poder de aceder a todas a informações ou documentos bancários sem dependência de consentimento do titular dos elementos protegidos, para efeito exclusivo de verificação da compatibilidade entre os depósitos e aplicações totais e os rendimentos declarados para efeitos de IRS, mediante pedido do dirigente máximo do serviço. O regime será aplicável independentemente da existência de indícios de crime ou de falta de veracidade das declarações fiscais, mas não permite o acesso a ordens de pagamento e outras despesas ou às informações prestadas pelo cliente para justificar o recurso ao crédito. A segunda pretende criar um regime simplificado de acesso à informação bancária do sujeito passivo, sem direito de audição prévia, por via de despacho fundamentado do dirigente máximo do serviço, em caso de indícios de irregularidade fiscal, incluindo suspeitas fundamentadas de enriquecimento patrimonial injustificado, de valor superior a 100 mil euros, sem correspondência com os rendimentos constantes das declarações fiscais. Também estas propostas deverão ser analisadas à luz das perspectivas constitucionais referidas, tendo em consideração os direitos e valores constitucionais que justificam, mas elas limitam inevitavelmente o segredo bancário. A ultrapassagem ilimitada de quaisquer reservas quanto ao segredo bancário é, porém, um passo que menospreza a complexa teia de ponderações constitucionais exigidas. Todo e qualquer acesso pela Administração Fiscal deve ser fundamentado em razões concretas de interesse público superior.

A orientação da investigação para a descoberta dos beneficiários económicos e o sigilo bancário*

PAULO DE SOUSA MENDES
*Professor Auxiliar da Faculdade de Direito
da Universidade de Lisboa*

Introdução

Todos partilhamos a ideia de que só conseguiremos combater eficazmente a criminalidade organizada se seguirmos a pista do dinheiro e assim descobrirmos os *beneficiários económicos finais* (*ultimate beneficial owners*), os quais, como se imagina, não podem deixar de ser os mandantes dos crimes.

Como vivemos numa economia bancarizada, a pista do dinheiro deve ser procurada através da análise de contas bancárias. A investigação criminal não pode, pois, deixar de enfrentar as dificuldades postas pela vigência do *sigilo bancário*.

I. OS DIFERENTES REGIMES DE DERROGAÇÃO DO SEGREDO BANCÁRIO NO PROCESSO PENAL

Os bancos resistem aos pedidos de colaboração que impliquem cedência de informações e entrega de documentos relacionados com con-

---

* Na investigação do tema contei com a colaboração de Marina Carvalho e Miguel Brito Bastos, a quem publicamente agradeço.

tas de clientes. É natural que assim seja, já que a existência de um pedido de colaboração por parte das autoridades judiciárias não constitui, sem mais, razão bastante para os bancos disponibilizarem a informação e a documentação solicitadas. A conformidade legal do pedido de colaboração terá de ser analisada pelos juristas do banco em causa. Na sequência, vamos analisar o sigilo bancário e os diferentes regimes para a sua derrogação no processo penal.

1. O dever de segredo profissional

O *dever de segredo profissional* é imposto aos membros dos órgãos de administração ou de fiscalização das instituições de crédito, aos seus empregados, mandatários, comitidos e outras pessoas que lhes prestem serviços a título permanente ou ocasional, nos termos do art. 78.º, n.º 1, do Regime Geral das Instituições de Crédito e Sociedades Financeiras (doravante, RGICSF)[1]. Esclareça-se, desde já, que não há dúvidas de que o sigilo bancário é tido como verdadeiro segredo profissional[2].

Por sua vez, o Código de Processo Penal (doravante, CPP) dispõe que os membros de instituições de crédito possam escusar-se a depor sobre os factos abrangidos pelo segredo profissional (art. 135.º, n.º 1), além de que podem recusar-se a entregar documentos se invocarem, por escrito, segredo profissional (art. 182.º, n.º 1). O art. 135.º, n.º 1, CPP até peca por defeito, ali onde diz que os membros de instituições de crédito "podem escusar-se...". É mais do que isso: essas pessoas devem mesmo escusar-se a depor, pois têm um dever de segredo que lhes é imposto por lei, como vimos. Tal como devem recusar-se a entregar documentos.

---

[1] Aprovado pelo Decreto-Lei n.º 298/92, de 31 de Dezembro, alterado pela última vez pelo Decreto-Lei n.º 357-A/2007, de 31 de Outubro.

[2] Cf. RODRIGO SANTIAGO, "Sobre o segredo bancário – Uma perspectiva jurídico-criminal e processual penal", *RB* 42 (1997), (pp. 23-76) p. 32.

2. O direito do cliente ao sigilo bancário

Vale a pena explicar brevemente a razão de ser desses dois deveres negativos, que impedem, tantas vezes, uma pronta colaboração dos bancos com os operadores de justiça. É verdade que o sigilo bancário é, hoje em dia, alvo de muita contestação, mas, pensando bem, não é difícil de perceber a sua importância. O sigilo bancário protege a esfera de intimidade dos clientes das instituições de crédito. Repare-se que não serve apenas para resguardar a informação relativa à situação económica dos titulares das contas bancárias, mas tutela antes de mais os aspectos que respeitam à privacidade de cada um. Há quem diga: "Conhecer a conta bancária é conhecer os traços fundamentais da vida privada de cada um; é ter o ponto de partida para conhecer o outro"[3]. Na verdade, as operações económicas de cada cidadão são hoje efectuadas quase exclusivamente através da(s) sua(s) conta(s) bancária(s): "O que cada um veste; o que oferece ao cônjuge e aos filhos; os restaurantes que frequenta; as viagens que realiza; como decora a casa; os estudos dos filhos; o volume da sua leitura; as próprias aventuras extra-conjugais, tudo é revelável através de uma consulta perspicaz da sua conta bancária"[4]. Daí que não seja nenhum exagero irmos buscar à própria Constituição os fundamentos do sigilo bancário. Assim é que o sigilo bancário entronca no *direito à reserva da intimidade da vida privada*, que faz parte dos direitos, liberdades e garantias pessoais. Esta afirmação é controversa[5], mas o Tribunal Constitucional (doravante, TC) já proferiu arestos nesse sentido. No Ac. n.º 278/95 (Alves Correia), o TC afirmou claramente que "a situação económica do cidadão, espelhada na sua conta bancária, incluindo as operações activas e passivas nela registadas, faz parte do âmbito de protecção do direito à reserva da intimidade da vida privada, condensado no artigo 26.º, n.º 1, da Constituição, surgin-

---

[3] DIOGO LEITE DE CAMPOS, "O sigilo bancário", in AA.VV., *Sigilo bancário* (org.: Banco de Portugal / Instituto de Direito Bancário), Lisboa: Cosmos, 1997, (pp. 13-17) p. 16.
[4] *Ibidem*.
[5] Em sentido contrário, cf. J. L. SALDANHA SANCHES, "Segredo bancário, segredo fiscal – Uma perspectiva funcional", *Fiscalidade* 21 (Jan.-Mar. 2005), (pp. 33-42) pp. 35-37.

do o segredo bancário como um instrumento de garantia deste direito"[6]. O TC destacou – parafraseando o Ac. n.º 110/1984, de 26 de Novembro, do TC espanhol – que, na sociedade moderna, "uma conta-corrente pode constituir a 'biografia pessoal em números' do contribuinte"[7]. No mesmo sentido vai o importante Ac. n.º 442/2007 do TC (Sousa Ribeiro), em plenário, que concluiu "que o bem protegido pelo sigilo bancário cabe no âmbito de protecção do direito à reserva da vida privada consagrado no artigo 26.º, n.º 1, da Constituição da República"[8].

Não é preciso falar das outras razões, menos importantes, para se defender o sigilo bancário[9], tais como a necessidade que os bancos têm de salvaguardar a relação de confiança que mantêm com os seus clientes, que é essencial para a actividade bancária[10]. Nada impede que um determinado instituto jurídico, como é o caso do sigilo bancário, satisfaça diferentes interesses, desde que compatíveis.

A importância do sigilo bancário é tal que a sua violação constitui um crime. Na verdade, cabe na previsão do crime de *revelação de segredo* (art. 195.º CP)[11].

---

[6] *Apud* NOEL GOMES, *Segredo bancário e Direito fiscal*, Coimbra: Almedina, 2006, pp. 89-90.

[7] *Ibidem*.

[8] Outros acórdãos do Tribunal Constitucional que relevam em matéria de levantamento do segredo bancário são os seguintes: Ac. n.º 602/2005 (Bravo Serra), Ac. n.º 146/2006 (Gil Galvão), Ac. n.º 672/2006 (Paulo Mota Pinto), Ac. n.º 42/2007 (Maria Fernanda Palma), Ac. n.º 547/2008 (Ana Guerra Martins) e Ac. n.º 378/2008 (Mário Torres).

[9] O sigilo bancário é velho como o mundo e não foi necessário esperar pela sua vinculação ao direito à reserva da vida privada para tal segredo surgir na prática bancária. Sobre a origem e a história do sigilo bancário, cf. RABINDRANATH CAPELO DE SOUSA, "O segredo bancário", in AA.VV., *Estudos em Homenagem ao Professor Doutor Inocêncio Galvão Telles* (org.: António Menezes Cordeiro, Luís Menezes Leitão e Januário da Costa Gomes), vol. II (Direito bancário), Coimbra: Almedina, 2002, (pp. 157-223) pp. 157-161.

[10] Cf. MARIA JOSÉ AZAUSTRE FERNÁNDEZ, *El secreto bancário*, Barcelona: Bosch, 2001, p. 152.

[11] O art. 84.º RGICSF prescreve que a violação do dever de sigilo bancário é punível nos termos da lei penal (art. 195.º CP), sem prejuízo de outras sanções aplicáveis.

Apesar do que ficou dito, o direito ao sigilo bancário não tem, no entanto, carácter absoluto. Quer dizer: a garantia efectiva do sigilo bancário pode sofrer restrições em função da ponderação de outros interesses constitucionalmente protegidos que conflituem com aquele direito. Em especial, a realização da justiça pode exigir intrusões na reserva da intimidade do cidadão, se isso for indispensável para a descoberta da verdade ou se a prova for impossível ou muito difícil de obter de outra forma. Só que a liberdade de conformação do legislador ordinário fica sujeita aos estritos limites constantes do art. 18.º, n.ºs 2 e 3, CRP.

Pode, pois, o legislador estabelecer excepções ao dever de segredo. Assim é que o RGICSF admite, entre outras excepções, que os factos ou elementos das relações do cliente com a instituição possam ser revelados nos termos da lei penal e de processo penal (art. 79.º, n.º 2, alínea *d*)).

3. O sigilo bancário no Código de Processo Penal

Comecemos por ver, em pormenor, o regime do sigilo bancário no CPP. Nada impede o Ministério Público (doravante, MP), no âmbito de inquérito criminal, de requisitar a uma instituição bancária informação referente a uma conta de depósito. O mais natural é que depare com uma escusa por parte da instituição interpelada. Não se conformando, o MP terá de averiguar se houve *ilegitimidade* da escusa, conforme previsto na 1.ª parte do art. 135.º, n.º 2, CPP. De facto, a escusa até pode ser ilegítima, se o facto ou elemento solicitado não estivesse compreendido no âmbito do sigilo bancário (art. 78.º, n.º 2, RGICSF), o que é raro, ou se tivesse havido consentimento por parte do titular da conta, o que é possível, pois basta uma autorização genérica que conste do contrato de abertura de conta. Há AA. que defendem que a decisão sobre a ilegitimidade da escusa não se deveria ficar por uma recapitulação do juízo porventura previamente feito pelo MP, mas deveria basear-se em consulta ao organismo representativo da profissão do interpelado, cuja opinião deveria ser tomada como definitiva[12]. É uma posição que faz todo o sentido, se não quisermos impor às pessoas comportamentos contrá-

---

[12] Neste sentido, cf. RODRIGO SANTIAGO (1997), cit., p. 64.

rios à sua deontologia profissional. Se concluir que a escusa é ilegítima, o MP ordena, por despacho, a prestação da informação, nos termos da 2.ª parte do art. 135.º, n.º 2. Conforme o mesmo normativo, o MP poderá, em alternativa, requerer ao Juiz de Instrução que ordene a prestação desse depoimento, o que será provavelmente mais eficaz. Enfim, a questão não morrerá necessariamente aí, pois é bem possível que a instituição bancária interponha recurso desse despacho do Juiz de Instrução. O mais que se seguirá é da lógica dos recursos. No limite das possibilidades, a instituição bancária poderá recalcitrar de recurso em recurso, até chegar, se for possível (e já aconteceu de facto), a um recurso extraordinário para fixação de jurisprudência, nos termos do art. 437.º, n.º 2, CPP (embora este último já não tenha efeito suspensivo da decisão recorrida).

Se o MP concluir que é *legítima* a escusa, já que o facto estava abrangido pelo segredo, então a solução é outra. Ou bem que o MP se conforma com a invocação do segredo, desistindo assim do depoimento, ou então suscita o incidente de *quebra* de sigilo junto do Tribunal superior. De facto, a quebra do sigilo é aqui necessariamente da competência de um Tribunal superior (Relação ou STJ, conforme os casos), por imposição do art. 135.º, n.º 3, CPP. Por conseguinte, o MP terá de requerer ao Juiz de Instrução que suscite o incidente de quebra do sigilo junto do Tribunal superior. Este terá depois de decidir segundo apertados critérios de ponderação dos interesses em conflito[13], dado que o direito ao segredo beneficia da superlativa resiliência que é própria do regime dos direitos, liberdades e garantias constitucionalmente consagrado (por exemplo, o segredo não pode ser afastado para permitir a investigação de crimes contra o património, nem sequer contra as pessoas, mas de pouca gravidade[14]). Se concluir pela quebra do sigilo, tal decisão não admite recurso (art. 400.º, n.º 1, alínea *c*), CPP)[15]. Notificada dessa decisão judicial, a instituição bancária poderá ainda, quem sabe, entrar com um pedido de aclaração do acórdão. Mas, no final de contas, não pode deixar de cumprir a decisão.

---

[13] Nos termos da alteração ao CPP introduzida pela Lei n.º 48/2007, de 29-Ago.
[14] Neste sentido, cf. DIOGO LEITE DE CAMPOS (1997), cit., p. 17.
[15] Neste sentido, veja-se o Ac. do STJ (Souto Moura), de 6-Dez.-2007.

Ainda se pode perguntar se a recusa do banco em cumprir uma decisão judicial constituirá, ou não, crime de *desobediência*. Assim seria só se o Tribunal, na decisão, cominasse a própria punição da desobediência simples (art. 348.º, n.º 1, alínea b), CP)[16]. Mas então cabe ao MP o ónus de requerer ao Juiz de Instrução que não deixe de pedir essa cominação. Seja como for, a questão é meramente académica, pois nenhuma instituição bancária deixará de cumprir uma determinação judicial num processo em que ela mesma, ou os seus membros, não são arguidos.

O regime do sigilo bancário no CPP é assaz complexo e tem suscitado diferentes interpretações doutrinais, mas a explicação dada agora mesmo apresenta a vantagem de traduzir a jurisprudência que, entretanto, se consolidou entre nós. De facto, fiz questão de me basear, quase integralmente, no Ac. do STJ (Maia Costa), de 13-Fev.-2008, de fixação de jurisprudência sobre o sigilo bancário[17].

Deu para perceber que a quebra do sigilo bancário é um procedimento complicado, que levará, por certo, vários dias, senão mesmo alguns meses a decidir, mas é eficaz. E não podemos esquecer-nos de que a informação não desaparece, pois não há, em princípio, perigo de descaminho dos meios de prova conservados nos bancos. A menos que a instituição bancária tenha contabilidades paralelas, mas nesse caso a informação também nunca seria prestada.

Por muito que se queira, a investigação terá de esperar pela quebra do sigilo bancário para prosseguir. Não se pode fazer o *by-pass* à quebra do sigilo bancário empregando outros meios de obtenção de prova. É claro que o MP e os Órgãos de Polícia Criminal (OPC) que o auxiliam não podem proceder a buscas na instituição bancária que recusou a entrega de documentos ou cujos membros se escusaram a depor acerca de factos abrangidos pelo dever de segredo[18]. De resto, o visado pelas

---

[16] Cf. CRISTINA LÍBANO MONTEIRO, "Anotação ao artigo 348.º CP – Desobediência", in AA.VV., *Comentário Conimbricense do Código Penal – Parte Especial* (dirigido por Jorge de Figueiredo Dias), tomo III, Coimbra: Coimbra Editora, 2001, (pp. 349-359) pp. 355-356.

[17] DR I Série, n.º 63, de 31-Mar.-2008.

[18] Por todos, cf. PAULO PINTO DE ALBUQUERQUE, *Comentário do Código de Processo Penal à luz da Constituição da República e da Convenção Europeia dos Direitos do Homem*, 2.ª ed., Lisboa: Universidade Católica Editora, 2008 (1.ª ed., 2007), p. 362, n.º m. 3.

buscas só pode ser a pessoa que utiliza o lugar em causa para um fim que a autoridade suspeita ser ilícito. Ou seja: o visado tem de ser um suspeito e só essa suspeita é que legitima a busca[19]. Ora, o banco e os seus membros não são suspeitos da prática de nenhum crime, pois apenas recusaram colaborar com a investigação em curso. Nessas circunstâncias, a própria busca redundaria na prática de um crime de *abuso de autoridade*, nos termos p. e p. no art. 378.º CP (violação de domicílio profissional por funcionário).

Não se diga, por fim, que o compasso de espera imposto pela suscitação do incidente de quebra do sigilo junto do Tribunal da Relação compromete a possibilidade de confisco dos bens patrimoniais obtidos através da prática dos crimes em investigação. Nada impede o MP de requerer logo o *arresto preventivo* até determinado valor dos fundos e recursos financeiros do suspeito (ou arguido), nos termos do art. 228.º, n.º 1, CPP. Para o decretamento do arresto preventivo não é necessário que o banco ceda a informação pedida[20]. De resto, é um procedimento análogo, só para invocar um lugar paralelo, à apreensão feita por juiz em bancos de títulos, valores, quantias e quaisquer outros objectos, mesmo que em cofres individuais, quando tiver razões para crer que estão relacionados com um crime, mesmo que não pertençam ao arguido ou não estejam depositados em seu nome (art. 181.º, n.º 1, CPP)[21]. Em ambos os casos, o juiz é, de facto, chamado a actuar preventivamente um pouco às cegas...

4. Regimes especiais de derrogação do sigilo bancário

Entretanto surgiram novas possibilidades legais de acesso a informações protegidas pelo sigilo bancário, disseminadas por inúmeros diplomas avulsos. Neste tocante, o legislador limitou-se, algumas vezes, a dar cumprimento às obrigações internacionais do Estado português. Outras vezes, o legislador terá ido mais além do que lhe era imposto pelos instrumentos internacionais vinculativos.

---

[19] *Idem*, p. 473, n.º m. 14.
[20] Neste sentido, Ac. TRC (Vasques Osório), 28-Out.-2008, Proc. 302/08.8YRCBR.
[21] A propósito, veja-se Ac. n.º 294/2008 TC (Carlos Fernandes Cadilha).

Tentarei ser exaustivo se não na análise, pelo menos na indicação dos regimes especiais dispersos pelas leis avulsas (em vigor), que são os seguintes:

- Art. 13.º-A do Decreto-Lei 454/91, de 28-Dez., com a redacção dada pelo Decreto-Lei 316/97, de 19-Nov. (*Regime jurídico do cheque sem provisão*);
- Art. 60.º do Decreto-Lei n.º 15/93, de 22-Jan. (*Combate à droga*);
- Art. 63.º-B, n.º 3, do Decreto-Lei n.º 398/98, de 17-Dez., com a redacção dada pela Lei n.º 55-B/2004, de 30-Dez. (*Lei Geral Tributária*);
- Art. 385.º, n.º 1, alínea *a*), do Decreto-Lei n.º 486/99, de 13-Nov. (*Código dos Valores Mobiliários*);
- Art. 2.º da Lei n.º 5/2002, de 11-Jan. (*Combate à criminalidade organizada*);
- Art. 18.º da Lei n.º 25/2008, de 5-Jun. (*Combate ao branqueamento de capitais e ao financiamento do terrorismo*).

Cabe aqui salientar que o aspecto mais relevante de toda essa legislação avulsa é não só a *desjurisdicionalização* (*i.e.*, a eliminação do incidente processual), mas até a própria *desjudicialização* (*i.e.*, a retirada do Juiz de Instrução) da quebra do sigilo bancário. Não vou discutir se a dispensa do Juiz de Instrução, enquanto juiz das liberdades, ofende, ou não, a Constituição[22].

A minha questão é muito mais prosaica, mas de grande interesse prático. Quer dizer: de que servem estes regimes excepcionais se os bancos recusarem a colaboração?

O legislador quis simplificar o acesso a informações protegidas pelo sigilo bancário. Mas a simplificação conseguida através da desjurisdicionalização não pode deixar de acarretar, como reverso da medalha, o

---

[22] Considerando não haver inconstitucionalidade material na dispensa da intervenção judicial para a quebra do sigilo bancário, desde que seja assegurada a ponderação e enquadramento de interesses públicos considerados dominantes, veja-se o Ac. n.º 42/2007 TC (Maria Fernanda Palma).

[23] Neste caso, trata-se da chamada *obediência política* à autoridade pública, já que a designação *obediência devida* está reservada para a justificação dos factos praticados por funcionários em cumprimento de ordens superiores (cf. NUNO BRANDÃO, *Justificação e desculpa por obediência em Direito penal*, Coimbra: Coimbra Editora, 2006, pp. 17 e 27).

enfraquecimento do dever de obediência[23]. Senão vejamos: a obediência não justifica a violação do dever de segredo se o pedido for formulado fora das condições legais que autorizariam a derrogação do sigilo bancário. Por outras palavras, não há dever de obediência a ordens ilegítimas que conduzam à prática de um ilícito penal. Deve dizer-se que "[a] única excepção a esta regra é constituída pelas ordens judiciais executáveis que, apesar da sua eventual ilegitimidade material, reúnam os pressupostos formais necessários à sua execução, dado o monopólio da função jurisdicional constitucionalmente atribuído aos tribunais"[24]. Temendo ser responsabilizados criminalmente por aquilo que indevidamente cumprirem, é, pois, natural que os membros das instituições de crédito continuem a invocar o dever de segredo, escudando-se no RGICSF, por um lado, e nos CP e CPP, por outro. Além de que têm o dever de exame da legalidade dos pedidos de colaboração, por isso mesmo que estão adstritos a um especial dever de protecção terceiros, que são os clientes visados.

Acresce que não se pode deixar de considerar, no momento da escolha de um desses regimes excepcionais de derrogação do sigilo bancário, que uma escolha mal feita poderá fazer com que toda a prova reunida ao abrigo de um regime excepcional acabe sendo declarada nula, não podendo ser valorada, nem repetida. De facto, cairíamos no domínio das *proibições de prova* (art. 126.º, n.º 3, CPP).

Perante o que ficou dito, atrevo-me a recomendar que se dê preferência, na prática, ao regime geral da quebra do sigilo bancário, que acabará quase sempre por se revelar mais eficaz e até mais célere, contra todas as aparências.

Uma via de simplificação dos procedimentos de acesso a informação protegida pelo sigilo bancário poderia ser oficiar ao Banco de Portugal (doravante, BP) que proceda à identificação das contas bancárias de que o suspeito ou arguido é titular. Já se sabe que o BP recusará fazê-lo, caso não tenha havido antes determinação da quebra do sigilo bancário pelo Tribunal da Relação. Na verdade, as entidades de supervisão e os

---

[24] *Idem*, p. 324.
[25] Cf. Luís Guilherme Catarino, "Segredo bancário e revelação jurisdicional", *RMP* 74 (Abr.-Jun. 1998), (pp. 61-101) pp. 63, 70-71.

seus funcionários estão igualmente adstritos ao segredo profissional[25]. Mas se for no domínio da Lei do Combate ao Branqueamento de Capitais, então o BP já terá, em princípio, o dever de colaborar com todas as autoridades judiciárias competentes que o requeiram. Se as autoridades de supervisão têm o dever de comunicação ao MP das suspeitas da prática de crime de branqueamento obtidas *de motu proprio*, então têm também, necessariamente, o dever de colaboração quando confrontadas com um pedido feito nesse sentido por uma autoridade judiciária encarregue da direcção de um processo penal. O dever de segredo profissional a cargo das autoridades de supervisão cede defronte do regime de prevenção e repressão do branqueamento.

II. A IDENTIFICAÇÃO DOS BENEFICIÁRIOS ECONÓMICOS FINAIS

Finalmente desbloqueado o acesso à desejada informação, ainda agora começaram os verdadeiros obstáculos à investigação. Na sequência, darei apenas alguns exemplos das dificuldades que podem surgir.

1. O dever de revelação dos beneficiários económicos finais

Se as contas bancárias relevantes forem tituladas por um testa-de-ferro, mas não houver provas dessa qualidade, só vagas suspeitas, o que é que se pode fazer? Adianta perguntar ao banco pela identidade do beneficiário económico final? A ordem jurídica portuguesa não aceita a figura do *trust*[26], que existe nos sistemas anglo-saxónicos para proteger a identidade dos beneficiários económicos finais. Mas nesses Países a legislação já impõe, em muitas circunstâncias, obrigação de *revelar a identidade do beneficiário económico final* (*to disclose the ultimate beneficial owner*), com maior ou menor sucesso na prática. Na nossa ordem jurídica, o que temos são *mandatos sem representação*, baseados

---

[26] Excepto na Zona Franca da Madeira.

em acordos privados. Portanto, é bem possível que o mandatário nunca se assuma com essa qualidade. De resto, o BP, se calhar porque a nossa lei não reconhece *trustees*, não obriga à identificação dos beneficiários económicos no momento da abertura de contas (Aviso do BP n.º 2/2007). Felizmente, a legislação de combate ao branqueamento de capitais e ao financiamento do terrorismo impõe a revelação dos *beneficiários efectivos* (art. 2.º, n.º 5, e art. 7.º, n.º 4). Além de que os bancos, na decorrência das indicações comunitárias (Directiva n.º 2004/39/CE, de 21-Abr.-2004, mais conhecida por Directiva dos Mercados de Instrumentos Financeiros – DMIF), devidamente transpostas, têm o dever de implementar modelos organizacionais e práticas de *conhecimento do cliente* (*know your client*). Assim, os bancos têm a obrigação, já hoje, de procurar saber quem são os beneficiários económicos finais. Portanto, têm também o dever de responder a essa pergunta, se souberem.

2. A suspeita de controlo dos veículos societários

Se a pista do dinheiro aponta para que as contas e os valores estejam *offshore*, o que é que se pode fazer? O primeiro impulso do investigador será expedir uma carta rogatória e ficar à espera da resposta, que, já se sabe, nunca virá. Na melhor das hipóteses, há-de chegar uma resposta simpática e protocolar, sem nenhuma informação relevante. No entanto, o investigador até já sabe que as contas do suspeito (ou arguido) estão localizadas em *veículos societários* (*corporate vehicles*) sediados *offshore*, mas que são detidos na totalidade por bancos portugueses. De facto, os bancos portugueses têm sucursais em paraísos fiscais: por exemplo, nas ilhas *Cayman*.

Então por que razão não se há-de poder solicitar directamente aos bancos portugueses a informação pretendida? Mesmo que um banco negue a relação de domínio que mantém com um determinado veículo societário, a verdade é que o investigador poderá actuar simplesmente com base na sua suspeita de domínio do veículo societário pelo banco português. No mínimo, o banco solicitado tem o dever de fornecer a informação pedida, se a tiver na sua posse.

Espero ter contribuído de alguma forma para reflectirmos, em conjunto, sobre a melhor maneira de superar algumas das dificuldades postas à investigação criminal. Mas não existem respostas milagrosas para estes problemas, como todos sabemos. Sobretudo não é solução reclamar a criação de instrumentos jurídicos de investigação contrários aos direitos, liberdades e garantias pessoais[27].

---

[27] *Advertência:* o presente texto foi escrito antes da aprovação na generalidade pelo Parlamento, em 16-Abr.-2009, do Projecto de Lei n.º 712/X do Bloco de Esquerda (BE) sobre o sigilo bancário, mas os pontos de vista defendidos não são afectados por isso.

A investigação da criminalidade tributária organizada: relato de uma experiência

ANTÓNIO TROGANO
Inspector-Chefe da Polícia Judiciária

Nota introdutória

O Estado social, nomeadamente nas suas vertentes de prestação de cuidados de saúde, educação e apoio social, depende de orçamentos alimentados pela cobrança de impostos que, cada vez mais, são desviados ao erário público pela crescente criminalidade tributária.

Este tema assume actualmente grande relevância social nas modernas sociedades, mormente face à crise económica e financeira global a que assistimos.

No presente texto, que corresponde à intervenção no II Congresso de Investigação Criminal, embora numa versão mais aprofundada, tratamos três grandes temas: num primeiro momento, abordamos o quadro legal relativo às competências de investigação da criminalidade tributária e à organização da Polícia Judiciária. Num segundo momento, estabelecemos algumas das actuais condições legais para a realização da investigação da criminalidade tributária e, por último, apresentamos a experiência da Directoria do Norte da Polícia Judiciária, vivenciada pela Brigada responsável pela investigação dos crimes tributários nos últimos dois anos e meio.

I. A CRIMINALIDADE TRIBUTÁRIA: DA ATRIBUIÇÃO DA COMPETÊNCIA DE INVESTIGAÇÃO À ORGANIZAÇÃO DA POLÍCIA JUDICIÁRIA

1. A competência da Polícia Judiciária para a investigação dos crimes tributários

A Lei n.º 21/2000, de 10 de Agosto (LOIC), veio regular a organização da investigação criminal em Portugal, prevendo, entre aspectos como a coordenação dos órgãos de polícia criminal, a distinção entre os diversos órgãos de polícia criminal de competência genérica e específica e as suas competências.

A referida lei define no artigo 3.º, n.º 4, e no artigo 4.º, respectivamente, a competência específica e a competência reservada em matéria de investigação criminal.

Com a Lei n.º 305/2002, de 13 de Dezembro, foi alargado o espectro de competência reservada da Polícia Judiciária, com o aditamento, entre outros, da alínea ee) ao artigo 4.º da LOIC, que prevê a investigação de crimes tributários de valor superior a € 500 000, quando assumam especial complexidade, forma organizada ou carácter transnacional.

O Decreto-Lei n.º 275-A/2000, de 9 de Novembro – Lei Orgânica da Polícia Judiciária (LOPJ) – no seu artigo 5.º replicou a competência específica e reservada da Polícia Judiciária já prevista na LOIC. Com o Decreto-Lei n.º 304/2002, de 13 de Dezembro, foi acrescentada à competência reservada da Polícia Judiciária, artigo 5.º, a alínea ee), em sintonia com a alteração efectuada na LOIC, a investigação de crimes tributários de valor superior a € 500 000, quando assumam especial complexidade, forma organizada ou carácter transnacional[1].

A referida alteração à LOPJ ainda aditou o n.º 5 ao artigo 5.º, especificamente para os crimes tributários, prevendo que a Polícia Judiciária fosse assistida por um funcionário designado pela administração tributária, em função do tipo de crime em causa, nomeadamente para efeito do

---

[1] O Decreto-Lei n.º 93/2003, de 30 de Abril, no seu artigo 2.º, define os conceitos de "especial complexidade", "forma organizada", "carácter transnacional" e "valor do crime tributário".

cumprimento do disposto no n.º 4 do artigo 42.º da Lei n.º 15/2001, de 5 de Junho.

Em concreto, o legislador prevê que as investigações sejam assistidas por um funcionário da Administração Tributária, contribuindo nomeadamente com o trabalho de apuramento da situação tributária ou contributiva da qual dependa a qualificação criminal dos factos.

De acordo com os diplomas legais citados, a atribuição da competência de investigação da criminalidade tributária deveu-se, por um lado, ao diagnóstico feito pelo legislador que considerou ocorrer o surgimento de novas formas de criminalidade económica caracterizadas pela sua organização e aumento de infracções fiscais, contra a segurança social e de branqueamento de capitais, e, por outro, ao objectivo de cometer em exclusivo a investigação dessa criminalidade complexa e organizada à Polícia Judiciária.

A Lei n.º 53-A/2006, de 29 de Dezembro, que aprovou o orçamento de estado para o ano de 2007, alterou a al. ee) do artigo 4.º da LOIC, prevendo a competência da Polícia Judiciária para a investigação dos crimes tributários de valor superior a € 1 000 000.

Recentemente, a Lei n.º 21/2000, de 10 de Agosto, foi revogada pela Lei n.º 49/2008, de 27 de Agosto, que aprovou a nova organização da investigação criminal e introduz, parece-nos, um novo paradigma quanto à investigação dos crimes tributários.

A nova LOIC prevê no seu artigo 7.º, n.º 4, que, de forma concorrencial, compete à Polícia Judiciária e à Unidade de Acção Fiscal da Guarda Nacional República a investigação dos crimes tributários de valor superior a € 500 000.

Os critérios de aferição da atribuição da competência para a investigação, como o da especial complexidade, forma organizada ou carácter transnacional, desapareceram mantendo-se apenas o critério do valor da prestação tributária em falta, repristinando-se o valor anterior de € 500 000 previsto no Decreto-Lei n.º 304/2002, de 13 de Dezembro.

Com a Lei n.º 37/2008, de 06 de Agosto, que aprovou a nova orgânica da Polícia Judiciária, foram revogados inúmeros artigos da anterior LOPJ, nomeadamente as alterações introduzidas pelo Decreto-Lei n.º 304/2002, de 13.12. Deste modo, desapareceu a possibilidade que estava plasmada na anterior LOPJ de a investigação, no caso dos crimes tributários, ser assistida por um funcionário da administração tributária, uma vez que a nova LOIC não prevê tal possibilidade.

2. A organização da Polícia Judiciária e a investigação da criminalidade tributária

Tem vindo a discutir-se da necessidade da atribuição da competência da investigação dos crimes tributários à Polícia Judiciária, uma vez que esta Polícia já desenvolvia anteriormente a investigação de factualidades susceptíveis de enquadrar crimes tributários a coberto da sua competência reservada para a investigação de infracções económico-financeiras cometidas de forma organizada ou com recurso à tecnologia informática e infracções económico-financeiras de dimensão internacional ou transnacional, previstas nas als. v) w) – do artigo 5.º da LOPJ – e artigo 4.º, als. v) e w) da LOIC[2].

Para consubstanciar o referido, veja-se que a Instrução Permanente de Serviço (IPS) n.º 3/2001, que definiu a estrutura organizacional da Direcção Central de Investigação da Corrupção e Criminalidade Económico Financeira (DCICCEF) e estabeleceu a sua competência, enquadramento orgânico, composição e articulação com as Directorias e os Departamentos de Investigação Criminal, previa já no seu ponto 3 a competência para a investigação das infracções fiscais com dimensão internacional e carácter organizado. Esta competência estava atribuída a uma das cinco secções centrais de investigação criminal, em concreto à Secção Central de Investigação de Infracções Económico-Financeiras.

Os crimes aduaneiros eram, também, um objecto de trabalho importante na DCICCEF, tendo sido criada, no âmbito da referida IPS, a Secção Central de Investigação da Fraude Organizada Sobre Mercadorias Sujeitas a Impostos Especiais sobre o Consumo (SCIFOM), com a competência para a investigação dos crimes de contrabando organizado das mercadorias sujeitas a impostos especiais sobre o consumo, em particular do tabaco, do álcool e do crime de contrabando organizado através da utilização de mercadorias de circulação proibida, que não estupefacientes.

A DCICCEF conheceu uma reestruturação com a IPS de 2004, publicada na Ordem de Serviço da Directoria Nacional n.º 57/04, de 16

---

[2] Neste sentido, Fonseca, 2006.

de Setembro, que manteve o princípio da especialização das secções centrais. Os crimes tributários fiscais de valor superior a € 500 000, foram atribuídos à Secção Central de Infracções Económico-Financeiras (SCIEF), quando revestissem especial complexidade, carácter transnacional ou se cometidos de forma organizada.

Através da mesma IPS foi atribuída à Secção Central de Investigação da Criminalidade Tributária Aduaneira (SCICTA) a competência da investigação dos crimes tributários aduaneiros de valor superior a € 500 000, quando revestissem especial complexidade, carácter transnacional ou se cometidos de forma organizada. A mesma IPS reservou para a SCICTA a investigação das associações criminosas que tivessem por actividade a prática de crimes tributários aduaneiros.

Posteriormente, já no ano de 2006, com a IPS n.º 1/2006, foi concentrada a competência para a investigação dos crimes tributários fiscais e aduaneiros de valor superior a € 500 000 e as associações criminosas que se dediquem à prática de crimes tributários aduaneiros numa única secção criada com a designação de Secção Central de Investigação do Branqueamento e Infracções Tributárias (SCIBIT)

De acordo com a mesma IPS as Directorias e Departamentos de Investigação Criminal desenvolvem a investigação da criminalidade tributária na sua área geográfica, com excepção da investigação das associações criminosas que se dediquem à prática de crimes tributários aduaneiros, que estão adstritos de forma exclusiva à SCIBIT.

2.1. *A Directoria do Norte*

A análise das instruções permanentes de serviço, que definiram e reestruturaram o enquadramento orgânico, competência e estrutura da Directoria do Porto, designadamente a IPS, n.º 5/2001 e as alterações aprovadas por despacho do Director Nacional, de 26 de Novembro de 2002, que veio reestruturar a Secção Regional de Investigação da Corrupção e Criminalidade Económica e Financeira (SRICCEF), permite verificar a inexistência de referência específica à competência para a investigação dos crimes tributários.

A referida IPS continha, todavia, no seu ponto 4.3.3.1 – Composição e Competência da SRICCEF – a al. k) que previa a investigação da criminalidade de natureza económico-financeira cuja competência fosse atribuída à PJ, funcionando assim como uma vala comum de competência não especificamente discriminada.

Só no ano de 2006, a Directoria do Porto, através da IPS n.º 5/2001, com as alterações aprovadas pelo despacho do Director Nacional, de 11 de Maio de 2006, reestruturou os serviços e conferiu de forma exclusiva à 2.ª SRICCEF a investigação dos crimes tributários, nos termos do Decreto-Lei n.º 304/2002, de 13 de Dezembro.

A mesma solução manteve-se com a publicação da IPS n.º 1/2008, relativa à definição do enquadramento orgânico, competência e estrutura organizacional da Directoria do Porto.

O Coordenador de Investigação Criminal responsável pela 2.ª SRICCEF optou, desde 2006, por concentrar todos os inquéritos numa só brigada, considerando isso essencial para o desenvolvimento da estratégia que enunciaremos no capítulo III deste texto[3].

II. DAS ACTUAIS CONDIÇÕES LEGAIS PARA A INVESTIGAÇÃO DA CRIMINALIDADE TRIBUTÁRIA

1. A cooperação entre a Polícia Judiciária e os Órgãos da Administração Tributária

1.1. Unidade de Informação Financeira (UIF)

A UIF foi criada através do Decreto-Lei n.º 304/2002, de 13 de Dezembro, que aditou o artigo 33.º-A à LOPJ, com a missão de recolher, centralizar, tratar e difundir a nível nacional, informação respeitante à investigação dos crimes de branqueamento e dos crimes tributários e assegurar, no plano nacional, a cooperação e articulação com as autoridade judiciárias, com as autoridades de supervisão e com os operadores económico-financeiros, e, no plano internacional, a cooperação com as unidades de informação financeira ou estruturas congéneres.

---

[3] Anteriormente à reestruturação dos Serviços da Directoria do Porto, a competência para a investigação dos crimes tributários estava atribuída às três secções da SRICCEF.

Com o Decreto-Lei n.º 42/2009, de 12 de Fevereiro, que estabelece no artigo 5.º as competências das unidades da Polícia Judiciária, alargou-se a anterior missão da UIF à prevenção e investigação não só dos crimes de branqueamento e dos crimes tributários mas também do financiamento do terrorismo.

A UIF[4] é responsável pelo efeito de *start* de muitas investigações por criminalidade tributária e branqueamento, resultado da sua actividade de análise e correlação de informações provenientes de inúmeras fontes, nomeadamente das operações bancárias suspeitas que lhe são comunicadas por força da previsão do artigo 16.º da Lei n.º 25/2008, de 05 de Junho.

Foi, aliás, com uma informação da referida UIF que, no ano de 2005, após trabalho de investigação feito numa das Brigadas da 2.ª SRICCEF da Directoria do Porto, foi possível decifrar o *modus operandi* utilizado por inúmeros sujeitos passivos para fazer retiradas de dinheiro e diminuição de pagamento de impostos em sede de IVA e IR, investigação esta que foi avocada pelo DCIAP e deu lugar à designada "Operação Furacão".

1.2. *Grupo Permanente de Ligação (GPL)*

Com as alterações efectuadas à LOIC e à LOPJ descritas supra, que atribuíram a investigação da criminalidade tributária mais complexa à Polícia Judiciária, e como seu desenvolvimento foi aprovado o Decreto-Lei n.º 93/2003, de 30 de Abril, que regula a forma, extensão e limites da cooperação entre a PJ e os órgãos da administração tributária no domínio do acesso e tratamento da informação de natureza tributária relevante para as acções de investigação criminal inseridas no âmbito das respectivas competências (artigo 1.º).

Para a concretização do objectivo em apreço foi criado o Grupo Permanente de Ligação (GPL), sediado na Unidade de Informação Financeira, integrado por elementos da PJ, Direcção-Geral dos Impostos

---

[4] A UIF integra directamente os Serviços da Direcção Nacional da Polícia Judiciária, nos termos previstos no artigo 27.º da Lei n.º 37/2008, de 06 de Agosto, e dos artigos 1.º e 5.º do Decreto-Lei n.º 42/2009, de 12 de Fevereiro.

e Direcção-Geral das Alfândegas e dos Impostos Especiais Sobre o Consumo e responsável pelo acesso e análise, em tempo real, da informação pertinente existente nas bases de dados daquelas entidades. O acesso às bases de dados só pode ser efectuado por funcionários do referido GPL e solicitados por funcionário que coordenar o inquérito ou por funcionário de categoria superior no âmbito do inquérito, devendo a mesma consulta ser ratificada pela autoridade judiciária.

O recurso ao GPL tem-se mostrado importante para a investigação da criminalidade tributária e do branqueamento a ela associado, na medida em que os pedidos são respondidos com alguma celeridade mediante relatório de análise dos elementos recolhidos.

A utilização dos serviços do GPL ocorre, geralmente, quando as investigações ainda se encontram numa fase embrionária e ainda não existe a quebra de segredo fiscal efectuada pelo magistrado titular ou a nomeação de funcionários da administração tributária para realizarem a assessoria.

1.3. Equipas de investigação: artigo 41.º, n.º 3, do RGIT

O Regime Geral das Infracções Tributárias (RGIT), aprovado pela Lei n.º 15/2001, de 05 de Junho, previa no seu artigo 41.º, n.º 3, que, quando o facto constituísse crime tributário e crime comum, podia o Ministério Público determinar a constituição de equipas também integradas por elementos de outros órgãos de polícia criminal (OPC) para procederem a actos de inquérito.

O disposto no artigo e números referidos, que parece configurar uma excepção à regra de separação entre inquéritos por crimes comuns e crimes tributários prescrita no artigo 46.º do RGIT, resulta, julgamos, da necessidade de explorar as conexões entre as investigações realizadas quanto ao crime tributário e o crime comum, que podem integrar o mesmo conjunto de factualidades.

O referido artigo 41.º, n.º 3, veio a ser alterado pela Lei n.º 53-A//2006, de 29 de Dezembro, prevendo agora, para além dos casos em que estejam em causa crime tributário e crime comum, a constituição de equipas integradas por outros órgãos de polícia criminal quando a investigação do crime tributário assuma especial complexidade.

Assume-se, deste modo, a necessidade de criação de equipas multidisciplinares que congreguem um conjunto de saberes que, conjugados, permitam uma investigação criminal mais eficaz e célere.

Ora, se é certo que pode o Ministério Público criar equipas constituídas por vários OPC para a investigação de crimes tributários que assumam especial complexidade, parece-nos que tal deve ocorrer no respeito pelas competências de investigação que o legislador atribuiu a cada OPC.

1.4. *Protocolos estabelecidos entre a Polícia Judiciária, a Direcção-Geral dos Impostos e a Direcção-Geral das Alfândegas e dos Impostos Especiais Sobre o Consumo*

A coberto do Decreto-Lei n.º 93/2003, de 30 de Abril, foi criado o Protocolo n.º 22/2003, de 4 de Julho, subscrito pela PJ, DGCI e DGAIEC, tendo por objectivo regular a articulação da cooperação e coordenação entre aquelas entidades, no âmbito das competências específicas de cada uma, no combate à criminalidade tributária (artigo 1.º).

Entre outros, o Protocolo atribuiu ao GPL várias funções (artigo 3.º), a saber:
- o acesso, análise e transmissão da informação obtida;
- a programação de acções de investigação conjunta no âmbito da criminalidade tributária e dos crimes de branqueamento;
- assessoria técnica;
- e a coordenação das equipas mistas e de apoio operacional (artigo 3.º).

Como inovação, são previstas as equipas mistas para casos concretos a constituir por funcionários preferencialmente oriundos dos serviços com competência territorial no local onde os factos ilícitos ocorreram ou se pretende obstar a que venham a ocorrer (artigo 7.º).

O mesmo Protocolo ainda prevê a assistência recíproca de apoio operacional a prestar, pontualmente e na medida dos recursos disponíveis, entre as entidades que tenham investigações a decorrer no território nacional. Os pedidos de apoio operacional devem ser efectuados através do coordenador do GPL (artigo 8.º).

A necessidade de criação de equipas alargadas com elementos da DGCI ou da DGAIEC, resulta em regra, no caso da PJ, da necessidade do recurso à assessoria de funcionários da administração tributária para a realização de inúmero trabalho técnico, nomeadamente de análises de cariz contabilístico/fiscal, a levar a cabo no decurso das investigações, especialmente após a concretização de apreensões de grandes volumes de documentação.

Apesar de a PJ possuir o Departamento de Perícia Financeira e Contabilística com capacidade para a realização de perícias e pareceres financeiros e contabilísticos, a realidade tem mostrado que a participação de funcionários das áreas de inspecção relativas à área comercial ou industrial investigada e com conhecimento específico dos sujeitos passivos visados proporciona melhores resultados.

Em 11 de Agosto de 2005 foi celebrado um novo Protocolo entre a Polícia Judiciária, a Direcção-Geral de Impostos e a Direcção-Geral das Alfândegas e dos Impostos Especiais Sobre o Consumo que revogou o anterior, replicando praticamente a totalidade do conteúdo do Protocolo 22/2003, de 4 de Julho.

Este novo protocolo inova, essencialmente, nos seguintes aspectos:

- atribui de forma prioritária ao GPL, apenas, a missão do acesso, da análise e da transmissão da informação obtida (artigo 3.º);
- cria o Grupo de Coordenação Operacional (GCO), sediado na PJ, com a missão de programação, constituição e coordenação das equipas mistas. O GCO é constituído por um representante de cada uma das entidades subscritoras, competindo a direcção do mesmo à PJ.

1.5. Equipas mistas: outras considerações

A multidisciplinaridade é hoje um recurso importante na realização das investigações criminais, nomeadamente na investigação da criminalidade tributária, na medida em que a intervenção de diferentes instituições e seus funcionários representem efectivamente um *plus* técnico.

Parece-nos, todavia, que se levantam importantes questões relativas à organização e gestão das investigações realizadas por equipas constituídas nas circunstâncias em análise.

Saliento que o legislador português manifesta alguma incoerência nas decisões que tem tomado relativamente à atribuição de competência na área da criminalidade tributária.

No ano de 2002, o legislador entendeu, face ao aumento do número de infracções fiscais e contra a segurança social[5], cometer em exclusivo a investigação dessa criminalidade complexa e organizada à Polícia Judiciária que, nas palavras do legislador e conforme preâmbulo do Decreto-Lei n.º 305/2002, de 13 de Dezembro, constitui um corpo superior de polícia altamente especializado e dotado de meios de recolha, análise e difusão da informação em permanente actualização e desenvolvimento, garantia de uma particular eficácia no combate ao crime,

Porém, com a nova LOIC aprovada em 2008, a que já fizemos referência supra, foi atribuída a competência para a investigação criminal de crimes tributários, de forma concorrencial, à Polícia Judiciária e à Unidade de Acção Fiscal da Guarda Nacional Republicana.

2. A fraude fiscal como crime precedente do crime de branqueamento

A Lei n.º 11/2004, de 27 de Março, veio aditar ao Código Penal, através do artigo 368-A.º, o crime de branqueamento[6]. No n.º 1 do referido artigo prevê-se um catálogo de crimes cuja prática pode dar origem ao crime de branqueamento, constando entre outros, os crimes de fraude fiscal e as infracções referidas no n.º 1 do artigo 1.º da Lei n.º 36/94, de 29 de Setembro, das quais importa realçar para o tema tratado, as previstas nas alíneas d) e e), respectivamente, referentes às infracções económico-financeiras cometidas de forma organizada, e às infracções económico-financeiras de dimensão internacional ou transnacional.

---

[5] Fenómenos criminais de elevada repercussão social e com reflexos consideráveis ao nível da cobrança de receitas do Estado.

[6] A Lei n.º 11/2004, de 27 de Março, foi revogada pela Lei n.º 25/2008, de 05 de Junho, que estabelece medidas de natureza preventiva e repressiva de combate ao branqueamento e vantagens de proveniência ilícita e ao financiamento do terrorismo e transpõe para a ordem jurídica interna as Directivas n.º 2005/60/CE, do Parlamento Europeu e do Conselho, de 26 de Outubro, e 2006/70/CE, da Comissão, de 1 de Agosto, relativas à prevenção da utilização do sistema financeiro e das actividades e profissões especialmente designadas para efeitos de branqueamento de capitais e de financiamento do terrorismo.

Considera-se, assim, que os crimes de fraude fiscal e as infracções económico-financeiras cometidas de forma organizada ou de dimensão internacional ou transnacional geram vantagens que, se dissimuladas ou oculta a sua efectiva proveniência, podem constituir o crime precedente ou base do crime de branqueamento.

Este facto, para além de significar a relevância social, económica e jurídico-penal da criminalidade fiscal, permite a utilização de mecanismos legais em sede de investigação criminal sobre os quais nos debruçaremos nos pontos seguintes, nomeadamente o regime especial de recolha de prova, quebra de segredo profissional e perda de bens a favor do Estado, previstos na Lei n.º 5/2002, de 11 de Janeiro, e o regime das acções encobertas para fins de prevenção e investigação criminal, previsto na Lei n.º 101/2001, de 25 de Agosto.

Salientamos que a LOIC no seu artigo 7.º, n.º 2, al. i), prevê que o crime de branqueamento enquadra-se na competência reservada da PJ, não podendo ser deferida a sua investigação a outros órgãos de polícia criminal (OPC).

Parece deste modo resultar claro que quando estejamos perante crime tributário que seja acompanhado de actividades de dissimulação ou ocultação das vantagens geradas a investigação deve tramitar na PJ.

3. A Lei n.º 5/2002, de 11 de Janeiro

A Lei n.º 5/2002, de 11 de Janeiro, veio estabelecer um regime especial de recolha de prova, quebra de segredo profissional e perda de bens a favor do Estado relativamente a um catálogo específico de crimes, previsto no seu artigo 1.º.

Entre o conjunto de crimes que o legislador considerou relevante incluir no referido catálogo, destacam-se os crimes de branqueamento, associação criminosa e contrabando, previstos, respectivamente, nas als. e), f) e g) do artigo 1.º.

A mesma lei, no seu artigo 1.º, n.º 3, por remissão expressa para a Lei n.º 36/94, de 29 de Setembro, permite ainda, quanto ao segredo profissional e registo de voz e imagem, a sua aplicação às infracções económico-financeiras cometidas de forma organizada e as infracções económico-financeiras de dimensão internacional ou transnacional.

A criminalidade tributária caracteriza-se, não raro e como já referimos anteriormente, por ser praticada por grupos ou organizações de pessoas que, com a sua actividade ilícita, geram elevadas vantagens patrimoniais que implicam a jusante operações de branqueamento.

Assim, face ao referido, a investigação da criminalidade tributária usufrui dos especiais mecanismos de produção de prova que enunciamos nos próximos números.

3.1. Segredo profissional

A Lei n.º 5/2002, de 11 de Janeiro, prevê no seu Capítulo II um regime especial de quebra de segredo profissional face ao regime geral previsto nos artigos 135.º e 136.º do Código de Processo Penal (CPP).

Nos termos do artigo 2.º da referida lei, a autoridade judiciária, em despacho fundamentado, pode fazer ceder o segredo profissional dos membros dos órgãos sociais das instituições de crédito e sociedades financeiras, dos seus empregados e das pessoas que a elas prestem serviço, bem como o segredo dos funcionários da Administração Fiscal, quando existam razões para crer que as respectivas informações têm interesse para a descoberta da verdade.

O despacho da autoridade judiciária, quando se trate de informação relativa a arguido no processo ou a pessoa colectiva, assume sempre forma genérica. Nos restantes casos o despacho deve especificar a identidade das pessoas abrangidas e as informação e documentos a fornecer ou, quando não for conhecida a pessoa ou pessoas intervenientes, devem ser identificadas as contas e transacções relativamente às quais são solicitadas informações.

Ainda de acordo com a previsão do artigo 2.º, n.º 6, da mesma lei, as autoridades judiciárias e OPC têm acesso às bases de dados da Administração Fiscal para efeitos de obtenção de informações fiscais.

Salienta-se que, pese embora este regime especial, relativamente aos crimes tributários tem-se entendido que a previsão do artigo 64.º, n.º 2, da Lei Geral Tributária, aprovada pelo Decreto-Lei n.º 398/98, de 12 de Dezembro, faz ceder o sigilo fiscal nos casos de colaboração com a justiça nos termos do Código de Processo Penal.

Prevê-se ainda no Capítulo II da Lei n.º 5/2002, de 11 de Janeiro, no seu artigo 4.º, um regime especial de controlo de contas bancárias, que obriga as instituições de crédito a comunicar quaisquer movimentos à autoridade judiciária ou OPC dentro de vinte e quatro horas subsequentes. O Controlo de conta bancária é autorizado ou ordenado por despacho do juiz, quando existir grande interesse para a descoberta da verdade, podendo impor obrigação de suspensão de movimentos.

O Ministério Público viu, por força da referida Lei n.º 5/2002, de 11 de Janeiro, aumentadas as suas competências legais, podendo, entre outros, ordenar a quebra de segredo profissional. As investigações da criminalidade tributária beneficiaram em maior celeridade e consequente eficácia devida à alteração legislativa descrita.

3.2. Registo de voz e de imagem

Com o Capítulo III, artigo 6.º, da Lei n.º 5/2002, de 11 de Janeiro, pretendeu o legislador criar um regime excepcional quanto ao tratamento dos direitos à imagem e à palavra relativamente a um catálogo de crimes, descritos no n.º 1 do artigo 1.º da mesma lei, efectuando um alargamento face ao regime previsto no CPP.

Prevê assim o referido artigo 6.º o registo de voz e imagem, por qualquer meio, sem consentimento do visado, obtido mediante autorização ou ordem do juiz e de acordo, com as necessárias adaptações, com as formalidades previstas no artigo 188.º do CPP.

Nos artigos 188.º e ss. do CPP já se previa, para além da regulação das escutas telefónicas, a possibilidade de intercepção de comunicações transmitidas por qualquer meio técnico diferente do telefone.

Na investigação da criminalidade tributária, de forma cada vez mais frequente, são realizadas acções de vigilância de pessoas e o registo de imagem ou o registo de voz e imagem.

Nos últimos anos, tem sido muito controverso o entendimento de que o registo imagem que não constitua intromissão na vida privada não carece, nos termos do artigo 6.º da lei em análise, de prévia autorização ou ordem do juiz[7]. Existe hoje, inúmera jurisprudência dos tribunais

---

[7] Vide acórdãos da Relação do Porto de 21.12.2004 e 26.01.2005 e acórdão da Relação de Coimbra de 27.04.2005.

superiores que, relativamente à discussão da validade da prova obtida mediante a realização de fotografias pelos OPC, entende que quando a Lei n.º 5/2002, de 11 de Janeiro, no seu artigo 6.º, fala em «registo de voz e de imagem» tal consiste em reprodução audiovisual, deixando de fora as fotografias já que estas registam apenas a imagem.

Nestes termos, a realização unicamente de fotografias, quando efectuadas na rua ou em locais públicos, de forma a reproduzir os factos observados pelos investigadores, não contendendo assim com a esfera da vida privada, não carece de prévia autorização judicial e a sua valoração deve ser admissível por força do disposto no n.º 1 do artigo 167.º do CPP.

4. Lei n.º 101/2001, de 25 de Agosto: acções encobertas

O regime jurídico das acções encobertas para fins de prevenção e investigação criminal encontra-se actualmente regulado pela Lei n.º 101/ /2001, de 25 de Agosto.

Nos termos do seu artigo 1.º, n.º 2, da referida lei, são acções encobertas aquelas que sejam desenvolvidas por funcionários de investigação criminal ou por terceiro (homem de confiança) actuando sob o controlo da Polícia Judiciária para a prevenção ou repressão de um catálogo de crimes, com ocultação da sua qualidade e identidade.

As acções encobertas obedecem a dois pressupostos fundamentais, por um lado, devem ser adequadas aos fins da prevenção e repressão e, por outro, ser proporcionais quer àquelas finalidades quer à gravidade do crime em investigação (artigo 3.º, n.º 1).

A realização de uma acção encoberta no âmbito do inquérito depende de prévia autorização do Ministério Público, sendo obrigatoriamente comunicada ao juiz de instrução, considerando-se validada se este não proferir despacho de recusa nas setenta e duas horas seguintes (artigo 3.º, n.º 3). Se a acção encoberta ocorrer no âmbito da prevenção criminal é competente para a autorização o juiz do Tribunal Central de Instrução Criminal mediante proposta do magistrado do Ministério Público junto do Departamento Central de Investigação e Acção Penal (artigo 3.º, n.º 4 e 5).

A utilização do regime das acções encobertas na investigação da criminalidade tributária é viabilizada pela inclusão no catálogo de crimes, previsto no artigo 2.º da lei em análise e pelas razões a que aludimos supra, dos crimes de associação criminosa, branqueamento, infracções económico-financeiras cometida de forma organizada e infracções económico-financeiras de dimensão internacional ou transnacional, descritos, respectivamente, nas alíneas i), l), o) e p) da mesma lei.

5. Cooperação internacional

A criminalidade tributária assume, nas suas diferentes tipologias, nomeadamente na fraude fiscal, características de actividade criminal organizada e transnacional que dificultam a sua detecção e investigação pelas autoridades dos diferentes países onde a mesma acontece.

As organizações criminosas, cuja actividade consiste na prática de crimes tributários, actuam num cenário internacional e por essa via têm beneficiado, por um lado, da legislação produzida a nível internacional e comunitário que apenas na última década as assume como susceptíveis de tratamento semelhante à restante criminalidade comum, e por outro, da descoordenação entre as autoridades dos vários países com competência para a prevenção e repressão.

O crescimento da criminalidade tributária tem imposto à Comunidade Europeia e aos seus estados uma diminuição das suas receitas, designadamente através do fenómeno crescente denominado de carrossel do IVA.

Na última década têm sido produzidos instrumentos legais, nomeadamente de direito internacional e comunitário, que permitem o recurso à cooperação judiciária relativamente às actividades susceptíveis de enquadrar crimes tributários, e especificamente aos crimes fiscais, que passamos a enunciar de forma sintética nos próximos parágrafos.

A Lei n.º 144/99, de 31 de Agosto, com as alterações introduzidas pela Lei n.º 104/2001, de 25 de Agosto e pela Lei n.º 48/2003, de 22 de Agosto, define e regula a cooperação judiciária internacional em matéria penal. Nos seus artigos 145.º a 164.º, prevêem-se as diferentes modalidades de auxílio: as equipas de investigação criminal conjuntas (artigo 145.º-A), a carta rogatória (artigo 152.º), as entregas controladas ou vigiadas (artigo 160.º-A), as acções encobertas (artigo 160.º-B) e as intercepções telefónicas (artigo 160.º-C).

A Convenção estabelecida com base no artigo K.3 do Tratado da União Europeia, relativa à protecção dos interesses financeiros das Comunidades Europeias, aprovada, para ratificação, pela Resolução da Assembleia da República n.º 86/2000, de 15 de Dezembro, prevê no seu artigo 1.º as factualidades susceptíveis de constituir fraude lesiva dos interesses financeiros das Comunidades Europeias, designadamente, em matéria de receitas, nas quais se podem incluir os fenómenos do carrossel do IVA.

Por esta convenção (artigo 6.º) ficam os Estados membros obrigados, entre outros, a cooperar de forma eficaz no inquérito.

No Decreto do Presidente da República n.º 53/2001, de 16 de Outubro, e na Resolução da Assembleia da República n.º 63/2001, de 16 de Outubro, que aprova para ratificação a Convenção Relativa ao Auxílio Judiciário Mútuo em Matéria Penal entre os Estados Membros da União Europeia, prevêem-se, entre outros, como formas específicas de auxílio judiciário mútuo, as entregas vigiadas (artigo 12.º), as equipas de investigação conjuntas (artigo 13.º) e as investigações encobertas (artigo 14.º).

A Lei n.º 36/2003, de 22 de Agosto, que estabelece normas de execução da decisão do Conselho da União Europeia relativa à criação da EUROJUST, a fim de reforçar a luta contra as formas mais graves de criminalidade.

A EUROJUST tem como objectivo o melhoramento do auxílio judiciário mútuo entre os Estados Membros, nomeadamente no que concerne à coordenação das investigações e das acções penais. Tem competência para os tipos de criminalidade e as infracções em que a Europol pode actuar, incluindo, entre outros, a fraude e quaisquer infracções penais que lesem os interesses financeiros da comunidade europeia e o branqueamento dos produtos do crime[8].

A Lei n.º 65/2003, de 23 de Agosto, que aprova o mandado de detenção europeu (em cumprimento da Decisão Quadro n.º 2002/584/

---

[8] Artigo 2.º da Convenção relativa à criação de uma Unidade Europeia de Polícia (Convenção Europol), do Protocolo de 30.11.2000 que altera o artigo 2.º e o anexo daquela Convenção e da Decisão do Conselho de 6/12/2001 e Acção Comum 98/733//JAI, do Conselho, de 21.12.1998 (Davin, 2004).

/JAI, do Conselho, de 13 de Junho), que concretiza o princípio do reconhecimento mútuo de decisões e permite um procedimento rápido relativo aos processos de entrega por outro Estado membro de uma pessoa para efeitos de procedimento criminal ou para cumprimento de uma pena ou medida de segurança privativas da liberdade.

Por fim, a cooperação policial a efectuar no âmbito da Europol. A Convenção Europol foi ratificada por todos os Estados Membros e entrou em vigor em 1 de Outubro de 1998[9]. A Europol permite, entre outros, o fácil intercâmbio de informações entre os Estados-membros, a realização de análise operacional de dados fornecidos pelas polícias dos mesmos Estados ou de outras fontes, e o fornecimento de conhecimentos especializados e apoio técnico às investigações e operações em curso nos Estados-membros.

III. A investigação da criminalidade tributária – a experiência da Directoria do Norte

1. Descrição do *status quo*

Na Directoria do Porto[10], como já descrevemos anteriormente no ponto 2 do Título I, só no ano de 2006, com a reestruturação dos serviços, foi conferida de forma exclusiva apenas a uma Secção da SRICCEF a investigação dos crimes tributários, nos termos do Decreto-Lei n.º 304//2002, de 13 de Dezembro[11].

---

[9] O Acordo Ministerial de 2 de Junho de 1993 que, por força da entrada em vigor do Tratado de Maastricht, criou a Europol como unidade policial de recolha e tratamento de informação no âmbito da luta contra o tráfico de estupefacientes. Este Acordo Ministerial foi substituído pela Acção Comum de 10 de Março de 1995 que, entre outros, alargou as competências da Europol (Davin, 2004).

[10] Actualmente designada de Directoria do Norte, conforme artigo 2.º do Decreto--Lei n.º 42/2009, de 12.02, que aprovou a nova lei orgânica da PJ.

[11] Anteriormente às alterações citadas, os inquéritos por crimes fiscais encontravam-se distribuídos por três secções da SRICCEF e, consequentemente, por inúmeras brigadas e inspectores.

A referida IPS optou claramente pela distribuição de competências de acordo com um princípio de especialização e por grandes blocos de tipologias criminais.

Saliente-se que, como já descrevemos supra no ponto 2 do Titulo I, a investigação das associações criminosas que tenham por escopo a prática de crimes tributários aduaneiros está adstrita, de forma exclusiva, à SCIBIT da DCICCEF, situação que justifica a inexistência na Directoria do Norte de investigações por crimes aduaneiros.

1.1. A 2.ª Brigada da 2.ª SRICCEF

A 2.ª Brigada da 2.ª SRICCEF, constituída por oito inspectores, recebia, até à reestruturação da Directoria, inquéritos da competência da SRICCEF, nomeadamente crimes cometidos no exercício de funções públicas, burlas internacionais e insolvências. Já no decurso de 2006, por decisão da coordenação da Secção, aquela Brigada ficou confinada à totalidade dos inquéritos de fraude fiscal existentes na Directoria e cerca de uma dezena de outros inquéritos, complexos, por crimes de corrupção.

Os inspectores apesar de possuírem, quase todos, experiência na investigação de criminalidade económica, apresentavam pouca formação profissional relativamente à criminalidade tributária.

1.2. Os inquéritos

Os inquéritos por crimes fiscais distribuídos à 2.ª Brigada da 2.ª SRICCEF, nas circunstâncias supra referidas, versavam sobre actividades comerciais diversas, nomeadamente relativas aos seguintes sectores comerciais/industriais: das sucatas, dos automóveis, dos componentes informáticos, da cortiça, de electrodomésticos, cuidados de saúde e extracção e comércio de areias.

Aqueles inquéritos, provenientes, maioritariamente, das Direcções de Finanças do Porto e Aveiro, onde tiveram origem, podem caracterizar-se por serem:

- volumosos, alguns com dezenas de volumes e dezenas de apensos com informação fiscal e bancária;

- complexos, pela quantidade de factos, sua dispersão no tempo e no espaço e pelo elevado números de intervenientes processuais;
- indefinição do objecto de trabalho;
- inexistência de estratégia de investigação criminal assumida nos autos.

Em muitos casos, os inquéritos versavam sobre factos com mais de cinco anos e já possuíam diligências processuais realizadas por parte dos serviços de finanças. Salienta-se ainda que em inúmeros inquéritos o procedimento criminal já se encontrava prescrito pelo decurso dos tempos máximos para a sua prossecução.

Verificou-se ainda a tendência instalada para tratar num único inquérito fenómenos criminais complexos, constituídos por uma enorme quantidade de factos e suspeitos e com grande dispersão no tempo e no espaço.

2. Os desafios

Em meados de ano de 2006, colocaram-se à 2.ª Brigada da 2.ª SRICCEF os seguintes desafios:

– concluir as investigações em curso, com especial destaque para alguns inquéritos relativos a crimes de corrupção;
– proceder à análise dos inquéritos de fraude fiscal e consequente definição dos objectos de trabalho;
– definir estratégias quanto à necessidade de divisão de inquéritos existentes de forma a viabilizar a investigação criminal;
– definir estratégias ou planos de investigação adequados aos inquéritos existentes;
– identificar os sectores de maior incidência de crime fiscal da competência da PJ;
– identificar os objectivos da Administração Fiscal e da PJ;
– definir formas ou modelos de articulação da PJ com a Administração Fiscal para a realização de investigações;
– definir um modelo de relação com o titular da acção penal, o Ministério Público;

– planear a realização de investigações pró-activas em sectores comerciais de elevada evasão fiscal e grandes níveis de impunidade, recorrendo à utilização de métodos especiais de obtenção de prova, nomeadamente com a realização de escutas telefónicas, vigilâncias e registo de voz e imagem.

3. A estratégia

Os desafios traçados impuseram a criação e execução de um conjunto de estratégias, que passamos a enunciar:

– estabelecer uma cooperação institucional e operacional com a Administração Tributária, de forma mais envolvente com as Direcções de Finanças de Braga, Porto e Aveiro. Foi equacionado, para concretizar tal objectivo, a realização de encontros periódicos com os corpos dirigentes e operacionais das Direcções de Finanças citadas, para, entre outros, analisar os sectores comerciais de maior evasão fiscal, determinar a oportunidade de intervenção da PJ e as formas de cooperação operacional nas investigações a desenvolver.
– Estabelecer relações de proximidade e cooperação institucional com os magistrados titulares das investigações nas várias comarcas para, entre outros, analisar as investigações em curso ou a iniciar, definir os objectos de trabalhos e os meios de prova e de obtenção de prova a utilizar. Para a concretização do referido foi decidida a realização de reuniões de trabalho efectuadas nos tribunais e nas instalações da PJ.
– Utilizar os modernos meios de análise operacional de informação criminal, com produção, nomeadamente de análise de caso e de grupo de autores.
– Aplicar os meios de obtenção de prova mais aptos a investigações pró-activas, nomeadamente com a realização de intercepções telefónicas, registo de voz e imagem (por exemplo em locais vedados ao público) e realização de vigilâncias, visando a detenção de suspeitos e apreensão de bens.

4. Os resultados: o caso específico do sector comercial das sucatas

A relação de cooperação com a Administração Fiscal permitiu definir vários sectores comerciais de grande evasão fiscal e impunidade criminal dos seus autores, designadamente no sector comercial das sucatas (materiais não ferrosos).

A Administração Fiscal fez ao longo de cerca de uma década um enorme e meritório investimento de recursos humanos na inspecção e investigação no sector comercial das sucatas, persistindo, todavia, o fenómeno da fraude em grande dimensão.

Resultado do esforço desenvolvido pela Administração Fiscal, foram iniciados nos seus serviços inúmeros inquéritos que, posteriormente, foram remetidos pelo Ministério Público à PJ para investigação, por se entender que se tratava de crime fiscal da sua competência legal, nomeadamente por existir especial complexidade, forma organizada e carácter transnacional.

Os corpos dirigentes das Direcções de Finanças de Braga, Porto e Aveiro sempre manifestaram junto da PJ grande interesse em desenvolver os esforços que se mostrassem necessários para por fim à actividade ilícita no sector comercial das sucatas e, por essa via, por termo aos pedidos de reembolsos de IVA.

Foi neste contexto que a PJ entendeu aplicar o conjunto de estratégias supra descritas ao sector comercial das sucatas e aos operadores responsáveis pela fraude.

Nos próximos números fazemos uma breve caracterização do sector comercial das sucatas e da fraude, bem como apresentamos as várias etapas da investigação criminal e alguns dos resultados obtidos até ao presente momento.

4.1. *Breves notas sobre o negócio da sucata e o fenómeno da fraude*

■ *A origem da sucata, abordagem sumária da fraude neste sector*

O comércio de sucata tem, frequentemente, sido usado para pôr em prática um esquema típico da fraude no imposto do IVA. Esta actividade económica abrange a reciclagem dos seguintes resíduos:

a) desperdícios e resíduos ou sucata ferrosa;
b) sucata não ferrosa ou sucata de metal.

É a sucata da alínea b) que nos interessa, sendo constituída por metais mais limpos e valiosos, advindo dos desperdícios e resíduos da grande indústria transformadora. Constitui-a o cobre, o inox, o alumínio e o latão. Estes metais revestem diversas formas, idades e características, consoante a sua origem, designadamente: sucata velha e nova, limalha, barra, perfil, entre outros.

Os particulares que a vendem não são legalmente obrigados a emitir qualquer documento, daí a falta de registos contabilísticos e de tributação. Podemos dizer que estas transacções se situam à margem do circuito legal, ficando apenas a depender do que vier a ser declarado. Já os sujeitos passivos de imposto que a transaccionam estão adstritos à emissão de documento de venda, porém, na prática, tal não se verifica levando, à semelhança do que sucede com os particulares, à omissão dos respectivos lançamentos contabilísticos.

A ausência de "papel" tem explicação, entre outros, no facto de alguns metais serem cotados em bolsa internacionalmente, como o é o cobre, atingindo valores exorbitantes, apenas disponíveis para as empresas de maior dimensão. Estas afastam os pequenos agentes que terão de *"lançar mão"* da apropriação ilícita do IVA, desenvolvendo *nichos* de negócios para poderem alcançar preços concorrenciais favoráveis. Noutras situações, tem origem em empresas de sucata clientes da grande indústria transformadora, à qual não interessa a emissão da correspondente factura. Este comportamento coloca aquelas empresas em falta de factura ou documento equivalente, levando-as a "contratar à comissão" operadores marginais para a emissão de livros de facturas essenciais para justificar as posteriores vendas.

4.1.2. *Caracterização da fraude na sucata*

■ *O que se entende por circuito comercial, documental e financeiro*

A fraude na sucata reveste natureza nacional e intracomunitária, desenvolve-se no seio de diversas empresas que se foram estratificando em função das "supostas" transacções comerciais realizadas, na sua maioria inexistentes. A final, há sempre uma empresa que efectua as transmissões intracomunitárias, neste caso em concreto, para Espanha. Estas vendas têm reflexos em sede de IVA, pois a empresa exportadora não liquida o imposto, beneficiando da isenção decorrente do Regime do IVA nas transacções intracomunitárias (RITI). Contudo, esta mesma empresa irá deduzir o imposto suportado nas restantes transmissões que diz ter realizado, dando lugar ao chamado *circuito comercial*, colocando-se em situação permanente de crédito de imposto perante o Estado.

Noutros casos, ou até em cúmulo com a situação supra descrita, as empresas participantes desenvolvem um autêntico *"planeamento fiscal"*, melhor dizendo "evasão fiscal" de forma a reduzirem, drasticamente, o montante que deriva do imposto sobre o rendimento a entregar nos cofres do Estado no final de cada exercício. Conseguem-no contabilizando custos que diminuem a matéria colectável sobre a qual incide a taxa de IRC. Para tal, procuram justificar as suas vendas com a contabilização de compras fictícias. Este comportamento implica a intervenção dos chamados *"emitentes"* e *"utilizadores"* de facturas falsas, surgindo assim o *circuito documental*. Os motivos que originam esta actuação ilícita estão conexos com o facto da Administração Fiscal partir do pressuposto que se existe uma factura significa que há imposto devido. As empresas usam esta premissa para elaborar um *circuito de papel* não coincidente com o das mercadorias. Torna-se, então, difícil detectar quais as mercadorias ficticiamente transaccionadas, pois os valores declarados coincidem com os escriturados na contabilidade da empresa. São, por esta via, celebrados inúmeros negócios simulados que assentam no conluio das partes envolvidas.

Para o círculo se completar, falta dar consistência a estas compras e vendas, daí a ocorrência no sistema financeiro de uma série de movimentos bancários, nacionais e internacionais, processados entre os diversos operadores, dando lugar ao *circuito financeiro*.

Como iremos verificar, no seio dos *"emitentes de facturas falsas"*, muitos são fruto de pura imaginação, pois as identidades e números de identificação são inventados por *operadores/angariadores* que mais não são do que *"prestadores de serviços"* de empresas de grande dimensão, recebendo em troca o pagamento de uma quantia monetária. Tal como já foi referido, nalgumas situações, esses pagamentos são autênticas comissões calculadas à percentagem em função dos falsos montantes facturados. Pois, se há empresas que desenvolvem uma verdadeira actividade económica, outras há que não têm qualquer tipo de actividade. Pode-se arriscar e dizer, em derradeira análise, que este ramo de comércio depende do esquema de fraude no IVA. A sucata percorre vários intermediários sucateiros que *"distribuem"* entre si os lucros resultantes da apropriação ilegítima daquele imposto.

4.1.3. Delimitação da pirâmide da fraude na sucata

■ *Base do circuito da fraude*

Tal como foi já exposto, corresponde aos pequenos operadores que se situam à margem da tributação. Estes compram, vendem e angariam negócios para as empresas de maior dimensão, nalguns casos apenas servem para aparentar o exercício efectivo de uma actividade. São utilizados para emitirem as facturas das compras que as grandes empresas fazem sem emissão de documento, ocupando o lugar dos verdadeiros vendedores. Até apresentam contabilidade organizada, em obediência à lei, cumprem as suas obrigações fiscais e *"esbatem"* as vendas falsas declaradas, bem como o correspondente imposto supostamente liquidado. As facturas de compra falsas emitidas são-no, frequentemente, por si próprios, usando nomes de marginais (alcoólicos ou toxicodependentes) ou identificações de contribuintes falsos/inexistentes.

■ *Empresas intermédias*

Compostas pelos pequenos operadores que atingem um exorbitante volume de transacções, conseguindo obter importantes lucros (comissões), derivados dos negócios que efectuam com as grandes empresas. Entre ambos podem surgir empresas com alguma actividade, organizadas em termos contabilísticos e fiscais, possuindo até estrutura para o exercício da actividade. São, na mesma, *utilizadoras de facturas falsas* das pequenas empresas que as precedem, tendo uma participação activa no circuito fraudulento.

■ *Topo da pirâmide*

Reservado para as empresas de considerável dimensão. Há que distinguir dois tipos de empresas:

a) as que declaram as suas vendas apenas no território nacional, com destino às empresas que fazem a reciclagem e reintroduzem no mercado o metal reciclado;

b) as que alargam as suas vendas ao mercado comunitário, essencialmente ao espanhol.

As primeiras ao contabilizarem as facturas falsas e deduzirem o IVA indicado como liquidado conseguem:
– justificar por substituição as compras reais aos verdadeiros vendedores;
– alcançar um preço de compra vantajoso dando-lhes condições privilegiadas de concorrência no mercado;
– participar no circuito da fraude, angariando negócios que lhes permitam lucrar uma parcela do imposto.

As segundas fazem chegar os documentos forjados a outro Estado-membro, tendo como objectivo a apropriação do imposto através dos reembolsos que solicitam. Deste modo, para além dos itens supra referidos, conseguem justificar operações inexistentes, aumentando o volume das transacções declaradas, assim como o montante do imposto a reembolsar ilicitamente.

■ *Internacionalização do crime*

Como vimos, estas empresas visam a apropriação ilícita do imposto através do reembolso, estendendo a sua prática além fronteiras. Para que o circulo se feche é necessário existirem, noutro estado membro, no nosso caso Espanha, sociedades com números de identificação fiscal válidos, para as quais são declaradas transmissões intracomunitárias, isentas de imposto por força do estabelecido no artigo 14º do Regime do IVA nas Transacções Intracomunitárias (RITI), com direito à dedução do IVA contido nas aquisições de bens e serviços necessários para a sua realização, nos termos do artigo 19º do mesmo diploma legal.

Se há mercadoria é porque a mesma é enviada directamente para os verdadeiros adquirentes, situados no mesmo estado membro ou porque retorna ao território nacional para dar lugar a um novo ciclo. Ao invés, não existindo mercadoria é porque a empresa é meramente de *passagem*, dando apenas seguimento ao circuito documental.

4.1.4. *Vantagens patrimoniais alcançadas*

Em sede de IVA, as empresas recebem o crédito do imposto que suportaram nas suas aquisições, circunscritas a determinado período. O imposto que terá de ser entregue ao Estado resulta da diferença entre o IVA liquidado nas facturas de venda e o que foi suportado nas facturas de compra. Há uma procura constante de colocar em situação de erro a Administração Fiscal, obtendo vantagens patrimoniais ilegítimas e lesando assim o Erário Público. De facto, no cômputo geral, pagam menos IVA e/ou conseguem que lhes sejam concedidos reembolsos indevidos. No comércio da sucata não é difícil um carregamento de sucata ultrapassar os cem mil euros, com uma taxa normal de IVA que já foi de 21%, veja-se a vantagem patrimonial que os agentes embolsam.

Em sede de imposto sobre o rendimento, ao conseguirem um lucro tributável inferior ao que na realidade teriam tido se não fosse a introdução das facturas forjadas, a base de incidência da taxa de IRC será necessariamente menor.

Para além das vantagens patrimoniais apontadas, as empresas conseguem criar uma situação de *concorrência desleal,* o visado é o comprador que se situa no final da cadeia. Este até pode desconhecer por completo o esquema no qual se encontra inserido, vendo-se impossibilitado de combater os preços praticados, substancialmente inferiores aos de mercado.

- *Enquadramento legal, designadamente, alterações legislativas ao Código do IVA, introduzidas pela Lei 33/2006, publicada em Diário da Republica, 1.ª Série, n.º 145, de 28 de Julho de 2006*

Foi sempre preocupação dos diversos Estados-Membros, dado a dimensão nacional e internacional que o esquema de fraude na sucata alcançou, implementarem regimes especiais na tributação das transmissões de desperdícios e resíduos metálicos e prestações de serviços conexas. Centram-se na inversão do sujeito passivo em todas as fases do circuito económico. É o chamado sistema do *"reverse charge"* fazendo deslocar a responsabilidade pela liquidação do IVA do vendedor para o adquirente dos bens ou serviços, passando este a beneficiar do direito à dedução do imposto que liquidou. No fundo, a tributação passa a verificar-se na última fase do circuito, aquando da inserção no mercado do produto acabado, depois do tratamento dos resíduos reciclados.

O incentivo de combate à fraude na sucata resulta, ainda, do Despacho n.º 14.839/2005 do Ministro das Finanças e da Administração Pública, publicado na II Série do Diário da República, de 7 de Julho de 2005, difundido através do Ofício – Circulado 30079/2005, de 8 de Julho, da DSIVA, no qual *(passa-se a transcrever): "Tendo em vista o combate à fraude no IVA, a Lei n.º 55-B/2004, de 30 de Dezembro, procedeu ao aditamento do artigo 72º-A ao Código do IVA,... .A exemplo do que acontece em outros estados membros da União Europeia, esta medida de responsabilidade solidária é de aplicação, numa primeira fase, apenas aos sujeitos passivos que realizem operações relacionadas com certos bens, nos quais a prática da fraude no IVA é reconhecida como um problema significativo.*

Assim, nos termos do n.º 2 do artigo 72º-A do Código do IVA, (...), determina-se o seguinte:

1 – A responsabilidade solidária pelo pagamento do imposto sobre o valor acrescentado a que se refere o artigo 72º-A do Código do IVA é aplicável nas transmissões em que estejam em causa os seguintes bens:

(...)

a) Desperdícios e sucatas."

Igual preocupação emerge do Relatório sobre o Combate à Fraude e Evasão Fiscais, apresentado pelo Governo à Assembleia da República, em cumprimento do requerido no artigo 91º da Lei n.º 60-A/2005, de 30 de Dezembro (Orçamento do Estado para 2006), quando, no ponto 5, sob o título, Tipologias Específicas da Fraude, se escreve:

«*Também em Portugal se estabelecem estas redes fraudulentas, como é evidenciado pelo grande número de situações detectadas ao nível da falta de pagamento de imposto e pedidos indevidos de reembolso em determinados sectores de actividade, tais como o dos computadores e componentes informáticos, electrónica e sucatas.*»

No nosso ordenamento o combate a este tipo de fraude, que se estima representar cerca de 10 por cento da receita anual do imposto de IVA decorrente da não entrega nos cofres do Estado do imposto liquidado nas operações realizadas, efectivou-se com a Lei n.º 33/2006, de 28 de Junho, com efeitos a partir de 1 de Outubro de 2006.

A referida lei introduz a regra da inversão do sujeito passivo prevista na alínea i) do n.º 1 do CIVA, aplicando-se a todos os sujeitos passivos que adquiram a outros sujeitos passivos desperdícios, resíduos e sucatas recicláveis e certas prestações de serviços com estas relacionadas, enunciados no Anexo E da mesma Lei. De sublinhar que, este Anexo englobou, inicialmente, exclusivamente bens recicláveis (e algumas prestações de serviços sobre os mesmos efectuadas), que necessitam de sofrer algum tipo de transformação para serem reutilizados. Esses bens devem, cumulativamente, ser desperdícios, resíduos e sucatas.

Uma chamada de atenção para o caso dos lingotes e cavilha de latão: na medida em que assumem, no seu estado actual de comercialização, a forma de produtos transformados ou acabados, não constituíam desperdícios, resíduos ou sucatas recicláveis, pelo que as suas transmissões não se encontravam abrangidas pelas novas regras, continuando a aplicar-se o regime geral de tributação do IVA. Contudo, verificou-se que desde a entrada em vigor desta Lei, a fraude começou a deslocar-se do comércio da sucata para o do lingote.

Assim, pelo Decreto-Lei n.º 393/2007, de 31 de Dezembro, resultaram novas alterações ao CIVA passando a estar abrangido no Anexo E, nos termos do artigo 3º daquele Decreto-Lei os lingotes.

Não obstante as alterações legislativas, supra mencionadas, ao contrário do que seria de esperar, verificou-se que empresas houveram que aumentaram o seu volume de negócios. A explicação desta tendência encontra sustentação em duas situações:

– empolamento de custos com vista a alcançar vantagens em IRC, sendo indiferente a introdução do novo regime especial de tributação de IVA na sucata;
– o "servir" interesses externos ao território nacional, fazendo deslocar a fraude no IVA para outros países.

Quanto às empresas *"dependentes"* unicamente da fraude na sucata, essas sim, diminuíram, drasticamente, o seu volume de negócios.

4.2. *A investigação criminal e as suas etapas*

Podemos distinguir dois tipos de investigação a realizar nos inquéritos da competência da PJ. Uma investigação clássica, quando se investiga de forma isolada uma factualidade e um autor ou grupo de autores. Este tipo de investigação procura, essencialmente, fazer a reconstrução histórica dos factos e dos seus autores e recorre, por regra, aos métodos tradicionais de produção de prova, baseada essencialmente na prova documental (relatórios de inspecção tributária ou outro tipo de informação fiscal) e prova pessoal (inquirição de testemunhas e interrogatório de arguidos).

A complexidade, o carácter organizado e transnacional de fenómenos criminais como o da fraude no sector comercial das sucatas impõem, em nossa opinião, o recurso a uma investigação que designamos por *pró-activa* que em vez de visar apenas alguns factos e autores, centra-se na análise do fenómeno não só numa perspectiva histórica mas também actual. Este tipo de investigação recorre, para além dos meios clássicos, aos meios de obtenção de prova criados especificamente para o combate à criminalidade organizada e económico-financeira, tais como o registo de voz e imagem em locais vedados ao público.

De seguida, apresentamos, de forma sintética, as etapas da investigação criminal relativa ao sector comercial das sucatas que consiste, *grosso modo*, num tipo de investigação *híbrida*, na medida em que faz recurso aos meios de obtenção da prova e meios de prova contemplados nos dois tipos de investigação supra descritos.

a) Tratamento da informação constante dos inquéritos

A intervenção inicial da Brigada prendeu-se com o conhecimento dos intervenientes, factualidades e *modus operandi*. Face à quantidade de sujeitos passivos, na ordem das várias dezenas, à quantidade de factos, vários milhares de operações comerciais, e à sua dispersão no tempo e espaço, optou-se por submeter toda a informação ao sector de análise da Directoria.

Ao referido sector de análise foi solicitado não só o aclaramento dos grupos de autores envolvidos na fraude e do *modus operandi* utilizado no passado, informação decorrente do trabalho desenvolvido pela Administração fiscal, mas também o tratamento de informação disponível sobre as actividades actuais desenvolvidas por aqueles.

Do desenvolvimento desse trabalho resultou a simplificação e individualização das factualidades por grupos de autores.

As investigações foram desenvolvidas tendo por base uma única avaliação do fenómeno e uma única estratégia, apesar da prova ser reunida em vários inquéritos.

b) Definição de objectos de trabalho

Os inquéritos existentes na PJ, tal como os caracterizámos no ponto 1.2 do presente título, face à sua dimensão não viabilizavam a realização da investigação de forma célere e eficaz.

O trabalho de análise permitiu, entre outros, a divisão de alguns dos inquéritos existentes e a criação de novos inquéritos. Em todos eles foram definidos os sujeitos passivos, as operações comerciais e o período temporal investigados.

Para a divisão dos inquéritos foram estabelecidos pressupostos como a identidade comum dos sócios, gerentes, administradores ou terceiros que actuem em nome dos sujeitos passivos envolvidos, a localização da sede comercial ou local de actividade e as relações comerciais entre emitentes e utilizadores das facturas falsas.

Na criação de novos inquéritos, que contemplassem a actualidade, foi muito relevante a intervenção da Direcção de Finanças do Porto que, face ao trabalho de acompanhamento da actividade no terreno, individualizou as operações comerciais e seus autores.

A definição dos objectos dos inquéritos impôs a realização de reuniões de trabalho com os Magistrados do Ministério Público e com as Direcções de Finanças envolvidas. Com os primeiros foram discutidos, para além da definição do objecto de cada inquérito, os protocolos de entendimento quanto ao desenvolvimento das investigações e ao seu processado.

De igual modo, foram realizadas inúmeras reuniões com funcionários e dirigentes da Direcção de Finanças do Porto, Braga e Aveiro com vista, entre outros, à discussão dos objectos definidos e concertação quanto ao apoio de recursos humanos que os mesmos prestariam ao desenvolvimento das investigações.

As investigações desenvolveram-se inicialmente com o apoio de apenas um inspector tributário, que significou um importante contributo na recolha e tratamento de informação de cariz fiscal. Os recursos humanos da Administração Fiscal, colocados ao serviço das investigações e nomeados pelo Ministério Público em regime de assessoria, aumentaram de acordo com as necessidades, existindo actualmente dez inspectores tributários a trabalhar a tempo inteiro nas investigações ainda em curso.

c) Recolha de informação junto das mais diversas entidades

O desenvolvimento das investigações dependeu da recolha de um vasto manancial de informação, proveniente de diversas fontes das quais apenas enunciamos a julgadas mais relevantes.

Para o esclarecimento dos ilícitos em análise, revelou-se da maior importância o conhecimento e cruzamento das informações relativas aos circuitos comerciais, financeiros e declarações fiscais apresentadas pelos sujeitos passivos envolvidos na fraude.

Como é do conhecimento geral, em Portugal temos regimes apertados de segredo profissional relativamente aos membros dos órgãos sociais das instituições de crédito e sociedades financeiras, dos seus empregados e pessoas que a elas prestem serviço, bem como relativamente aos funcionários da Administração Fiscal. No âmbito das investigações em apreço fez-se recurso à quebra de segredo bancário e fiscal por aplicação dos artigos 1.º, alínea e) e n.º 3; 2.º e 3.º, n.º 1, da Lei n.º 5/2002, de 11 de Janeiro, tendo sido delegada na PJ a competência para solicitar as informações e documentos relevantes.

Um grande manancial de informação foi ainda recolhido junto do Arquivo de Identificação Nacional e das conservatórias de registo automóvel, comercial e predial, para obtenção de informações, respectivamente, de identificações de pessoas físicas, titularidade de bens móveis e imóveis e identificação dos corpos sociais e directivos dos sujeitos passivos, quando sejam pessoas colectivas.

Para a recolha de informação relativa à verificação da existência de inquéritos a correr termos por fraude fiscal fez-se recurso aos Serviços do Ministério Público e de cada Direcção de Finanças da DGCI.

A recolha de informação não se limitou às entidades nacionais, tendo-se recorrido à cooperação policial e judiciária com as autoridades espanholas, nomeadamente para verificação de aspectos como a existência de determinados sujeitos passivos e a sua actividade.

O trabalho de análise de informação permitiu verificar que os suspeitos (pessoas físicas) responsáveis pela utilização de facturas, mas também de forma importante na emissão de facturas falsas, são "transversais" aos vários inquéritos existentes, apresentando-se como denominador comum da actividade delituosa sob investigação. Deste modo, para a sustentação da prova nos vários inquéritos, tornou-se necessário transmitir informações entre os mesmos inquéritos.

d) Organização de toda a documentação recolhida

Os inquéritos por fraude fiscal pressupõe, como já referimos, a recolha de uma enorme quantidade de informação, não raro na ordem de vários milhares de folhas, que importa organizar de modo a facilitar a sua análise e localização.

Assim, foi implementada uma metodologia de organização dos autos dos inquéritos que passou pela criação de anexos de acordo com o seguinte esquema:

- individualização, por numeração algébrica, de cada alvo/sujeito passivo. Exemplo: Alvo 1 (acrescido da identificação do sujeito passivo);
- abertura dos anexos por ordem alfabética, sendo atribuía uma letra maiúscula (que antecede o n.º de alvo), em função do tipo e natureza dos documentos a juntar aos autos. Exemplos: anexos B para documentação bancária, anexos C para a documentação contabilística, anexo F para a informação fiscal, anexo IT para a documentação relacionada com as intercepções telefónicas, nomeadamente as transcrições de conversas, e, por último, o anexo J correspondente a informação diversa não incluída nos anexos anteriores.
- atribuição de uma letra minúscula, a seguir ao n.º do alvo, indicando o volume do anexo. Exemplo: Anexo B-1-a) (que corresponde ao Anexo B do Alvo 1, sendo o primeiro volume).

e) Redefinição dos objectos de trabalho

O caudal de informação que foi chegando aos inquéritos, nomeadamente com a obtenção de informação junto das mais diversas entidades, impôs aos investigadores a redefinição dos objectos de trabalho em diversos momentos das investigações. Trata-se pois de uma operação aplicável em função da dinâmica das próprias investigações.

f) Determinação do modus operandi *e estrutura da fraude*

A natureza dos inquéritos, cujas características já traçamos anteriormente, impuseram a realização de vários relatórios intercalares com vista, entre o mais, a estabelecer o estado das investigações, nomeadamente na determinação do indícios relativos ao *modus operandi* e à verificação de uma estrutura organizada de pessoas e meios, bem como estabelecer o enquadramento das factualidades como associação criminosa e branqueamento como crime instrumental de fraude fiscal.

Os relatórios intercalares tiveram ainda como objectivo, num primeiro momento, a apresentação circunstancial dos factos que legitimaram a necessidade de realização de intercepções telefónicas e captação de som e imagem e, num segundo momento, na realização de buscas domiciliárias e não domiciliárias e detenção de suspeitos.

g) Realização de escutas telefónicas e registo de voz e imagem

Pretendia-se que a investigação nos inquéritos, direccionada a uma complexa rede de operadores no sector das sucatas, passasse pela análise da actividade dos suspeitos investigados no passado e na actualidade. Pese embora o facto dessa análise poder ser realizada com base em meios de prova e obtenção de prova distintos, pretendia-se que a sua conjugação viesse a demonstrar uma continuidade temporal, unificando a investigação.

A realidade constatada no sector comercial das sucatas, designadamente pelos serviços de inspecção das Direcções de Finanças, espelhavam uma realidade que vinha acontecendo há vários anos e que as alterações legislativas, ocorridas em Outubro de 2006 com repercussões a nível dos reembolsos de IVA, não fizeram cessar o volume crescente de facturação falsa emitida por certos sujeitos passivos.

Com o enfoque numa rede de operadores, propuseram-se as investigações aquilatar também da eventual prática do crime de branqueamento, uma vez que se vinham registando, ao longo dos últimos anos, levantamentos em dinheiro de montante elevado em diversas dependências bancárias. Estes levantamentos em numerário, justificados na banca como aparentes pagamentos de facturas, tinham como inevitável consequência a perda do rasto do dinheiro, impedindo ao fisco uma análise rigorosa de todo o circuito comercial.

Em face desta complexa realidade, foi necessário recorrer a meios de obtenção de prova excepcionais, nomeadamente intercepções telefónicas dos visados, bem como vigilâncias consecutivas das suas actividades, com recurso a diversos registos de voz e imagem.

O registo de voz e imagem foi autorizado nas investigações em análise nos termos dos artigos 1.º, n.º 1, al. e), 6.º, n.º 1, 2 e 3 da Lei n.º 5//2002, de 11 de Janeiro, e artigo 188.º do CPP.

A utilização destes meios de obtenção da prova permitiram constatar a existência de um fluxo financeiro com origem em diversas firmas espanholas que fazia dois possíveis trajectos:

- entrava nas contas das empresas tituladas ou geridas por suspeitos residentes no Distrito de Lisboa. Daí, essas verbas passavam para as contas das empresas de um suspeito residente no Distrito do Porto;
  ou,
- entrava directamente nas contas das empresas tituladas ou geridas pelo suspeito residente no Distrito do Porto.

Depois, a partir destas empresas as verbas saíam através de cheques, que são levantados em numerário "à boca de caixa", passados a favor das firmas "marginais" que se encontram em nome dos indivíduos directamente controlados pelo suspeito do Distrito do Porto.

Em resultado das operações de vigilância efectuadas pela PJ, conjugadas com as informações obtidas através das intercepções telefónicas, foi possível verificar que após os mencionados levantamentos em numerário de avultadas quantias ocorre um retorno das verbas a Espanha, agora em dinheiro físico.

O recurso aos meios de obtenção de prova como as escutas telefónicas e o registo de voz e imagem permitiram aquilo que designamos por investigação pró-activa, dado que vieram possibilitar a verificação da existência de uma estrutura organizada de pessoas e meios e do correspondente *modus operandi*.

h) Realização de buscas domiciliárias e não domiciliárias e detenção de suspeitos

A realização de buscas domiciliárias e não domiciliárias revelaram--se extremamente importantes para consubstanciar a prova, nomeadamente na apreensão dos documentos de contabilidade dos operadores emitentes e utilizadores de facturação falsa, bem como na apreensão de bens móveis, mobiliários e saldos de contas bancárias.

Esta etapa da investigação deu corpo à parte visível da operação "Império da Sucata", mobilizando cerca de trezentos e cinquenta inspectores da PJ e das Direcções de Finanças do Porto e Aveiro e permitiu a detenção dos suspeitos.

i) O trabalho de análise/perícia

A quantidade de documentação apreendida, na ordem das várias centenas de milhares de documentos, ordenados de acordo com a metodologia de organização previamente estabelecida e descrita na al. d), e ainda a informação relativa ao circuito financeiro e informação fiscal, foram alvo de análise pela equipa de inspectores tributários das Direcções de Finanças de Braga, Porto e Aveiro.

Da análise efectuada pelos inspectores tributários resultou um relatório, submetido previamente à apreciação dos Magistrados do Ministério Público titulares dos inquéritos, que contem informação sobre os seguintes pontos:

- Introdução. Na introdução efectua-se um resumo do relatório, designadamente com apresentação sintética dos documentos de compra analisados, documentos de vendas emitidos, cumprimento das obrigações fiscais declarativas e de pagamento, reembolsos de IVA, acções de inspecção tributária desenvolvidos pela Administração Fiscal e ainda se inclui fluxogramas dos operadores.
- Informações gerais. Neste ponto apresenta-se o historial do sujeito passivo, designadamente com produção de informação sobre a constituição da sociedade e objecto social, capital social e gerência, sede e instalações, enquadramento fiscal, actividade declarada em termos de IVA e IRC/IRS e acção de inspecção tributária efectuada ao sujeito passivo;
- Analise documental. No capítulo da análise documental apresentam-se, *grosso modo*, os resultados da análise dos documentos de compra e venda relativos ao sujeito passivo.
- Análise financeira. Neste ponto desenvolve-se toda a informação disponível relativa aos movimentos de caixa, contas bancárias e movimentos financeiros/contabilísticos.

– Outros elementos. O relatório é concluído com um capítulo final onde se incluem aspectos da análise, com relevância, nomeadamente a análise de documentos não contabilísticos apreendidos e não susceptíveis de serem enquadrados nos outros pontos do relatório.

Conforme previamente protocolado com as direcções de finanças, o trabalho desenvolvido pelos inspectores tributários, materializado nos relatórios de análise, permitem posteriormente realizar rapidamente os procedimentos de inspecção conducentes à liquidação de impostos.

j) Diligências processuais efectuadas pós-realização das buscas

Esta etapa da investigação visou a formalização de um conjunto de diligências processuais que não puderam ser desenvolvidas anteriormente por colidirem com o segredo das investigações ou por as mesmas decorrerem da realização dos relatórios técnicos produzidos pelos inspectores tributários.

Do conjunto de diligências realizadas, salientamos:

– a verificação física no terreno e nas sedes conhecidas da existência dos sujeitos passivos emitentes de facturação falsa (marginais);
– realização de eventuais buscas às instalações dos sujeitos passivos e aos técnicos oficiais de contas (TOC´S), com vista à apreensão dos elementos de contabilidade e de outros com interesse para a produção de prova não recolhidos nas buscas iniciais e úteis para o trabalho de análise;
– inquirições de TOC´s e responsáveis pelas tipografias produtoras das facturas;
– apreensão de bens imóveis relativamente aos quais foi produzida prova de que na sua aquisição foram utilizados valores que tiveram origem na prática de crime de fraude fiscal;
– interrogatórios dos arguidos.

l) O relatório final

O processado das investigações em análise é constituído por várias dezenas de milhares de documentos dispersos por vários volumes, apensos, anexos e relativos a muitos milhares de operações comerciais e envolvendo dezenas de sujeitos passivos, dando origem a que a sua leitura, compreensão e encadeamento dos factos seja de extrema complexidade.

Neste contexto, a realização do relatório final assume uma importância decisiva na medida em que constitui ele próprio uma súmula de toda a informação relativa à investigação.

Do relatório constam, para além dos elementos obrigatórios, como a identificação de pessoas ou a informação sobre o apreendido, os seguintes aspectos:

– a metodologia quanto à organização do expediente reunido;
– a descrição do *modus operandi* utilizado para a concretização da prática dos crimes investigados, nomeadamente, do crime de fraude fiscal com recurso à utilização de facturas falsas;
– a apresentação dos factos que constituíram a investigação, com a descrição de todos os sujeitos passivos, pessoas singulares ou colectivas, e sua intervenção em todo o sistema da fraude, no patamar em que cada um se insere, numa visão piramidal.

Face às dimensões físicas dos inquéritos, que conduzem a uma dificuldade de identificação dos elementos de prova essenciais, e consequente a responsabilidade a atribuir a cada interveniente, em complemento ao corpo do relatório foram elaborados vários anexos, onde foi compilada toda a informação/prova por sujeito passivo.

4.3. Breve síntese dos resultados de algumas investigações

As investigações foram desenvolvidas, essencialmente, em dois inquéritos de comarcas diferentes, um deles já concluído, e permitiram desencadear, a nível nacional, no dia 28 de Novembro de 2007, uma operação policial denominada "Império da Sucata".

No âmbito da referida operação foram realizadas 89 buscas domiciliárias e não domiciliárias para apreensão de elementos de prova, nomeadamente de facturas, e efectuadas dezassete detenções de suspeitos.

A operação "Império da Sucata" ainda viabilizou a apreensão de bens e valores, nomeadamente de contas bancárias, veículos automóveis e valores mobiliários.

Relativamente à investigação já concluída, mais concretamente em Novembro de 2008, podemos referir o seguinte:

- correu termos contra 56 arguidos, 20 pessoas colectivas e 36 pessoas singulares, que tinham as suas sedes em Bragança, Vila Real, Porto, Santa Maria da Feira, Aveiro, Leiria, Lisboa e Setúbal;
- foram realizadas 65 buscas domiciliárias e não domiciliárias;
- foram efectuadas 21 intercepções telefónicas e várias dezenas de vigilâncias, bem como de "escutas em locais vedados ao público";
- ao longo da investigação foram solicitados cerca de 17 000 documentos bancários, organizados em 200 volumes, relativos a 135 contas utilizadas pelos suspeitos, que foi necessário tratar e analisar;
- foram efectuadas, por força da investigação, correcções em matéria colectável de IVA e IR apuradas, que somam a quantia de cerca de € 105.000.000,00;
- a investigação foi concluída com a acusação dos 56 arguidos, três deles em prisão preventiva, por crimes de associação criminosa, fraude fiscal qualificada e branqueamento e a apreensão de cerca de 18 milhões de euros em bens, nomeadamente de um fundo mobiliário. Esta apreensão tem sido citada nos fóruns internacionais da especialidade como a maior apreensão na Europa no âmbito de um inquérito por crime fiscal.

Sobre uma outra investigação em curso, cujo *terminus* se prevê que aconteça até final do ano corrente, podemos referir que:

- corre termos contra 58 arguidos, 32 pessoas singulares e 26 pessoas colectivas, com sedes nos distritos do Porto, Aveiro e Lisboa;
- foram já realizadas 24 buscas domiciliárias e não domiciliárias, nas quais foram apreendidos milhares de documentos, nomeadamente documentos de contabilidade;
- foram efectuadas 6 intercepções telefónicas e foram já solicitados cerca de 20 000 documentos de informação bancária que se encontram em tratamento e análise;
- por força da investigação, foram já feitas correcções em matéria

colectável de IVA e IR apuradas que somam a quantia de cerca de
€ 48.000.000,00, sendo que se prevê no final da investigação um
valor global de cerca de € 100.000.000,00.

5. Os resultados de outras investigações de criminalidade fiscal

A implementação do conjunto das medidas que enunciamos no ponto 3 do presente capítulo permitiu, para além do já referido, iniciar ou concluir investigações já em curso, das quais salientamos aqui, a título exemplificativo, as investigações nos sectores comercias da cortiça e automóveis.

5.1. *O sector comercial da cortiça*

Uma importante investigação foi concluída em Novembro de 2007 e teve origem em autos de notícia elaborados pela Direcção de Finanças de Aveiro, nos quais se denunciava um intrincado esquema de emissão de facturas falsas perpetrado por um elevado número de pessoas circunscrito, *grosso modo*, à Comarca de Santa Maria da Feira e que visava a evasão fiscal na ordem dos vários milhões de euros.

O inquérito centrou-se na investigação de crimes de natureza tributária, com especial relevância no crime de fraude fiscal, e dos crimes conexos, nomeadamente os crimes de branqueamento e de associação criminosa.

O trabalho de investigação desenvolveu-se num contexto em que a fraude no sector corticeiro atingiu uma enorme dimensão e organização, potenciada pela ideia generalizada de impunidade que resultava, em boa medida, da dificuldade das instâncias formais de controle em intervir e punir atempada e adequadamente tal ilícito.

A investigação abarcou factos relativos a 359 arguidos, praticados no período compreendido entre os anos de 2000 e 2006, tendo permitido a apreensão de cerca de 6.700 facturas suspeitas de serem falsas, com o valor base de € 248.175.137,00, sendo o valor de IVA de € 44.309.138,00, totalizando assim o valor facturado de € 292.698.257,00.

Foi assim possível recolher matéria probatória que indiciava que mais de 6.000 facturas não titulavam qualquer negócio real ou titulavam negócio real mas realizado por valores diferentes dos inscritos na factura ou, ainda, titulavam negócio real mas celebrado com outro operador (factura de substituição), totalizando tais facturas em sede de IVA, um valor de cerca de 40 milhões de euros.

O Ministério Público já formulou a acusação de 72 pessoas singulares e 32 pessoas colectivas por crimes de fraude fiscal e branqueamento.

5.2. *O sector comercial dos automóveis*

A investigação foi iniciada tendo por base uma informação anónima na qual se dava conhecimento que uma determinada sociedade, cujo objecto social consiste na importação e comércio de automóveis, desenvolvia, na pessoa de um dos seus sócios, um esquema de fraude fiscal que consistia na venda de automóveis importados da Alemanha e facturados praticamente pelo preço de custo, ficando de fora a margem de lucro da sociedade. Deste modo, alcançavam-se vantagens patrimoniais ilegítimas quer para a empresa que não pagava IRC sobre os lucros quer para os clientes que não pagavam IVA sobre a parcela correspondente aos lucros.

Todo o esquema estava documentado por uma contabilidade paralela e os valores obtidos "por fora" eram depositados numa conta *Offshore* movimentada por responsáveis da sociedade denunciada. Esses valores ascenderam a cerca de € 3.000.000,00 só para o ano de 2004. Para além desta factualidade, a mesma sociedade dedicava-se também à sobrefacturação de obras de construção civil.

Foram realizadas buscas não domiciliárias, inquiridas cerca de 200 pessoas e interrogados 9 arguidos.

A investigação permitiu à Administração Fiscal arrecadar a quantia de € 4.060.802,98 pelo não pagamento de IVA, IRS e IRC.

6. A investigação criminal dos crimes fiscais e as suas condicionantes

A investigação da criminalidade fiscal, cujas características procuramos descrever anteriormente, apresenta inúmeras dificuldades que enunciamos de forma sucinta por temas.

■ *Quanto ao processo:*

– a dimensão física dos inquéritos, em alguns casos com dezenas de milhares de documentos, impõe a necessidade de realização de muito trabalho administrativo, como a criação e organização de dossiers.

– A Lei n.º 5/2002, de 11 de Janeiro, artigo 3.º, n.º 2, estabelece que as instituições de crédito e sociedades financeiras têm que fornecer os elementos solicitados num prazo de cinco dias, quando a informação esteja disponível em suporte informático, e num prazo de trinta dias, quando a informação não estiver disponível em suporte informático, período de tempo que neste último caso é reduzido para metade quando existam arguidos presos.

Apesar da referida previsão legal os bancos, de uma forma geral, não cumprem os prazos, chegando a demorar vários meses para fornecer a informação e, só excepcionalmente, fornecem em formato informático. Esta circunstância implica, no caso dos extractos bancários, a necessidade de se fazer o seu lançamento em ambiente digital, tarefa que ocupa muitos recursos humanos e por longos períodos de tempo.

– A determinação da actividade da PJ por indicação de informações ou pareceres elaborados, em autos de notícia ou nos inquéritos, por inspectores tributários ou funcionários da Administração Fiscal, com sensibilidades mais ou menos experientes.

Entendemos que a intervenção da PJ, porque de tão especializada e limitada nos seus meios e recursos humanos, deve acontecer pela aplicação de critérios objectivos decorrentes de uma análise técnica sobre os fenómenos, a efectuar em conjunto com a Administração Fiscal, de forma mais relevante com os sectores de inspecção das Direcções de Finanças.

■ *Quanto aos autores:*

– a diversidade de nacionalidades dos sujeitos passivos.

– A organização dos autores, nomeadamente a sua capacidade económica e logística, que lhes permite recorrer à intervenção de especialistas na área da contabilidade e do direito fiscal.

■ *Quanto aos recursos humanos:*

– a escassez de recursos materiais e humanos mostra ser um enorme entrave ao desenvolvimento das investigações. Estas, por regra, impõem a utilização de especiais meios de obtenção de prova, como o recurso, entre outros, à utilização de vigilâncias e escutas telefónicas.

A utilização de especiais meios de obtenção de prova implica, necessariamente, a utilização de uma equipa alargada de pessoas e meios materiais, podendo acontecer que uma só investigação ocupe os recursos de uma brigada, que em algumas circunstâncias pode não ser suficiente.

– Necessidade de formação específicas, designadamente em algumas matérias de fiscalidade, contabilidade e economia, bem como relativamente aos procedimentos relativos a cada sector comercial.

■ *Quanto ao quadro legal:*

– a facilidade de criação de pessoas colectivas ("empresa na hora"), que permite a intervenção de sujeitos passivos "fictícios".
– A diversidade de sistemas jurídico-fiscais.

A transnacionalidade das operações comerciais e dos seus intervenientes impõem o recurso massivo à cooperação policial e judiciária.

A cooperação policial decorrente da intervenção das UIF's dos vários estados comunitários permite a obtenção, ainda que demorada, de informação informal (não utilizável no inquérito) e relativa a factos passados. A investigação criminal exige a obtenção de informação criminal rápida e actual, melhor, informação *on line* do que está a acontecer em outros estados membros.

A cooperação judiciária, diz-nos a experiência já vivenciada, é lenta e não responde em tempo útil às solicitações da investigação, nomeadamente com a abertura de inquéritos noutros estados membros e, nesse âmbito, a realização das quebras de sigilo fiscal e bancário que permitissem conhecer a actividade dos sujeitos passivos intervenientes nos ilícitos investigados.

A cooperação policial e judiciária apenas se revela útil na investigação da criminalidade fiscal em apreço na medida em que seja rápida, permitindo a coordenação das acções das autoridades competentes na investigação e viabilize a existência de informação actual susceptível de utilização formal no âmbito do inquérito.

Quanto à Administração Fiscal verifica-se uma descoordenação entre os organismos regionais e centrais quanto à investigação criminal. Não raro, a Direcção de Serviços de Investigação da Fraude e Acções Especiais (DSIFAE) efectua operações junto de sujeitos passivos já alvos de inspecção em curso nas direcções de finanças e também já investigados pela PJ.

– A investigação da criminalidade fiscal, compreendida em sentido lato, pode ser vista em duas perspectivas muito diferentes, quer quanto aos meios, aos objectivos, logo às metodologias a implementar. Uma visa a liquidação do imposto em falta através de procedimentos administrativos especiais, de onde se destaca o de *inspecção tributária* e a outra, por sua vez, visa tão somente o apuramento das eventuais responsabilidades criminais dos intervenientes, independentemente da sua qualidade de sujeitos passivos.

Estas diferentes perspectivas colocam de imediato em evidência uma dificuldade processual, a diferenciação entre responsabilidade fiscal e criminal por um mesmo facto jurídico, mas com relevâncias distintas em sede jurídico-fiscal e/ou jurídico-penal.

No que respeita à responsabilidade fiscal (análise do facto tributário), podemos, de forma sucinta, referir que existe responsabilidade originária que diz respeito ao devedor originário ou contribuinte directo, ou seja, do sujeito passivo de um determinado imposto.

Só ocorrerá responsabilidade subsidiária e, consequentemente, se fará a reversão da dívida contra outros responsáveis tributários, uma vez verificada a inexistência ou insuficiência do património do devedor originário. Ao alcance deste tipo de responsabilidade temos, a título de exemplo, os administradores e gerentes, mesmo que apenas de facto e os TOC´s. A atribuição deste tipo de responsabilidade exige a adopção de procedimentos próprios, nos termos do artigo 23.º da Lei Geral Tributária (LGT).

Por sua via, no que concerne à responsabilidade criminal (análise das condutas individuais) procura-se a identificação de condutas e respectivos intervenientes, independentemente da sua ligação aos documentos com relevância fiscal.

Assim, as diferenças de perspectiva e quadro legal entre a investigação à situação fiscal e a investigação criminal podem trazer algumas dificuldades a esta última na utilização da primeira para a produção de prova.

Vejamos. A investigação à situação fiscal ocorre mediante a realização de uma inspecção tributária (artigo 63º LGT e RCPIT), tratando-se de um procedimento administrativo que, uma vez detectados desvios, conduz necessariamente à liquidação adicional, concretizado através de procedimento isolado a cada sujeito passivo.

A fixação da matéria tributável ocorre, com frequência, por recurso a métodos indirectos, ou seja na falta de elementos probatórios que permitam à Administração Fiscal proceder às necessárias correcções (fixa-se a matéria por aplicação de critérios estabelecidos nos termos do artigo 90º LGT).

Já na investigação criminal a organização processual pode ser global, engloba diversas inspecções tributárias, muitas vezes realizadas por diferentes distritos de finanças. Esta situação conflitua com o facto de as direcções de finanças instaurarem inquéritos isolados com base em cada uma das inspecções tributárias que implica, na prática, a múltipla responsabilização do mesmo indivíduo em vários inquéritos pelo mesmo facto tributário.

A fixação da matéria colectável por métodos indirectos coloca um problema à investigação criminal quanto à possibilidade de utilizar a informação existente no processo de inspecção tributária, uma vez que não possui, à partida, elementos concretos[12].

BIBLIOGRAFIA

DAVIN, J. (2004). *A Criminalidade Organizada Transnacional – A Cooperação Judiciária e Policial na UE*, Coimbra: Edições Almedina.

FONSECA, P. (2006). Criminalidade Tributária Organizada e Transnacional – O Carrossel Internacional do IVA – Da Atribuição de Competência Reservada à Investigação Criminal, *Polícia e Justiça, III Série, n.º 7, 129-194*.

GODINHO, J. (2001). *Do Crime de «Branqueamento» de Capitais – Introdução e Tipicidade*, Coimbra: Edições Almedina.

---

[12] Em várias situações em que Administração Fiscal entendia aplicar métodos indirectos, encontrando-se assim a decorrer acções inspectivas e inquérito crime em simultâneo, entendeu-se solicitar àqueles Serviços que se fizesse constar do relatório um cálculo da vantagem patrimonial com base nos elementos concretos existentes, sem prejuízo do cálculo final ser baseado nos referidos métodos indirectos.

SILVA, I. M. (2007). *Regime Geral das Infracções Tributárias*, Coimbra: Edições Almedina.

SUSANA, S. A. (2006). *Os crimes Fiscais – Análise Dogmática e Reflexão Sobre a Legitimidade do Discurso Criminalizador,* Coimbra: Coimbra Editora.

Textos coligidos na 2.ª Brigada da 2.ª SRICCEF da Directoria do Norte da Polícia Judiciária.

Painel 5.º

A PROBLEMÁTICA DOS CIRCUITOS ECONÓMICO-FINANCEIROS ASSOCIADOS AOS PARAÍSOS FISCAIS

O crime de "lavagem de capitais": uma perspectiva crítica dogmática e de política criminal, em especial a partir da experiência legislativa cabo-verdiana

JORGE CARLOS FONSECA
Professor Auxiliar do Instituto Superior de Ciências Jurídicas e Sociais de Cabo Verde (ISCJS).

Considerações preliminares

Falar de branqueamento de capitais é, como dizíamos, num estudo em homenagem a FIGUEIREDO DIAS[1], falar também de delinquência de tráfico variado que, reconhecidamente, não atinge, nos seus efeitos desreguladores, apenas as regiões desenvolvidas, mas igualmente, pela sua vulnerabilidade, os países ditos em vias de desenvolvimento, objecto da apetência de organizações de delinquentes que se aproveitam da urgente necessidade de capitais estrangeiros que os governos sentem para intentar reformas das economias nacionais num esforço de adaptação à economia globalizada de mercado, sem esquecer que ela representa nalguns destes países uma quota importante de sua própria actividade económica, seja no âmbito de actividades ilícitas, seja no das lícitas[2]. Em

---

[1] «Direitos, Liberdades e Garantias individuais e os desafios impostos pelo combate à 'criminalidade organizada' – Um périplo pelas reformas penais em curso em Cabo Verde com curtas paragens em Almagro e Budapeste», in *Liber Discipulorum para Jorge de Figueiredo Dias*, Coimbra Editora, 2003, 162-163.

[2] Cfr. Eduardo A. FABIÁN CAPARRÓS, *El delito de blanqueo de capitales*, Colex, 1998, 44 ss., a propósito do que considera a «função social» da delinquência organizada.

causa estão delitos como os de tráfico de estupefacientes, terrorismo, tráfico de embriões, crianças e mulheres, de material nuclear, corrupção política e administrativa ou o chamado branqueamento de capitais, este visto por muitos autores como a mãe de todos os delitos na geografia planetária da delinquência económica[3], ou, doutra perspectiva, aquele crime cuja repressão permite atingir a actividade criminosa num ponto particularmente sensível[4], ou, ainda, a mais típica e característica das formas de criminalidade económica directamente «... *derivanti dalla presenza e dalla crescita della criminalità organizzata*»[5].

Delitos praticados por organizações capazes de estender as suas actividades para além das fronteiras nacionais e de iludir os esforços dos Estados para as controlar, senão mesmo tornar o «Estado-nação... derruído na sua soberania e tornado mínimo pelo poder económico global...», incapaz, pois, de «oferecer respostas concretas e rápidas aos crimes dos poderosos, em relação aos quais há, no momento, um clima que se avizinha à anomia»[6]; delitos representativos de uma criminalidade nova, resultado a que não é alheio o fenómeno da globalização da economia e

---

[3] JOAQUÍN GONZÁLEZ, *Corrupción y Justicia Democrática – Introducción a una teoria de la función judicial en las sociedades en cambio*, Madrid, 2000, 39. Não há dados seguros e coincidentes sobre cifras relativas aos lucros proporcionados por este verdadeiro sistema económico clandestino. Segundo Roth e Frey, cits. por MARINO BARBERO SANTOS (apresentação de *Criminalidad organizada*, Almagro, 1999, 6, nota 3), na «Europa nas garras da máfia» os benefícios elevam-se a 500 000 milhões de dólares, o equivalente ao PIB espanhol; segundo a Conferência da ONU sobre a economia Criminal Global de Nápoles (1994), o montante do capital de origem ilegal objecto do branqueamento de capitais ascenderia a 750 000 milhões de dólares anuais.

[4] OLIVEIRA ASCENSÃO, «Branqueamento de capitais: Reacção criminal», in *Estudos de Direito Bancário*, sep., Coimbra Editora, 1999, 337, nomeadamente sobre a ligação entre o branqueamento e a criminalidade organizada (344 ss); cfr., ainda, no mesmo sentido, JORGE Alexandre Fernandes GODINHO, *Do crime de "branqueamento" de capitais – Introdução e tipicidade*, Almedina, 2001, 31 ss; Luís GOES PINHEIRO, «O branqueamento de capitais e a globalização (Facilidades na reciclagem, obstáculos à repressão e algumas propostas de política criminal», in *RPCC* 12 (2002), particularmente 606.

[5] LUIGI FOFFANI, «Criminalità organizzata e Criminalità economica», in *Una Facoltà nel Mediterrâneo – Studi in occasione dei trent' anni della Facoltà di Scienze Politiche dell' Università de Catana*, Giuffrè Editore, 2000,, 367.

[6] Assim, ALBERTO SILVA FRANCO, «Globalização e criminalidade dos poderosos», in *RPCC* 10 (2000), 207.

do sistema financeiro, assim como a dos meios de comunicação, que se traduz na criação de um gigantesco mercado mundial e que faz com que a evolução da economia se traduza também pela demanda, a par de bens e serviços legais, de bens proibidos, de bens e serviços ilegais: armas, drogas, dinheiro de origem ilícita, materiais radioactivos, órgãos humanos, embriões, obras de arte, mão-de-obra imigrada, etc.[7].

I. A evolução legislativa em Cabo Verde

1. O crime de «branqueamento» ou de «lavagem» de capitais não está previsto no ainda recente novo Código Penal de Cabo Verde (2004) por opção do legislador cabo-verdiano. Entendeu-se que crimes como o tráfico de estupefacientes ou o de branqueamento de capitais, tal como, aliás, o contrabando ou grande parte dos chamados crimes económicos,

---

[7] Cfr., sobre este aspecto, e por todos, BARBERO SANTOS, loc. cit., 5 ss; Isidoro BLANCO CORDERO e Isabel Sánchez GARCÍA DE PAZ, «Principales instrumentos internacionales (de Naciones Unidas y la Unión Europea) relativos al crimen organizado: la definición de la participación en una organización criminal y los problemas de aplicación de la ley penal en el espacio», in Revista Penal, n.º 6, 2000, 3-5; JOAQUÍN GONZÁLEZ, ob. cit., 30 ss. Cfr., ainda, Laura ZÚÑIGA RODRÍGUEZ, «Criminalidad organizada, Unión Europea y sanciones a empresa», in *Criminalidad organizada*, cit, 55 ss, autora que refere os casos de Espanha e de Itália, onde a criminalidade organizada se infiltra cada vez mais no mundo de negócios legais, nomeadamente para reciclar os seus benefícios económicos obtidos através de operações ilícitas; Nicolas GARCÍA RIVAS, «Criminalidad organizada y tráfico de drogas», in *Revista Penal*, n.º 2, Julio 1998, 23 ss. («...La criminalidad no se organiza solo para crear una red de venta de droga, sino que procura obtener un alto rendimiento económico mediante el intercambio de calquier producto... cuyo comercio genere una importante plusvalía» (23); CLÁUDIA Maria Cruz SANTOS, *O crime de colarinho branco (Da origem do conceito e sua relevância criminológica à questão da desigualdade na administração da justiça penal)*, Coimbra Editora, 2001, 84 *ss.*, autora que ressalta, judiciosamente, que, se o crime organizado surge historicamente ligado a actividades lucrativas no âmbito do mercado negro e relacionadas, portanto, com o fornecimento de bens e serviços intensamente desejados mas ilícitos, a verdade também é que uma nota característica dele é o investimento em actividades legítimas, «até por um motivo tão pouco nobre como a necessidade de branquear os capitais ilicitamente obtidos» (89). Numa perspectiva *criminológica* do fenómeno, que, em certos casos, se pode traduzir por efeitos positivos – num sentido de *funcionalidade* da *deviance* –, veja-se Manuel da COSTA ANDRADE, *A vítima e o problema criminal*, Coimbra, 1980, 104 *ss.*; FABIÁN CAPARRÓS, ob. cit., 44 *ss.*

deveriam ser objecto de legislação especial. E assim tem sido até agora, como veremos.

Crimes como o tráfico de estupefacientes ou o de branqueamento de capitais também, no geral, são objecto de legislação especial (foi assim em Portugal, até há pouco tempo; é-o em em Cabo Verde ou na Argentina)[8], a par do grosso dos crimes económicos.

2. Em Portugal, por exemplo, a tradição de uma autonomia do direito penal económico é forte, tendo sido um dos primeiros países a possuir uma lei dos delitos anti-económicos. Uma tal autonomização é, nas palavras de FIGUEIREDO DIAS, uma exigência que deve ser centrada a três níveis diferentes: «1.º) ao nível da especificidade do *ilícito* e da possibilidade da sua delimitação em face do ilícito penal geral e do ilícito puramente contra-ordenativo; 2.º) ao nível da especificidade das *sanções*, dos seus fundamentos, do seu sentido e dos seus limites; 3.º) consequentemente, também ao nível da *aplicação concreta* das sanções, quer dizer, ao nível processual»[9]. Num mesmo sentido também se pronunciou CUNHA RODRIGUES, para quem há razões de dogmática e de política criminal que conformam uma tal solução «e que se imporão tanto mais quanto maior for a identidade e a homogeneidade do chamado direito penal económico»[10], sem esquecer, o que, para nós, é igualmente decisivo, como veremos, a circunstância de ser prudente incluir no Código Penal (comum, digamos) «... o núcleo da criminalidade com significado comunitário», capaz de reforçar «a capacidade de auto-afirmação das normas e a sua dinâmica estabilizadora»[11]. O que não quer dizer que não se encontrem tipos incriminadores associados à criminali-

---

[8] Não já assim, em Espanha, na França ou no México. Na Itália, o Código Penal prevê o crime de *«riciclaggio»* (art. 648 *bis*), mas a disciplina do crime não se esgota aí, sendo a sede privilegiada do seu tratamento em lei especial – Cfr. LUIGI FOFFANI, loc. cit., 368; Ferrando MANTOVANI, *Diritto Penale – Delitti contro il Patrimonio*, CEDAM, Padova, 1989, Appendice di Aggiornamento (1994), 8 *ss.*.

[9] «Breves considerações sobre o fundamento, o sentido e a aplicação das penas em direito penal económico», in CEJ, *Ciclo de Estudos de Direito Penal Económico*, Coimbra, 1985, 28.

[10] José Narciso CUNHA RODRIGUES, «Os crimes patrimoniais e económicos no Código Penal Português», in *RPCC* 3 (1993), 538.

[11] CUNHA RODRIGUES, loc. cit., 526.

dade económica, de forma mais ou menos intensa ou clara (exemplos: a administração danosa, a infidelidade, a usura, os crimes de falsificação e os crimes falenciais), como também acontece com o novo Código Penal de Cabo Verde (como veremos à frente) ou o da Guiné-Bissau de 1993 (prevê, como crimes «contra a economia nacional», a «fraude fiscal», a «perturbação de acto público», vários tipos de contrafacção, para além de crimes como a receptação, a administração danosa e administração abusiva, incluídos na categoria de crimes conta o património em geral).

3. Entre nós[12], a reforma penal, e, posteriormente, quase sem alterações, o novo Código Penal, manteve, no domínio dos crimes contra o património, a propriedade como bem jurídico principal, e a opção de fazer incluir em legislação especial um bom número de novos direitos a que deram lugar a revolução tecnológica e as transformações operadas na vida económica. De todo o modo, o Código, não indo tão longe nessa matéria de previsão de tipos de crime contra o património ou dos crimes contra a economia como, por exemplo, o Código espanhol[13], vai um pouco mais longe do que, por exemplo, o português, abrangendo alguns chamados crimes de «Fraudes» e societários. Nomeadamente: «Infidelidade» (art.º 220.º), «Adulteração de contas ou de inventário» (art.º 221.º), «Publicitação de falsidades sobre situação de sociedade»(art.º 222.º),

---

[12] Seguimos aqui, até por razões de comodidade e de economia de tempo, o que está dito no nosso *Reformas Penais em Cabo Verde*, Vol. I, Um novo Código Penal para Cabo Verde, IPC, Praia, 2001, 111 ss.

[13] Cfr., para uma análise crítica da reforma espanhola, nomeadamente quanto a seus "excessos", BAJO FERNÁNDEZ, «A reforma dos delitos patrimoniais e económicos», in *RPCC*, 3 (1993), 499 ss.; cfr., igualmente, MUÑOZ CONDE, «Los delitos patrimoniales y economicos en el Código Penal Espanol de 1995 y en el Anteproyecto de Código Penal de Cabo Verde», in *DeC*, n.º 2, Praia, 1997, *passim*, referindo o que considera acertado: o procedimento adoptado no Anteprojecto cabo-verdiano, ao não adoptar, como fez o novo código espanhol, a distinção entre «delito contra el património» e «delito contra el orden socioeconómico», e ao incluir também na categoria tradicional de "crimes contra o património" «... aquellos delitos que tienen, sin duda, una trascendencia económica social o colectiva superior a la puramente patrimonial, pero que siguen siendo, en el fondo y en la forma, estructural y materialmente delitos fundamentalmente patrimoniales a los que su incidencia en intereses económicos sociales no les puede privar de su carácter originário» (5).

«Pacto contra interesses societários» (art.º 223.º), «Adulteração de arrematação ou concurso público» (art.º 226.º).

3.1. E parecia haver razões para tanto. Por um lado, não se poderia invocar, como em Portugal se justificou tal parcimónia legislativa, a ideia de «... a legislação portuguesa ter enveredado, desde muito cedo, por uma política legislativa autónoma relativamente aos delitos contra a economia» ou que hoje, como atrás se referiu, «... há... importantes razões de dogmática e de política criminal que confortam esta solução e que se imporão tanto mais quanto maior for a identidade e a homogeneidade do chamado direito penal secundário...». Nem se poderia chamar à colação argumentos como os que FIGUEIREDO DIAS expendeu a propósito da não inclusão dos crimes contra o ambiente no Código Penal – e que, neste contexto, teriam integral cabimento –, segundo os quais o seu tratamento em legislação própria se coadunava melhor com o carácter não-pessoal da responsabilidade ou com a adopção de tipos mais adequados de sanções (para pessoas colectivas, entenda-se)[14]. E assim dizemos, pois que o novo Código não só prevê a responsabilidade criminal das pessoas colectivas, como também define um quadro específico de sanções a elas aplicáveis.

3.2. Mas, por outro lado, o novo Código não pretendeu ir mais além do que, nesta matéria, como, também por exemplo, na dos crimes ecológicos, informáticos, genéticos e outros, se mostrava como núcleo essencial daquela criminalidade. Melhor: pensou-se que apenas deviam ser previstos crimes, nessas áreas, que correspondessem a um núcleo essencial de valores no domínio da protecção ambiental, da economia e do Estado e outros que, pode dizer-se, perderam já «... o seu carácter pontual e adquiriram a determinação suficiente para figurarem num corpo de leis com tendência para a estabilidade, independentemente da evolução das estruturas económico-políticas»[15]. Acrescem ainda o facto de só recentemente ter sido aprovado o regime geral das contra-ordenações, e,

---

[14] «Sobre o papel do direito penal na protecção do ambiente», in *R.D.E.*, ano IV, n°1, 1978, 10 ss..

[15] Manuel António LOPES ROCHA, «A parte especial do novo Código Penal – Alguns aspectos inovadores», in *Jornadas de Direito Criminal – O Novo Código Penal*

assim, só ter começado agora o processo conducente a uma gradual transferência para este novo tipo de ordenamento de infracções que hoje continuam, de forma discutível, catalogadas como penais (a transferência fez-se já, por exemplo, nos domínios das infracções fiscais aduaneiras, bancárias ou relativas à protecção vegetal ou à comercialização de produtos fitossanitários) e a circunstância de, não havendo ainda em Cabo Verde uma qualquer experiência de vigência de um direito penal secundário que pudesse fornecer critérios consistentes para uma progressiva centragem (pela sua introdução no Código Penal) de crimes até então descentrados, não se poder optar por um procedimento de recodificação, como, por exemplo, em Portugal, vem propugnando FIGUEIREDO DIAS[16].

3.3. As mesmas razões de fundo – limitação ao núcleo essencial e estabilizado de valores – a que acrescem as de necessidade de tratamento jurídico particular, nomeadamente em sede de articulação entre normas substantivas e processuais específicas, levaram a não incluir também no C.P. incriminações como as do tráfico de estupefacientes[17], ou do «branqueamento de capitais», entre outros crimes[18].

Português e Legislação Complementar (C.E.J.), 1983, 345-346; cfr., ainda sobre esta problemática, EDUARDO CORREIA, «As grandes linhas da reforma Penal», *ibidem*, 36; CUNHA RODRIGUES, loc. cit., 519 *ss.*; Gonzalo QUINTERO OLIVARES /MUÑOZ CONDE, *La reforma penal de 1983*, Ediciones Destino, Barcelona, 1984, 56 *ss.*.

[16] «Oportunidade e sentido da revisão do Código Penal Português», in *Jornadas de direito criminal – Revisão do Código Penal* (C.E.J.), I, Lisboa, 1996, 20 *ss.*, a propósito das tendências, reclamadas aqui e acolá, para um movimento de descodificação; veja-se, ainda, sobre esta problermática, MANTOVANI, «Sobre a exigência perene da codificação», in *RPCC*, ano 5, 2°, 1995, 143 *ss.*; LOPES ROCHA, «A revisão do Código Penal – soluções de neocriminalização», in Jornadas (C.E.J.)..., cits., 79 *ss.*.

[17] Veja-se, sobre esta concreta questão, a posição adoptada por FIGUEIREDO DIAS, em audições parlamentares relativas à proposta do novo C.P. português: «... os senhores já imaginaram um código penal que contivesse toda a lei da droga?! Com as tabelas e tudo?! Era um código original, lá isso era! Não conheço nenhum! E, todavia, o direito penal da droga .... é o campo mais importante do direito penal dos nossos dias...» (ASSEMBLEIA DA REPÚBLICA, *Reforma do Código Penal – trabalhos preparatórios*, Volume III, Lisboa, 1995, 135). Veja-se, igualmente, posição oposta sufragada por SOUSA E BRITO, que considera ser esse um caso que seria desejável que estivesse previsto no C.P. e não em legislação extravagante «... não o regime da droga, não o que vem na lei da saúde sobre as drogas, mas o tráfico de estupefacientes»), sempre na

II. A nova lei cabo-verdiana sobre a "lavagem de capitais"

1. Foi recentemente aprovada em Cabo Verde uma nova lei sobre o «crime de lavagem de capitais, bens, direitos e valores», para usarmos a expressão contida no diploma. A lei, aprovada em votação global final em 3 de Março, foi publicada muito recentemente no momento em que redigimos o presente texto. Ela vem revogar a lei anterior, essencialmente com o mesmo objecto (a Lei n.º 17/VI/2002, de 16 de Dezembro), bem que, estranhamente, se diga na *Exposição de motivos* do Projecto de Proposta de Lei que «... o sistema com escassos 6 anos, não teve ainda tempo para se sedimentar»[19].

Se é verdade que a lei de 2002 é a primeira lei específica para a prevenção e repressão da «lavagem de capitais e de outros bens», para continuarmos a utilizar a expressão do legislador cabo-verdiano, as actividades de «branqueamento» eram previstas e punidas no quadro de Lei n.º 78/IV/93, de 12 de Julho, que regula os crimes de produção e o

---

ideia de que «... o bom caminho é para um Código Penal completo, que é o caminho dos legisladores alemão, austríaco e francês» (*ibidem*, 163-164). Cfr., ainda, sobre a «instabilidade» do tratamento jurídico-penal em Espanha, Marino BARBERO SANTOS : «... es rechazable que desde 1983 a 1995 seis o siete textos legales en vigor o proyectados por el Ministerio de Justicia hayan mantenido sobre la droga posiciones divergentes...» («Consumo, Tenencia y Tráfico de Drogas en el Nuevo Código Penal Español de 1995 y en la Jurisprudencia del Tribunal Supremo», in *DeC*, n.º 4, Praia, 1998, 24).

[18] Veja-se, numa perspectiva crítica a esta postura, MIGUEL MACHADO, in *Reforma...*, II, 81-82; JORGE DE ALMEIDA CABRAL, «O crime de branqueamento de Capitais», in AAVV., *Blanqueo de Dinero y Corrupción en el sistema bancário – Delitos financeros, Fraude y Corrupción en Europa*, Vol. II, Edición a cargo de Juan Carlos FERRÉ OLÍVÉ, Ediciones Universidad de Salamanca, 2002, 84, referindo-se à «... tendência descodificadora do Direito Penal, da qual só decorrem desvantagens, designadamente a nível da prevenção geral».

[19] Dados que pudemos obter junto do Ministério Público mostram que, no âmbito da lei de 2002, ainda em vigor neste momento, na comarca da Praia (a maior e mais importante do país), há notícia de apenas 15 processos por «lavagem de capitais», quase todos entre o período decorrido entre 2005 e 2008. Desses quinze processos, seis foram arquivados, nove continuam pendentes, havendo um já com acusação. Há um caso de condenação que aguarda recurso no STJ.

tráfico ilícito de estupefacientes[20]. O que, diga-se, nesta perspectiva histórico-legislativa, aconteceu com alguns outros países.

O art.º 7.º da lei sobre o tráfico de estupefacientes («Conversão, transferência ou dissimulação») previa e punia condutas de quem, conhecendo a proveniência criminosa dos bens ou produtos – dos crimes previstos nos arts. 3.º a 6.º, 8.º e 9.º, e todos referentes a «drogas de alto risco», «drogas de risco» e «precursores» – converter, transferir, auxiliar ou facilitar operações de conversão ou transferência desses bens ou produtos, com o fim de ocultar ou dissimular a sua origem ilícita ou de auxiliar uma pessoa implicada na prática de qualquer dessas infracções a eximir-se à aplicação das correspondentes sanções.

De igual modo, a referida lei previa e punia a conduta traduzida em ocultar ou dissimular a verdadeira natureza, origem, localização, disposição, movimentação ou propriedade de tais bens ou de direitos a eles relativos, acabando por punir ainda as condutas que consistam em adquirir ou receber, a qualquer título, utilizar, deter ou conservar tais bens ou produtos. Tratava-se de uma formulação muito próxima da correspondente lei portuguesa de então (Decreto-Lei n.º 15/93, de 22 de Janeiro), verificando-se a mesma sintonia no que toca às diferentes molduras penais previstas para cada uma das condutas previstas e punidas (4 a 12 anos, 2 a 10 anos e 1 a 5 anos de prisão, respectivamente).

2. Com a edição da Lei da «lavagem», de 2002, alargou-se o âmbito do objecto da punição que, para além de bens e produtos provenientes do tráfico de droga ou substâncias psicotrópicas, passou a abarcar igualmente os resultantes da prática de um vasto catálogo de outros crimes

---

[20] Isto antes da aprovação para ratificação da Convenção da nações Unidas contra o tráfico, mais conhecida pela Convenção de Viena de 1988.

Na verdade, o artigo 7.º da Lei da droga criminaliza a lavagem de capitais em termos idênticos ao disposto na cláusula n.º 3, b I II e c I, da Convenção de Viena das Nações Unidas contra o Tráfico Ilícito de Estupefacientes e Substâncias psicotrópicas, de 19 de Dezembro de 1988, mais conhecida por Convenção de Viena de 1988.

Esta Convenção foi aprovada, para ratificação, através da Resolução da Assembleia Nacional n.º 71/IV/94, de 19 de Outubro, ratificado em 5 de Abril de 1995, tendo entrado em vigor para Cabo Verde em 06 de Agosto de 1995.

precedentes ou *subjacentes*[21], que vai do terrorismo, rapto, tráfico de menores aos de abuso sexual de menores, comércio de pornografia infantil, lenocínio, tráfico de armas, extorsão de fundos, corrupção, peculato, administração danosa de unidade do sector público ou cooperativo, fraude na obtenção ou desvio de subsídio, subvenção ou crédito até ditas «infracções económico-financeiras» (art.º 3.º). Alargamento, aliás, que também surgia na lei portuguesa (Decreto-Lei n.º 325/95, de 2 de Dezembro, sucessivamente alterado pela Lei 65/98, de 2 de Setembro e pela Lei n.º 10/2002, de 11 de Fevereiro), havendo, igualmente, profunda afinidade na descrição típica das condutas proibidas, com uma pequena diferença, sem grandes repercussões práticas[22-23], mantendo-se, outrossim, a afinidade no que tange ao sistema diferenciado de penas previsto e às molduras penais.

Tratando-se de uma lei que pretendia ser definidora de um regime geral de prevenção e repressão contra «a lavagem de capitais e de outros bens provenientes dos crimes...», naturalmente que não se limitava a criar e definir o crime e as penas aplicáveis, mas estendia a sua aplicação a aspectos particulares de regime processual, nomeadamente sobre a investigação criminal, a regras de conduta e de «transparência» aplicáveis a denominadas «entidades financeiras» (instituições de crédito e parabancárias, empresas seguradoras e sociedades gestoras de fundos de pensões, entidades exploradoras do serviço público de correios, entre

---

[21] Os crimes geradores das vantagens cujo «branqueamento» ou «lavagem» se pune – Cfr., por todos, PEDRO CAEIRO, «A Decisão-Quadro...», loc. cit., 1067-1068.

[22] Enquanto a lei portuguesa de branqueamento manteve a descrição das condutas proibidas tal como vinha na lei da droga, em Cabo Verde o diploma posterior fez pequenas alterações. Por exemplo, no art.º 7.º da Lei de 1993, pune-se a actividade de «converter, transferir, auxiliar ou facilitar alguma operação...»; no art.º 3.º, a), da lei do «branqueamento» acrescenta-se a actividade de «aplicar»; na alínea c), retira-se a conduta que consista em «conservar». Mas dificilmente conseguiríamos, por um lado, imaginar uma conduta de «aplicação» que não consubstancie a de «converter», «transferir» ou «auxiliar ou facilitar alguma operação de conversão ou transferência» (dos bens ou produtos provenientes de um dos «crimes precedentes»); por outro lado, parece que a actividade de «deter» implicaria a de «conservar».

[23] Uma das críticas feitas por JORGE DE ALMEIDA CABRAL à lei portuguesa é o facto de a descrição típica conter «desnecessárias repetições e o emprego de vocábulos sinónimos» – «O crime de branqueamento...», loc. cit., 84. Críticas que poderiam ser também endereçadas à lei cabo-verdiana.

outras – art.º 2.º da Lei n.º 17/VI/2002) ou a contra-ordenações consubstanciadoras de violações daquelas regras de conduta.

3. A mesma ideia reguladora abrangente manteve-se e foi desenvolvida na mais recente lei cabo-verdiana, que, de acordo com a exposição de motivos do projecto de Proposta de Lei, pretendeu dirigir-se «… a uma revisão do regime legal existente, *maxime*, do tipo de crime plasmado naquela lei, bem como ao aperfeiçoamento do sistema preventivo de detecção de operações de lavagem…». Mais: diz tal nota explicativa que se pretendeu uma «lei totalmente nova, com sistemática própria e técnica legislativa diferente, pensada para clarificar e aperfeiçoar a regulamentação pretérita, consubstanciada num diploma coerente, de fácil consulta e aplicação…».

4. Esta evolução legislativa, ainda curta como o é também a vida do Estado soberano de Cabo Verde, o desenho legal da infracção, o âmbito material do regime jurídico estabelecido, e, sobremaneira, as intenções político-legislativas e de política criminal confessadas ou intuídas a partir dos textos ou de notas explicativas, não fogem muito ao que, igualmente noutras paragens, nomeadamente em Portugal, surge como um processo *tacteado*, como que a apalpar constantemente o terreno, atravessado por hesitações, dúvidas, equívocos, seja no que toca ao(s)bem(bens) jurídico(s) protegido(s) ou objectivos de política criminal prosseguidos, seja, por via disso provavelmente, no atinente ao desenho dos tipos legais e às condutas proibidas, à natureza dos crimes instituídos (de perigo ou de dano, de perigo concreto ou abstracto, formal ou de resultado), ao sistema de penas (molduras idênticas ou diferenciadas conforme a conduta tipificada; proporcionalidade das penas face à gravidade dos ilícitos) e às próprias molduras penais previstas; círculo possível de agentes do crime «de conexão», concurso de crimes ou concurso legal ou de normas caso o agente dos crimes precedente e de «lavagem» ser o mesmo.

Hesitações e equívocos que até levam ou podem levar ao questionamento sobre a necessidade de um novo e autónomo crime ou, pelo menos, à sua eficácia preventiva e repressiva.

5. As principais alterações operadas pela nova lei cabo-verdiana sobre a «lavagem de capitais», no plano do direito substantivo, e rela-

tivamente à descrição das condutas proibidas, e sem que deixe de haver formulações diferentes[24] traduziram-se em:

   i) Punição de três espécies de condutas (art.º 24.º): a) a de quem converte ou transfere as vantagens de um crime precedente, com o fim de dissimular a sua origem ilícita ou de ajudar pessoa envolvida na prática da infracção precedente a furtar-se às consequências jurídicas a ela ligadas; b) a de quem ocultar ou dissimular a origem ou titularidade das vantagens do crime precedente; c) a de quem adquirir ou receber, a qualquer título, utilizar, deter ou conservar aquelas vantagens;

   ii) Manutenção da mesma ordenação daquelas três modalidades de conduta, deixando, porém, a nova lei de as sancionar de forma diferenciada, como acontecia com as leis antecedentes referidas, que estabeleciam penas sucessivamente mais baixas, o que naturalmente se interpretava, nem sempre de forma acrítica, diga-se[25], como uma ordenação decrescente de grau e medida do ilícito (do mais grave → a actividade de aplicação das «vantagens» com o intuito de as ocultar ou dissimular → ao menos grave → a acção de aquisição ou detenção delas), a partir de um critério fundado na existência, em regra, de três fases do processo de «branqueamento» (colocação, circulação e integração), sendo que a gravidade diminuiria à medida em que o dinheiro se ia afastando da origem[26];

---

[24] Entre outras diferenças de formulação, a nova lei cabo-verdiana afastou a conduta que consiste em «aplicar», a par de converter e transferir, e retomou a de «conservar», que tinha sido eliminada na lei de 2002. retiradas do enunciado linguístico da lei de 2002 e que vinham da lei da droga. Sobre estes enunciados linguísticos e seu significado relevante (ou não), cfr. o que dissemos *supra*, nota 18.

[25] Por exemplo, em registo crítico, advogando igualdade de medidas de pena para as três formas de conduta típica, «...designadamente para a última situação, conforme sucede no C. italiano, art.º 648 *ter (impiego di denaro, beni o utilità di provenienza illecita)*...», JORGE CABRAL, loc. cit., 82; também num mesmo sentido crítico, JORGE GODINHO, *Do crime...*, particularmente 248-249 e notas 574 e 575, considerando que a consagração legal de três penas distintas consoante a conduta de branqueamento... «... é das maiores obscuridades de que se rodeia a criminalização do branqueamento de capitais em Portugal...» e que não encontra qualquer explicação racional para tal diferença... «que pode conduzir a resultados desequilibrados...» (248).

[26] Por «branqueamento de capitais» ou outras expressões equivalentes («lavagem de dinheiro», «branqueamento de bens») tem-se entendido sempre a actividade (ou o

iii) Previsão da mesma moldura penal para qualquer das acções tipificadas, significativamente a solução que hoje consta da incriminação em Portugal, através do art.º 368.º- A do C.P., com a diferença de que, em primeiro lugar, em Cabo Verde a pena é de 4 a 12 anos de prisão e em Portugal ela é de 2 a 12 anos, e, em segundo lugar, o «branqueamento deixou de integrar a conduta de mera aquisição, detenção ou conservação das «vantagens» ilicitamente obtidas;

iv) Manutençãoe na nova lei do condicionamento da medida da pena prevista para o crime de «lavagem» pela medida da pena das correspondentes «infracções principais». E dizemos parece porque, se, na lei de 2002, explícita e inequivocamente se estatuía que a punição pelos crimes de «lavagem de capitais» «não deve exceder os limites mínimo e máximo previstos para as correspondentes infracções principais» (referência, pois, à medida abstracta da pena do crime de «lavagem», como, diga-se, no DL n.º 325/95), na nova lei cabo-verdiana a solução só aparece explicitada para o caso particular de «lavagem de capitais» agravada por certas circunstâncias (art.º 26.º, por referência ao art.º anterior).

De todo o modo, parece-nos que, até por maioria de razão, se deverá aplicar o mesmo princípio relativamente aos casos de crime de «lavagem» simples, isto é, não agravados.

Outrossim, o condicionamento ou limite tem como referência a medida concreta da pena aplicada ao crime agravado de «lavagem», tal como faz também, aliás, o C.P. português[27] e surge nas leis da droga, quer a cabo-verdiana, quer a portuguesa.

v) A nova lei abandonou a técnica do «catálogo» dos crimes precedentes, longo e aparentemente incoerente, usada nas leis antecedentes, não acompanhando, neste aspecto a evolução legisla-

---

processo) através da qual se procura ocultar ou dissimular a origem criminosa de capitais («bens ou produtos»), com o fim de lhes dar uma aparência legal. Um processo, pois, e não um conjunto mais ou menos delimitado de concretas condutas. Cfr., por todos, JORGE FERNANDES GODINHO, ob. cit., 13-14; NUNO BRANDÃO, ob. cit., 15-18; GOES PINHEIRO, loc. cit., 603 *ss.*; FABIÁN CAPARRÓS, ob. cit., 46 *ss.*.

[27] N.º 10 do citado art.º 368.º-A.

tiva levada a cabo em Portugal. «Infracção principal» passa a ser qualquer facto «ilícito, típico e punível com pena de prisão de limite máximo *não inferior a 3 anos* de que derive um bem que possa passar a constituir objecto de uma infracção definida no art.º 24.º ...» (Art.º 2.º, f).

6. Assinale-se que existe uma incongruência visível entre as definições constantes do art.º 2.º da nova lei. Na alínea b) ao definir-se «vantagens do crime» diz-se que elas são os bens de qualquer tipo, direitos o valores provenientes da prática de facto ilícito punível *com pena de prisão de limite máximo superior a 3 anos*. No entanto, como se referiu, na alínea f) do mesmo dispositivo, aponta-se um outro limite máximo de pena, a partir do qual poderia haver «infracção principal» (limite máximo não inferior a 3 anos). O que poderia dizer que seria admitido como crime precedente da «lavagem» infracção punível com pena de prisão até 3 anos. De todo o modo, cremos poder ser resolvida sem dificuldades a incongruência, fixando aquele limite em pena de prisão cujo limite máximo seja superior a 3 anos].

7. Acresce ainda que a formulação deficiente da segunda parte do n.º 1 do art.º 24.º da nova lei («... ou, ainda, ajudar qualquer pessoa envolvida na prática da infracção principal...»), apenas compreensível se consistir numa alternativa de *fim* ou de *motivação ligados à* acção de «converter...» ou de «transferir...», como, aliás, vinha já de formulações afins das leis anteriores. Trata-se de lapso, pois, já que não seria compreensível de todo, numa perspectiva de sentido político-criminal ou de uma mínima tradução de uma ideia ou critério de necessidade e/ou de proporcionalidade (das penas, designadamente), criar (mais) um tipo de *encobrimento... meramente do crime precedente (de um qualquer crime precedente), sem nenhuma ligação ou conexão com a actividade de «converter» ou de «ocultar»*[28].

---

[28] O Código Penal de Cabo Verde prevê, no seu art.º 336.º o crime de «encobrimento» que integra . A pena prevista é de , enquanto, como vimos, a do tipo previsto no art.º 24.º da lei da «lavagem» é de 4 a 12 anos de prisão. Cfr. FARIA COSTA, «O branqueamento de capitais (Algumas reflexões à luz do direito penal e da política criminal»e, in *Direito Penal Económico e Europeu: Textos Doutrinários* (Instituto de

8. Uma outra incongruência a ser apontada à nova lei cabo-verdiana reside na moldura da pena prevista, de 4 a 12 anos, que é directamente condicionada pela medida da pena da «infracção principal», que pode ser, em tese, inferior a 4 anos, o limite mínimo previsto para a «lavagem».

9. Em qualquer das modalidades típicas, o elemento subjectivo exigido é o dolo, não havendo «lavagem» negligente possível.

10. Também nos parece já não haver, sobremaneira pela circunstância de, na nova lei cabo-verdiana – tal qual como hoje se faz no C.P. português –, se ter eliminado a expressão «Quem, sabendo que os bens ou produtos são provenientes da prática... de crimes de tráfico de droga...» a definir um especial elemento subjectivo da ilicitude típica do branqueamento (o que muitos dos autores que se debruçavam sobre o crime chamavam dolo específico), razões para se afastar, à partida, como quase material impossibilidade dogmática, a relevância do dolo eventual.

11. Pessoalmente advogáramos, estando, então em falta de sintonia com PEDRO CAEIRO[29], por exemplo, que a exigência daquele elemento particular do ilícito, por acrescer à do dolo, que deve abarcar todos os elementos objectivos do tipo de crime (a acção, o resultado e as próprias circunstâncias de realização de uma e outro), mas já não outros elementos subjectivos do ilícito, não impedia de todo que se pensasse a possibilidade de prática do branqueamento com dolo eventual. Ainda hoje defenderíamos a mesma posição, depois de reponderação dos argumentos de CAEIRO e de outros (como, p.e., PAUL PINTO DE ALBUQUERQUE) que, já face ao C.P. de Portugal, continuam a sustentar que a solução seria quase absurda (fala em «verdade lapalissiana que se impõe na interpretação do tipo subjectivo...»[30], *ao menos para os casos em que a conduta da «lavagem» seja meramente a de ocultação ou dissimula-*

Direito Penal Económico e Europeu – Faculdade de Direito da Universidade de Coimbra), Volume II – Problemas especiais, Coimbra Editora, 1999, nota 24, *in fine*, 312, a propósito das relações e afinidades entre o branqueamento e o «favorecimento pessoal», nos termos do C.P. de Portugal (art.º 410.º).

[29] «A Decisão-quadro...», loc. cit., 1114-1119.
[30] Ob. cit., 869 (comentário 19.).

ção[31]. Tal é possível desde que não se seja levado a ver a possibilidade de dolo eventual (ou não)... não em relação à acção e resultado do crime de branqueamento, mas, sim (e erradamente) ao elemento particular, outro, do ilícito típico que ao dolo acresce(a tal exigência de «sabendo que os bens são de proveniência ilícita...»). Trata-se, porém, de uma minúcia que, no âmbito desta análise e face a um quadro normativo que não coloca tal problema concreto, perde relevância e interesse[32].

12. Mas já relativamente à nova formulação da lei ora aprovada, não nos parece que não seja possível, pensável, dolo eventual e em qualquer das três modalidades de acção típica. Se pensarmos na acção de ocultar ou dissimular, bastaria vermos o exemplo ora dado ou até

---

[31] Sem entrar na discussão sobre se aquela exigência seria compatível com a atitude de quem configurasse a possibilidade de ser ilícita a proveniência dos bens e produtos a serem «branqueados» e partindo da ideia de que a resposta seria negativa, um exemplo poderia ser dado: A, irmã de B e casada com C, que, segundo vozes repetidas, se dedica a negócios pouco claros, solicita à irmã que deposite em sua conta bancária um montante elevado de dólares, destinado à compra de um apartamento. O depósito seria feito desse modo, já que ela, residente fora do país, teria mais dificuldades e «burocracia» se depositasse o dinheiro na conta dela. B aceita, faz o depósito e depois transfere a quantia para a conta da irmã. Fá-lo, com a consciência de que o dinheiro não é «limpo» e admite como possível que a irmã lhe esteja a «contar uma história», mas, pelas relações que têm as duas e conhecendo os problemas e dificuldades por que passa, ajuda-a na mesma. Conforma-se com a possibilidade de estar a dissimular a origem ilícita da quantia em dinheiro.

[32] Dizíamos, nos «Sumários...», a que nos referimos já algumas vezes, a propósito da concreta questão no âmbito da formulação da lei portuguesa de 1995 e da cabo-verdiana de 2002 o seguinte: «Já não estaremos em total sintonia com o autor de Coimbra, quando aborda e trata outro aspecto do tipo subjectivo, nomeadamente o que chama de «dolo específico» quanto à proveniência ilícita dos bens. Estamos de acordo em como não há tipo de branqueamento se não houver (e se provar) o conhecimento efectivo do agente de que as vantagens provêm de um dos tipos de ilícito indiciados. Mas o nosso desacordo é este: não se trata aqui de saber se esse conhecimento deve ou não conter a exigência própria de um dolo directo, necessário ou eventual, como condição para a afirmação de que, então, é admissível (ou não) «... a realização integral do tipo a título de dolo eventual...». O tipo de branqueamento, como está formulado, pode ser integralmente realizado com dolo eventual, que é dolo, o qual deve abarcar toda a factualidade descrita no tipo de crime. Mas já não... a verificação de... outro elemento do tipo subjectivo. A exigência do elemento «sabendo que os bens ou produtos são provenientes da prática... de crimes de...» acresce à exigência de dolo (inclusive o eventual).

outro quiçá mais verosímil[33]. Tendo em mente a modalidade de «converter..» ou «transferir...« com o fim de ocultar ou de dissimular, já PEDRO CAEIRO, no quadro da lei portuguesa de 1995, admitia a possibilidade de realização do tipo com dolo eventual. Fá-lo numa argumentação clara que subscrevemos: «... Saliente-se que a exigência de uma certa finalidade do agente (a intenção de ocultar ou dissimular a origem ilícita das vantagens...) não é incompatível com a representação de tal proveniência como simplesmente possível, o agente, suspeitando da proveniência ilícita... converte-as ou transfere-as com o fim de ocultar ou dissimular essa *possível* proveniência...»[34].

É, pois, possível, na formulação da lei que brevemente irá entrar em vigor, haver «lavagem» com dolo eventual, em qualquer das modalidades típicas nela previstas.

13. Questões diferentes são as seguintes:

a) Em primeiro lugar, é a de saber se, de uma perspectiva político--criminal ou de *merecimento* da *tutela penal* se justifica punir o branqueamento realizado com aquele grau de dolo ou não, e/ou, ainda, se existe uma tal justificação, a partir de uma moldura penal tão severa (critério de proporcionalidade, designadamente das penas previstas). Questão a que não é indiferente, como facilmente se entenderá, a definição do bem jurídico essencial que se pretende proteger, não propriamente o bem jurídico desenhado ou que se pode recortar através da modelação concreta do tipo de crime (a «morfologia da tutela penal que lhe é concedida...»[35]), mas, sim, na sua veste de critério determinante e crítico nas próprias decisões do legislador, nas decisões de criminalização. Na veste que lhe deve emprestar um direito penal de um estado de direito.

---

[33] Substitua-se a hipótese de B saber efectivamente que a origem do dinheiro é ilícita por outra onde ela admite seriamente tal possibilidade e age, conformando-se com a sua realização.
[34] Loc. cit., 1119. em posição oposta, como vimos, PAULO PINTO DE ALBUQUERQUE, *Comentário do Código Penal*, 869-870 (comentário ao art.º 368.º-A)
[35] Assim, PEDRO CAEIRO, loc. cit., nota (46), 1082.

Desde já, e numa apreciação rápida, nos parece que a estruturação da incriminação, nomeadamente no seu tipo subjectivo, com a exigência de um especial elemento do ilícito (actuar com a intenção ou o fim de ocultação, por exemplo) praticamente anulará as possibilidades de uma conduta de branqueamento levada a cabo com dolo eventual (nos termos em que tentámos fundamentar uma sua possibilidade, a par daquele elemento especial de ilicitude) levar , como pretende JORGE F. GODINHO, por exemplo, a uma generalização inaceitável de um dever de esclarecimento da proveniência de bens de qualquer espécie[36]. No que sufragamos, aqui, as observações de PEDRO CAEIRO[37].

b) Outra tem a ver com o saber-se se, em atenção ao bem jurídico merecedor de tutela penal, a construção das condutas típicas do branqueamento deverá manter-se no modelo actual, designadamente, se não seria, desse ponto de vista, mais curial ser o tipo construído na base da proibição da acção de «conversão» ou «transferência», deixando esta de ser construída como «crime de intenção», isto é, com a exigência, a par do dolo como elemento do tipo subjectivo, um especial outro elemento subjectivo de ilicitude, qual seja a intenção de atingir um outro resultado, que é indiferente para a consumação (formal)[38] do crime, mas interessa para a valoração do ilícito (no caso, a intenção de ocultar a origem ilícita dos bens ou produtos, ou, ainda, de ajudar uma pessoa implicada na prática de qualquer das infracções precedentes)[39].

---

[36] JORGE FERNANDES GODINHO, ob. cit., 217 («... o que significaria a possibilidade de punir – com as elevada penas do branqueamento de capitais – toda e qualquer pessoa por, na dúvida, não ter investigado a real proveniência de quaisquer bens...»..

[37] Loc. cit., 1115 ss.

[38] Sobre o conceito, veja-se JORGE CARLOS FONSECA, *Crimes de empreendimento...*, 70 ss. e nota 42, e 115 ss. e nota 114.

[39] Daí o estarmos de acordo, face à lei anterior portuguesa, com o exemplo dado por PEDRO CAEIRO, do funcionário do banco que, obedecendo a ordens de seu cliente, agente de um crime de tráfico de estupefacientes, transfere fundos cuja origem ilícita conhece para a conta de um compartipante, sobre quem impende mandado de detenção, sem a intenção de ocultar ou dissimular a sua origem ilícita, mas, antes, com o fim de propiciar ao dito compartipante os meios necessários para fugir do país. Poderia haver, sim, a prática de outros crimes, mormente de favorecimento pessoal, mas já não de branqueamento. Cfr. «A Decisão-quadro...», loc. cit., 1115.

Paralelamente, poderia prever-se a conduta de ocultação ou dissimulação, exigindo-se a intenção de aplicação (conversão, transferência ou outro modo de aplicação, incluindo a reutilização para fins de prática de outros crimes grave).

Mas este é um problema que, como dissemos, depende da clarificação teleológica da incriminação e, sobretudo, do bem jurídico cuja tutela se pretende alcançar.

III. Algumas outras observações sumárias relativas à nova lei sobre «lavagem de capitais»

1. Conceber o crime de «lavagem de capitais» como um crime contra a justiça – como formal e sistematicamente o concebe o C.P. de Portugal – parece não justificar claramente a autonomização do crime. Seria suficiente uma eventual adaptação ou actualização de tipos de crime já existentes (encobrimento, favorecimento, receptação) e criar ou potenciar mecanismos conducentes ao confisco dos bens e produtos obtidos através do crime precedente, inclusivamente pela via de cuidadosos processos de natureza outra que não penal[40].

2. Outrossim, partindo da noção de que bem jurídico protegido no crime de «lavagem» é qualquer ideia de realização da justiça (pretensão do Estado ao confisco das vantagens do crime ou luta contra o sentimento de impunidade na comunidade ou, ainda, qualquer ideia de instrumentalidade para obviar a dificuldades de investigação ou de prova face ao crime precedente[41]) dificilmente conferiria sentido político-criminal à

---

[40] Veja-se SUARÉZ GONZÁLEZ, cit. por JORGE GODINHO, ob. cit., 154. «... lo que de factor criminógeno pueden entrañar estos comportamientos ya encontra la necesaria respuesta por via de los preceptos que castigan el encubrimiento y la receptación... lo propicio sería proceder a una modificación de los mismos, pero en modo alguno crear... nuevas figuras delictivas que, presentando la mesma naturaleza que los hechos a los que dichos preceptos se refieren, solo vienen a anadir innecesarias complicaciones interpretativas...».

[41] Vejam-se as considerações críticas de FARIA COSTA a respeito do que considera ser uma «alteração estratégica», quando se assume, por exemplo, que a luta contra o

possibilidade de haver autoria outra que não a do crime precedente. (se a ideia é «chegar» mais facilmente ao crime precedente... e se se lá «chegou», então deve prescindir-se do crime «instrumental»)

3. Uma construção do branqueamento como crime contra a justiça, por exemplo, na versão de crime onde se tutela a pretensão do Estado à detecção e confisco das vantagens obtidas pelo crime precedente impõe, ou, pelo menos, potencia que se siga o critério da limitação da pena do crime de conexão – afinal a tutelar um bem jurídico instrumental por relação ao bem jurídico protegido pela «infracção principal» – pela pena do facto punível precedente. PEDRO CAEIRO[42], ao criticar a formulação da solução que era dada pelo diploma português de 1995 , segundo a qual a punição do branqueamento «não deve exceder os limites mínimo e máximo previstos para as correspondentes infracções principais», se é certo que tenta fazê-lo à luz da defesa de uma «autonomia político--criminal do branqueamento», que não faça «tábua rasa da valoração das particulares necessidades de prevenção por ele suscitadas...» – e, desse modo, rejeita a ideia de que não se poderia pretender, pura e simplesmente, «... uma verdadeira *substituição* dos limites mínimo e máximo da moldura penal aplicável ao branqueamento pelos cominados para facto precedente – não deixa de ter de reconhecer que a *limitação da pena aplicável* ao branqueamento é positiva. Certamente não explica aquela limitação ou condicionamento «... à luz de uma qualquer ideia de *par-*

---

tráfico de droga não produz quaisquer resultados palpáveis e se pretende, então, atacar o problema através da asfixia dos lucros obtidos. O autor, ao mesmo tempo que considera que «... as considerações anteriores não tocam minimamente na legitimidade e na oportunidade de se criar um tipo legal de crime que consubstancie as condutas que levam ao branqueamento...», acaba por admitir que «... já temos algumas dúvidas em aceitar como boa razão para a criação daquela incriminação o facto de, dessa maneira, com base em uma simples notícia do crime, se poderem desencadear "numerosos actos de investigação que possam conduzir, não só à individualização de hipóteses de branqueamento, mas também à descoberta das fontes de proveniência do dinheiro ilícito, e assim também às organizações criminais que o produzem e gerem...» («O branqueamento...», loc. cit., 313). E remata de forma certeira: «*criar-se um tipo legal de crime para, desse jeito, melhor ou mais facilmente desenvolver, legalmente, uma qualquer actividade persecutória é atitude político-legislativa pouco clara que, para além disso, pode ter efeitos perversos...*».

[42] «A Decisão-quadro...», loc. cit., 1128-1129.

ticipação posterior», mas, sim, na invocação de um princípio geral de *proporcionalidade das penas*: «... se a punição do branqueamento se funda na frustração da detecção e perda das vantagens do facto precedente, seria *desproporcionado* aplicar ao agente uma pena superior ao máximo que a lei prevê para a protecção do bem jurídico *ofendido pelo facto de onde provêm essas vantagens...*[43].

3.1. O que mostra a dificuldade – dogmática, sobretudo – de construção de uma incriminação autónoma, ao *serviço de* um bem jurídico também autonomizado mas reconhecidamente *instrumental*, como, aliás, acaba por asseverar o autor, pelo que, nomeadamente, «a teleologia da punição do branqueamento aconselha alguma moderação...», para usarmos expressão do autor[44], sobretudo quando está em causa a modalidade típica de «ocultar...» ou «dissimular...», não tem sentido, de uma perspectiva de necessidade de intervenção penal ou de política criminal, punir o agente do crime precedente (a não ser que, em concreto, se pusesse um problema de concurso legal ou de normas, o que dificilmente aconteceria em função do condicionamento da medida da pena prevista no crime de lavagem pela da infracção precedente). Entendemos que seria suficiente o encobrimento ou outro tipo de crime afim.

3.2. Como diz GODINHO, «... o intuito de dissimular as vantagens adquiridas se deve considerar conatural a todo o crime de cunho aquisitivo...»[45], no que, diga-se, alterámos sensivelmente o ponto de vista que antes sustentámos[46].

---

[43] Loc. cit., 1129.
[44] Loc. cit., 1130
[45] Ob. cit., 255.
[46] Dizíamos: «...Outro aspecto ligado ao tipo de «branqueamento» tem a ver com a possibilidade, ou não, de o agente da infracção principal ou crime precedente ser também autor do branqueamento. A lei cabo-verdiana, tal como a portuguesa, a espanhola ou a suíça, omite a questão. Melhor: não contempla uma resposta a ela de forma explícita, como o fazem as leis italiana, alemã, inglesa ou belga. Mas cremos dever dizer que, se a nossa lei não faz uma delimitação da autoria do crime de branqueamento (como resulta, por exemplo, do crime de «receptação»), a resposta só pode ser positiva. Sem entrar em minúcias, nomeadamente sobre a diferença de estrutura típica entre, por um lado, crimes como a receptação ou o favorecimento pessoal, e, por outro, o branqueamento de capitais, e contra a ideia, expressa, entre outros, por JORGE GODINHO, segundo a qual o problema é de concurso de normas, sendo o branqueamento, para o autor do crime precedente, um «pós-delito» não punível, sempre se poderá dizer

3.3. A considerar-se – o que não consideramos, sobremaneira de uma perspectiva da função crítica que deve caber ao conceito – como bem jurídico da lavagem» a realização da justiça, em qualquer das suas conhecidas formulações – a tipificação das condutas proibidas deveria centrar-se na «ocultação», na dissimulação...» das vantagens obtidas ilicitamente, devendo, assim, ser a infracção *primeira*, podendo ou não equiparar-se, depois, a de «aplicação...» com a estrutura de um *crime de intenção (ocultar ou dissimular). Deste modo, a lei anterior, ao prever pena mais severa para a «aplicação...», com a intenção de «ocultar» em comparação com a conduta de ocultar ou dissimular não reflectiria*

---

o seguinte: a conclusão (pela negativa, isto é, de exclusão do agente do facto precedente do leque possível de autores do branqueamento) parte de um equívoco; este consiste em considerar que a actividade de branqueamento é uma mera continuação do facto gerador das vantagens, não estando em causa um bem jurídico autónomo, diferente, capaz de autonomizar o fundamento da ilicitude do facto «branqueamento». No fundo, a ilicitude contida na norma de proibição do facto precedente, e expressa pela sua punição, abarcaria igualmente a do «facto posterior», portanto não-punível. Ora bem, por tudo quanto já dissemos sobre os valores tutelados pela autónoma incriminação do «branqueamento», sobre os critérios de legitimação da incriminação, a resposta só pode ser a de que não é correcta uma tal interpretação.

De todo o modo, e neste aspecto particular em sintonia com PEDRO CAEIRO, cabe sempre interpretar concretamente a norma em questão, procurando-se saber se a conduta *branqueadora* do agente do facto precedente não acrescenta qualquer outro elemento, fundamento de ilicitude, ao subjacente à actividade donde provêm os bens reciclados. Neste sentido, damos o nosso acordo de princípio, ao exemplo dado por PEDRO CAEIRO: a simples «detenção» das vantagens pelo agente do facto precedente, escondidas debaixo do colchão ou depositadas na conta do próprio[54]. No entanto, esta solução dependeria, por exemplo, de saber se aquela conduta, não sendo punida (por consunção) como acto consumado de branqueamento [(a alínea c) do nosso art.º 3.º é, em rigor, a autónoma incriminação de estádios prévios à consumação do acto de «converter», transferir« ou aplicar os bens ou produtos], o será enquanto tentativa da prevista, v.gr., na alínea a) do mesmo preceito...» – *Sumários...*

Autores chamam pressuposto negativo do tipo objectivo o facto de o agente não ter participado no *reato-presupposto*. Assim, MANTOVANI, ob. cit, *Appendice...*, 13. Cfr., ainda, JORGE GODINHO, ob. cit., 236 *ss.*; no mesmo sentido, OLIVEIRA ASCENSÃO, 347-348.

Face à lei espanhola, e no sentido de que o preceito «... parte de la base de que los comportamientos castigados están realizados por un tercero que no es ni autor ni partícipe del delito del que traen su origen los bienes, pues si así fuera se trataria de un acto posterior impune», cfr. AA. VV., *Compendio...*, 535.

No sentido do texto, também JOÃO DAVIN, loc. cit., 111-112.

de modo adequado a modelação típica por referência ao bem jurídico tutelado.

4. Independentemente do problema de saber se se justifica (ou não) um tipo autónomo de «lavagem» em que o bem jurídico seja a realização da justiça seja na forma de pretensão à detecção e confisco das vantagens ilicitamente obtidas, seja nas de luta contra o sentimento comunitário de impunidade ou outra que traduza ideia central de uma incriminação *instrumental ou que, nela, se esgote – será sempre discutível que possa haver autoria de branqueamento por parte de autor de crime precedente que, a final, não se resolva ou não se deva resolver no quadro do chamado concurso legal ou de normas*[47].

5. A ser justificada político-criminalmente a incriminação da «lavagem» como infracção autónoma, como tendo na sua base um bem jurídico autónomo (p.e., a integridade do sistema financeiro e /ou das instituições, a defesa contra o «envenenamento da vida financeira») parece que não se encontram razões para que a medida da pena prevista esteja condicionada e limitada pela da «infracção principal», a não ser em casos determinados (p.e: crime precedente muito grave, a aferir pela medida da pena muito elevada). Ao optar por esta via está-se a construir a lavagem de capitais» como crime (de «conexão»)[48] em que, ao menos, pode dizer-se que o bem jurídico é instrumental relativamente ao que é objecto de tutela na «infracção principal»

Também, nesta perspectiva – a que assumimos – talvez se organizassem os tipos de «lavagem de capitais» a partir da proibição da conduta de «aplicação» (converter ou transferir), estendendo-se o ilícito à acção de ocultação (com a intenção de aplicação).

6. Assim sendo, mais adequado nos surge que o leque de crimes precedentes se limitasse a um núcleo fundamental (as principais e mais fortes – e com maior impacto na criação de perigo de lesão do bem jurídico – fontes da «lavagem»). Apenas, defendíamos já no âmbito da

---

[47] Cfr., em sentido diferente, PAULO PINTO DE ALBUQUERQUE, *Comentário...*, 870 (ponto 23.); JORGE BRAVO, loc. cit., 670.
[48] JORGE GODINHO, ob. cit.,

anterior lei de branqueamento, as infracções mais directamente ligadas à preocupação essencial que levou à criação de tal incriminação, na base da ideia de que, sendo excepcional a situação a que se quer dar combate, se deve reagir igualmente com meios excepcionais, evitando-se, assim, reacções desproporcionadas susceptíveis de causar erosão na própria eficácia do sistema de prevenção e repressão[49]. De alguma forma, era essa a visão de PEDRO CAEIRO na eventualidade de o crime ser constituído naquela perspectiva (que o autor contesta, diga-se): «... para tanto, seria necessário que a lei estabelecesse limites mínimos ao montante das vantagens branqueadas ou, ao menos, restringisse o objecto da acção às vantagens provenientes de espécies de crimes presumivelmente geradoras de valores elevados – soluções que nunca foram adoptadas por qualquer país e que se encontram cada vez mais distantes dos novos figurinos da punição do branqueamento...»[50].

---

[49] A crítica é feita, por exemplo, por OLIVEIRA ASCENSÃO ao regime legal português, nesse aspecto seguido pelo legislador cabo-verdiano. Observa, com justeza, o seguinte: «... o sistema repressivo tende a deslocar-se dos culpados para os inocentes. Neste caso, em vez da tarefa, tão perigosa, de pesquisar grandes potentados financeiros, a lei permite que se investiguem factos domésticos de cada um, criando a insegurança generalizada e a dependência dos órgãos repressores» (loc. cit., 343). Cfr., igualmente, JORGE DE ALMEIDA CABRAL, loc. cit., criticando o erro de combinar «um critério genérico de crimes puníveis com pena superior a 5 anos, com um catálogo longo e impreciso de delitos...» (76-77); em Espanha, num sentido afim, acrescido do que se traduz na crítica a uma espécie de «colonización jurídica» – a circunstância de, alegadamente, ter o legislador espanhol «... limitarse a trasladar al Código Penal, casi literalmente, el texto de unos pactos con vocación de universalidad, que se redactaron bajo el signo de la diplomacia – y, por ello, de la ambigüedad – con el laudable fin de lograr el apoyo del mayor número posible de los sujetos que integran la Comunidad Internacional» (DIEZ RIPOLLÉS, apud FABIÁN CAPARRÓS, ob. cit., 351); GOES PINHEIRO, após analisar diferentes hipóteses práticas de uma, segundo o autor, necessidade de harmonização legislativa na matéria, mormente na definição do tipo de crime de branqueamento, e face à exigência de demarcação entre os tipos de «branqueamento» e de «receptação», acaba por entender ser a melhor solução a que passaria pelo fim «do catálogo e do crime de receptação, havendo, no entanto, dentro do tipo de branqueamento, uma graduação das molduras penais em função da danosidade do crime subjacente e dos montantes branqueados» (loc. cit., 643).

[50] Loc. cit., 1084.

7. Enquanto incriminação autónoma que tutela bem jurídico autónomo, deveriam ser as condutas punidas de forma diferenciada e proporcionada, em função, precisamente, do seu potencial lesivo[51].

8. O confisco de bens ou vantagens do crime

8.1. No plano processual, o que de mais relevante traz o novo diploma é a previsão de um «processo de confisco de bens ou vantagens do crime», visto, em primeiro lugar, como sendo de natureza de «processo civil» (art.º 34.º, n.º 1) e, em segundo lugar, um processo autónomo, seja do processo-crime da «infracção principal», seja, diga-se pelo que parece depreender-se de normativos do novo diploma, do próprio processo-crime por «lavagem de capitais» (art.º 35.º, n.º 1). Limitamo-nos aqui a um sucinto recorte da natureza, regime e problemas que eventualmente suscitará este processo, já que o diploma ainda é de vigência recente, já porque igualmente não se conhece o eventual teor dos debates parlamentares sobre a questão e estranhamente a curta exposição de motivos do projecto de proposta de lei não dedica qualquer linha a este processo de confisco. Além disso, a regulamentação do processo é escassa, prevendo nós que, na prática, muitas questões de interpretação venham a ser levantadas.

8.2. Na verdade, e de acordo com dispositivo da nova lei (art.º 30.º), sem prejuízo do que dispõe o Código Penal sobre perda de bens e instrumentos do crime (o que vem nos arts. 98.º e ss. do C.P.), ficam sujeitos à apreensão, como medida cautelar, e à «confiscação» «os bens imóveis ou móveis, direitos, títulos, valores, quantias e quaisquer outros objectos depositados em bancos ou outras instituições de crédito...» que ou pertençam a um arguido de uma «infracção principal» (crime precedente do de «lavagem») ou sobre os quais ele exerça poder de facto correspondente ao direito de propriedade.

---

[51] Cfr. JORGE GODINHO, 247 ss, 255 e nota 575; GOES PINHEIRO, loc. cit., 643,

Relativamente às «medidas cautelares», nomeadamente o congelamento ou apreensão dos bens ou produtos, ou às de perda a favor do Estado, elas estavam já previstas na lei de 2002 (art.ºs 6.º e 7.º, nomeadamente).

8.3. Como se vê, basta que haja um arguido por qualquer uma das infracções principais (não há catálogo, como vimos, e pode ser qualquer uma, desde que a pena seja, no seu limite máximo, superior a 3 anos de prisão) para que se possa desencadear este processo autónomo destinado, nos termos da lei, ao confisco de bens e vantagens *«de origem ilícita»* (os sublinhados são nossos). Não é claro que se exija que tais bens ou vantagens provenham ou tenham ligação com um dos crimes precedentes, como parece exigir-se para as medidas cautelares (art.º 31.º: «... quando tiver fundadas razões para crer que eles constituem vantagens *do crime ou se destinem à actividade criminosa...*» – nesta última hipótese, mesmo que não sejam vantagens de um crime precedente?!).

Efectivamente, o art.º 33.º, n.º 2, diz que constitui indício da origem ilícita dos bens, depósitos ou valores – objecto do confisco – « a sua desproporcionalidade face aos rendimentos do arguido, a impossibilidade de determinar a licitude da sua proveniência, bem como a falsidade da resposta do arguido às perguntas efectuadas pela autoridade judiciária sobre a sua situação económica e financeira». Uma tal desproporção pode, naturalmente, resultar de crimes precedentes mas também eventualmente de actividades criminosas que estejam fora do âmbito daqueles, sem pôr de parte a prática de outro tipo de ilícitos (de cariz administrativo, contra-ordenacional ou até civil).

8.4. Outrossim, parece presumir-se ainda (sem haver lugar a qualquer prova) uma carreira criminosa do arguido (sem sequer com a prova de um único crime, o do crime precedente e/ou o do crime de «lavagem de capitais), já que os bens objecto do confisco podem não ter nada a ver com os crimes precedentes (por que está indiciado) pois o confisco pode ser decretado mesmo que haja absolvição (ou arquivamento, por exemplo) pelo crime de «lavagem» e/ou pelo crime precedente.

8.5. Trata-se de um mecanismo muito diferente, por exemplo, do que resulta da medida de «Perda de bens a favor do Estado», prevista em Portugal na Lei n.º 5/2002, de 11 de Janeiro, já que, nesta, a medida tem como pressuposto a condenação do arguido pela prática de um crime de catálogo, independentemente das críticas – muitas, severas e justificadas – que se lhe apontam ao seu regime legal, designadamente em virtude da preterição ou mutilação, no essencial, de regras e princípios conaturais a um processo penal de um Estado de direito, como a presunção de inocência do arguido e, a partir dela, a inexistência de presunções de culpabilidade ou de ónus da prova a cargo do arguido[52].

8.6. Tanto assim é que se prevê que o pedido de confisco seja deduzido no processo penal respectivo, podendo, no entanto, sê-lo em separado, por via de acção cível, nos termos e casos previstos na lei do processo penal (n.º 2 do art.º 34.º).

8.7. Não é igualmente inequívoco a que processo penal se refere a lei, quando diz que nele se deduz o pedido de confisco. Alguns elementos normativos, porém, fazem-nos pensar que o deve ser no processo-crime de «lavagem». Desde logo, porque pode estar findo o processo pelo crime precedente; depois, porque assim não sendo, não poderia haver confisco, quando o agente do crime precedente também o não fosse do crime de «lavagem» (hipóteses que, ao que cremos, e como se depreende pelo que até aqui vimos defendendo, serão as que o legislador mais terá tido em vista, ao criar a incriminação do branqueamento); enfim, o art.º 35.º, n.º 1, estabelece que «o processo do crime de lavagem e de confisco é autónomo do processo da infracção principal», parecendo ligar, de alguma forma, o processo de confisco ao da «lavagem», ao mesmo tempo que, no n.º 2 do mesmo preceito, se diz que o processo de confisco é instruído com base em indícios da origem ilícita dos bens.

---

[52] Cfr. José M. DAMIÃO DA CUNHA, «Perda de bens a favor do Estado», loc. cit. Nomeadamente, o autor assinala que a solução, «ao não prever qualquer dever por parte do MP de demonstrar a existência de uma anterior actividade criminosa põe sobre o condenado um ónus excessivo e tem ainda por consequência, quando exige a prova da licitude dos rendimentos ou dos bens, que o património a ser retirado possa nada ter a ver com os crimes de catálogo...» (126).

8.8. Este processo de confisco levanta ainda dúvidas de fundo quanto à sua legitimação. Desde logo, tudo indica que a sua ligação ao processo-crime de «lavagem» é meramente... um pretexto, um subterfúgio legal. Com base na existência de indícios de prática de um crime precedente que fundamente a constituição de um arguido, pode abrir-se um tal processo que segue vida própria, ainda que morra pelo caminho o processo de «lavagem» e/ou o do processo criminal pela «infracção principal». Pode não se provar um e/ou outro e decretar-se, a final, o confisco, com base numa presunção sobre a origem ilícita de bens e valores a partir da existência de um património incongruente com os rendimentos do arguido. As vantagens podem nada ter a ver, pois, com os pressupostos de um processo por «lavagem» (um crime precedente). O que quer dizer que ele poderia ser configurado, pura e simplesmente, como um processo geneticamente autónomo, ao jeito de processo por *enriquecimento não justificado ou por sinais exteriores de riqueza*, como processo-crime, à semelhança do que sucede em Macau («Sinais exteriores de riqueza injustificada», da lei 3/98/M, de 29 de Junho[53], ou na mais recente Lei n.º 11/2003, de 28 de Julho que prevê e pune o crime de riqueza injustificada) ou processo de outra natureza (civil, administrativo...).

O que, se é verdade, pode ter relevância porque, num caso (o de Macau) se criminaliza o comportamento em si, havendo, pois, lugar eventualmente à aplicação de uma sanção criminal pelo crime em questão, a par da perda do património ou dos bens em causa, não deixa sempre de constituir uma entorse a princípios de qualquer processo, qualquer que seja a sua natureza. «Quem se queira fazer prevalecer de uma presunção, estabelecida em seu favor, tem que demonstrar os pressupostos em que se alicerça tal presunção...», diz com razão DAMIÃO DA CUNHA[54].

Por outro lado, a atribuição de natureza de processo civil ao processo de confisco, num quadro de regulação de uma incriminação como a «lavagem», do modo como é feito, não estará isenta de possível imputação de fuga a críticas que se dirigiriam certeiramente se fosse tratado como verdadeiro processo penal, senão mesmo de *burla de etiquetas*.

---

[53] Veja-se JORGE GODINHO, ob. cit., 114-119.
[54] Loc. cit., 128.

8.9. Se pensarmos que o bem jurídico da «lavagem» é a realização da justiça, mormente na formulação sustentada, entre outros, em Portugal, por CAEIRO ou GODINHO, de pretensão do Estado ao confisco das vantagens do crime ou, o que é essencialmente o mesmo, o interesse do aparelho judiciário na detecção e perda das vantagens do crime, então não será difícil concluir que o regime da lei cabo-verdiana do confisco – como acabámos de ver – não se mostra compatível com aquela ideia sobre o bem jurídico tutelado pela norma que incrimina a lavagem, já que a pretensão ao confisco, objecto de um processo autónomo e de natureza civil, não tem ou pode não ter nada a ver, nenhuma conexão com o branqueamento e/ou com a infracção principal.

IV. Observações finais

1. O que pode justificar a incriminação da «lavagem de capitais», de uma perspectiva da função que deve caber legitimamente a um direito penal num estado constitucional? Essa deve ser a postura metodológica na análise, seja do modelo legal cabo-verdiano, seja no de um qualquer outro espaço territorial.

2. Relativamente ao branqueamento de capitais, é entendimento – ainda que bem longe de um qualquer consenso doutrinário[55] – que se trata da protecção de interesses económicos e financeiros, com relevo para a preservação da concorrência leal entre empresas e pessoas singulares, para a não contaminação das instituições financeiras por capitais de proveniência ilícita abalando a confiança dos cidadãos e os princípios éticos que devem ser o esteio dos Estados[56]. Enfim, seria a

---

[55] Veja-se, sobre diferentes entendimentos relativamente ao bem jurídico protegido no «branqueamento», FERNANDES GODINHO, ob. cit., 121 ss., autor que considera que o que é tutelada é «a pretensão estadual ao confisco das vantagens do crime...» (143). Cfr., igualmente, PEDRO CAEIRO, loc. cit., particularmente 1082-1087.

[56] Assim, LOURENÇO MARTINS, «Branqueamento de capitais: contra-medidas a nível internacional e nacional», in *RPCC* 9 (1999), 475; GOES PINHEIRO, loc. cit., 607. Veja-se, ainda, RODRIGO SANTIAGO, «O branqueamento de capitais e outros produtos do crime: contributos para o estudo do art. 23º do decreto-lei 15/93, de 22 de Janeiro, e do regime da prevenção da utilização do sistema financeiro no "branquea-

defesa contra o «envenenamento da vida financeira» o bem jurídico protegido[57]..

3. O que não parece aceitável é que a criação e a modelação do tipo de crime, de «lavagem de capitais» sejam definidas em jeito de deriva circular ou serpenteante, sem que se traduzam na concretização de intencionalidades político-criminais sustentadas em bens jurídicos merecedores efectivamente de tutela penal, como se requer pela função de um direito penal num estado constitucional de direito democrático. Outrossim, não devem ser feitas de um modo tal que dificultem, pela sua equivocidade – na construção do tipo objectivo e subjectivo e/ou na selecção dos «crimes precedentes» ou, ainda, na modelação das molduras penais – a compreensão daquelas intencionalidades, correndo-se o risco de criar incriminações ao serviço de um direito penal puramente simbólico ao sabor de agendas políticas nacionais ou da comunidade internacional.

---

mento"(decreto-lei n°313/93, de 15 de Setembro)», in *RPCC*, ano 4, 4°, 1994, 497 ss; FARIA COSTA, «O branqueamento de capitais (algumas reflexões à luz do direito penal e da política criminal)», in *BFDUC*, vol.LXVIII (1992), 59 ss; JOÃO DAVIN, «O branqueamento de capitais – Breves notas», in *R.M.P.*, n.° 91, 2002, 107 ss; BAJO FERNÁNDEZ, loc.cit., 512-513, autor que se manifesta contra a designação tradicional, já que «...supõe que há um dinheiro branco e um dinheiro negro, o que não deve supor nunca o penalista nem o legislador». Por outro lado, o mesmo autor considera que o dito branqueamento é um comportamento desejável «...porque torna controlável pelo Fisco o que antes se havia escondido ao seu controle e, portanto, se havia subtraído à contribuição para o sustento do gasto público...». Nos mesmos termos críticos, cfr. RUIZ VALDILLO, «El blanqueo de capitales en el ordenamiento jurídico español. Perspectiva actual y futura», in *BIMJ* n.° 1641, Madrid, 114; DIEZ RIPOLLÉS, «El blanqueo de capitales procedentes del tráfico de drogas. La recepción de la legislación internacional en el ordenamiento penal español», in *AP*, n.° 32 (1994), 612-613.

[57] OLIVEIRA ASCENSÃO, loc. cit., 341. Cfr., ainda, WILFRIED BOTTKE, «Mercado, criminalidad organizada y blanqueo de dinero en Alemania», in *Revista Penal*, n.° 2, 1998, para quem o bem jurídico protegido é «... es la soberania administrativa fiduciaria del Estado sobre la función del mercado de ser útil a la libertad en un Estado social de Derecho» (15); T. S. VIVES ANTON e OUTROS, *Derecho Penal – Parte Especial*, 2.ª edição, Tirant lo Blanch, Valencia, 1996, 516. Cfr., ainda, sobre a questão, numa perspectiva não muito diferente da de Oliveira Ascensão, LOURENÇO MARTINS, loc. cit., 91; HENRIQUES GASPAR, loc. cit., 124; JORGE DE ALMEIDA CABRAL, loc. cit., 79. Cfr. também DIAS DUARTE, ob. cit., para quem sobreleva como bem jurídico a «própria ordem económica e social no seu todo, assim como, mais mediatamente, a própria protecção das diversas instituições do Estado» (97); NUNO BRANDÃO, ob. cit., 18-23, numa orientação não distante da abraçada no texto.

4. O que não significa que, sem pôr em causa princípios tão fundamentais e estruturantes do Estado de direito como a presunção de inocência, não se continue, no âmbito de crimes como o branqueamento de capitais (ou outros), à procura de outras soluções para a prova do nexo entre o branqueamento e a actividade criminosa de origem dos bens (tráfico de estupefacientes, por exemplo); soluções que, não devendo passar, a título exemplificativo, pela ideia de incluir e, em consequência, tratar aquela questão (a origem lícita ou ilícita dos bens sujeitos a «branqueamento») enquanto «questão prejudicial não penal»[58], poderão implicar o aumento do raio de avaliação dos indícios, de melhoramento das técnicas e instituições de investigação, de envolvimento de outras instâncias sociais, económicas e estaduais, até à hipótese de melhor estudar a possibilidade de encarar aquele problema delicado no quadro de uma acção cível onde se possa demonstrar a legitimidade ou não de certos bens, como alvitra LOURENÇO MARTINS[59].

5. Temos por certo que é limitada a eficácia da mera intervenção penal, dependendo o êxito da luta contra o fenómeno aqui abordado do controlo do mercado de capitais e também da intervenção de outras instâncias e instrumentos sociais, culturais, económicos e estaduais. Outrossim, importa proceder sempre a uma correcta delimitação dos tipos de crime, a uma, sempre que possível, clara determinação de bens jurídicos merecedores tutela penal e ao estabelecimento de medidas de pena adequadas e proporcionadas, com respeito pelo núcleo essencial

---

[58] A discussão desta concreta ideia pode ser vista em FARIA COSTA, «O fenómeno...», 547 ss, autor que, para além do mais, numa postura que considera de rejeição de excessiva rigidez na definição de modelos dogmáticos, avança com a ideia de que talvez uma utilização racionalizada do princípio da oportunidade – através da construção de «um sistema articulado onde a legitimidade da decisão de oportunidade não possa ser utilizada... para fins político-partidários – possa contribuir de alguma forma para que se obtenha (alguma) eficácia na luta contra formas de criminalidade organizada, máxime a económica; cfr., ainda, LOURENÇO MARTINS, loc. cit., 470-471; JOAQUÍN GONZÁLEZ, ob. cit., 205.

[59] Loc. cit., 468 ss; o autor, falando do «branqueamento», refere-se a «algo de semelhante se passa com a herança jacente, em que o Estado, por não serem conhecidos os sucessores, ou *porque pretende contestar a legitimidade dos que se apresentam*... toma as providências necessárias para assegurar a conservação dos bens e, de seguida, inicia a discussão sobre a sua regular propriedade...» (471). Seguimos, nesta parte, o que dissemos em «Direitos, Liberdades...», loc. cit., 195.

princípios direito penal num estado de direito, nomeadamente da necessidade e da culpa[60].

6. Os desafios impostos, nomeadamente ao direito penal (no seu todo), na adaptação aos novos tempos e às novas e sofisticadas formas de criminalidade, para além das razoáveis e equilibradas formas de «concordância prática» acima ilustradas, exigem o estudo aprofundado e imaginativo de mecanismos de adequação dos instrumentos da coacção penal à nova fenomenologia criminal, tanto no plano interno, quanto no supra-estatal; o que deverá conduzir a modelos distintos de investigação, à especialização de seus responsáveis, introdução de assessorias técnicas e científicas junto dos decisores judiciais, à maior consistência institucional e apetrechamento técnico-científico do Ministério Público e polícias criminais, a novos métodos de acesso e posterior tratamento da informação e à instauração de estruturas de colaboração e cooperação nos planos nacional e supra-estatal[61].

7. Como refere HASSEMER, «...o sentido próprio do Estado de Direito no campo da prevenção técnica é conseguir, sempre que possível, uma substituição da prevenção normativa. O princípio da proporcionalidade requer um constante exame para ver se não existem meios técnicos de prevenção, igualmente adequados, que tornem renunciável a prevenção normativa. Do mesmo modo, a prevenção criminal deverá alargar-se e reforçar-se no próprio âmbito da actividade da Administração, «pelo aconselhamento, pela difusão de normas de procedimento e de estilo, por acção de sistemas de auditoria e por um maior estímulo ao controlo social», como diz CUNHA RODRIGUES[62].

---

[60] Cfr. FARIA COSTA, «O branqueamento...», loc. cit., 313 ss.

[61] Aqui, seguindo considerações de JOAQUÍN GONZÁLEZ, ob. cit., 203 ss; em sentido afim, CUNHA RODRIGUES, «Os senhores do crime», in RPCC 9 (1999), 28-29; numa perspectiva de técnica de investigação, veja-se GUEDES VALENTE, «O agente infiltrado na investigação e prevenção dos crimes de corrupção e de branqueamento de capitais», in *Blanqueo de Dinero...*, cit., 410 ss; GOES PINHEIRO, loc. cit., 646 ss; DAMÁSIO E. DE JESUS, «Criminalidade organizada: tendências e perspectivas modernas em relação ao direito penal transnacional», in Revista Brasileira de Ciências Criminais, n.º 31, 2000, 137 ss.

[62] Loc.cit., 28. Cfr. JORGE CARLOS FONSECA, «Direitos, Liberdades e Garantias...», loc. cit.,

Parcerias público-privadas:
a única forma eficiente
de combater a pirataria

LAURENT MASSON
Director para a Anti-Pirataria e Cibercrime
da Microsoft Corporation, EMEA
– Europa, Médio-Oriente e África

Introdução

Nesta conferência temos discutido muito o papel da investigação criminal e legislação necessária ao combate do crime organizado. Quero, neste fórum, dedicar alguns minutos a abordar os desafios que os detentores de direitos de propriedade intelectual enfrentam na preparação e apresentação de casos reais à justiça – por outras palavras, a utilização da investigação e legislação como elementos dissuasores específicos da actividade criminal dos contrafactores, e de modo geral desencorajadores a que outros se dediquem à contrafacção e pirataria.

A Microsoft e a indústria de software tiveram, em 2007, um grande êxito na China contra falsificadores, um caso que serve de exemplo de como aqueles de nós aqui reunidos, proprietários de direitos, representantes das autoridades e governo, podemos fazer a diferença na dissuação e redução reais da pirataria.

I. A INDÚSTRIA DO SOFTWARE E AS QUESTÕES DA PIRATARIA E FALSIFICAÇÃO

A. A pirataria numa perspectiva global

Para aqueles de vós não familiarizados com a pirataria de software, a nossa indústria estima que mais de uma em cada três aplicações de software comercial em utilização no mundo é pirata ou de alguma forma incorrectamente licenciada. A taxa média de pirataria de software comercial a nível mundial em 2006 foi cerca de 35%, o que representa perdas anuais para a indústria legítima de software de cerca de 39,6 mil milhões de dólares[1].

A contrafacção e a pirataria traduzem-se em substanciais problemas económicos e sociais, não limitados apenas aos produtores de software. Estes incluem perdas de vendas legítimas, impostos não cobrados, subtracção de postos de trabalho qualificado nas indústrias a montante e a jusante, redução de inovação e competitividade. Os únicos a ganhar são os criminosos, que muitas vezes estão também envolvidos noutros tipos de crime organizado.

B. O problema crescente das falsificações de alta qualidade

A contrafacção e a pirataria de software tomam diversas formas, não apenas contrafacção com fins comerciais mas também instalação de software não licenciado nos PCs comercializados – conhecido como *hard disk loading*, venda de produtos por canais ilegítimos, pirataria na Internet – sob as formas de *media* físico, leilões, *uploads* e *downloads*, e execução de cópias não licenciadas pelos utilizadores finais. Irei focar esta comunicação no fenómeno particular da falsificação.

A indústria do software tem verificado um aumento na quantidade e qualidade das falsificações de software comercial. Era frequente encontrar CDs e DVDs de software falsificado com impressões de baixa qualidade,

---

[1] IDC/BSA, *Global Software Piracy Study* (2007), http://w3.bsa.org/globalstudy//upload/2007-Global-Piracy-Study-EN.pdf; IDC/BSA, *Expanding the Frontiers of our Digital Future: Reducing Software Piracy to Accelerate Global IT Benefits* (Dez. 2005), http://www.bsa.org/idcstudy/pdfs/White_Paper.pdf.

erros ortográficos, sem embalagem ou documentação. Hoje vemos cada vez mais *media*, embalagens e documentação que se assemelham muito aos originais.

Como resultado, ao longo dos últimos anos, a Microsoft e outros editores de software têm adicionado uma série de características de segurança aos seus produtos como medidas preventivas para dificultar e reduzir a falsificação dos seus produtos.

No caso da Microsoft, estas incluiram, por exemplo, hologramas em toda a superfície dos discos. Utilizamos também, desde há muito, o Certificado de Autenticidade (*Certificate of Aunthenticity – COA*) na forma de um autocolante incluído na embalagem de software ou colado na secção traseira ou inferior dos computadores com software pré-instalado. Estes "COAs", como lhes chamamos, têm as suas próprias características de segurança, como sejam impressões especiais ou filamento metálico de segurança.

A Microsoft utiliza também chaves de produto únicas de 25 dígitos nos sistemas operativos e aplicações de desktop como parte do que designamos por *Genuine Advantage Program*. Este exige que os utilizadores activem e validem os seus produtos utilizando as respectivas chaves, e por sua vez alerta o utilizador caso a chave utilizada não seja genuína ou já tenha sido utilizada – indicação de que em qualquer dos casos o software poderá ser falsificado.

Temos vindo a assistir não só à cada vez maior aproximação entre a aparência física das falsificações e os originais, pois falsificadores também têm copiado as próprias características de segurança dos produtos – hologramas, COAs, impressões especiais, filamentos de segurança e mesmo chaves de produto (Fig. 1). Entre outros impactos, esta nova realidade significa que há consumidores a serem efectivamente enganados. Poderão estar a pagar um preço semelhante ao do produto genuíno por um falsificado, à partida difícil de distinguir do original e que poderá até não funcionar quando instalado.

Fig. 1 – Produtos genuíno e falsificado

II. O SINDICATO CHINÊS DE FALSIFICAÇÃO DE SOFTWARE

Em 2001 verificámos a emergência destas contrafacções de elevada qualidade um pouco por todo o mundo. Através da correspondência entre marcas de fabrico dos discos e recurso a outras ferramentas forenses, foi possível associar falsificações de diferentes produtos em diferentes idiomas a uma origem comum. Como poderá ser já do conhecimento entre investigadores, no caso dos CDs e DVDs, que as indústrias de direitos de autor muitas vezes designam por "discos ópticos", os equipamentos de produção deixam marcas microscópicas em cada disco manufacturado. Por correspondência entre essas marcas consegue-se concluir que diferentes discos foram produzidos na mesma linha de produção.

No decurso de uma investigação que decorreu durante diversos anos, foram encontrados 19 produtos Microsoft diferentes contrafeitos, em 11 idiomas e 36 países, todos provenientes de uma única rede de instalações de produção. O grande número de discos analisados, que resultaram das apreensões policiais realizadas em muitos destes países e dos testes de compras realizados pela própria Microsoft, parecem indicar tratar-se de pelo menos 30 linhas de produção de falsificações. Considerando a capacidade de produção típica destas instalações, o tempo que estiveram em funcionamento e o valor dos produtos falsificados encontrados, estimamos, de forma conservadora, que esta rede tenha produzido falsificações de software avaliadas em mais de 2 mil milhões de dólares.

Fig. 2 – Impacto da rede de falsificação

III. Detenções e apreensões na China, em Julho 2007

A Microsoft empenhou uma quantidade considerável do seu próprio tempo e recursos na recolha e análise de provas, e na sua associação ao que se veio a verificar ser uma rede de falsificadores a operar a partir de Guangdong, na China – um local onde muitos de vós poderão também porventura ter questões de pirataria pendentes. Durante o curso da investigação, funcionários das alfândegas de mais de 26 países apreenderam e analisaram produtos fabricados por esta rede de falsificação.

Mais de 56.000 falsificações foram apreendidas ou adquiridas em teste de compras apenas nos Estados Unidos, o que despertou o interesse e empenho do FBI nesta questão, que em Junho de 2007 se reuniu com os seus homólogos do Ministério da Segurança Pública chinês para fazer frente à situação.

Entre 6 e 16 Julho de 2007, o Ministério da Segurança Pública chinês, com a colaboração do FBI, conduziu uma intervenção em mais de 24 locais de três cidades distintas, deteve o alegado "Sr. Big" e outros 24 indivíduos e apreendeu componentes e software falsificado no valor aproximado de 500 mil milhões de dólares e 7,7 milhões de dólares em matérias-primas e equipamentos de produção.

Entre as apreensões contam-se produtos falsificados, certificados de autenticidade, hologramas, filamentos de segurança e chaves de activação falsos (Fig. 3). Estamos convictos que esta acção do Ministério da Segurança Pública constituiu não só um forte revés para a rede de falsificação de software na China, eliminou também uma fracção significativa da oferta mundial de software falsificado.

Produtos Apreendidos | COAs falsificados | Hologramas falsos | Filamento de segurança | Chaves de activação falsas

Fig. 3 – Apreensão de componentes e software falsificado

IV. Lições aprendidas

Termino, partilhando com todos aqueles que, como nós, procuram aplicar a legislação, investigar, efectuar apreensões e detenções, e de forma geral reduzir a falsificação e a pirataria, as cinco principais "lições aprendidas" a partir deste caso.

1. É necessário um significativo trabalho de investigação por parte das autoridades responsáveis e pelos próprios detentores dos direitos para combater grandes redes de falsificação

A Microsoft, bem como os outros detentores de direitos, não são nem pretendem ser autoridades policiais. Afirmo por isso o óbvio, a actividade anti-falsificação não irá a lado nenhum sem um compromisso real de tempo, recursos de investigação e perícia das autoridades policiais competentes.

Mas a verdade é que um combate efectivo às redes de falsificação exige também um considerável empenho por parte dos próprios detentores de direitos, de modo a fornecer às autoridades dados suficientes para que estas possam actuar, especialmente em casos complexos como este. A título de referência, esta investigação durou seis anos por parte da Microsoft. Durante esse período foram analisadas cerca de 580.000 falsificações, provenientes de raids das autoridades e nossos próprios testes de compra em 36 países e mais de 2.000 leilões *on-line*.

Foi necessário reunir uma equipa de colaboradores com uma vasta gama de competências – de investigadores tradicionais a peritos de identificação de produtos, de especialistas em distribuição a analistas de *business intelligence*, e também advogados.

As actividades dos detentores de direito não têm qualquer significado e impacto se as autoridades não desempenharem o seu papel, evidentemente, mas há um trabalho essencial de preparação a montante que os detentores de direitos podem e devem fazer para que um caso como este possa ser viável.

2. A cooperação entre os sectores público e privado bem como entre as autoridades policiais dos diferentes países é fundamental

É óbvio que as autoridades necessitam de trabalhar em estreita colaboração com o sector privado para o sucesso deste tipo de investigações. Pretendo contudo realçar como parte desta nossa aprendizagem que é igualmente essencial que as autoridades alfandegárias e outras autoridades competentes trabalhem também em estreita colaboração com as suas homólogas dos diferentes países envolvidos.

No caso presente, os discos foram produzidos na China e a distribuição ocorreu em pelo menos 36 países, de que haja conhecimento. Não tivesse sido pela colaboração entre as autoridades aduaneiras destes países, que trabalharam com as suas homólogas e com a Microsoft, e pelo trabalho desenvolvido directamente entre o FBI e o Ministério da Segurança Pública chinês, e não teria sido possível resolver o caso.

As redes de falsificadores são multinacionais, bem financiadas e com expedientes engenhosos. É imprescindível que os recursos e inteligência das autoridades policiais dos países afectados trabalhem em conjunto para conseguirem desmantelá-las.

3. A cooperação com as cadeias de distribuição e consumidores pode fornecer importantes provas

Ao abrigo de uma das cláusulas dos contratos entre a Microsoft e os seus distribuidores oficiais, que prevê a colaboração destes em investigações anti-pirataria, mais de 100 revendedores de diversos países participaram na reconstrução do trajecto das falsificações e disponibilizaram evidências físicas tais como facturas, recibos de pagamento e cópias das comunicações trocadas.

As características de segurança dos nossos produtos também permitiram que os consumidores fossem alertados e nos comunicassem suspeitas de falsificações, que constituíram fortíssimas evidências para este caso. Dezenas de milhares de consumidores beneficiaram do *Windows Genuine Advantage* (WGA) para identificar o software que haviam adquirido como não genuíno. Destes, mais de 1.000 enviaram-nos cópias físicas dos *media* para análise forense.

Este tipo de cooperação com o canal de distribuição e revenda e mesmo com os utilizadores finais, quando bem feito, pode ser muito importante para recolha de provas de falsificação de produto, padrões de distribuição e por vezes até mesmo referências para identificação da origem das falsificações.

4. É possível ter sucesso contra a falsificação na China

Este caso é também encorajador no que se refere à possibilidade de empreender acções anti-pirataria na China com sucesso. O processo ainda está em curso mas existem obviamente expectativas de que sejam decretadas condenações, sanções e outras medidas que funcionem como dissuasoras da prática de pirataria. A orquestração de um raid simultâneo em múltiplas cidades, aparentemente sem fugas de informação, do qual resultou a detenção de 25 suspeitos, incluindo o alegado líder, a apreensão do equipamento de fabrico e matérias-primas, e de produtos falsificados no valor de mais de 500 mil milhões de dólares, foi um grande êxito para o Ministério da Segurança Pública chinês.

O elevado nível de envolvimento e cooperação entre o Ministério e o FBI foi crítico e essencial, e de certa forma demonstra a gravidade da operação criminosa e seriedade com que foi encarada pelas próprias autoridades chinesas.

5. A comunicação pública destes casos é parte indispensável da luta contra a falsificação

O FBI emitiu um comunicado de imprensa onde anunciou os resultados dos raids[2], o *World Customs Organization* incluiu uma citação no comunicado de imprensa da Microsoft[3], a notícia teve extensa cobertura por parte da comunicação social[4]. A imprensa destacou a dimensão da rede de falsificação desmantelada, a cooperação entre as autoridades

---

[2] FBI, Comunicado de Imprensa, *International Investigation Conducted Jointly By FBI and Law Enforcement Authorities in People's Republic of China Results in Multiple Arrests in China and Seizures of Counterfeit Microsoft and Symantec Software* (Jul. 23, 2007), http://losangeles.fbi.gov/pressrel/2007/la072307.htm.

[3] Microsoft, Press Release, *Raids in Southern China Target $2 Billion Global Software Counterfeiting Syndicate* (Jul. 24, 2007), http://www.microsoft.com/presspass/press/2007/jul07/07-24CounterfeitingSyndicatePR.mspx.

[4] Vide D. Barboza & S. Lohr, *F.B.I. and Chinese Seize $500 Million of Counterfeit Software*, New York Times (Jul. 24, 2007), http://www.nytimes.com/2007/07/25/business/worldbusiness/25soft.html.

policiais dos diferentes países, a colaboração das cadeias de distribuição, e também a perpectiva do consumidor defraudado.

As autoridades policiais por vezes sentem relutância ou embaraço em apresentar este tipo de casos à imprensa, os próprios detentores de direitos frequentemente consideram que o seu trabalho está terminado assim que os falsificadores são processados judicialmente, mesmo que não tenha havido qualquer cobertura de imprensa. Nós consideramos que um caso de falsificação não divulgado é um trabalho apenas meio feito, como uma árvore que cai na floresta sem que alguém ouça!

A sensibilização da opinião pública para casos como este, através de boa cobertura de comunicação social, tem efeitos importantes. Sublinha a escala e impacto da questão aos líderes governamentais, incentivando o apoio político e financiamento para o combate ao fenómeno. Transparece uma imagem positiva de eficácia das autoridades oficiais e profissionais envolvidos. Envia uma mensagem forte aos próprios criminosos, de que a sua prática é uma actividade mais difícil e cujos riscos são maiores do que teriam antecipado, o que funciona como um forte elemento de dissuasão da contrafacção e pirataria. A cobertura mediática destes casos fornece também mensagens importantes para os consumidores – alerta-os para os riscos de utilização de software pirata e também para o esforço que as autoridades e detentores das marcas empreendem para sua protecção de fraudes e demais danos.

Painel 6.º

PESQUISA, RECOLHA E PRODUÇÃO DE PROVA
DA ACTIVIDADE CRIMINOSA ORGANIZADA

O intercâmbio de informações no domínio da investigação penal entre Estados-membros da União Europeia*

MARK A. ZÖLLER
Professor da Universidade de Trier

I. Introdução

A cooperação entre as autoridades judiciárias na União Europeia (UE) tem vindo a desenvolver-se a uma velocidade de fazer perder o fôlego. Este desenvolvimento, que mesmo para especialistas teóricos e práticos é difícil de acompanhar, faz lembrar uma viagem de comboio de alta velocidade. Não obstante, todos apreciamos as vantagens desses modernos meios de transporte. Mas estaríamos seriamente preocupados se soubéssemos que no nosso comboio de alta velocidade não se encontrava nenhum maquinista. Se não houver ninguém a controlar e a cumprir as regras do tráfego e da técnica ferroviários, então a viagem desenfreada está destinada à catástrofe. Nem mesmo um piloto automático nos valeria se a sua programação padecesse de erros e falhas crassas.

Parece que isso não preocupa ninguém no âmbito da cooperação policial e judiciária na Europa. Esta observação vale especialmente para a troca de informações na investigação penal, com base no chamado *princípio da disponibilidade*, o qual tem vindo a ser implementado a nível europeu. O princípio da disponibilidade de informações relativas a

---

* Tradução do dactiloscrito original da conferência intitulada *Der Austausch von Strafverfolgungsdaten zwischen den Mitgliedstaaten der Europäischen Union* por André Hoelzer, com revisão científica por Paulo de Sousa Mendes.

pessoas tem por objectivo interligar todos os sistemas de informação na UE. Os dados deles constantes devem poder ser imediatamente consultados, armazenados e transmitidos. As vantagens desses instrumentos jurídicos para uma efectiva investigação penal são óbvias, na medida em que permitem compensar a constante vantagem competitiva das organizações criminosas no tocante aos meios técnicos, à mobilidade e aos recursos humanos e financeiros. Mas surgem, por outro lado, ameaças para a protecção dos direitos fundamentais e humanos e para o equilíbrio instável entre a liberdade individual e a segurança colectiva na Europa. O reverso da medalha da desejada existência de uma moderna rede europeia de sistemas de informação tem de ser uma igual e eficaz protecção dos dados nela contidos – ou seja, um maquinista que conduz o comboio com segurança em direcção à Europa. Com vista a uma melhor fundamentação, pretendo, na sequência, dar conta do ponto da situação da troca de dados de investigação penal entre os Estados-membros da UE. Com base nessas explicações, seguir-se-ão algumas observações críticas relativamente aos défices da protecção de dados à escala europeia.

II. Instrumentos Jurídicos a Nível Europeu

1. A Convenção Europeia de Auxílio Judiciário Mútuo em Matéria Penal

Nos casos em que não for possível recorrer a uma cooperação informal, o quadro legal para a troca de informações em matéria penal é constituído tradicionalmente pela *Convenção Europeia de Auxílio Judiciário Mútuo em Matéria Penal*, em vigor desde 1962, e pelos seus protocolos anexos. A Convenção contém uma série de obrigações dos Estados-parte para transferência de informação, por exemplo para a comunicação de extractos e pormenores do registo criminal (art. 13.º) ou para a notificação relativamente a julgamentos penais de cidadãos de outros Estados-parte (art. 22.º). Mas o direito geral ao auxílio judiciário estabelece *a priori* limites precisos à troca de informações em matéria penal. Não permite, naturalmente, quaisquer acções de auxílio judiciário que vão contra o Direito interno. Além disso, a troca de informação compete aos Estados-parte envolvidos, de maneira que, apesar de existir um dever fundamental de cooperação, fica ao critério do Estado solicitado decidir se pode facultá-la ou não. Também se colocam problemas de ordem prática quanto à troca directa de informações entre autoridades judiciárias dos diferentes Estados europeus. Frequentemente faltam bases de dados e sistemas de informação compatíveis a nível internacional. Acresce que se interpõem, no interior de cada Estado, organismos centrais que visam o tratamento centralizado da informação, mas que acabam, em última análise, por prejudicar ou mesmo bloquear o fluxo de informações.

2. Iniciativas da Comissão

Acima de tudo, a Comissão Europeia empreendeu, nos últimos anos, esforços intensos no sentido de eliminar tais obstáculos à troca de dados de investigação penal. Com base nas linhas de orientação do chamado Programa da Haia de Novembro de 2004[1], a Comissão apresentou em 2005 uma proposta para a publicação de uma *Decisão-quadro do Conselho relativa à troca de informações em virtude do princípio da disponibilidade*[2]. Foi um objectivo a criação de um novo conceito para a troca de informações relevantes para a investigação penal no sentido de reforçar o Espaço da Liberdade, Segurança e Justiça, conforme o art. 29.º do Tratado da União Europeia (TUE). Em particular, este objectivo deveria ser atingido através da disponibilização, por parte dos Estados-membros às autoridades homólogas de outros Estados-membros e à Europol, das informações necessárias para o cumprimento dos seus deveres jurídicos, com vista à prevenção, descoberta e investigação de factos puníveis (art. 6.º). Essas autoridades dos outros Estados-membros deveriam poder aceder directamente *online* às respectivas bases de dados electrónicas (art. 9.º). Relativamente a dados cujo acesso *online* não for tecnicamente possível, os Estados-membros obrigam-se a implementar fichas de dados (art. 10.º), graças às quais as autoridades solicitantes obtêm a indicação de quais os dados disponíveis e qual o domínio estatal que os

---

[1] Neste contexto, cf. MEYER, *NStZ* 2008, p. 188.
[2] COM (2005) 490 final.

gere. Do ponto de vista do Estado de Direito, o aspecto problemático para o Terceiro Pilar da UE desta iniciativa da Comissão, a par da sua vaguidade e da falta de indicações suficientes acerca da protecção de dados, era sobretudo a circunstância de não terem sido minimamente definidos quais os factos puníveis para cuja investigação se tornava imprescindível o acesso directo aos dados de investigação penal. Até se tornariam possíveis pedidos de informação sobre bagatelas penais. Daí que esta proposta não tenha vingado até à data.

Em contrapartida, a *Decisão-quadro 2006/960/JAI do Conselho, de 18 de Dezembro de 2006, relativa à simplificação do intercâmbio de dados e informações entre as autoridades de aplicação da lei dos Estados-membros da União Europeia*[3] constitui um passo bem sucedido. O objectivo desta Decisão-quadro é definir as regras segundo as quais as autoridades judiciárias dos Estados-membros podem trocar eficaz e rapidamente informações e conhecimentos existentes para fins da investigação penal ou de averiguações policiais (art. 1.º, n.º 1). Isso é posto em prática através da obrigação de facultar informações e conhecimentos na posse de uma autoridade judiciária nacional a outras autoridades competentes de outros Estados-membros da UE, desde que estas os requeiram. O avanço desta solução defronte do direito ao auxílio judiciário até então em vigor consiste antes de mais em dois aspectos: por um lado, as condições para a disponibilização de informações e conhecimentos às autoridades competentes de outros Estados-membros da UE não podem ser mais restritivas do que as condições correspondentes exigidas a nível nacional (art. 3.º, n.º 3). Por outro lado, foram estipulados prazos muito rigorosos para garantir a efectividade dos pedidos (art. 4.º). Na medida em que a informação solicitada conste de uma base de dados, a resposta a pedidos urgentes tem de seguir dentro de oito horas – uma velocidade quase astronómica no âmbito do auxílio judiciário. Em caso algum, o Estado solicitado pode facultar a informação para além de 14 dias. No entanto, o avanço permitido pela Decisão-quadro é limitado: não justifica materialmente a disponibilização mútua de dados, mas exige apenas que o acesso seja equivalente ao do Direito vigente no respectivo Estado-membro[4].

---

[3] JO L 386, de 29.12.2006, p. 89.
[4] MEYER, *NStZ* 2008, p. 188 (190).

3. O Tratado de Prüm

A verdadeira revolução no âmbito da troca de dados de investigação penal deu-se na pequena cidade alemã de Prüm. Nesta localidade com cerca de 6000 habitantes, a poucos quilómetros da minha Universidade de origem, celebrou-se, em Maio de 2005, o chamado "Tratado de Prüm[5]", um instrumento internacional cujas repercussões na cooperação penal na Europa dificilmente podem ser subestimadas. Inspirados no modelo dito bem sucedido dos acordos de Schengen, foram sete os Estados europeus que se decidiram, numa fase inicial, a dar um passo adicional quanto às questões da troca de informações, mas também em outros domínios da cooperação transfronteiriça. Os Estados signatários do Tratado são: Bélgica, Alemanha, Espanha, França, Luxemburgo, Holanda e Áustria. Posteriormente aderiram também a Finlândia, Eslovénia e Hungria. Portugal, Itália, Bulgária, Roménia, Suécia e Grécia já manifestaram a sua intenção de aderir.

O Tratado de Prüm conduz a uma mudança de paradigma, porquanto a troca de informações já não carece de um pedido prévio de informação. Antes permite, pela primeira vez, o acesso directo *online* às fichas das bases de dados geridas pelas autoridades de outros Estados-parte. A autorização de acesso não se estende, porém, de forma ilimitada a todos os tipos de dados, mas somente a:

- Fichas de análises de ADN (na Alemanha, a base de dados de ADN da Polícia Judiciária Federal [*Bundeskriminalamt*]);
- Bases de dados de impressões digitais armazenadas informaticamente (na Alemanha, o Sistema Automático de Identificação Dactiloscópico AFIS [*Automatisiertes Fingerabdruckidentifizierungssystem*]);
- Registos informáticos de dados de veículos e proprietários de veículos (na Alemanha, o Registo Central de Veículos da Direcção Federal de Viação [*Kraftfahrtbundesamt*]).

Para evitar que o direito de acesso a tais categorias de dados fique sem efeito, obriga-se todas as Partes contratantes a realizar o levan-

---

[5] Cf. Diário Oficial da República Federal da Alemanha: BGBl. I 2006, p. 1458.

tamento e armazenamento dos dados para isso necessários, ainda que não estejam ao alcance das autoridades judiciárias nacionais. Quanto a dados de ADN ou dactiloscópicos, caso o acesso *online* segundo o chamado procedimento "*hit/no hit*", que, no máximo, demora alguns minutos, resulte numa correspondência, é legítima a transmissão de mais dados pessoais e outras informações a partir dos ficheiros relativos à pessoa em causa. Mas esta transmissão, que configura um procedimento em duas fases, terá sempre de estar em conformidade com o Direito interno do Estado-parte solicitado (arts. 5.º, 10.º). O Tratado de Prüm facilita por isso apenas a resposta à questão de saber *se* existe uma determinada informação de partida nas bases de dados dos outros Estados-parte. No tocante a conteúdos mais detalhados, as autoridades ficam tão dependentes como dantes do pedido de auxílio judiciário[6]. Só difere a consulta de dados constantes de registos de veículos. Neste caso, o Estado-parte solicitante recebe, em função do seu Direito e mediante indicação da matrícula completa ou de outro critério completo, um acesso de leitura directo aos dados do proprietário, possuidor e do próprio veículo (art. 12.º).

O conjunto de transmissões de dados e informações é, na prática, realizado pelos chamados "Pontos de Contacto Nacionais" (art. 6.º, n.º 1, art. 11.º, n.º 1). Na República Federal da Alemanha, esta função foi atribuída à Polícia Judiciária Federal (BKA), no caso dos dados de análise de ADN e dactiloscópicos, e à Direcção de Viação Federal, no caso de dados de veículos.

Alguns primeiros sucessos parecem justificar o modelo do Tratado de Prüm: já em Dezembro de 2006, só entre Alemanha e Áustria foram cruzados 112.000 ficheiros de dados de ADN. Só esse cruzamento de dados levou, nas primeiras seis semanas, a mais de 1.500 correspondências com ficheiros austríacos na Alemanha e, reciprocamente, a 1.400 correspondências na Áustria[7]. Nesse contexto, foram obtidas mais de 40 correspondências no domínio dos crimes de homicídio. Mas a troca de dados de ADN com outros Estados que se realizou nos meses seguintes evidenciou que, na República Federal da Alemanha, a esmagadora

---

[6] HUMMER, *EuR* 2007, p. 517 (520).
[7] HUMMER, *EuR* 2007, p. 517 (519).

maioria de correspondências ocorreu no domínio de delitos de furto; quer dizer, formas de criminalidade menos graves[8].

O Tratado de Prüm foi desde o início concebido de tal forma que, segundo o art. 1.º, n.º 4, fosse transposto para o Direito da UE no máximo volvidos três anos após a entrada em vigor nos Estados-parte. Esta meta foi entretanto alcançada. Em 23 de Junho de 2008, o Conselho aprovou formalmente a Decisão para a transposição de partes substanciais do Tratado de Prüm para o sistema jurídico da UE. Integram essas "partes substanciais" sobretudo as normas relativas à troca de dados para criação de perfis de ADN, ao cruzamento de dados dactiloscópicos, assim como à identificação de veículos e respectivos condutores. Depois do fracasso temporário do Tratado de Lisboa, tais formas de cooperação, que teriam de ser reguladas no quadro do chamado "Primeiro Pilar da UE" (por ex., o recurso a analistas de documentos e vigilantes de voo), ainda não foram transpostas para o sistema jurídico da UE. Não obstante, o Tratado de Prüm – como antes o conjunto dos acordos de Schengen – desenvolveu-se a partir de uma cooperação internacional de alguns Estados para modelo da Europa inteira.

III. Observações críticas

Tudo isso faz lembrar uma história de sucesso – e é, efectivamente, desde que se tome em consideração apenas o incremento da efectividade no âmbito da troca de dados de investigação penal entre os Estados-membros da UE. É verdade que o Tratado de Prüm, ao invés da proposta da Comissão, não implementa o princípio da disponibilidade na sua forma pura, uma vez que apenas é disponibilizada para acesso imediato uma parte do conjunto de dados tratado no âmbito da investigação penal. Além disso, na maior parte dos casos só é possível aceder às fichas de dados, mas não ao conjunto integral de dados. Não obstante, representa um verdadeiro salto quântico! E não é preciso ter poderes de adivinhação para se chegar à conclusão de que o Tratado de Prüm será

---

[8] Das 1.508 correspondências acima referidas, 1.257 diziam respeito a esta categoria, até Junho de 2007.

apenas uma fotografia instantânea, uma etapa intermédia a caminho de uma rede europeia de bases de dados abrangente.

Contudo, existe um outro lado: não foi por acaso que, de início, chamei a atenção para a ausência de um maquinista no comboio de alta velocidade em direcção à Europa. Não pretendo com isto aprofundar a questão, de resto extremamente interessante de um ponto de vista do Direito europeu, de saber se o método escolhido de forma habilidosa e consciente pelos envolvidos – que consistiu na criação de instrumentos no domínio do Direito internacional que, em grande medida, não são vinculativos e na sua subsequente transposição para o quadro legal da UE – não equivale antes ao contornar dos instrumentos realmente previstos no Tratado da UE[9] e à exclusão das competências democráticas de participação e controlo. De uma perspectiva penal e processual, importa sobretudo reter a percepção de que os esforços para uma mais eficiente perseguição penal transnacional em prol de interesses de segurança colectivos deixam, em grande medida, de lado a protecção dos indivíduos. Independentemente da elaboração do Direito nacional da protecção de dados, são as garantias da Convenção Europeia dos Direitos do Homem que servem de padrão mínimo comum para todos os Estados-membros da UE, no que aos direitos fundamentais e aos direitos humanos diz respeito. E o art. 8.º salvaguarda, enquanto parte integrante do direito à privacidade, justamente a protecção de dados, no sentido de levantamento, armazenamento e tratamento ilegítimos de dados pessoais[10].

O princípio da disponibilidade, em que se baseiam também as inovações do Tratado de Prüm, em última análise nada mais é do que o desenvolvimento do chamado princípio do reconhecimento mútuo no âmbito das tecnologias de informação. Segundo este princípio do reconhecimento mútuo (em que se funda, por exemplo, o instituto do mandado de detenção europeu), uma decisão judicial que foi tomada de acordo com a lei num Estado-membro da UE tem de ser reconhecida como tal igualmente em qualquer outro Estado-membro. Este princípio teve a sua origem no domínio das liberdades fundamentais da Comunidade

---

[9] Especialmente o instrumento da "cooperação reforçada", nos termos do art. 40.º ss. TUE.
[10] GRABENWARTER, *Europäische Menschenrechtskonvention*, § 22, n.º 10; BREITENMOSER, *Der Schutz der Privatsphäre gemäß Art. 8 EMRK*, 1986, p. 245.

Europeia, tendo sido desenvolvido pela Comissão com vista à instituição da livre circulação de bens, sem necessidade de se proceder a uma quase inalcançável harmonização das normas nacionais. A adaptação do princípio do reconhecimento mútuo no domínio da perseguição penal não está isenta de problemas, do ponto de vista legal. Enquanto a livre circulação de bens pretende implementar a liberdade económica, os mecanismos penais interferem directamente com a liberdade dos cidadãos. Dada a heterogeneidade dos ordenamentos jurídico-penais nos 27 Estados-membros da UE, há particularmente o perigo de, a longo prazo, se impor o Direito do Estado-membro detentor do Direito penal mais severo e do Direito processual mais fraco (isto é, *"forum shopping"*). Além disso, no âmbito do Terceiro Pilar da UE falta uma reserva de ordem pública equivalente à que existe no direito à livre circulação de bens (cf. art. 30.º do Tratado que institui a Comunidade Europeia). Até se atingir uma harmonização alargada, permanecem, portanto, preocupações sérias relativamente ao princípio básico do reconhecimento mútuo. O mesmo se diga, obviamente, também em relação ao princípio da disponibilidade, enquanto desenvolvimento do anterior.

Foi só a então muito desejada Decisão-quadro 2008/977/JAI do Conselho, de 27 de Novembro de 2008, relativa à protecção de dados pessoais tratados no âmbito da cooperação policial e judiciária em matéria penal[11], que veio implementar, pela primeira vez, um patamar vinculativo no que toca à protecção de dados, no âmbito da Terceiro Pilar. Afastou-se, dessa forma, a circunstância insustentável que fez com que os Estados-parte do Tratado de Prüm, para a definição de padrões mínimos, tivessem de recorrer a meras recomendações do Conselho Europeu de 1987[12] que não tinham carácter vinculativo e cujo nível se

---

[11] JO L 350, de 30.12.2008, p. 60.
[12] Segundo o art. 34.º, n.º 1, do Tratado, relativamente ao tratamento de dados pessoais que são ou foram transmitidos no âmbito deste Tratado, cada Parte contratante garante cumprir, no âmbito do seu Direito interno, um patamar de protecção de dados que corresponda pelo menos àquele que resulta da Convenção do Conselho da Europa, de 28 de Janeiro de 1981, sobre a protecção das pessoas relativamente ao tratamento automatizado de dados de carácter pessoal e do Protocolo adicional, de 8 de Novembro de 2001, respeitando simultaneamente a Recomendação (87) 15, de 17 de Setembro de 1987, do Comité de Ministros do Conselho da Europa aos Estados-membros, destinada a regulamentar a utilização de dados de carácter pessoal no sector da polícia.

situava nitidamente abaixo do nível da Directiva relativa à protecção de dados da CE no âmbito do Primeiro Pilar da UE. Após a transposição do Tratado de Prüm para o quadro legal da UE, passaram a vigorar determinados padrões mínimos relativamente à protecção de dados, tais como a legalidade, a proporcionalidade e a conformidade finalística do tratamento de dados (art. 3.º) ou o dever de registo de todas as etapas de transmissão (art. 10.º) também no domínio dos artigos 29.º ss. do TUE. No entanto, o prazo para a transposição destas normas para o Direito nacional dos Estados-membros só terminará em Novembro de 2010. De resto, a referência ao extremamente heterogéneo Direito de protecção de dados nacional continua a ser incontornável para quem estiver envolvido em tarefas de armazenamento de dados. Ora, aqui reside justamente o problema principal: em vez de se criar para a troca de dados relativos à investigação penal a nível europeu um patamar comum no que toca à protecção de dados, simplesmente faz-se de conta que o mesmo já existe, o que não é verdade[13].

De mais a mais, há dúvidas sobre se as normas do Tratado de Prüm cumprem até mesmo as exigências moderadas da nova Decisão-quadro relativa à protecção dos dados pessoais. Por mais que se procure, certamente não se encontra definições claras relativamente ao objectivo do levantamento e da troca de dados, dos grupos de pessoas abrangidos pelo tratamento de dados e, sobretudo, uma delimitação de factos puníveis para cujo esclarecimento possam ser utilizadas, por exemplo, informações relativamente a características genéticas[14]. As significativas incursões no direito à privacidade, como as implicaria a troca e o cruzamento de dados de ADN para esclarecer bagatelas penais, como sejam o furto de uma bicicleta ou numa loja, ainda são realmente adequadas? De que modo se pode verificar a legalidade material de uma transmissão de informações transnacional, particularmente se tivermos em conta a reserva de ordem pública? Não será que o princípio da conformidade finalística fica definitivamente prejudicado a partir do momento em que uma informação passa a constar de um sistema de bases de dados ope-

---

[13] Cf. tb. BRAUM, *KritV* 2008, p. 82 (90).
[14] PAPAYANNIS, *ZEuS* 2008, p. 219 (247).

rado a nível nacional, mas interligado a nível europeu? E será possível passar por cima das normas nacionais relativas à protecção de dados simplesmente por se classificar determinadas autoridades penais de diferentes Estados como sendo de confiança, prescindindo-se posteriormente de qualquer tipo de controlo no caso particular? Ninguém se pode esquivar a estas perguntas alegando simplesmente o inevitável processo da integração europeia. Colocar estas perguntas nem sequer é sinal de uma atitude anti-europeia, antes é sinal de respeito pelos princípios do Estado de Direito. O princípio da disponibilidade inverte, em última análise, a ideia fundamental da protecção de dados. Incursões no direito à privacidade do cidadão por parte do Estado deixam de precisar de legitimação. Em vez disso, futuramente teremos de justificar, muito provavelmente, por que razão pretendemos bloquear a troca de dados num caso particular, a fim de salvaguardar direitos fundamentais e humanos.

Isto leva-nos à última e decisiva questão: era isto, realmente, o que pretendíamos?

Direcção e execução da investigação criminal no quadro do Estado de Direito
(Contributos para uma melhor sintonia)

EUCLIDES DÂMASO SIMÕES
Procurador-Geral Adjunto

Felicito vivamente a ASFIC pela realização deste II Congresso e a equipa de coordenação científica, na pessoa da Senhora Prof. Doutora Fernanda Palma, pela variedade e riqueza dos temas escolhidos. Sobretudo porque, ao darem também voz aos práticos do Direito, aos que no seu quotidiano resgatam as leis da aridez do boletim oficial e as trazem para o turbilhão da realidade, prestam um inestimável serviço à justiça.

Na verdade, num quadro em que a par de sublimado iluminismo teórico persiste uma arreigada indigência prática, tudo o que sirva para esbater o fosso entre essas duas realidades antagónicas é bem vindo. Aqui se poderão encontrar, com benefícios recíprocos, os grandes princípios enformadores do sistema e as prosaicas limitações à sua realização, emergentes das insuficiências que são o pão do nosso dia-a-dia.

Estamos no campo de eleição dos chamados obreiros judiciários – o processo penal – guardando como Norte a afirmação sábia de Montesquieu:

> *"... a grande questão que importa resolver para se ter uma justiça produtiva e eficaz não é a da benignidade das leis mas a da impunidade dos crimes".*

Pois bem, de que modo se pode, num Estado de direito democrático, reduzir adequadamente a impunidade dos crimes? Como poderemos fazê-lo sem quebra dos direitos, liberdades e garantias que exornam o nosso sistema jurídico-constitucional? Como poderemos contribuir para consegui-lo, logo na fase decisiva do *"iter"* processual que a investigação criminal constitui?

1. A atribuição ao Ministério Público da titularidade e da direcção do inquérito, fase inicial e obrigatória do caminho processual comum, albergue da investigação, constitui um indiscutível rasgo de clarividência e modernidade.

Na segunda metade da década de 80 o mundo confrontava-se já com as drásticas consequências da globalização do crime, com a propagação generalizada de fenómenos de criminalidade transnacional grave e complexa. Convirá recordar que é de 1988 a Convenção de Viena contra o tráfico de droga, onde pela primeira vez se impôs a criminalização do branqueamento e do tráfico de substâncias precursoras e se aperfeiçoaram medidas específicas de cooperação e auxílio internacional.

1.1. É, pois, de louvar que o legislador tivesse tido a lucidez de outorgar ao Ministério Público tais responsabilidades. Como recentemente o vieram a fazer os suíços, com a ponderação, meticulosidade e rigor que lhes são característicos. Só um corpo de magistrados dotados de elevado grau de autonomia perante os demais poderes do Estado mas organizados entre si segundo uma estrutura hierarquizada é capaz de afrontar os desafios colocados pela criminalidade actual. Só no quadro de uma organização hierarquizada é possível gerar as reacções, as soluções adequadas ao enfrentamento do crime organizado e complexo. A natureza isolada, atomística, insular, de outros órgãos da justiça (refiro-me à magistratura judicial, obviamente) não é de molde permitir um tratamento eficaz desses problemas. As organizações criminosas de hoje são como exércitos na linha de batalha. Não é preciso ter lido Clausewitz para se saber que não se defrontam exércitos com franco-atiradores.

1.2. É, sobretudo, de louvar que o legislador tivesse tido o cuidado de distribuir as diversas competências processuais criando mecanismos de fiscalização e equilíbrio apropriados. No terreno está a polícia, que executa, com o grau de autonomia técnica e táctica necessário, a estratégia investigatória que foi gizada pelo Ministério Público. Os actos de investigação mais gravosos e intrusivos e a liberdade do arguido caem, por seu turno, sob a alçada de um juiz de feição meramente garantística, descomprometido do rumo e do sucesso da investigação, pelo menos até à reforma penal de 2007.

2. Esboçado assim, a traço grosso, o quadro institucional da investigação criminal tal como hoje aproximadamente se apresenta, afinemos a análise do seu *"modus faciendi"* para que, em obediência ao tema proposto, possamos aferir da sua propriedade e sintonia.

Tal análise desaguará, inevitavelmente, na constatação de que a intervenção do Ministério Público na fase de investigação criminal deverá traduzir-se em dominialidade coerente e pragmática, a exigir também adequado nível de organização e especialização.

Concretizando:

3. O Ministério Público deve, preferencialmente, dirigir a investigação e não executar a investigação.

Desde logo porque os meios materiais de actuação estão concentrados nos órgãos de polícia criminal, encarregados também de toda a logística da sua gestão. Além disso, é aos órgãos de polícia criminal que é (quando é) ministrada formação sobre os aspectos técnicos e tácticos da investigação. Investigar é hoje, mais que uma técnica ou uma ciência autónoma, uma verdadeira arte. Ora, se a formação de alguns órgãos de polícia criminal (especialmente os de competência genérica) ainda é deficitária, a dos magistrados do Ministério Público é praticamente nula. Realizada sob um modelo acentuadamente teórico e, além disso, perseguindo um paradigma (o judicial) que não é inteiramente o seu, nunca a formação de magistrados do Ministério Público gerou níveis de capacitação adequados à especificidade das tarefas de investigação criminal.

Por outro lado, afigura-se-me que a margem de distanciamento que assim se ganha aumenta a objectividade do Ministério Público.

Em resumo: ensine-se ao MP como se faz, para que autorizadamente possa dirigir. E não se pretenda que generalizadamente execute, porque nunca terá os meios suficientes e nada ganhará em termos de distanciamento e objectividade.

3.1. Caberá aqui deixar expresso, desde já, que a dominialidade do inquérito por parte do Ministério Público não admite outra interpretação que não seja a da sua total e permanente possibilidade de avocação e de execução directa dos actos de investigação, com o singelo apoio de oficiais de justiça ou com a coadjuvação de elementos de quaisquer outros OPC. Mesmo nos casos em que, como sucede com o n.º 2 do art. 7.º da LOIC vigente (Lei n.º 49/2008), o legislador quis distribuir de forma mais estanque as competências entre OPC.

Porque não se trata então, importa esclarecer, de situações de deferimento a outro OPC, mas da assunção da execução directa da investigação por parte de quem detém tal poder-dever, o MP. Nem outra interpretação se me afigura consentânea com o art. 219.º, n.º 1, da Constituição da República.

3.1.1. Não se extraia daqui, contudo, a conclusão de que advogo tal tipo de procedimentos. Bem pelo contrário, sou irredutivelmente adepto da ideia de que apenas em situações limite, como válvula de escape de bloqueamentos inultrapassáveis ou de quebras de confiança institucional irremediáveis, deverá lançar-se mão da avocação e execução directa da investigação. Ou seja, só quando fundadamente se entenda que os valores de eficiência e de objectividade e isenção são assim mais facilmente realizáveis é que se justificará a adopção de tal solução.

4. Devem adoptar-se soluções diferenciadas.

4.1. Para a criminalidade bagatelar ou de massas a direcção da investigação pode exercer-se, de forma mais distanciada, através da criação de formulários, de catálogos de "*boas práticas*", guias ou roteiros procedimentais por onde as polícias generalistas se orientem, a partir das unidades do MP que vierem a ser criadas junto dos juízos com competência criminal das novas comarcas ou dos DIAP que nelas vierem a ser instalados.

4.2. Já para a criminalidade grave e complexa, o Ministério Público deve, a partir do DCIAP, dos DIAP distritais ou dos DIAP a instalar nas futuras comarcas, adoptar uma postura mais interventiva:
a) Deve definir a estratégia investigatória, fixando o objecto do processo, as linhas gerais e o prazo da investigação a prosseguir. Preferen-

cialmente deve discutir com o OPC especializado essa estratégia, procurando consenso. Em caso de divergência sobre questões estratégicas só pode predominar o entendimento do Ministério Público (em homenagem à sua dominialidade).

b) Deve respeitar a autonomia técnica e táctica do OPC, conforme preceituam, desde o ano 2000, as sucessivas Leis de Organização da Investigação Criminal. Não constituirá, porém, essa autonomia, um valor absoluto: se, em prudente avaliação, se considerar que poderá redundar em sério prejuízo para a investigação, deverá o MP intervir correctivamente junto dos órgãos policiais com funções de direcção.[1]

c) Deve acompanhar *pari passu* o desenrolar da investigação, tendo em vista garantir a observância do rumo estratégico definido, a detecção de eventuais situações-limite de desadequação de tácticas e técnicas que possam prejudicar seriamente a eficácia da investigação e tendo em vista, sobretudo, velar pela regularidade dos procedimentos, em ordem a evitar nulidades que possam inquinar a prova recolhida.

Esse acompanhamento próximo da evolução investigatória deve fazer-se em moldes que poupem energias e não distraiam os meios sempre escassos de ambos os parceiros – MP e OPC. Quer a realização de breves e frequentes contactos de *compte rendu*, quer o simples envio periódico de cópias do processado elaborado parecem-me formas adequadas.

4.3. Também na decisão final o nível de fundamentação exigido deve ser diverso. Sob pena de, por objectiva incapacidade de resposta, se fazer colapsar ou retardar excessivamente o sistema.

Assim, nos casos de criminalidade bagatelar ou de massas as decisões de arquivamento devem ser enxutas, simples, tabelares. Caso venha a suscitar-se intervenção hierárquica ou instrução deverá, então, aprofundar-se a motivação da decisão.

Já nos casos de criminalidade grave e complexa as decisões finais de arquivamento não poderão deixar de ser pormenorizadas e devidamente motivadas nos planos fáctico e jurídico.

---

[1] A técnica e a táctica estão sempre pré-ordenadas à realização do objectivo estratégico. Assim, é lógico que todos os exercícios técnicos e tácticos tenham que harmonizar-se naquele sentido, sob pena de o sistema entrar em perda e gerar caos.

4.4. Além disso, o magistrado titular do inquérito deve, em casos de dúvida, aquando da prolação da decisão final, convocar outras opiniões. Deve ouvir os colegas que hajam de intervir nas fases subsequentes (numa espécie de "*conselho terapêutico*") quando se lhe suscitem dúvidas sobre a matéria indiciária ou sobre questões de direito de maior relevância, actuando num quadro gerador de consensos e fazendo intervir, quando necessário, os graus hierárquicos superiores.

4.5. No plano da dinâmica comunicacional, questão da maior modernidade (ou, mais correctamente, de inquietante actualidade), mais não direi que o seguinte: nos inquéritos cobertos pelo segredo de justiça a mediatização do seu teor e o nível de exposição de quem neles opere deve ser inversamente proporcional ao seu melindre social, económico ou político. O poder-dever de esclarecimento que o art. 86.º, n.º 13, do CPP consagra deve ser exercido com parcimónia, dentro de estrita proporcionalidade aos fins de tranquilização ou segurança visados, preferencialmente sob a forma de comunicado e sempre pelo órgão cimeiro do MP, que é a PGR.

5. Cabe agora indagar como se poderá executar eficazmente este programa de investigação, num mundo que se abriu, com a cimeira da Nápoles (Novembro de 1994) e o X Congresso da ONU sobre a prevenção do crime e recuperação do delinquente (Cairo, 1995), para as questões do crime organizado transnacional, do tráfico de pessoas e de armas, do contrabando de migrantes, da corrupção e do terrorismo.

A autêntica *movida* internacional a que se tem assistido na última década teve, está a ter e terá reflexos profundos na justiça do nosso País. Porque, por influência dos textos internacionais e europeus, as leis nacionais experimentam mutações com uma frequência e um grau de complexidade interpretativa nunca vistos. Quer ao nível da definição de tipos criminais, quer ao nível do estabelecimento de mecanismos de cooperação e auxílio de âmbito comunitário e internacional. Bastará dizer que até 1991 apenas tínhamos uma incipiente lei de extradição e que as grandes convenções do Conselho da Europa e da União Europeia sobre extradição, auxílio judiciário, transferência de processos penais e transferência de pessoas condenadas só foram ratificadas por Portugal no decurso dos últimos quinze/vinte anos.

Ora, é bom de ver que a cada vez maior gravidade dos fenómenos criminais e a sua cada vez maior complexidade investigatória, em razão (sobretudo) da opacidade gerada pela transnacionalidade e pela utilização de mecanismos virtuais de actuação, exigem graus cada dia maiores de especialização. Especialização por parte de quem executa a investigação e também de quem a dirige. Já é tempo, sublinho, de se postergar a velha ideia de que basta ter uma licenciatura em Direito e um curso genérico de formação de magistrados para se saber dirigir investigações de fenómenos criminais graves e complexos.

Tal tipo de investigações pressupõe a detenção de saberes específicos e aprofundados ao nível da dogmática e da jurisprudência penal, mas também do chamado *"direito judiciário"*, dos modernos mecanismos de cooperação e auxílio internacional e, *last but not least*, das técnicas e métodos mais avançados de intervenção investigatória, pois só pode dirigir com propriedade quem entende e sabe da matéria.

No mundo judiciário vasto e intrincado em que nos movemos, com elevado grau de insegurança técnico-jurídica, onde qualquer acto interpretativo nos força a atravessar terreno minado, é inconcebível que não se imponha elevado grau de especialização aos operadores judiciários e, em especial, aos magistrados do MP que, na primeira instância, dirigem ou, até, executam a investigação e exercem a acção penal.

Este é, por excelência, o campo de intervenção do MP, que perdurará, sob qualquer das fórmulas possíveis, mesmo quando hipoteticamente o MP venha a ser desonerado de todas as outras funções. E é na primeira instância, e especialmente ao nível da direcção do inquérito e da prolação do respectivo despacho final, que se localizam as fases decisivas da sua intervenção. Aí se traça, por vezes irremediavelmente, o destino do processo. Qualquer superveniente alteração, substancial ou não, dos factos coligidos e alinhados na acusação constituirá sempre um percalço. Eventual nulidade de prova, com o correlativo *"efeito à distância"*, poderá constituir, num futuro próximo ou longínquo, a derrocada de todo o edifício, com enormes perdas de tempo e dinheiro e, sobretudo, com sensíveis agravamentos do sentimento geral de impunidade.

Note-se, contudo, que nem só ao núcleo do interesse repressivo directo se confina a importância de uma direcção lúcida e experiente da investigação. Só um magistrado sabedor e adestrado estará em condições de fazer com que se investigue *à charge et à décharge*. Com que, perante a pressão de circunstâncias e de interesses imediatos, se preservem devidamente os direitos, liberdades e garantias individuais que são apanágio de qualquer Estado de Direito democrático.

5.1. Bem andou, pois, o legislador ao prever, no Estatuto do Ministério Público de 1998, a criação de órgãos vocacionados para intervir na fase investigatória:

a) O DCIAP para, acima de tudo, desempenhar as tarefas de análise de fenómenos criminais, de coordenação de intervenções repressivas e de planeamento e execução de acções (averiguações) preventivas, de que o Ministério Público nunca ou raramente se ocupara. E, em segundo plano, para dirigir a investigação e exercer a acção penal em certos casos, de extrema gravidade e complexidade, e para assumir responsabilidades nas questões de cooperação internacional de maior melindre.

b) E os DIAP distritais para constituírem pólos de excelência no domínio da direcção do inquérito e do exercício da acção penal da criminalidade mais grave e complexa da área dos respectivos distritos judiciais, além de darem cumprimento, a bom nível, aos actos de auxílio judiciário mútuo de maior dificuldade que sejam requeridos a Portugal.

5.1.1. Como bem andou ao prever, na regulamentação da nova LOFTJ (Lei n.º 52/2008, de 28 de Agosto) a criação de DIAP nas comarcas a instalar, onde, com melhor nível de especialização e mais adequado enquadramento, poderão ser tratados os inquéritos respeitantes a crimes de média e, até, de alta densidade criminal que não devam, pela sua complexidade ou melindre, ser assumidos pelo DCIAP ou pelos DIAP distritais.

5.2. Este tipo de departamentos permite que os magistrados que operem no domínio da investigação da criminalidade grave e complexa beneficiem de enquadramento hierárquico adequado, que potencie a sua motivação e adestramento. Enquadramento de uma hierarquia que não funcione apenas como instância de controlo, caixa de correio ou factor de exasperação burocrática. Enquadramento traduzível em acompanhamento, análise, discussão, busca conjunta de soluções, fixação de objectivos e delineamento consensual de estratégias. Tudo isto em clima de equipa solidária e coesa e salvaguardando sempre o núcleo inarredável de autonomia técnico-científica que é corolário da função de magistrado.

5.3. O desenvolvimento deste projecto, isto é, a instalação, adequada estruturação e correcto dimensionamento destes departamentos, bem como dos de competência comarcã que o EMP e a nova LOFTJ e respectivo regulamento preconizam, é claramente preferível à adopção de soluções casuísticas, geradas *ad hoc*, consoante a tarefa ou missão que conjunturalmente se perfile. Porque estas aumentam gravemente o risco de lesão da imagem de isenção que deve exornar as instituições judiciárias: ainda que sem fundamento, crescerão as hipóteses de rumor público sobre as "perversas razões" da nomeação de determinada equipa para "aquele caso". Além de que o excesso de expectativas ou o acréscimo de emulação, inerentes a qualquer indigitação especial e pontualizada, facilmente poderão redundar em perda de rigor, pela pressão do sucesso a todo o custo, e na tentação de imputar a outros intervenientes eventual fracasso, lançando ainda mais ruído e turbulência no sistema.

Por outras palavras: entre a rigidez do modelo (jurisdicional) do juiz natural e os riscos da discricionariedade extrema, os departamentos em funcionamento, instituídos pelo Estatuto do MP de 1998, e os que a nova LOFTJ preconiza a nível das futuras comarcas, desde que providos de magistrados recrutados segundo critérios de experiência e saber previstos na lei, constituem a resposta mais fiável, equilibrada e consentânea com o Estado de Direito democrático.

Recobram aqui plena actualidade as palavras de Figueiredo Dias: (in RPCC, ano 17, tomo 2, págs. 191 a 206):

"...não pode ignorar-se que tem surgido na opinião pública portuguesa actual um certo clamor contra faltas de objectividade e imparcialidade do MP na promoção e condução de certos processos, nomeadamente dos mais expostos à luz da publicidade [...]" .A esse complexo de problemas deve em todo o caso o MP a obrigação democrática de dar resposta. De que maneiras?"

"Procurando, desde logo, uma organização interna que *afaste o espectro de uma política de 'personalização das funções de prossecução'* que num certo período da evolução doutrinal, sobretudo na Itália, se pensou favorável a uma mais perfeita realização da autonomia. Mas que agora se compreendeu, mesmo na doutrina italiana, minar os fundamentos da autonomia do MP como instituição, aniquilando a exigência jurídico-constitucional da sua estruturação hierárquica. Do ponto de vista, uma vez mais, da concordância prática de autonomia e responsabilidade comunitária, deve ser saudada e incentivada a *departamentalização* a que progressivamente o MP está a proceder dos seus serviços que contendem com o processo penal. Como deve exigir-se que tais departamentos não sejam apenas um conjunto de magistrados fragmentados, cada um trabalhando à sua própria maneira e segundo os seus critérios pessoais os processos que lhe são distribuídos, mas constituam verdadeiros 'gabinetes' onde reine o trabalho de equipa, a colaboração, a coordenação e o esforço de unificação de procedimentos e de decisões".

5.3.1. Excluem-se, obviamente, desta visão negativa os casos de disseminação de determinado fenómeno criminal grave e de severa repercussão social que, por razões ponderosas, não devam ser concentrados em qualquer dos grandes departamentos já existentes. Nesses casos, necessariamente excepcionais, faz todo o sentido a criação de "equipas *ad hoc*" ou "*unidades de missão*".

5.4. Não se conclua, porém, que tudo está, assim, no melhor dos mundos e que nada há a rever ou melhorar.

O DCIAP e os DIAP distritais só estarão à altura dos desafios actuais se beneficiarem de meios humanos e materiais apropriados, que usualmente lhes são negados.

a) Os DIAP precisam de ser providos (pelo menos nas secções adstritas à investigação da criminalidade grave e complexa) de magistrados que preencham os requisitos de saber, experiência e vocação já previstos no art. 120.º do EMP Requisitos esses que por força do que agora dispõe o art. 122.º do Estatuto (na redacção da Lei n.º 52/2008), devem considerar-se válidos não só para os Procuradores Adjuntos como também para os Procuradores da República. Sob pena de, como sucedia no domínio da anterior versão do art. 122.º, poder ser instituída hierarquia de 1.º grau sem a correspondente supremacia técnico-científica.

Esses magistrados, agora nomeados em comissão de serviço (Lei n.º 52//2008), devem ser obrigatoriamente alvo de acções de formação contínua, a ministrar no País ou no estrangeiro, pelo CEJ ou por outros organismos. E devem, por sistema, assegurar continuidade entre a direcção do inquérito e a instrução e, sempre que indispensável, garantir a representação do MP em julgamento.

b) O DCIAP e os DIAP distritais precisam de assessoria de elementos oriundos dos órgãos de polícia criminal e de peritos de diversas áreas (sobretudo financeira e contabilística) em número e com nível de experiência adequados.

c) Os oficiais de justiça que prestam serviço nesses departamentos devem ser recrutados à luz de especiais critérios de competência e probidade, dada a sensibilidade das matérias com que vão laborar. Não podem iniciar aí as suas carreiras nem devem estar sujeitos a movimentos demasiado frequentes, que contendam com a rentabilização de experiências auferidas.

Mau grado a lei lhes atribua o estatuto de órgãos de polícia criminal, a sua movimentação entre tribunais e departamentos processa-se de forma totalmente alheia a isso, saltitando entre jurisdições díspares sem a mínima preparação prévia (até mesmo para o domínio dos diferentes instrumentos informáticos).

d) Os orçamentos desses departamentos devem ter em conta as matérias com que eles laboram e as exigências resultantes das respectivas dinâmicas investigatórias e não serem, como até à data, formatados segundo o modelo de qualquer tribunal.

6. Sejamos claros:

Num País felizmente poupado à grande ameaça do terrorismo, outros fenómenos criminais preocupantes se perfilam, porém, a exigir atenção e respostas adequadas. Não somente ao nível policial (como frequentemente se tende a considerar, de forma redutora) como também ao nível da intervenção do Ministério Público, dos Tribunais de instrução criminal e dos Tribunais de julgamento em primeira instância (para apenas se falar na vertente repressiva, pois quanto a prevenção é a indigência total).

Todos eles carecem de meios e de especialização. Todos eles carecem da atenção e do investimento que lhes foi sempre negado. Para enfrentarem desafios tão intensos e perturbantes como a corrupção instalada, a evasão fiscal generalizada, o contrabando galopante, o narcotráfico e o tráfico de pessoas.

Não cabe nos apertados limites desta comunicação abordar o tema da especialização dos tribunais criminais de primeira instância e das razões que a tornam premente.

Deixo apenas à vossa experimentada avaliação este melancólico inventário de 500 (quinhentos!) anos de justiça penal:

a) Lamentava Diogo do Couto (in *"O soldado prático"*), em pleno século XVI: "Regimentos não se executam senão nos pobres; leis e provisões não se guardarão senão contra desamparados".

b) Referia, com peculiar chiste, Maria Rattazzi (in *"Portugal de relance"*), em finais do século XIX: "A aplicação da lei em Portugal é rápida e inexorável para os pobres, modificando-se sensivelmente quando se trata de burgueses abastados; e completamente, a ponto de não exercer o seu predomínio senão constrangida, sempre que se dirige a pessoas de elevada condição".

c) Assinalava, há escassos três meses, Inês Pedrosa (in revista *"Única"*, do semanário *"Expresso"*): "Somos rápidos a julgar e a condenar um ladrão de mercearia ou um vigarista de esquina e lentíssimos a julgar os ladrões do erário público e os violadores da inocência do país, respaldados por advogados especialistas em fazer durar os processos até ao paraíso da prescrição".

Quinhentos anos são tempo de mais, mesmo para um povo antigo como o nosso. Arriscamo-nos ao mais severo dos juízos da História. E será de muito mau sinal que ninguém comece a inquietar-se. Agora e já!

Um novo paradigma metodológico na investigação do crime organizado[1]

JOSÉ BRAZ
Polícia Judiciária

I. O PARADIGMA "CLÁSSICO" DA INVESTIGAÇÃO CRIMINAL

A Produção de prova, constitui o objectivo central e o fim da investigação criminal, enquanto actividade instrumental, directamente auxiliar da administração da justiça (art. 1.º da LOIC e do n.º 1 do art. 262.º do CPP).

Para além da sua natureza normativa, a investigação criminal integra – no plano material – um diversificado mundo de saberes multidisciplinares que se organizam duma determinada forma para alcançar aquele objectivo, (a prova) através da abordagem de duas realidades: *o acto criminoso e o seu autor.*

Estas duas realidades constituem, por assim dizer, o seu objecto de análise.

De forma sintética diríamos que para cumprir o seu objectivo, a investigação criminal dispõe de um "sistema operativo" assente, basicamente, em três grandes pilares: o *método*, a *informação* e a *cooperação* e, orienta a sua actividade, através de duas estratégias de acção: a *inter-*

---

[1] Tópicos da comunicação proferida no 2.º Congresso de Investigação Criminal organizado pela ASFIC/PJ e pelo IDPCC/FDUL.

rogação e a *instrumentação*, utilizando os meios de prova e de obtenção de prova previstos no Livro III da Parte I do CPP.

A *interrogação* constitui um processo desejavelmente proactivo de relação interpessoal que visa a produção da chamada prova pessoal, (prova testemunhal, declaração de arguido, declaração de assistente e partes civis, acareação, reconhecimento e reconstituição de facto).

A *instrumentação*, constitui um processo tendencialmente reactivo de observação, análise e interpretação da realidade factual através da chamada prova material (prova pericial e prova documental).

De um ponto de vista metodológico, este modelo de investigação criminal desenvolve-se através do raciocínio dedutivo, procurando reconstituir historicamente o crime, sempre que possível, a partir da interpretação da sua factualidade, ou seja, dos indícios e sinais existentes no local onde foi tentado ou consumado, do conjunto de elementos ou objectos que o integram (arma do crime, cadáver, cofre arrombado, vidro partido, computador, documento, viatura, etc.) e dos vestígios potencialmente identificadores que estes elementos contêm.

O que verdadeiramente interessa questionar é se esta perspectiva dita "clássica" da investigação criminal (que é utilizada na abordagem da delinquência tradicional e da chamada criminalidade comum ou de massas) reúne condições para enfrentar com o mínimo de sucesso as novas expressões do crime organizado que mudou profundamente nas últimas décadas, adquirindo uma importância acrescida nas sociedades democráticas, onde a sua acção e as suas consequências se tornaram verdadeiramente preocupantes e, nalguns casos até devastadoras.

1. Caracterização sumária da nova criminalidade

O crime organizado transnacionalizou-se, aproveitando com sagacidade, as facilidades de comunicação existentes no mundo informacional e a intensa circulação de capitais e bens, nos circuitos internacionais de uma economia hiper-liberal, amoral e totalmente desregulada.

As organizações criminosas são hoje estruturas opacas, servidas por sofisticados recursos tecnológicos que favorecem a rapidez, a eficácia e o anonimato.

Do ponto de vista da sua estrutura interna, adoptam modelos empresariais com hierarquia própria, divisão de tarefas, especialização e planeamento operacional e, em muitos casos, com uma visão estratégica da actividade ilícita que desenvolvem.

Em termos de segurança, utilizam de forma sistemática um vasto conjunto de medidas defensivas que garantem a invisibilidade e dissimulação da actividade criminosa e dos seus efeitos e consequências.

Actuam de acordo com códigos comportamentais pré-definidos, impondo a lei do silêncio.

Aplicam mecanismos de disciplina, de interajuda e de solidariedade interna.

O aliciamento, a intimidação, o suborno e, se necessário, a violência, são usadas estrategicamente, em função de objectivos pré-definidos.

O crime organizado revela uma tentacular capacidade para infiltrar as instituições económicas e o aparelho de Estado, procurando aceder e controlar, através da corrupção e do tráfico e influência, importantes centros de decisão política, económica, financeira, administrativa e judicial.

Hoje, o crime organizado interage – numa complexa e indissociável simbiose – com importantes segmentos da economia legal, controlando grupos económicos e empresas que prosseguem actividades lícitas, como forma de camuflar a actividade criminosa e de branquear e reintroduzir nos circuitos financeiros, os elevados proventos obtidos.

Como enfrentar este novo problema?
Que resposta tem merecido?
Que estratégias visam o seu controlo e minimização?

2. O plano legislativo

Historicamente, nos Estados de Direito, este tipo de organizações têm revelado uma elevada capacidade de escapar à acção preventiva e repressiva dos tradicionais sistemas de justiças penal, assentes numa lógica probatória fortemente garantística e num conjunto de meios de prova e de obtenção de prova que há muito se mostram desajustados e impotentes para enfrentar as dificuldades emergentes.

Procura-se compatibilizar o conflito de interesses e de tensões – entre a busca da eficácia no *ius puniendi*, que tarda em ter lugar, e a tutela dos direitos e garantias fundamentais dos cidadãos, que importa resguardar – numa zona de compromisso e de delicado equilíbrio, que tem como suporte ético-jurídico a aplicação de dois princípios fundamentais: o *princípio da necessidade* e o *princípio da proporcionalidade*.

Com efeito, a generalidade dos ordenamentos jurídicos têm vindo, ao longo das últimas décadas, a conferir tutela e valor probatório a um conjunto de *novos meios e procedimentos* que são *qualitativamente distintos* dos tradicionais meios de prova e de obtenção de prova, na medida em que permitem uma percepção, uma abordagem e um tratamento diferente do fenómeno criminal.

Estes novos procedimentos e meios de obtenção de prova são normalmente admitidos num contexto de excepcionalidade, com um âmbito de aplicação limitado a um número restrito de tipos criminais (os chamados crimes de catálogo) e na base de um regime e autorização ou validação judicial, orientado casuisticamente por aqueles dois princípios orientadores.

Na sua admissibilidade processual, vigora – ainda e sempre – o princípio de que nunca a prova será alcançada através do sacrifício de direitos fundamentais que suportam, em primeira linha, a dignidade humana, como o direito à vida e à integridade física (arts. 24.º e 25.º da CRP), relativamente aos quais o legislador, como não podia deixar de ser, consagra um regime de protecção absoluta.

Já relativamente a um outro conjunto de direitos de personalidade, entre os quais se destacam: o direito à reserva da intimidade, da vida privada e familiar (art. 26.º da CRP), o direito à inviolabilidade do domicílio e da correspondência (art. 34.º da CRP) e o direito à imagem e à palavra, o legislador consagra uma reserva ou protecção relativa, prevendo a possibilidade) de a intensidade dos referidos direitos individuais, em determinadas circunstâncias de conflito de interesses, poder ser reduzida ou mesmo desactivada, em nome da defesa da comunidade e dos valores que a enformam.

Idêntica reserva de protecção relativa vale para alguns princípios processuais, como por exemplo: os princípios do contraditório, da lealdade processual e da imediação que, não constituindo também eles, direitos absolutos, podem ser objecto de compressão, mais uma vez e sempre, no contexto de um conflito de interesses relevante.

3. Os novos meios de prova e de obtenção de prova. Os regimes "especiais"

Referimo-nos, entre outras, às seguintes medidas, instrumentos processuais e meios e obtenção de prova:

- *Intercepções telefónicas, de correio electrónico e de dados transmitidos por via telemática;*
- *Quebra do sigilo bancário;*
- *Registo de imagem e som entre presentes (vigilância e escuta ambiental);*
- *Novos instrumentos e canais de cooperação internacional (policial e judicial);*
- *Mecanismos de direito premial e de reconhecimento da colaboração processual, previstos quer na norma substantiva, quer na norma processual e as correspondentes medidas de protecção de testemunhas;*
- *Acções encobertas e entregas controladas.*

Como já referimos, alguns destes novos procedimentos revestem uma natureza e uma estrutura qualitativamente distinta dos tradicionais meios de prova e de obtenção de prova, concedendo-lhes um enorme potencial de repressão e de prevenção criminal, para além da implícita capacidade probatória que naturalmente revestem.

Com efeito, instrumentos como o reconhecimento da colaboração processual e a acção encoberta, introduzem brechas na organização criminosa, encorajam e exploram a infidelidade criminal, a quebra da chamada *affectio societatis* que, como se sabe, constitui um dos principais trunfos do crime organizado, para manter a sua invulnerabilidade e conhecida resistência à acção da Justiça.

Dir-se-á que a utilização sistemática de tais procedimentos desencadeia de per si um duplo efeito:

Permite que as autoridades *penetrem* no interior da organização criminosa com o objectivo de produzir prova em termos processuais e, ao agir deste modo, consigam simultaneamente fracturá-la, dividi-la e enfraquecê-la, ou seja, desencadear relevantes medidas de política criminal de índole preventiva.

Todos estes meios processuais extraordinários que integram hoje, no plano da *utensilagem* jurídica-processual, a *linha da frente* na luta contra a delinquência organizada têm vindo a ser introduzidos no ordenamento jurídico português em tempo oportuno, nalguns casos até com assinalável pioneirismo (veja-se, por exemplo, a responsabilização criminal de entes colectivos (já não só no direito contra-ordenacional, mas também no Direito Penal Secundário e no Direito Penal de Justiça).

Mas será correcto e realista afirmar que estes novos meios têm sido utilizados de forma regular e sistemática, como parte integrante de uma estratégia de luta contra o crime organizado?

Reconheçamos que a sua implementação, implica um *processo global de mudança no funcionamento do sistema de justiça criminal.*

Mudança no processo de análise e de caracterização da criminalidade, enquanto fenómeno social complexo, permitindo distinguir, com rigor e cientificidade, a criminalidade comum da criminalidade organizada;

Mudança nos critérios de avaliação dos pressupostos de admissibilidade desses novos meios, no controlo da legalidade da sua execução, na compreensão dinâmica da natureza tecnicamente complexa e deontologicamente delicada que muitos deles revestem;

Mudança na interacção entre os operadores envolvidos (Juiz, MP e Policia Judiciária), na cultura e sensibilidade jurídica e criminológica e, sobretudo, na sintonia, na disponibilidade e na solidariedade institucional que é necessária para enfrentar novas ameaças com novos instrumentos que, não obstante serem discutíveis e controversos no plano doutrinário, são legais e legítimos e constituem as melhores *armas* disponíveis para combater o crime organizado.

A verdade é que muitos dos novos instrumentos processuais previstos na legislação em vigor não estão ainda devidamente interiorizados e consolidados na *law in action*, sendo ainda perceptível um claro desajustamento na sua utilização, situação que é relevante na medida que acaba por colidir com a aplicação dos princípios orientadores fundamentais atrás referidos (proporcionalidade e necessidade).

Com efeito na investigação de uma certa criminalidade comum e de massas recorre-se hoje, sistematicamente, a determinados meios de obtenção de prova que não foram concebidos para esse fim (veja-se, a titulo de exemplo, a forma generalizada e excessiva como se recorre às intercepções telefónicas na investigação de múltiplas manifestações de crime comum), desvalorizando-se e banalizando-se poderosos instrumentos com elevado potencial intrusivo que deviam constituir uma *reserva* para a investigação de um núcleo restrito de tipos criminais.

Mas por outro lado, em relação a determinadas tipologias de crime organizado *insiste-se, por laxismo, por insensibilidade ou por insegurança, na utilização de meios de prova e de obtenção de prova e de técnicas tradicionais de investigação criminal, inadequadas e insuficientes para garantir, à partida, qualquer hipótese de sucesso.*

Mas é fundamental perceber que o crime organizado não desafia apenas o dogmatismo da ciência jurídica e o pragmatismo da política criminal.

Constitui também, um desafio à capacidade de a investigação criminal se adaptar a novas realidades e ultrapassar dificuldades emergentes, através de uma mudança de paradigma, designadamente no domínio metodológico.

Na verdade, a implementação destes novos instrumentos, exige também, tempos de mudança na Polícia Judiciária e no processo de investigação criminal propriamente dito.

II. A MUDANÇA DE PARADIGMA METODOLÓGICO NA INVESTIGAÇÃO CRIMINAL

É hoje evidente e inquestionável o facto de a investigação criminal não poder enfrentar as novas formas de criminalidade organizada utilizando a mesma estratégia, a mesma metodologia e a mesma organização que utiliza na investigação do crime comum e tradicional, perpetrado de forma individualizada e sem os requintes que lhe confere a estruturação logística e estratégica.

Como já vimos, do ponto de vista metodológico, as chamadas técnicas clássicas de investigação criminal, escoradas no raciocínio dedutivo, procuram reconstituir historicamente o crime, sempre que possível a partir da interpretação da sua factualidade, *maxime* dos indícios e sinais por ele produzidos.

Este modelo parte do universal para o particular, procurando inferir conclusões a partir da análise de elementos disponíveis.

Em termos metodológicos, assenta num raciocínio apriorístico que, funcionando em *circuito fechado*, não produz conhecimento novo, limitando-se a reorganizar e a interpretar premissas pré-existentes.

Escora-se numa visão reactiva e retrospectiva da realidade, tendo como objecto de análise e ponto de partida um crime cometido no passado e participado às autoridades.

Este modelo metodológico mostra-se incapaz de responder com eficácia aos desafios da nova criminalidade, revelando-se, desde logo, manifestamente desajustado para rentabilizar e gerir adequadamente os novos instrumentos processuais e meios de obtenção de prova que o legislador colocou à disposição do sistema de justiça criminal.

É certo que as dificuldades sentidas pela investigação criminal são e serão sempre multifactoriais e muitas vezes difíceis de ultrapassar sem o necessário investimento em meios humanos e em recursos tecnológicos.

Mas, face às características do novo crime organizado e à necessidade de vencer os desafios do futuro, a questão essencial coloca-se hoje, com grande clareza, na necessidade de mudar de paradigma metodológico.

Nesse sentido, dir-se-á que, na investigação do crime organizado, já não basta a reconstituição do passado e a resposta às perguntas *sacramentais* da investigação criminal.

É necessário um novo modelo-padrão, assente no raciocínio indutivo, que já não circunscreve o seu objecto de análise ao *facto/acto* e ao *autor*, mas sim à *actividade* e à *organização criminosa* e que tem por objectivo, já não a reconstituição histórica daquele facto (*visão retrospectiva*) mas sim o conhecimento em tempo real daquela actividade no presente e, se possível, a sua antevisão no futuro (*visão prospectiva*).

Um novo modelo de investigação criminal, de forte pendor preventivo e dotado de elevados níveis de proactividade (e evidentemente, de necessária capacidade funcional e tecnológica para esse fim), que lhe permita produzir conhecimento novo sobre a realidade em que intervém.

E esta realidade, como já vimos, não constitui um passado estático que se pretende fixar ou reconstituir, mas sim uma realidade dinâmica e contemporânea, uma actividade em curso que se pretende neutralizar e interromper.

Este novo paradigma metodológico, cuja fonte de conhecimento é a experiência, tem consequências significativas a montante do processo investigatório propriamente dito.

1. A necessidade de uma maior interacção com o meio sócio-criminal

Desde logo, na própria configuração dos serviços operacionais, que devem procurar implementar estruturas que permitam *uma maior interacção com o meio sócio-criminal*.

Neste novo paradigma, torna-se vital desenvolver, para além da investigação criminal do caso concreto, uma intensa actividade de pesquisa preventiva, de espectro alargado, através do(a):

- Estabelecimento de plataformas de cooperação e diálogo inter-institucional, designadamente com forças de segurança que desenvolvem policiamento de proximidade e prevenção situacional e com outras instituições, públicas ou privadas, que directa ou indirectamente percepcionem a actividade criminal;
- Implementação e gestão de fontes de informação e de redes de observação e de contacto informal, que permitam uma maior infiltração do meio sócio-criminal, com o objectivo de conhecer e caracterizar, de forma permanente e sistemática, determinado tipo de actividades criminosas.

Assim será possível implementar um sistema que podemos denominar de alertas precoces, para situações em preparação ou já em curso, que permita, por um lado, antecipar com racionalidade o esforço investigatório que visa a recolha da prova e, por outro lado, interromper a actividade criminosa em curso, impedindo a produção do resultado.

Este *modus faciendi* não é mais, afinal, do que a expressão prática do princípio da proactividade que deve conduzir a investigação à descoberta de um determinado tipo de criminalidade larvar que não é comunicada às autoridades, pela simples razão de que na maior parte do casos o bem jurídico violado é difuso e imperceptível e, pura e simplesmente, não existem vítimas identificadas ou que se reconheçam como tal.

2. A necessidade de tratar informação criminal de forma centralizada

Mas a alteração do modelo metodológico tem também consequências nos restantes planos da *organização da investigação criminal*.

Desde logo no plano da informação ganha incontornável relevância a necessidade de centralizar, tratar e analisar a informação criminal especulativa.

A nova metodologia aposta numa abordagem diferente do objecto da investigação que deixa de ser a acção ou omissão criminosa, enquanto facto isolado e individualizado que importa reconstituir historicamente, para passar a ser a percepção e interpretação, em tempo real, da actividade criminosa, considerada na sua globalidade e interactividade dinâmica.[2]

Nesta perspectiva, a chamada informação confirmada, histórica ou processualmente suportada, que se concentra a jusante das diversas acções que compreendem a actividade policial em geral e de investigação criminal em particular, mostra-se insuficiente na luta contra o crime organizado.

As novas expressões de criminalidade exigem quase sempre uma abordagem holística.

A percepção, em tempo real, da fenomenologia criminal exige a recolha sistemática de informação especulativa e a sua transformação em conhecimento (*intelligence*) criminal, através de um processo centralizado e padronizado de análise, tratamento e difusão de informação.

3. Cooperação internacional e trabalho em rede

Já vimos que uma das características mais marcantes da nova criminalidade organizada é a sua *transnacionalidade*.

---

[2] Comportando esta, necessariamente, mas em momento posterior, o conjunto de acções ou omissões criminosas, individualizáveis e imputáveis aos respectivos autores (pessoas físicas e/ou entes colectivos), que será sempre *conditio sine qua non* para o exercício da acção penal.

O crime organizado não reconhece fronteiras nem limites. As organizações criminosas e os delinquentes têm perfeita consciência que quanto mais fronteiras atravessarem, menores são as probabilidades de serem detectados pelas autoridades e processados pelos Sistemas de Justiça Criminal.

Sistemas de Justiça Criminal que continuam a funcionar, necessariamente, numa lógica nacional, não obstante os inúmeros e notáveis esforços efectuados nas últimas décadas no sentido da harmonização legislativa e do reforço da cooperação internacional, no plano judicial e sobretudo, no plano policial.

A investigação criminal, enquanto esforço colectivo que visa um fim comum, deve internacionalizar-se, sendo hoje evidente que nenhum país, nenhum sistema de justiça, nenhuma organização de polícia criminal pode enfrentar, sozinha, este fenómeno, nos limites do seu território.

Neste contexto, a investigação criminal é também uma actividade global e interactiva que deve funcionar em rede, servida por mecanismos de cooperação internacional céleres e informais nos limites em que tal é permitido pelas regras e requisitos que presidem à produção da prova.

Cooperação na partilha de informação, no desenvolvimento de investigações conjuntas, através de equipas mistas, na troca de experiências, na normalização e harmonização de procedimentos e boas práticas, na formação conjunta, etc.

Decisivamente, *a cooperação internacional, constitui um dos eixos estruturantes da organização interna da investigação criminal na luta contra o crime organizado.*

4. Necessidade de aumentar a tecnicidade e a especialização da PJ

A sofisticação, a complexidade e a especificidade das novas expressões do crime organizado têm óbvias consequências na estratégia de acção da investigação criminal.

Contudo, tais consequências não alteram a matriz estruturante que começámos por apresentar.

Bem pelo contrário, convergem no sentido do reforço da cientificidade e da tecnicidade quer da Interrogação (prova pessoal) quer da Instrumentação (prova material).

Quanto mais profunda for a integração multidisciplinar na investigação criminal e mais actuante o contributo da ciência e da tecnologia aplicada ao Direito (através da Polícia Científica e da Polícia Técnica), melhor preparada ela estará para descodificar e enfrentar a complexidade e a sofisticação que caracterizam de forma crescente a moderna criminalidade.

Nestas circunstâncias, impõe-se, no plano organizacional, um *reforço da especialização e da multiplicidade transdisciplinar de saberes e de práticas que, por sua vez, exigem investimentos significativos no plano da formação profissional.*

5. O desafio da eficácia e as potencialidades do modelo de dependência funcional do MP

Este novo paradigma metodológico, tem também *consequências no plano processual penal e na articulação entre o Ministério Público e a Polícia Judiciária.*

Os novos meios de obtenção de prova têm como denominador comum o objectivo e a capacidade de *penetrar* no interior das organizações criminosas, permitindo identificar os seus elementos, conhecer e caracterizar o seu funcionamento, extensão, meios e logísticas, apoios, ligações, *modus operandi*, acções em curso ou planeadas, etc.

Na lógica prospectiva do novo paradigma, a investigação criminal inicia a sua intervenção a montante do acto criminoso propriamente dito, através de actuações preventivas de detecção, vigilância e controlo de actividades suspeitas, sendo já este, aliás, o sentido e a lógica explícita de muitos dos novos instrumentos previstos na lei processual penal.[3]

Deste modo, rapidamente se conclui que, no âmbito da luta contra o crime organizado, o inquérito judicial já não é, hoje, o *princípio* da investigação criminal e tenderá por regra, no futuro, a ser apenas o

---

[3] Vejam-se a título meramente exemplificativo, as acções preventivas previstas na Lei n.º 36/94, de 29 de Setembro, com alterações introduzidas pela Lei n.º 5/2002, de 11 de Janeiro, relativamente à corrupção e criminalidade económica e financeira e, as acções encobertas e de natureza preventiva previstas no art. 3.º n.º 4 da Lei n.º 101/2001, de 25 de Agosto.

suporte processual onde, formalmente, a prova recolhida se concentra e se organiza no plano *instrutório*, com vista a uma decisão acusatória, mas não aquele onde se produz *ab initio* o conhecimento necessário e suficiente que a ela conduziu[4].

Tendo em consideração que é na fase pré-inquérito que, materialmente, tem lugar parte significativa da investigação criminal e onde se concentra, com intensidade crescente, a utilização de alguns dos novos meios de obtenção de prova, com tudo o que isso significa no plano da garantia dos direitos fundamentais, esta questão ganha enorme relevância, sugerindo um esforço de adaptação e harmonização da actual estrutura processual às novas realidades metodológicas decorrentes da investigação do crime organizado, designadamente, da necessidade de reajustamento dos mecanismos de controlo jurisdicional e de dependência funcional da investigação criminal a *zonas* de intervenção não coincidentes com o inquérito.

Controlo jurisdicional que, no plano da salvaguarda dos direitos e liberdades fundamentais, competirá sempre ao Juiz de instrução.

Dependência funcional do MP, no domínio da orientação e direcção estratégica e do planeamento da investigação criminal que tem lugar no inquérito.

Nos termos da Constituição, do CPP e da LOIC, o MP é o titular da acção penal, competindo-lhe dirigir o inquérito, assistido pelos OPC's, que nesse quadro de acção, actuam na sua dependência funcional.

Mas o poder de direcção e de controlo que o modelo de dependência funcional comporta não pressupõe a prática da actividade material que a investigação criminal encerra.

Por duas ordens de razões.

Desde logo, porque a investigação criminal, e muito particularmente aquela que tem por objecto de intervenção as modernas expressões de criminalidade organizada, é hoje uma actividade complexa e multidisciplinar, que exige o domínio e a correcta utilização de técnicas, de saberes e de metodologias específicas.

---

[4] Esta formulação conflitua frontalmente com o espírito e a letra do art. 262.º do CPP que considera, por definição inequívoca, que a investigação criminal tem lugar no inquérito, compreendendo este: *"o conjunto de diligências que visam investigar a existência de um crime, determinar os seus agentes e a responsabilidade deles e descobrir e recolher provas, em ordem à decisão sobre a acusação"*,

Hoje, a investigação do crime organizado não pode ser realizada por um investigador (por este ou por aquele investigador...), mas sim por uma equipa de investigadores, por um colectivo que não deve ser desinserido da estrutura organizacional, técnica e logística que enquadra e potencia a sua acção.

Hoje a investigação criminal pressupõe a existência de estruturas orgânico-funcionais profissionalizadas e especializadas e a utilização de equipamentos e de recursos tecnológicos que devem ser geridos e explorados após adequada formação e treino.

A investigação criminal comporta uma materialidade, um conjunto de conhecimentos e de capacidades que escapam ao saber jurídico.

Na verdade, não basta saber Direito para se ser investigador criminal, ainda que não se possa ser investigador criminal sem se saber Direito.

O modo, o tempo e a forma, ou seja, a opção técnica, táctica e operacional e a correspondente definição, gestão e utilização dos necessários recursos humanos e materiais são pressupostos incontornáveis para que os órgãos de polícia criminal exerçam com eficácia as suas atribuições neste domínio, sendo este, de resto, o escopo legislativo (art. 2.º da LOIC e CPP) que subtrai ao princípio da dependência funcional, a organização hierárquica própria, a autonomia técnica e táctica dos OPC's, e a possibilidade de estes impulsionarem e desenvolverem por si mesmos diligências legalmente admissíveis (medidas cautelares e de polícia), ainda sujeitas a validação ou homologação posterior[5].

Mas existem também ponderosas razões de natureza estruturante que se prendem com a ideia de preservação da própria independência e autonomia do MP, que aconselham uma inequívoca definição de papéis e uma partilha de funções complementares e convergentes que afastem um anacrónico e indesejável quadro de simbiose ou de confusão de funções que já teve lugar entre nós (no modelo do Decreto-Lei

---

[5] Possibilidade dos Órgãos de Polícia Criminal desencadearem, por iniciativa própria, (ainda que nalguns casos sujeita a posterior validação) um vasto conjunto de procedimentos e de medidas cautelares e de polcía, previstas no CPP, na LOIC, na LSI e noutra legislação penal extravagante

n.º 35007 e do Decreto-Lei n.º 35042, de 1945, os lugares de Inspector da Polícia Judiciária podiam ser providos por agentes do Ministério Público) mas que hoje seria de duvidosa constitucionalidade.

Não só em todos os países de tradição anglo-saxónica, mas em muitos países da Europa continental e da UE, onde existem democracias consolidadas e sistemas de justiça penal eficazes, toda a actividade material que o conceito de investigação criminal comporta é materialmente gerida e desenvolvida por polícias de investigação criminal e não por magistrados.

Mas o reconhecimento, por parte do legislador, da materialidade da investigação criminal e da incontornável necessidade de ela dever ser realizada por quem tem competência, vocação e capacidade para o efeito não retira intensidade ao papel central do Ministério Público enquanto director desta importante fase do processo penal, sendo absolutamente fundamental que, para além do poder de fiscalização, ele emita, no âmbito da dependência funcional, as directivas, os comandos e as orientações concretas, necessárias para alcançar objectivos expressos, tendo por base critérios de deferimento objectivos e uniformes.

O modelo de dependência funcional, entendido como um modelo assente na clara definição de poderes e competências e na complementaridade institucional, contém em si mesmo assinaláveis potencialidades que, num quadro de particular proximidade, interacção convergência de objectivos entre MºP e Policia Judiciária, muito poderá contribuir para o aumento da eficiência na luta conta o crime organizado.

Porque em matéria de investigação criminal o grande desafio que hoje a todos se coloca é o desafio da eficiência!

Não da eficiência a todo o custo. Porque nas Democracias, os fins nunca justificam os meios e um tentador pragmatismo justicialista que tende a afirmar-se só contribuirá para a funcionalização e desprestígio das instituições.

O desafio a que nos referimos é o da procura compromissos e equilíbrios que conciliem o *discurso da legalidade* (contrapondo ao abuso e à arbitrariedade o respeito por um conjunto de garantias fundamentais que constituem património ético-jurídico a preservar) com o *discurso da eficiência* (contrapondo ao amadorismo e à incompetência, o profissionalismo e a utilização das metodologias e procedimento tecnicamente adequados e proporcionais a cada situação).

Conclusão

Diremos, em jeito de conclusão, que os sistemas de justiça criminal de todo o mundo enfrentam crescentes dificuldades na luta contra novas expressões de crime violento, complexo e organizado, realidade comum a que Portugal não escapa.

Não faz qualquer sentido persistir – em nome de um imobilismo anacrónico ou de falaciosos receios de índole hiper-garantística – na utópica missão de perseguir o crime organizado utilizando as mesmas metodologias e os mesmos procedimentos que servem para a criminalidade comum e para a delinquência participada.

Mostra-nos hoje a experiência e o direito comparado que, na luta contra o crime organizado, os meios que parecem reunir maior potencial de eficácia são aqueles que conseguem infiltrar, penetrar o interior dessas inexpugnáveis estruturas e organizações que a violência e o poder do dinheiro silencia, dividindo-as, fracturando-as e enfraquecendo-as.

Citando Rudolf Ihering que em 1853 afirmava de forma profética: *"Um dia, os juristas irão ocupar-se do direito premial. E farão isso quando, pressionados pelas necessidades práticas, conseguirem introduzir a matéria premial dentro do direito, isto é, fora da mera faculdade e do arbítrio. Delimitando-o com regras precisas, nem tanto no interesse do aspirante ao prémio, mas, sobretudo, no interesse superior da colectividade".*

Reconhece-se, hoje, que o direito premial – vencendo relutâncias e sensibilidades mais ortodoxas – tem vindo a invadir os ordenamentos jurídico-penais modernos.

Impõe-se, pois, a utilização sistemática de meios extraordinários e de regimes especiais de produção de prova, em grande parte já *disponíveis* no ordenamento jurídico, mas que ainda não estão consolidados nem interiorizados na prática e na cultura judiciária.

A aplicação destes regimes especiais de produção de prova reclama um novo paradigma de investigação criminal, reconhecido e assumido solidariamente por todos os que operam no Sistema de Justiça Criminal, que constitua uma *linha da frente*, capaz de enfrentar com coragem, eficiência e firmeza a criminalidade mais grave e complexa, ainda que no limite de fronteiras ético-jurídicas intransacionáveis, porque constituem a essência do próprio Estado de Direito.

O actual modelo de organização da investigação criminal, com uma Polícia Judiciária que actua no sistema de Justiça e não no sistema de Segurança, com uma especial proximidade e ligação genética ao MP, reúne condições para combater eficientemente as modernas expressões do crime organizado, mesmo daquelas que actuam demasiado próximo dos centros de decisão político-económica.

Painel 7.º

RELEVÂNCIA DO INSTITUTO DA PROTECÇÃO DE TESTEMUNHAS COMO MEIO DE PRODUÇÃO E PRESERVAÇÃO DE PROVA NA CRIMINALIDADE ORGANIZADA

Os programas de protecção de testemunhas nos EUA e em Portugal

CARLOS PINTO DE ABREU
Presidente do Conselho Distrital de Lisboa da Ordem dos Advogados

LEI DE PROTECÇÃO DAS TESTEMUNHAS. O DIFÍCIL BALANÇO ENTRE OS DIREITOS INDIVIDUAIS E FUNDAMENTAIS DE SEGURANÇA E DE DEFESA E A NECESSÁRIA PROSSECUÇÃO DOS INTERESSES COLECTIVOS NO COMBATE À CRIMINALIDADE ORGANIZADA: UM EQUILÍBRIO PRECÁRIO, MAS POSSÍVEL.

Sumário

I. Garantias do visado no processo penal: os direitos do arguido (o estatuto do suspeito, do indiciado, do acusado, do pronunciado e do condenado).

II. Intervenção dos restantes sujeitos e intervenientes processuais directamente afectados: os direitos da vítima e do lesado (em especial, os estatutos do ofendido e do assistente e o papel da parte civil).

III. Direitos dos intervenientes processuais acidentais: a protecção da testemunha como alvo de um novo paradigma processual penal em que, por força da sua imanente dignidade humana, toda a pessoa, sem excepção e sem distinção de estatuto, é sujeito de direitos e não já objecto de meras sujeições.

IV. A teoria e as finalidades essenciais: tutela da vida, da integridade física e da liberdade e garantia mínima do à vontade, da tranquilidade e da espontaneidade da testemunha enquanto emanação de um direito humano fundamental de cariz individual: falar livre e responsavelmente, sem quaisquer peias nem medo.

V. A prática e as finalidades instrumentais: protecção dos interesses processuais, já não da pessoa nem das pretensões do interveniente, mas da salvaguarda do interesse probatório público que tem ou pode ter o seu relato para a descoberta da verdade e para a boa decisão da causa.

1. O caso norte-americano

O *United States Federal Witness Protection Program*[1] é um programa de protecção de testemunhas administrado pelo Ministério da Justiça dos Estados Unidos da América *(United States Department of Justice)*, visando proteger sujeitos e intervenientes processuais em perigo antes, durante e depois de um julgamento.

A protecção de agentes de crimes que testemunham contra outros criminosos da mesma organização está também prevista e é considerada normalmente necessária em processos contra o crime organizado, nos quais a legislação prevê não só o risco de intimidação das testemunhas, mas também o do arguido que se disponha a testemunhar, por parte dos seus co-arguidos.

Muitos Estados, incluindo a Califórnia, Illinois e Nova Iorque possuem programas de protecção de vítimas para os crimes não cobertos pelo programa federal. Os programas administrados por cada Estado oferecem uma protecção mais restrita relativamente ao programa federal.

1.1. *A origem do Programa*

Nos Estados Unidos, o *Witness Protection Program* (também conhecido por *Witness Security Program* ou *WitSec*) foi estabelecido no âmbito do Capítulo V da Lei de Controlo do Crime Organizado de 1970 *(Title V of the Organized Crime Control Act of 1970)*, que, por sua vez, determinou a forma segundo a qual o Procurador-Geral dos Estados Unidos *(United States Attorney General)* poderá recolocar e proteger uma testemunha ou uma potencial testemunha do Governo Federal ou do Estado num processo relacionado com o crime organizado ou com outros crimes graves. Desde o 11 de Setembro, os testemunhos deixaram de estar apenas ou sobretudo relacionados com a LCN *(La Cosa Nostra*, actual designação da Máfia), mas também com os casos de terrorismo. O Governo Federal também fornece garantias aos Estados a fim de estes poderem prestar serviços semelhantes.

---

[1] Cfr., de Pete Earley e de Gerald Shur, o seu *WITSEC – inside the Federal Witness Protection Program,* Bantam, 2002.

O programa WITSEC *(the Federal Witness Protection Program)* foi fundado nos finais da década de 60 por Gerald Shur, quando este se encontrava na Secção de Combate ao Crime Organizado e ao Banditismo do Ministério da Justiça dos Estados Unidos *(Organized Crime and Racketeering Section of the United States Department of Justice)*. A maior parte das testemunhas é, actualmente, protegida pelo *United States Marshals Service*, sendo que todas aquelas que estão em situação de reclusão são protegidas pelos serviços que superintendem o sistema prisional *(Federal Bureau of Prisons)*.

Normalmente, a testemunha recebe uma nova identidade e é deslocada para uma nova residência. As testemunhas são aconselhadas a continuarem com o mesmo nome próprio e a escolher um apelido que tenha a mesma inicial, de modo a facilitar um uso instintivo da sua nova identidade.

O U.S. Marshals Service fornece nova documentação, ajuda a encontrar alojamento e emprego e fornece temporariamente um subsídio até a testemunha conseguir subsistir por si própria. Contudo, o subsídio poderá ser retirado à testemunha caso o *U.S. Marshals Service* se aperceba de que a testemunha não está empenhada em encontrar um emprego. As testemunhas são proibidas de regressar ao seu local de origem ou de contactar familiares que não estejam a ser também protegidos ou antigos amigos, colegas e associados.

A fim de garantir que a testemunha não seja localizada, esta é obrigada a seguir um percurso extremamente confuso e indirecto antes de finalmente chegar a um destino longínquo onde passará a residir e onde permanecerá sob uma nova identidade. Frequentemente, o transporte implica uma cadeia aparentemente arbitrária de voos, com horas e locais que sejam suficientemente difíceis de serem adivinhados por potenciais inimigos.

Os milhares de testemunhas que fizeram parte do programa WITSEC são indivíduos, cada um com sua história pessoal: algumas heróicas, outras trágicas, algumas assustadoras. Muitos deles, sobretudo os agentes de crimes, adaptaram-se com alguma facilidade às suas novas vidas. Por sinal, apenas cerca de 17 % das testemunhas arguidos que cometeram um crime serão reincidentes, em comparação com quase 40% dos que se encontram em liberdade condicional.

Outros, em particular os poucos não criminosos que fizeram parte do programa WITSEC, sentiram a transição para uma nova vida como avassaladora ou mesmo como uma tortura. Muitos sentiram-se entre dois mundos. No seio protegido da família podiam partilhar o seu passado – um legado, memórias, acções, relacionamentos – que, na sequência da alteração de identidade, eram obrigados a negar todos os dias. No novo emprego ou com os novos amigos viviam uma mentira fazendo face à sua rotina diária num local estranho, disfarçadas de alguém completamente diferente. Cada testemunha sacrificou a sua personalidade quando da sua mudança de identidade e de local de residência.

A maioria das testemunhas do programa de protecção pertence à associação criminosa *La Cosa Nostra* (LCN). Apenas italianos podem fazer parte da LCN, tendo que prestar juramento no âmbito de uma cerimónia. A regra mais importante de todas é a de não fornecer quaisquer informações sobre a organização a estranhos, isto é, a pessoas que não fazem parte da LCN, especialmente a polícias. É justamente esta regra mais sagrada que é violada pelas testemunhas ao fazerem parte do WITSEC. Tal violação determina, a maior parte das vezes, a morte do prevaricador. Reside, pois, aí, o maior perigo, não apenas para a própria testemunha, mas também para toda a sua família. Gerald Shur criou uma arma poderosa de protecção de testemunhas: o sistema informático do WITSEC que contém informações sobre milhares de criminosos da LCN – isto é, sobre os seus pseudónimos, residências, aniversários, negócios, registos criminais, condenações, data de libertação, casamentos, divórcios, familiares, melhores amigos e até actividades lúdicas. Este sistema permite, pela primeira vez, identificar padrões de actividade e ligações entre várias famílias de criminosos. Descobriram-se, por exemplo, vários casamentos entre criminosos e seus familiares. O sistema forneceu todas as vantagens de uma protecção de testemunhas uniforme, sem ter que reiniciar a investigação cada vez que há uma testemunha nova a ser introduzida no programa WITSEC.

1.2. *As medidas de protecção*

A melhor solução para a protecção de testemunhas reside na recolocação das mesmas em locais longínquos, normalmente outro Estado, sob uma nova identidade. A protecção através de policiamento permanente não só é muito mais dispendiosa, como também ineficaz, como nos foi demonstrado pelo caso do Presidente Kennedy, que foi assassinado apesar dos recursos inesgotáveis de segurança pessoal. A solução para a salvaguarda das vidas das testemunhas passa pelo desaparecimento e anonimato das mesmas.

Antes do programa WITSEC ter sido iniciado, as despesas da recolocação das testemunhas, tais como viagens, refeições e alojamento, eram suportadas pelo reduzido fundo que o Ministério da Justiça designava de *"Fees and Expenses for Witnesses"* e que normalmente servia para pagar a peritos que fossem a tribunal prestar informações periciais.

Além dos recursos financeiros, Shur reclamou casas governamentais seguras que servissem de refúgio para as testemunhas, enquantos estas não fossem recolocadas noutro Estado.

A recolocação implica uma vida nova, um renascimento. A protecção de testemunhas estende-se a cada membro da sua família, pelo que cada pessoa a ser protegida necessita de, no mínimo, três documentos novos: certidão de nascimento, carta de condução e cartão da segurança social. Se a testemunha tiver filhos, os relatórios escolares terão que ser substituídos por outros com conteúdos idênticos, mas nomes diferentes.

Muitos dos Estados proíbem, inclusive, as seguradoras, as entidades bancárias e as instituições de crédito de exigirem o número de segurança social aos seus clientes. Esta informação é considerada confidencial, sendo apenas necessária para preenchimento das declarações de impostos. Quer isto dizer que não existe um número universal identificativo que acompanhe um indivíduo durante toda a sua vida como acontece em muitos países da Europa.

Contudo, existe um documento importante que não lhes é fornecido: o seu histórico financeiro. As testemunhas não têm direito a que lhes seja atribuído qualquer documento comprovativo do seu estado actual de dívidas, qualquer documento ou extracto bancário sobre contas abertas noutros bancos, etc. As testemunhas têm que criar um histórico financeiro desde o início, o que lhes dificulta as tarefas mais banais, tais como uma simples instalação de telefone na sua nova residência, sendo certo que as companhias de telefone querem conhecer o perfil do cliente através do seu historial.

A nova identidade e o local de residência têm que ser mantidos em segredo, mesmo perante a família e os amigos mais próximos, sendo esta uma medida de protecção para ambas as partes, tentando assim evitar-se que alguém seja raptado e torturado pelos inimigos da testemunha a fim de serem obtidas informações sobre o esconderijo daquela.

O critério de selecção dos amigos ou familiares a serem protegidos desta forma implica a resposta positiva à seguinte questão: será que os membros da LCN escolheriam esta pessoa para a torturar a fim de tentar intimidar a testemunha? Se a resposta for sim, esta pessoa terá que ser protegida. Este tipo de protecção inclui amantes das testemunhas casadas, bem como os parceiros das testemunhas não casadas, homossexuais ou não.

Quando surge a necessidade de serem medicamente assistidas, as pessoas que estão a ser protegidas não podem ser enviadas para o seu local de origem a fim de serem tratadas, pois colocariam em risco todos os outros que fazem parte do grupo protegido. Nestes casos, existe um acordo com o Director-Geral de Saúde dos Estados Unidos, através do qual é possível que seja prestada assistência médica gratuita em hospitais estatais.

1.3. Os problemas inerentes

O maior problema deste programa reside em encontrar empregos para as testemunhas recolocadas. As testemunhas não podem viver indefinidamente do subsídio pago pelo programa WISTEC. Acontece que muitas delas, tendo vivido sempre do negócio clandestino (narcotráfico, banditismo, etc.), nunca tiveram qualquer experiência profissional. Ainda assim, após várias reuniões informais com vários industriais, Gerald Shur conseguiu que muitos concordassem em receber testemunhas, mesmo sem conhecer os seus verdadeiros nomes e sem ter qualquer referência pessoal ou profissional. Neste âmbito, houve algumas histórias de sucesso de testemunhas que iniciaram funções em cargos menores e que conseguiram chegar a Director-Geral, conseguindo atingir sucesso pessoal e ganhos extraordinários para as empresas.

Muitas vezes o maior sofrimento é o das crianças, filhos das testemunhas, que são afastados do seu ambiente social. É difícil explicar a uma criança porque é que nunca mais poderá ver os seus avós e explicar a um adolescente que não poderá nunca mais ter contacto com o seu namorado ou namorada, a não ser por carta e que as cartas recebidas ou enviadas têm primeiro que ser lidas pelos pais, a fim de garantir que não contêm qualquer informação que possa denunciar a localização da família protegida.

O trabalho de protecção de testemunhas, que são na sua grande maioria elas próprias delinquentes, é irónico na medida em que frequentemente são enviadas para outros locais onde acabam por vitimizar pessoas inocentes. Por outro lado, estes criminosos constituem uma arma preciosa de combate ao banditismo e ao crime organizado. De facto, esta arma provou ser poderosa, infligindo um golpe severo ao crime organizado: *"Omertà"*, o pacto de silêncio da LCN, letal para quem não o cumprisse, deixou de ser um escudo eficaz.

1.4. *Casos reais*

A protecção de vítimas está longe de ser um programa aplicável em série. Cada testemunha traz consigo novos problemas para resolver, relacionados com as suas vidas antes de se terem comprometido com o WITSEC.

Um dos casos mais complicados e mediáticos foi o de uma testemunha cuja mulher tinha filhos do seu casamento anterior. O ex-marido não foi avisado da recolocação da sua ex-mulher, tendo tido toda a razão para suspeitar que os seus filhos tivessem sido raptados pela mãe. Quando tentou encontrar os filhos, ninguém estava disposto (uns porque não podiam, outros porque não sabiam) a fornecer informações. Se as autoridades cedessem, colocariam em perigo a família da testemunha e, para além disso, ainda passariam às outras testemunhas a mensagem de que não estariam seguras e que não podiam confiar nas autoridades que, supostamente, as estariam a proteger. Perante o desespero de não encontrar os filhos, o pai das crianças contactou um jornalista e divulgou o caso. A maioria do público esteve do lado dele.

Tal crueldade infligida ao pai das crianças, inocente e vítima do facto de os seus filhos e de a sua ex-mulher terem entrado no programa WITSEC, não podia acontecer uma segunda vez. Daí em diante, os pais que não detinham a custódia dos seus filhos eram sempre notificados do facto de os seus filhos fazerem parte de WITSEC. Estes pais passaram ainda a ter o direito de se encontrarem com os seus filhos em locais seguros, providenciados pelos *Marshals*.

Outro caso de destaque foi o de uma testemunha que havia sido advertida para não se comportar de forma efusiva e manter-se sempre no anonimato. O pacto estabelecido tinha sido o perdão das suas dívidas às finanças, contraídas antes de ter entrado no WITSEC em troca de informações preciosas sobre a LCN. Depois de ter sido recolocado e de ter recomeçado a sua vida, como empregado numa empresa, a testemunha chegou ao cargo de director da empresa, tendo feito, mais uma vez, uma fortuna não declarada às finanças. Para além disso, quando atingiu um cargo de maior poder na empresa colocou-lhe o seu próprio nome. Como se não bastasse, alegava, por vaidade, ter sido proprietário de estações de rádio e de uma fábrica de manufactura no Japão, o que não correspondia à verdade. As finanças suspeitaram desta situação quando repararam na existência de números de contribuinte consecutivos entre vários empregados da empresa. Os empregados eram familiares da testemunha. A todos tinham sido atribuídos novos números de contribuinte aquando da sua recolocação. Gerald Shur não se tinha preocupado com o facto de serem números seguidos, uma vez que a testemunha lhe tinha assegurado que não iria trabalhar no mesmo local que os seus familiares. Em última análise, neste caso, a testemunha foi imprudente.

Noutros casos evidencia-se algum *"laissez-faire"*, bem como alguma falta de fundos e de pessoal por parte do programa WITSEC à medida que o número de testemunhas aumenta, o que culmina, muitas vezes, em situações de perigo, tais como:

- a fim de poupar dinheiro, os colaboradores do WITSEC deixavam as testemunhas em aeroportos, enviando-os sem qualquer acompanhante em voos para as "zonas de risco", a fim de ali prestarem o seu testemunho. Chegados ao aeroporto de destino, onde deveriam ser recebidos por outro colaborador, muitas das vezes, ninguém aparecia. Não raras vezes, a testemunha tinha que apanhar um táxi para chegar a horas ao julgamento. Quando chegavam ao tribunal tinham que procurar os colaboradores que deviam estar a protegê-los.
- correspondência acumulada de várias semanas que permanecia nas secretárias dos oficiais de justiça porque ninguém tinha tempo para tratar do seu reenvio para a testemunha. Algumas das cartas

reenviadas chegavam às novas residências das testemunhas com o remetente identificado de "*U.S. Marshals Service / Witness Security*". Qualquer pessoa que visse os envelopes podia chegar à conclusão de que se tratava de testemunhas protegidas.
– numa certa noite, um assassino conhecido bateu à porta de um apartamento e perguntou por Vincent Teresa. O residente assustado informou-o de que Teresa tinha mudado de casa. Por sorte, o assassino não reconheceu o morador que, por acaso, também era uma testemunha protegida. Para não terem que gastar mais dinheiro em arrendamentos de apartamentos novos, o *Marshals Service* tinha optado por usar sempre o mesmo apartamento como alojamento provisório para as testemunhas. Como se não bastasse, o senhorio tinha ligações com a LCN.
– a sede do *Marshals Service* esteve atrasada, durante muito tempo, na emissão de novos documentos para as testemunhas, obrigando a que o pessoal auxiliar começasse a emitir documentos falsos, que podiam ser facilmente detectados.

Pode dizer-se que a escolha do *Marshals Service* para executar a protecção de testemunhas não é feliz. A educação de um ajudante de *marshal* ensina-o a lutar contra todos os que sejam criminosos. Daí que se afigura improvável que um ajudante de *marshal* se empenhe na protecção de um membro da LCN. Tornou-se necessária a criação de um departamento independente no Ministério da Justiça, exclusivamente para a protecção de testemunhas, com o seu próprio orçamento, bem como com colaboradores exclusivos do WITSEC e com actuação independente de outros órgãos executivos a fim de se garantir um tratamento igual, e não discriminatório, para todas as testemunhas.

Não é fácil contentar testemunhas recolocadas, especialmente as mulheres de testemunhas italianas que responsabilizavam o marido por tê-las colocado numa situação em que tinham que renunciar à sua vida quotidiana no bairro em que cresceram, com os irmãos, os pais, o padre, etc. Assim que se encontravam longe da sua família e amigos, a única pessoa em quem podiam confiar era Gerald Shur.

Quando as testemunhas se deslocam a Nova Iorque para prestar declarações em tribunal, são alojadas no mesmo hotel. Aí têm a oportunidade de trocar impressões e muitas das vezes até descobrem que vivem perto umas das outras e trocam os contactos para se encontrarem.

O problema reside no perigo de, uma vez reunidos, formarem um novo grupo de crime organizado e voltarem a cometer crimes, como aliás já aconteceu.

Há que ser prudente no relacionamento com as testemunhas e não esquecer que se elas testemunharam contra os seus amigos mais íntimos por conveniência, podem muito bem virar-se contra qualquer outra pessoa que lhes seja inconveniente. É preciso ter especial prudência, especialmente, nos momentos em que é retirado o subsídio à testemunha. As mais espertas telefonam ao chefe do seu protector a fazer queixa deste e a exigir uma recolocação, o que lhes confere o direito a pelo menos mais três meses de subsídio. Normalmente, invocam qualquer acto ilegal que o protector tenha cometido para as ajudar.

Nos anos 70 era relativamente comum que as testemunhas contraíssem dívidas e depois alegassem que a sua vida estava em perigo e que precisavam de ser recolocadas. Quando os credores vinham à procura do devedor, o protector era obrigado a mentir, não podendo revelar qualquer informação sobre a testemunha.

O Ministério da Justiça começou a fazer uso da lei RICO de 1970 *(Racketeer Influenced and Corrupt Organizations Act)*, nos termos da qual bastava a suspeita de ligações à LCN para deduzir acusação contra alguém. Ao abrigo da lei RICO, o governo tem o poder de arrestar qualquer património adquirido através de actos ilícitos, o que significa que pode confiscar negócios geridos por membros da LCN. A máfia opera quase como a Hidra, a mítica serpente de nove cabeças. Se uma das cabeças for cortada com êxito, duas novas crescem no seu lugar. Um criminoso da máfia até pode ser julgado e condenado de vez em quando e ser enviado para a prisão. No entanto, o monstro sobrevive e outros criminosos rapidamente preenchem o seu lugar. Dado que os cabecilhas da máfia se encontram camuflados e escondidos por detrás das suas legiões, é praticamente impossível destruir o cérebro ou o coração do monstro. A lei RICO providenciou aos procuradores a arma de que necessitavam. Pela primeira vez, o facto de ser o *leader* ou pertencer a uma organização criminosa constituía por si só um crime grave com penas aplicáveis pesadas. Se um procurador dos Estados Unidos conseguir provar que existe uma "empresa" criminosa, todos os colaboradores, desde o cabecilha até ao legionário podem ser acusados, julgados e condenados, independentemente de terem ou não sujado a suas mãos a fracturar uma rótula ou a cometer um homicídio.

Todas as testemunhas são iguais, mas umas são mais iguais que outras. Fratianno foi um dos maiores cérebros da LCN que ajudou os procuradores a condenar trinta criminosos, seis dos quais eram cabecilhas. Logo, Fratianno achava-se com direitos especiais. O programa WITSEC pagou todas as suas contas de telefone durante vários anos, enviava cheques de subsídio todos os meses à sua sogra, a quem pagou um *lifting* facial, um branqueamento dental e até implantes mamários à sua mulher Jean. Fratianno era perito na arte de manipular o sistema. De tal forma que a certa altura colocou o *Marshals Service* contra o Ministério da Justiça, e este, por sua vez, contra os sub-procuradores e o FBI contra os procuradores. Fratianno, quase sempre, conseguia o que queria. Ganhou mais dinheiro a explorar o programa WITSEC do que a cometer crimes. Quando chegou a altura de lhe retirar todos os subsídios, ao fim de dez anos, Fratianno contactou um repórter do *Los Angeles Times* para fazer queixa de que o governo o tinha abandonado depois de já não precisar dele depois de ele ter ajudado a desmantelar grande parte da LCN. Alegava que tinha sido apoiado enquanto era útil e deitado à rua depois de ter sido usado, com meio mundo a querer matá-lo. O porta-voz do Ministério da Justiça justificou a decisão com o facto de ele ter recebido quase um milhão de dólares em dez anos de subsídios do WITSEC.

Mas, de facto, as testemunhas corriam sérios riscos de perseguição por parte de outros criminosos. Foi o caso de Zambito, um recluso que tinha prestado informações a procuradores sobre traficantes de drogas. Em troca, a sua própria pena foi diminuída. Entretanto, os outros reclusos ameaçavam-no de morte. Zambito tinha todas as razões para se preocupar. Allen Benton, um dos que Zambito tinha ajudado a condenar, encontrava-se na mesma prisão e Zambito foi colocado numa cela de seis reclusos, aberta e acessível a outros reclusos de outras celas. Uma noite, às 4 horas da manhã, Allen Benton entrou na cela de Zambito enquanto este estava a dormir e esfaqueou-o. Mais tarde, após investigações, chegou-se à conclusão de que os guardas prisionais não eram responsáveis pela morte de Zambito, uma vez que não tinham sido informados por parte dos procuradores de que Zambito se encontrava em perigo de vida. Os procuradores por sua vez, partiram do princípio que os guardas sabiam que o recluso tinha prestado informações no âmbito de WITSEC e que tomariam as precauções necessárias para que Zambito permanecesse em segurança.

1.5. A evolução do programa

À medida que cada vez mais membros da LCN estavam dispostos a testemunhar, os procuradores e juízes tornavam-se mais selectivos na escolha de quem devia ser isento da sua pena. Em 1974 quase todas as testemunhas tinham que cumprir pena de prisão antes de serem postos em liberdade condicional e recolocados. Tinha surgido um novo problema: onde se poderiam alojar estes reclusos com a devida segurança?

Decidiu-se pela construção de um estabelecimento prisional especial para testemunhas do governo. Neste sentido, o terceiro andar do Centro Metropolitano de Correcção de Nova Iorque *(Metropolitan Corrections Center)*, que se encontrava em construção, foi adaptado pelo arquitecto. Aquando da abertura do estabelecimento, Gerald Shur enviou 22 testemunhas para esta nova ala do WITSEC. As medidas de segurança eram rigorosas, de forma a proteger as testemunhas alojadas nesta ala separada do resto do estabelecimento prisional. Se algum recluso se sentisse ameaçado, podia pedir ao guarda prisional para fechar a sua cela à chave de modo a não permitir a entrada de outros reclusos da mesma ala. Antes de permitir a entrada de qualquer visita, esta era obrigada a posicionar-se em frente a um espelho duplo, de forma a permitir ao recluso identificar se se tratava mesmo da pessoa anunciada. Para prevenir o envenenamento dos reclusos, o próprio sub-chefe da prisão escolhia os tabuleiros da comida e levava-os à ala do WITSEC. Antes de alojar um recluso novo, uma fotografia do mesmo era distribuída pelos outros reclusos da ala, para que pudessem advertir a direcção caso se sentissem ameaçados pelo novo recluso. Normalmente, o facto de a ala do WITSEC ser demasiado pequena para dividir os reclusos em grupos não causava grandes problemas. Havia membros do Ku Klux Klan alojados na cela ao lado da dos membros dos Black Panthers, bem como membros da Aryan Brotherhood com suásticas tatuadas no braço a partilharem a mesa de refeições com judeus. Esta mistura só era possível porque havia uma ameaça comum que os unia: sabiam que seriam expulsos da ala do WITSEC se causassem problemas e todos sabiam o que os esperava se fossem enviados para um estabelecimento prisional convencional. Seriam permanentemente encarcerados numa cela de isolamento para impedir que fossem assassinados pelos outros reclusos.

Contudo, havia ainda alguns problemas a resolver na ala do WITSEC. Estas careciam de possibilidades para os reclusos trabalharem e ganharem dinheiro. Não havia formação profissional nem áreas de lazer. O tédio era um verdadeiro problema, uma vez que um recluso sem nada para fazer se podia tornar perigoso. As visitas também não eram aconselháveis, visto que podiam ser reconhecidas pelos outros reclusos das alas convencionais que, por sua vez, poderiam deduzir quem estava preso. A solução encontrada foi a de deixarem os reclusos da ala do WITSEC fazer os telefonemas que quisessem à custa do governo.

Outro problema era o envolvimento pessoal dos assistentes sociais com os reclusos. Por esse motivo, os assistentes sociais eram aconselhados a não se reunirem a sós com a testemunha, independentemente de se julgarem amigos e confiarem nela.

1.6. As críticas ao programa

Rapidamente, os *media* começaram a encontrar defeitos no programa WITSEC. O governo era acusado de conspiração nos homicídios porque libertava criminosos em troca do seu testemunho. O pai cuja filha tinha sido assassinada por uma testemunha recolocada veio a público acusar o governo de oferecer mais a um criminoso que lhe possa fornecer qualquer informação do que a um cidadão inocente que tem o azar de passar na rua no momento errado. Houve mesmo familiares de vítimas de testemunhas que moveram processos contra Gerald Shur e outros colaboradores do programa WITSEC, acusando-os de serem responsáveis pela morte da vítima por terem ajudado a recolocar a testemunha assassina.

O programa WITSEC foi fortemente criticado pelo público pelo tipo de criminosos que estavam a ser admitidos. A título de exemplo, Bryant, um ex-membro do bando de motociclistas "Hell's Angels" foi contactado por procuradores para testemunhar, tal como outros 17 ex-membros do bando. Contudo, aquando do julgamento, Bryant admitiu ter aceite 30.000 dólares em dinheiro oferecidos por um agente da DEA (*Drug Enforcement Administration*) que lhe fez uma visita nas vésperas do seu testemunho em tribunal. Os advogados de defesa não perderam tempo a acusar a DEA de comprar testemunhos. Após investigações verificou-se que cada uma das testemunhas tinha sido paga. As testemunhas também receberam outro tipo de "incentivos": muitas admitiam que os procuradores tinham consentido na redução das penas ou no arquivamento das acusações. Quase todos tinham sido admitidos por Gerald Shur no programa WITSEC e estavam a ser recolocados sob novas identidades.

Shur não tinha sido informado das recompensas pagas antecipadamente e quando soube ficou indignado. Se por um lado não era contra as recompensas, por outro defendia que as mesmas deviam ser pagas apenas após o testemunho e em condições muito restritas. Nunca se deveria, na sua opinião, assegurar recompensas às testemunhas antes de estas prestarem depoimento, bem como nunca deveriam saber qual a quantia que ia ser paga. Os jurados desconfiavam cada vez mais das testemunhas, especialmente quando pareciam estar a beneficiar de acordos com procuradores e com agentes das polícias.

Depois da causa perdida dos "Hell's Angels", Gerald Shur decidiu que procuradores e agentes eram obrigados a revelar antecipadamente o facto de prometerem recompensas a testemunhas WITSEC. Também tinham que revelar todos os detalhes de quaisquer acordos. Além disso, testemunhas realocadas já não podiam ser usadas noutras operações secretas ou como informadores sem permissão por parte do WITSEC. Gerald Shur descobriu que algumas testemunhas tinham que ser reacolocadas três vezes porque se envolveram em novos casos de testemunho secreto. Depois de o WITSEC ter acabado de lhes encontrar casa, escola para as crianças, novos documentos, novo emprego, etc., estavam novamente a precisar de ser mudadas de local.

As mortes causadas por assassínios cometidos por testemunhas do WITSEC recolocadas levaram à exigência de algumas formalidades antes de libertar uma testemunha. Gerald Shur e a sua equipa passaram a ser obrigados a preparar um relatório de aferição de potenciais riscos relacionados com cada testemunha admitida no WITSEC, recluso ou não. Como parte da referida aferição, cada testemunha tinha que passar uma série de testes psicológicos administrados por psicólogos. O examinador faz uma tentativa de previsão sobre se a testemunha representa ou não um perigo para a comunidade na qual irá ser integrada. Tal previsão é entregue em forma de relatório.

Apesar do esforço por escolher testemunhas que sejam dignas de ser recompensadas, há que fazer sempre algum compromisso. Por vezes, os procuradores precisam de empregar criminosos tais como Bryant na sua luta contra as causas nobres a fim de levar a tribunal criminosos ainda mais perigosos. Este compromisso envolve naturalmente alguns riscos e situações imprevisíveis. E tal risco é admissível? E deve ser permitido?

2. A protecção de testemunhas no ordenamento jurídico português – os conceitos, os instrumentos aplicáveis e a prática

I. Garantias do visado no processo penal: os direitos do arguido (o estatuto do suspeito, do indiciado, do acusado, do pronunciado e do condenado).

Entre os principais direitos do arguido, durante as diferentes fases judiciais do processo penal – inquérito, instrução, julgamento, recurso e execução – a nossa lei consagra o direito fundamental ao contraditório, previsto no artigo 32.º, n.º 5, da Constituição da República Portuguesa, cuja realização implica a necessária igualdade de armas por parte da acusação e defesa. Igualdade que pode ser fortemente afectada pelos instrumentos de protecção de testemunhas, se não dotados dos necessários mecanismos de salvaguarda.

As medidas (processuais e administrativas) de protecção de testemunhas previstas na Lei n.º 93/99 de 14 de Julho, ora regulamentada pelo D.L. n.º 191/2003, de 22 de Agosto, permitem (intraprocessualmente) a não revelação da identidade da testemunha ou a ocultação da mesma com possibilidade de distorção de voz e/ou imagem, mas também (fora do processo) a aplicação de medidas pontuais ou de programa especial de segurança que implicam regras de confidencialidade para proteger a segurança, a identidade e o paradeiro da testemunha.

Consequentemente, ainda que os artigos 1.º, n.ºs 4 e 5, 16.º e 19.º, n.º 2, da Lei n.º 93/99, de 14 de Julho, imponham restrições à aplicação do instituto de protecção de testemunhas, na prática, é possível a instrução e pronúncia ou mesmo o julgamento e a condenação de um cidadão, arguido em processo-crime, sem que o mesmo tenha podido, por si ou por intermédio do seu advogado, conhecer e saber quem o acusa.

Mais, é possível, sem a respectiva diminuição do valor probatório de tal prova, ser-se julgado e condenado sem que haja por parte do arguido ou do seu advogado visionamento ou confronto directo com a postura corporal e facial da testemunha, porquanto a mesma pode ser ouvida, à distância, com ocultação da sua imagem ou distorção da sua voz, ainda que não, neste caso, com ocultação da sua identidade.

É muito difícil harmonizar os direitos fundamentais de defesa com o direito de protecção da vida e integridade física da testemunha, todos constitucionalmente previstos, nos artigos 32.º, n.º 1, n.º 2 e n.º 5 da CRP, respectivamente, e cuja colisão é inevitável.[2]

Sobre esta questão em particular, diz-nos o Guia legislativo para a implementação da Convenção das Nações Unidas contra a criminalidade organizada, relativamente à interpretação dos seus artigos 24.º, 25.º e 26.º, que poderão surgir limites constitucionais significativos ao que pode ser feito para tornar efectivas as medidas de protecção de testemunhas em processo penal: *"em determinados países, normas constitucionais ou outros imperativos jurídicos fundamentais incluem a exigência de que toda a informação na posse dos magistrados, ou toda a informação que possa eximir a culpa do arguido, seja divulgada a fim de permitir uma defesa adequada contra as acusações. Isto pode englobar informação pessoal a respeito da identidade das testemunhas, a fim de possibilitar um contra-interrogatório adequado. Caso estes interesses estejam em conflito com as medidas tomadas para proteger a identidade ou outra informação relativa às testemunhas por razões de segurança, os tribunais podem ser chamados a encontrar soluções específicas para cada caso concreto que satisfaçam os requisitos fundamentais em matéria de direitos do arguido mas evitem a divulgação de informação suficiente para identificar fontes vulneráveis ou colocar em risco testemunhas ou informadores."*

Opta-se aqui pela aplicação de um critério de equidade, ao invés de um critério de legalidade, sugerindo que o tribunal disponha de um poder discricionário, mas apesar de tudo devidamente fundamentado, dizemos nós, para, em cada caso concreto, decidir em conformidade com o que julga ser o mais conveniente.

Também a jurisprudência do tribunal da Haia tem vindo a demonstrar a dificuldade de harmonização entre os diferentes interesses, existindo duas grandes concepções: *"uma, defendendo um sentido muito limi-*

---

[2] GERMANO MARQUES DA SILVA, *Bufos, Infiltrados, Provocadores e Arrependidos*. Separata da revista Direito e Justiça, Vol. III, tomo 2, 1994.

tado para a protecção de vítimas e testemunhas, à luz do direito do arguido de interrogar ou fazer interrogar as testemunhas de acusação (artigos 6.3 CEDH e 14.3 PIDCP), outra que relativiza o alcance deste direito, perante o imperativo de protecção de vítimas e testemunhas"[3].

A presente discussão e falta de consenso sobre a matéria são claramente evidenciadas em três relevantes acórdãos, proferidos pelo TEDH: Ludi (15.06.1992)[4], Doorson (26.03.1996)[5] e Van Mechelen (23.04.1997)[6].

Em relação à testemunha anónima, a jurisprudência do TEDH tem manifestado certa abertura à utilização deste testemunho. No entanto, há numerosos instrumentos internacionais que alertam para os riscos que se correm. *"Merece atenção, neste contexto, a solução do legislador português, ao prever um processo onde se conhece a identidade da testemunha, secreto, complementar e separado do processo principal, para decidir sobre o anonimato."*[7]

A nível internacional, tem-se por assente que estas leis são criadas no âmbito de delitos muito graves, como os do terrorismo, do tráfico de drogas e dos crimes contra a liberdade sexual. O Tribunal Penal Internacional, no seu Estatuto – artigo 68.º – consagra norma específica sobre protecção de vítimas e testemunhas, regulamentando a sua intervenção no processo.

Nesse mesmo preceito legal, determina-se que as medidas necessárias para garantir a segurança, o bem-estar físico e psicológico, a dignidade e a vida privada das vítimas não poderão prejudicar nem ser incompatíveis com os direitos do arguido ou com a realização de um julgamento participado, equitativo e imparcial. Proteger sim, mas não à custa da justiça e com violação dos princípios da concentração, da imediação e, sobretudo, do contraditório.

---

[3] ANABELA MIRANDA RODRIGUES, *Justiça Penal Internacional e protecção de testemunhas por meios tecnológicos*, Boletim da Ordem dos Advogados, n.º 21, 2002.

[4] Disponível em http://cmiskp.echr.coe.int/tkp197/view.asp?item=1&portal=hbkm& action=html&highlight=ludi&sessionid=21169400&skin=hudoc-en.

[5] Disponível em http://cmiskp.echr.coe.int/tkp197/view.asp?item=1&portal=hbkm& action=html&highlight=doorson&sessionid=21169400&skin=hudoc-en.

[6] Disponível em http://cmiskp.echr.coe.int/tkp197/view.asp?item=2&portal=hbkm& action=html&highlight=ludi&sessionid=21169400&skin=hudoc-en.

[7] ANABELA MIRANDA RODRIGUES, *Justiça Penal Internacional e protecção de testemunhas por meios tecnológicos*, cit..

Regressando ao contexto nacional, devemos ter em mente a reforma que sofreu o nosso processo penal, em vigor desde Setembro de 2007, e que nesta matéria é caracterizado pelo reforço das garantias de defesa do arguido. Exemplo deste reforço é o princípio da publicidade da fase de inquérito. O direito de defesa é um imperativo jurídico fundamental que, pela sua natureza, limita necessariamente a possibilidade de ocultação da identidade das testemunhas ouvidas durante a investigação.

Em verdade, a liberdade é um direito fundamental tão valioso como a própria vida, e como tal as normas fundamentais de liberdade não comportam, ou não deveriam comportar, excepções. O processo penal não se pode fazer sem regras, devendo a legalidade prevalecer sobre a discricionariedade do juiz, a qual, na nossa ordem jurídica, se limita aos processos de jurisdição voluntária.

É fundamental para um acusado poder ouvir e ser ouvido, poder informar ou esclarecer o processo e ser informado do que está nos autos; requerer, promover, defender e contraditar; ter acesso directo e atempado às provas indiciárias que contra si foram produzidas ou apreciadas ao menos na fase nobre do julgamento, mas não só. Aliás, para aferir da veracidade ou credibilidade dos relatos de testemunhas sólidas, desinteressadas, fidedignas, consistentes ou coerentes é essencial poder visualizar, ouvir e sentir o testemunho.[8]

No nosso processo penal, em geral, e particularmente na Lei da Protecção das Testemunhas, procurou compatibilizar-se a salvaguarda das garantias de defesa do arguido de forma efectiva com as necessidades de protecção dos direitos da testemunha à vida, integridade física, entre outros, através de um mecanismo de contraditório indirecto, assegurado por um advogado nomeado pela Ordem dos Advogados, de acordo com o disposto no artigo 3.º e 6.º do D.L. n.º 190/2003, de 22 de Agosto.

O autor deste texto, na sua qualidade de Presidente do Conselho Distrital de Lisboa da Ordem dos Advogados, tem tido intervenção excepcional, a pedido das autoridades judiciárias, em processos de decisão tomados no âmbito da aplicação do D.L. n.º 190/2003, de 22 de Agosto, intervenções que, pela sua importância, gravidade e sensibilidade, não delega em qualquer membro do órgão ou advogado.

---

[8] CARLOS PINTOS DE ABREU, A Lei de Protecção de Testemunhas. O triste fim do contraditório e o princípio da desconfiança no advogado; in Boletim das Ordem dos Advogados, n.º 28 (Setembro-Outubro), 2003, pp. 14 a 16.

II. Intervenção dos restantes sujeitos e intervenientes processuais directamente afectados: os direitos da vítima e do lesado (em especial, os estatutos do ofendido e do assistente e o papel da parte civil).

Em Portugal, as vítimas de crime podem intervir no processo penal na qualidade de assistentes ou lesados ou podem nele ser ouvidas apenas como testemunhas. Interessa-nos agora aferir apenas dos direitos de intervenção no processo da vítima na qualidade de assistente ou de lesado.

O lesado (artigos 71.º a 84.º do C.P.P.) foi alvo de danos patrimoniais e faz valer os seus direitos no processo penal, mas sempre com vista à efectivação da responsabilidade civil.

O assistente é o ofendido pelo crime praticado (ou o seu representante legal em caso de morte do ofendido ou menoridade do mesmo – artigo 68.º do Código de Processo Penal) e, depois da sua constituição como tal, pode acompanhar e intervir directamente no processo com vista à intervenção na conformação da decisão sobre a matéria penal.

Sobre o estatuto do ofendido e do assistente no nosso processo penal, cumpre dizer que, em relação ao processo, o ofendido que se constitui como assistente tem direito a:

- requerer a suspensão provisória do processo após a acusação ou o requerimento para a abertura da instrução – art. 7.º, n.º 3;
- solicitar a conexão e a separação de processos – art. 30.º, n.º 1;
- requerer a aceleração processual (art. 108.º, n.º 1, e art. 276.º, n.º 6) e a conhecer a violação dos prazos do inquérito (artigo 276.º, n.º 5);
- pedir a reforma de auto perdido, extraviado ou destruído (art. 102.º, n.º 2); e
- ser ouvido sobre a decretação da excepcional complexidade do processo (art. 215.º, n.º 4) e de requerer a prorrogação de certos prazos (art. 107.º, n.º 6).

O assistente tem ainda direito a participar no inquérito, na instrução e no julgamento, e especificamente em relação à produção de prova, as seguintes prerrogativas:

- não depor como testemunha (art. 133.º, n.º 1, al. b);
- não prestar juramento (art. 145.º, n.º 4).

– depor no domicílio se estiver impossibilitado de comparecer na audiência (art. 319.º, n.º 1);
– recusar o perito (art. 153.º, n.º 2), de ser notificado do despacho que ordena a perícia (art. 154.º, n.º 3), de designar um consultor técnico (art. 155.º, n.º 1), de assistir à perícia, salvo se ela for susceptível de ofender o pudor (art. 156.º, n.º 2), de requerer esclarecimentos adicionais, nova perícia ou renovação da perícia (art. 158.º, n.º 1);
– requerer a conferência, na sua presença, da transcrição de registo fonográfico (art. 166.º, n.º 3);
– examinar, a partir do encerramento do inquérito, os suportes técnicos das conversações ou comunicações e obter, à sua custa, cópia das partes que pretendam transcrever para juntar ao processo, bem como dos relatórios previstos no n.º 1, até ao termo dos prazos previstos para requerer a abertura da instrução (art. 188.º, n.º 8);
– pronunciar-se sobre questões incidentais e meios de prova, mesmo que tenham sido oficiosamente produzidos pelo tribunal (art. 327.º)
– apresentar testemunhas, de alterar o rol de testemunhas (art. 316.º, n.º 1), de prescindir de testemunhas e de ser ouvido sobre a dispensa de testemunhas, os peritos, outro assistente e as partes civis (art. 353.º, n.º 3, e 387.º, n.º 4);
– solicitar a colocação de questões ao arguido (art. 345.º, n.º 2), às partes civis (art. 347.º, n.º 1), a testemunhas menores de 16 anos (art. 349.º), aos peritos e consultores técnicos (art. 350.º, n.º 1) e às pessoas que intervenham na reabertura da audiência para determinação da sanção (art. 371.º, n.º 3).

Por tudo o que fica exposto, podemos concluir que a limitação necessariamente imposta pela Lei de Protecção de Testemunhas ao princípio do contraditório, afecta também, e na mesma medida, os direitos do assistente e não apenas os do arguido.

Fora do processo, a assistência e protecção às vítimas, prevista no artigo 25.º do Guia Legislativo para a Implementação da Convenção das Nações Unidas contra a Criminalidade Organizada, consiste essencialmente na protecção física da vítima, exigindo aos Estados Parte a adopção de *"medidas apropriadas para prestar assistência e protecção das vítimas de infracções previstas naquela Convenção, especialmente em caso de ameaça de represálias ou de intimidação".*

Relativamente à assistência às vítimas, em Portugal, a Comissão para a Instrução dos Pedidos de Indemnização de Vítimas de Crimes Violentos, abreviadamente designada como Comissão de Protecção às Vítimas de Crimes, é o serviço responsável pela instrução dos pedidos de indemnização de vítimas de crimes violentos, formulados ao abrigo do regime previsto no D.L. n.º 423/91, de 30 de Outubro (que estabelece o Regime Jurídico das Vítimas de Crimes Violentos), e os pedidos de adiantamento às vítimas de violência doméstica, formulados ao abrigo do regime previsto na Lei n.º 129/99, de 20 de Agosto (que aprova o regime aplicável ao adiantamento pelo Estado da indemnização devida às vítimas de violência conjugal).

De acordo com o disposto no artigo 1.º do citado Decreto-Lei n.º 423/91, a concessão de indemnização por parte do Estado depende da verificação dos seguintes requisitos:

a) a lesão ter sido resultado de acto intencional de violência praticado em território português;

b) a lesão ter provocado uma incapacidade permanente ou uma incapacidade temporária e absoluta para o trabalho de pelo menos 30 dias, ou a morte;

c) ter resultado uma perturbação considerável do nível de vida da vítima.

A indemnização concedida é limitada ao dano patrimonial resultante da lesão e deve ser fixada em termos de equidade, tendo como limites máximos por cada lesado os estabelecidos nos números 1 e 2 do artigo 508.º do Código Civil para o caso de morte ou lesão de uma pessoa – artigo 2.º do D.L. n.º 423/91. Além disso, de acordo com o n.º 2 do mesmo artigo 2.º, será tomada em consideração toda a importância recebida de outra fonte, nomeadamente do próprio delinquente ou da Segurança Social. Aquele limite legal é de € 3.000,00 por lesado.

Nos casos em que a vítima de crime de violência doméstica precisa de se afastar do local onde vive, pode ainda pedir um adiantamento. A preocupação do legislador em falar de "adiantamento", preocupação que já vem do artigo 14.º da Lei n.º 61/91 (garante a protecção adequada às mulheres vítimas de violência), obriga a tecer algumas considerações sobre a natureza deste adiantamento e as razões pelas quais não estamos perante uma indemnização *tout court*. O referido artigo 14.º prevê que *"lei especial regulará o adiantamento pelo Estado da indemnização devida às mulheres vítimas de crimes de violência..."*.

Por seu lado, o artigo 1.º da Lei n.º 129/99 diz que *"o presente diploma aprova o regime aplicável ao adiantamento pelo Estado das indemnizações devidas às vítimas de violência conjugal"*.

O adiantamento deve ter em conta os danos em geral, quer morais quer patrimoniais, e não apenas, como sucede para as vítimas de crimes violentos, os de natureza patrimonial. Tivesse sido essa a intenção do legislador, a limitação aos danos patrimoniais constaria expressamente da norma. O adiantamento poderá ser atribuído por 3 meses, prorrogáveis por outros 3 meses, num valor mensal igual ao salário mínimo nacional.

No caso de a vítima testemunha ser criança ou jovem, o juiz pode ordenar a protecção temporária da criança ou jovem em qualquer instituição de acolhimento pública ou privada. E nos casos em que as crianças ou jovens são vítimas de crimes por parte de alguém com quem vivem, podem ser acolhidos juntamente com as suas mães em casas-abrigo, existindo em Portugal uma rede de casas criada pela APAV (Associação Portuguesa de Apoio à Vítima).

III. Direitos dos intervenientes processuais acidentais: a protecção da testemunha como alvor de um novo paradigma processual penal em que, por força da sua imanente dignidade humana, toda a pessoa, sem excepção e sem distinção de estatuto, é sujeito de direitos e não já objecto de meras sujeições.

Para as testemunhas, a colaboração com a justiça penal é obrigatória. Porém, desta colaboração decorrem, não raras vezes, perigos graves para a vida e para a integridade pessoal da testemunha.

Se a justiça não pode fazer-se à custa dos direitos fundamentais dos visados, não poderá, também, fazer-se com postergação dos direitos dos restantes intervenientes processuais, com violação da sua dignidade humana e sem a devida salvaguarda da sua natureza de pessoas e sua condição de sujeitos. É este o pensamento subjacente à consagração dos regimes de protecção de testemunhas.

Em Portugal, foi aprovada a Lei n.º 93/99, de 14 de Julho (que regula a aplicação de medidas de protecção de testemunhas em processo penal), em consonância com o movimento internacional de reconhecimento dos direitos das testemunhas plasmado na Recomendação n.º 97 do Conselho da Europa.

No entanto, só passados quatro anos e porque o Governo sentiu necessidade de legislar sobre esta matéria a propósito de um processo em curso sobre crimes contra a liberdade sexual de crianças e adolescentes, o chamado Processo "Casa-Pia", se veio a regulamentar a Lei n.º 93/99, de 14 de Julho, através do D.L. n.º 190/2003, de 22 de Agosto.

A Lei n.º 93/99, de 14 de Julho, veio reconhecer o interesse juridicamente relevante de prestar testemunho em segurança, sem se estar sujeito a qualquer tipo de ameaças ou de intimidação, bem como a quaisquer atitudes de coacção física e/ou ameaças psicológicas. Este interesse jurídico constitui um verdadeiro acervo de direitos sobretudo, mas não só, quando a testemunha é ao mesmo tempo vítima, não só pelo fenómeno corrente que surge nestas situações, o da vitimização secundária, como também pela situação de vulnerabilidade natural em que se encontra alguém que foi alvo de um crime e que, normalmente, nem sequer conhece o modo de funcionamento das polícias e dos tribunais.

Vistas as coisas unilateralmente e apenas por este ângulo, poderíamos até afirmar que não deveria existir qualquer limite à sua protecção, dada a importância da salvaguarda daqueles que têm um papel fundamental na realização da justiça, uma vez que a condenação só deverá ser declarada em resultado directo da espontaneidade, fidedignidade e responsabilidade da prova produzida em sede de audiência e julgamento (princípio-regra do nosso processo penal).

Algumas medidas e programas de protecção de testemunhas representam, em si, uma excepção ou limitação grave ao princípio do contraditório, processual e constitucionalmente previsto. A excepção à regra é legítima quando tem por finalidade proteger um interesse muito superior que possa ser posto em perigo pela aplicação da regra e, por isso, a Lei de Protecção de Testemunhas é taxativa e restringe-se à criminalidade organizada e violenta, exigindo ainda um processo de averiguação dirigida ao caso concreto, por parte do Ministério Publico, e a decisão final sobre o estatuto da testemunha ao Juiz de Instrução, mas sempre com a possibilidade de intervenção, mediata ou imediata, do Advogado.

Até porque *"na história das instituições judiciárias – escreveu Nazareth há mais de cem anos – se encontram em conflito, e lucta permanente, o interesse da segurança social e o interesse da liberdade individual; o princípio da ordem e o princípio da liberdade. É preciso, pois, que o processo criminal combine estes dois princípios, e se conciliem as garantias necessárias à conservação da ordem na sociedade, e ao mesmo tempo as que reclama a liberdade civil". Até porque a manutenção da comunidade politicamente organizada – a qual postula a descoberta da verdade, enquanto elemento fundamental para a correcta administração da justiça – constitui ela mesma também uma vertente informadora da própria ideia de Estado-de-Direito."*[9]

Tem-se, pois, a protecção da testemunha, tal como foi delineada legalmente, como alvo de um novo paradigma processual penal em que, por força da sua imanente dignidade humana, toda a pessoa, sem excepção e sem distinção de estatuto, é sujeito de direitos e não já objecto de meras sujeições.

IV. A teoria e as finalidades essenciais: tutela da vida, da integridade física e da liberdade e garantia mínima do à vontade, da tranquilidade e da espontaneidade da testemunha enquanto emanação de um direito humano fundamental de cariz individual: falar livre e responsavelmente, sem quaisquer peias nem medo.

Não sendo um sujeito processual, a testemunha é um interveniente processual ou participante necessário na realização da justiça, porque a prova pessoal na formação do convencimento judicial, na prática, ultrapassa em muito a capacidade probatória que o tribunal pode adquirir através de documentos escritos ou coisas materiais.

Designadamente, em sede de audiência de discussão e julgamento, mas não só, o que a testemunha tem em mãos é a responsabilidade social de participar na realização da justiça o que exige um verdadeiro dever, e uma possibilidade efectiva, de falar com verdade.

---

[9] SANDRA OLIVEIRA E SILVA, *A Protecção de Testemunhas no Processo Penal*, Coimbra, Coimbra Editora, 2007, pp. 32 e 33.

A sua participação tem como fim último, não a simples condenação ou a absolvição do(s) arguido(s), mas sim a realização da justiça.

Decorrendo a consagração da protecção de testemunhas da necessidade de salvaguardar os seus direitos fundamentais essenciais, encontra também neles uma limitação, porque só pode ser utilizada, precisamente, nos casos mais graves, em que está em causa, por um lado, a protecção, através da prossecução penal, de bens jurídicos fundamentais, e, por outro lado, graves ameaças ou perigos demonstrados, concretos e individualizados para os direitos fundamentais da testemunha.

A ideia de realização da justiça não pode ignorar um direito fundamental que é a protecção da vida e da integridade física, bem como dos direitos de personalidade e dignidade humana. Os meios utilizados para a obtenção de provas válidas e eficazes devem respeitar e proteger a integridade e dignidade de quem presta o testemunho, sem esquecer, porém, os direitos de participação e de contraditório dos sujeitos processuais afectos.

"Não ignoramos que a viabilização das tarefas de investigação criminal e recolha de prova implica, de forma quase inevitável, o sacrifício de uma esfera de liberdade individual, não só do arguido mas também de outras pessoas. Referimo-nos, em especial, àquelas pessoas que colaboram com a justiça penal – testemunhas, vítimas, (...), peritos, etc. – e cujas posições jus-fundamentais podem a vários títulos ser ofendidas no processo. (...)

"Ora, a referência à finalidade endo-processual de esclarecimento da verdade nem é adequada a fundamentar a protecção do declarante quando o seu depoimento seja de escassa valia probatória, nem tão-pouco se mostra suficientemente fundada do ponto de vista constitucional para autorizar a compreensão dos direitos de defesa do arguido além de determinados limites materiais ou temporais (p. ex, depois de findo o processo). Por outro lado, o exclusivo apelo a uma fonte de legitimação interna resulta em paradoxo, já que as medidas de tutela dificultam, não raras as vezes, o controlo da genuinidade da prova, causando uma turbação do valor dos materiais recolhidos (é esse, aliás, o pressuposto subjacente à necessidade de corroboração)."[10]

---

[10] SANDRA OLIVEIRA E SILVA, *A Protecção de Testemunhas no Processo Penal*, cit., pp. 38 e 39.

Para que a posição do declarante não fique fragilizada, torna-se fundamental que as estruturas processuais reconheçam expressamente, com a consagração de normas específicas, o dever das autoridades judiciais e judiciárias, bem como dos polícias e das restantes autoridades públicas, de proteger os seus direitos fundamentais.

"Assim, o Estado passa a surgir perante as pessoas com o rosto dúplice de Jano, ao figurar simultaneamente como garante e opositor dos direitos fundamentais. (...) Duplicidade que é facilmente verificável no tratamento jurídico-criminal dos direitos das testemunhas, fonte de conhecimento e meio de prova no processo: apesar de incumbidas da tutela dos seus direitos fundamentais contra agressões provenientes do arguido ou outros indivíduos (art. 139.º n.º 2), as instâncias de perseguição penal não deixam de se apresentar como destinatários de proibições constitucionais na escolha dos métodos probatórios, proscrevendo-se a validade das provas obtidas à custa do sacrifício da integridade física ou moral dos declarantes e daqueles que representem uma intromissão abusiva na sua vida privada, domicílio, correspondência ou telecomunicações (cf. Art. 32.º, n.º 8 CRP e art. 126.º C.P.P.)"[11]

As medidas de protecção de testemunhas previstas no artigo 1.º da Lei n.º 93/99, de 14 de Julho, têm como pressupostos cumulativos de aplicação a necessidade do contributo daquela para a prova dos factos e verificação de perigo para a vida, para a integridade física ou psíquica, para a liberdade ou para bens de valor consideravelmente elevado (artigo 202.º, alínea b) do Código Penal – € 19.200,00).

As medidas de protecção de pessoas especialmente vulneráveis (pela sua idade, estado de saúde, etc.) não exige a verificação de uma situação de perigo, para serem aplicadas, mas apenas que seja necessário o seu depoimento para a realização das finalidades do processo. Nestes casos, a mera prestação de depoimento é um acto que pode ter graves consequências e riscos (para o próprio) independentemente dos perigos exteriores ou das ameaças externas (de terceiros).

A ocultação de imagem e distorção da voz na teleconferência, (medidas especiais e ocasionais previstas nos artigos 4.º e 5.º da Lei

---

[11] SANDRA OLIVEIRA E SILVA, *A Protecção de Testemunhas no Processo Penal*, cit., p. 48.

n.º 93//99, de 14 de Julho) são utilizadas quando existem ponderosas razões de protecção e o julgamento é da competência do Tribunal Colectivo ou de Júri.

Já a reserva do conhecimento da identidade da testemunha, em qualquer fase do processo, – artigo 16.º do mesmo diploma – exige a verificação dos seguintes requisitos:

a) Estar em causa o crime de tráfico de pessoas, o crime de associação criminosa, organizações terroristas, ou redes de tráfico de estupefacientes;

b) O crime em questão ser punido com pena máxima superior a oito anos e que seja cometido por quem faça parte da associação ou no prosseguimento dos objectivos daquela;

c) Em relação à testemunha, verificar-se grave perigo para a sua vida, integridade física ou psíquica, liberdade ou bens de valor consideravelmente elevado (artigo 202.º alínea b) do Código Penal – € 19.200,00);

d) Não estar em causa a credibilidade da testemunha.

As medidas pontuais e de segurança podem ser cumuladas com outras – artigo 20.º e 7.º a 10.º do D.L. n.º 190/2003, mas dependem sempre do processo de averiguação de cumulação dos requisitos em cada caso concreto pelo Ministério Público e depois decididas pelo Juiz.

A sua aplicação depende ainda da verificação de ponderosas razões de protecção e o julgamento ser da competência do Tribunal Colectivo ou de Júri.

Exemplos destas medidas são o transporte em viatura do Estado para o acto processual, a protecção policial ou o regime de isolamento no Estabelecimento Prisional.

Já a aplicação dos programas especiais – previstos nos artigos 14.º a 18.º do D.L. n.º 190/2003: nova documentação; alteração de fisionomia; concessão de nova habitação por período de tempo determinado; auxílio na angariação de meios de subsistência; subsídio de subsistência por período limitado – depende directa e cumulativamente da verificação dos seguintes pressupostos:

a) Estarmos perante o crime de tráfico de pessoas, associação criminosa, organizações terroristas, ou redes de tráfico de estupefacientes;

b) O crime em questão ser punido com pena máxima superior a oito anos e que seja cometido por quem faça parte da associação ou no prosseguimento dos objectivos daquela;

c) Em relação à testemunha, verificar-se grave perigo para a sua vida, integridade física ou psíquica ou liberdade;

d) O contributo que se presume ou se tenha revelado essencial para a descoberta da verdade.

As medidas para obter o depoimento de pessoas especialmente vulneráveis – previstas no artigo 26.º - de forma a garantir a espontaneidade e sinceridade das respostas, assentam sobretudo nas seguintes:

a) Antecipação da produção de prova durante a fase de inquérito (artigo 28.º do D.L. e 271.º do C.P.P. por via de prestação de declarações para memória futura);

b) Em sede de audiência de julgamento a pessoa pode ser protegida de encontros com outros intervenientes, ser exclusivamente inquirida pelo juiz (regra para os menores de 16) e ainda pode beneficiar de meios de ocultação da imagem e distorção de voz;

c) A pessoa pode ser visitada, anteriormente, pelo juiz.

Conclui-se assim que o legislador visou atingir, com o regime excepcional que aprovou, as seguintes finalidades essenciais: assegurar a tutela da vida, da integridade física e da liberdade e possibilitar que se reúnam condições de garantia mínima do à vontade, da tranquilidade e da espontaneidade da testemunha enquanto emanação de um direito humano fundamental de cariz individual: falar livre e responsavelmente, sem quaisquer peias nem medo.

V. A prática e as finalidades instrumentais: protecção dos interesses processuais, já não da pessoa nem das pretensões do interveniente, mas da salvaguarda do interesse probatório público que tem ou pode ter o seu relato para a descoberta da verdade e para a boa decisão da causa.

Nas palavras de Figueiredo Dias, *"o Estado-de-Direito não exige apenas a tutela dos interesses das pessoas e o reconhecimento dos limites inultrapassáveis, dali decorrentes, à prossecução do interesse oficial na perseguição e punição dos criminosos. Ele exige também a protecção das suas instituições e a viabilização de uma eficaz administração da justiça penal"*. Assim, *"(...) a protecção das testemunhas – garantia da máxima genuinidade do conhecimento probatório por elas produzido e, por vezes, até mesmo da sua simples existência – configura, sem dúvida, um dever indeclinável das instâncias oficiais, enquanto se revele necessária à salvaguarda de um elemento de prova irrenunciável e decisivo."*[12]

Relativamente à protecção das vítimas que pretendem testemunhar, durante e no curso de uma fase processual, compete à Comissão de Programas Especiais de Segurança, na dependência directa do Ministro da Justiça, estabelecer e assegurar a efectivação dos programas especiais de segurança e medidas pontuais de segurança, previstos no D.L. n.º 190/2003 de 22 de Agosto (regulamenta a Lei n.º 93/99 de 14 de Julho concretizando as regras de confidencialidade essenciais à efectivação da protecção de testemunhas) e regulados na Lei n.º 93/99, de 14 de Julho (medidas de protecção de testemunhas).

Pode a Comissão de Programas Especiais de Segurança, quando determinada para o efeito, lançar mão de medidas pontuais de segurança tais como as seguintes:

- Indicação de residência diferente da residência habitual ou que não coincida com os lugares de domicílio previstos na lei civil;
- Transporte em viatura e segurança da testemunha, bem como os meios necessários à sua segurança nas instalações judiciárias ou policiais;
- Protecção policial da testemunha, da vítima, de familiares ou de outras pessoas que lhe sejam próximas.

Ou de programas especiais de segurança que consistem em:

- Nova documentação;
- Alteração da fisionomia;
- Concessão de nova habitação pelo período de tempo determinado;
- Criação de condições para angariação de meios de subsistência;
- Subsídio de subsistência por período limitado.

---

[12] SANDRA OLIVEIRA E SILVA, *A Protecção de Testemunhas no Processo Penal*, cit., p. 34.

Permitam-nos terminar esta humilde intervenção com as seguintes incontornáveis citações[13]: *"qual o fundamento do dever do Estado de protecção das testemunhas intimidadas ou ameaçadas em virtude dos seus conhecimentos ou dos seus conhecimentos ou na colaboração no esclarecimento da infracção? A primeira via de resposta à interrogação posta é logo fornecida ao nível da articulação das finalidades tradicionalmente atribuídas ao processo penal, concebido como um campo de tensão bipolar entre dois fins de igual valência: por um lado, a protecção dos direitos fundamentais das pessoas que são alvo de perseguição judiciária; por outro lado, a tutela do interesse do Estado na realização da justiça criminal, i. é, na punição dos culpados e na absolvição dos inocentes (...)".*

---

[13] SANDRA OLIVEIRA E SILVA, *A Protecção de Testemunhas no Processo Penal*, cit., p. 32.

"Arrependido":
a colaboração processual do co-arguido
na investigação criminal

INÊS FERREIRA LEITE
Assistente da Faculdade de Direito
da Universidade de Lisboa

SUMÁRIO: I. INTRODUÇÃO; II. DELIMITAÇÃO TEMÁTICA DA FIGURA DO "ARREPENDIDO"; II.1. Arguido "arrependido" e arguido "colaborador"; II.2. Arguido "arrependido" e "agente encoberto"; II.3. A relevância legal do arrependimento e da colaboração processual dos arguidos; III. O ESTATUTO PROCESSUAL DE "ARREPENDIDO"; III.1. A colaboração do "arguido" durante a investigação criminal; III.2. O valor probatório das declarações de testemunhas "protegidas"; III.3. O valor probatório das declarações do co-arguido "arrependido"; IV. CONCLUSÕES.

I. Introdução

Todos temos uma ideia preconcebida sobre a figura do arguido "arrependido", associada inevitavelmente à imagem do "traidor", que aceita incriminar os seus leais companheiros do crime como forma de obter, para si, vantagens processuais e isenções ou atenuações no plano da pena aplicável aos crimes que praticou.

Esta ideia parte da convicção generalizada de que, até no seio de uma "sociedade criminosa" – ou seja, no seio de um grupo social que partilhe, entre si, a prática de crimes destinados a fins de satisfação de necessidades ou interesses comuns – deverá reconhecer-se a existência de princípios de lealdade e ética[1]. Assim, faria parte das regras implícitas de uma actuação criminosa coordenada, o dever de, uma vez terminada a associação, não denunciar os "colegas" às autoridades.

A utilização de expressões de significado denotativo, tais como "bufo[2]" ou "chibo", e a argumentação constante de muitos textos doutrinários relativos às declarações dos "arrependidos[3]", com títulos sugestivos como este "Tão amigos que nós éramos[4]", revelam claramente a existência de uma imagem social bastante negativa do arguido "arrependido".

Não posso, contudo, aderir a estas ideias. Desde logo, elas partem de um pressuposto duvidoso: o de que a prática de crimes em comparticipação ou sob a forma de associação criminosa corresponde à existência de fortes laços de amizade e companheirismo entre os agentes do crime.

No fundo, a pré-concepção determinante aqui é a de que os "companheiros do crime" são bons amigos que se juntam para, de modo coordenado, darem concretização aos seus intuitos criminosos. Assim se compreende que a posterior co-incriminação implicasse sempre um aproveitamento, por parte do Estado, de uma quebra da ética inerente às relações de amizade e companheirismo[5].

No entanto, a delação, que tem vindo a assumir um sentido denotativo desde Judas Iscariotes, é mal vista, acima de tudo, porque a justiça intemporal não se encontrava a par da justiça terrena, num dado

---

[1] Neste sentido, GERMANO MARQUES DA SILVA, "Bufos, infiltrados, provocadores e arrependidos: os princípios democráticos e da lealdade em processo penal", *Direito e Justiça*, Lisboa, 8, t. 2, 1994, pp. 30 e 31.

[2] GERMANO MARQUES DA SILVA, "Bufos, infiltrados, provocadores e arrependidos...", cit. (1), pp. 27 a 34.

[3] Claramente contrários à colaboração processual de "arrependidos", TERESA BELEZA, "Tão amigos que nós éramos: o valor probatório do depoimento de co-arguido no processo penal português", *Revista do Ministério Público*, Lisboa, 19, n.º 74, 1998, pp. 39 a 60

[4] TERESA BELEZA, "Tão amigos que nós éramos...", cit. (3), pp. 39 a 60.

[5] Esta ideia esta especialmente presente no texto de MARIE-AUDE BEERNAERT, no qual a autora analisa a imoralidade da delação, face à moralidade da prossecução de justiça, como um problema de ponderação de meios face aos fins, "Repentis et collaborateurs de justice dans le système pénal: analyse comparée et critique", *Annales de droit de Louvain*, Bruxelles, 62, n.os 1-2, 2002, p. 154 e ss.

momento histórico. É a revisão histórica, mais do que a imoralidade intrínseca de tais actos, que traz vergonha ao acto de delatar.

Contudo, num Estado de Direito democrático, no âmbito do qual impera o respeito e a protecção dos direitos fundamentais dos cidadãos, a colaboração com a justiça por parte do arguido não pode ser vista como uma mera delação. Não sendo legítimo ao Estado impor um dever geral de denúncia – por razoes mais relacionadas com o princípio geral de liberdade e as ponderações de necessidade e proporcionalidade constantes do artigo 18.º da Constituição – não se pode, num sentido diametralmente oposto, entender como ilegítima a denúncia feita por quem já participou mas, arrependeu-se, entretanto, da prática do crime.

Por outro lado, na maioria das vezes, aquela versão idílica da comparticipação criminosa, que acima de desenhou, não terá qualquer correspondência com a realidade. Assim é, aliás, nas actuais formas de criminalidade organizada, que assumem muitas vezes uma estrutura quase empresarial, assente na construção de relações de subordinação e hierarquia quando não, também, em relações resultantes de ambientes internos de intimidação generalizada.

Bem se vê, portanto, que sendo assim delineadas as actuais formas de comparticipação ou associação criminosa – como acontece nas situações das "máfias", de associações de exploração de pessoas, tráfico de armas ou estupefacientes, criminalidade económica altamente organizada ou mesmo, em alguns casos de terrorismo – urge repensar e requalificar, pelo menos, socialmente, a figura do arguido "arrependido" ou "colaborador" com a justiça.

Já no plano jurídico-penal, importa averiguar se o recurso à colaboração processual de arguidos "arrependidos" implica um afastamento do princípio da lealdade processual[6] ou se equipara, por si só, a um recurso a "meio enganoso" de obtenção da prova, nos termos do disposto na alínea *a*) do n.º 2 do artigo 126.º do Código de Processo Penal (CPP).

---

[6] O princípio da lealdade processual, enquanto comando imposto ao Estado nas suas relações com o cidadão, é mero reflexo do genérico princípio da lealdade, decorrência do princípio do Estado de Direito Democrático, constante do artigo 2.º da Constituição, quando confrontado com o princípio da Dignidade da Pessoa Humana, presente no artigo 1.º da Lei Fundamental. Nesta medida, porque num Estado de Direito Democrático assente no respeito e na garantia de efectivação dos direitos e liberdades

II. Delimitação temática da figura do "arrependido"

1. Arguido "arrependido" e arguido "colaborador"

Designa-se comummente por "arrependido" todo aquele que, sendo arguido num processo penal – ou tendo já tido essa qualidade num momento anterior –, colabore com a justiça[7] fornecendo uma confissão dos factos e/ou outros elementos probatórios relevantes para a determinação da sua responsabilidade penal e, caso haja, de outros comparticipantes ou associados no crime[8].

A este conceito linear podem associar-se outras ideias, tais como a de que se torna imprescindível a incriminação de outros comparticipantes ou associados no crime, a de que é fornecida informação relevante para a descoberta da verdade, e a de que haverá uma correspectiva atenuação ou isenção da pena.

Estes últimos, contudo, não constituem pressupostos na legislação portuguesa, no que respeita à caracterização da figura do "arrependido".

A lei penal portuguesa não confere um tratamento unitário e constante à figura do arrependido, pois para além uma referência genérica à

---

fundamentais de cidadãos dignos na sua pessoa, o cidadão não pode ser instrumentalizado, atingido no núcleo central da sua dignidade, mesmo quando se trate de obter justiça, a figura coerciva do Estado deve actuar de modo leal, estando vedadas as auto-incriminações inconscientes, forçadas ou conseguidas por modos "enganosos". Entendendo que o recurso á figura do "arrependido", a infiltrados e a informadores coloca em causa este princípio, GERMANO MARQUES DA SILVA, "Bufos, infiltrados, provocadores e arrependidos...", cit. (1), p. 31.

[7] Ver Recomendação do Conselho da Europa sobre a protecção de testemunhas e colaboradores da justice (Recommendation Rec(2005)9 of the Committee of Ministers to member states on the protection of witnesses and collaborators of justice, Adopted by the Committee of Ministers on 20 April 2005), na qual se define como "colaborador da justiça": *"any person who faces criminal charges, or has been convicted of taking part in a criminal association or other criminal organization of any kind, or in offences of organized crime, but who agrees to cooperate with criminal justice authorities, particularly by giving testimony about a criminal association or organization, or about any offence connected with organized crime or other serious crimes."*

[8] No mesmo sentido, deixando claro que a figura do "arrependido" diz respeito, sempre, a alguém que se constituiu como agente do crime num momento anterior à colaboração da justiça, CARLOS EDWARDS, *El arrepentido, el agente encubierto y la entrega vigilada: modificación a la Ley de estupefacientes. Análisis de la ley 24.424*, Buenos Aires, 1996, p. 31.

figura, no Código Penal, a propósito da determinação da medida concreta da pena[9], assente no comportamento do arguido posterior ao facto (reparação do dano) encontram-se também previstas, na lei penal, isenções ou atenuações da pena concedidas como contrapartida pelo fornecimento de informações probatórias relevantes (colaboração processual) com relação a alguns tipos concretos de crime[10].

Apesar de se tender a designar por arguido "arrependido" todo aquele que colabora com a administração da justiça, em qualquer fase, a verdade é que, na lei portuguesa, podemos encontrar duas figuras distintas: o arguido enquanto "colaborador" na obtenção de meios de prova contra comparticipantes ou outros agentes do crime; e o arguido "arrependido".

O primeiro arrepende-se da prática do facto ou desiste da continuação da actividade criminosa, optando por colaborar na administração da justiça, através de uma actividade de recolha de meios de prova ou fornecendo informações relevantes que possam constituir, em si, um meio de prova.

O segundo desiste da prática do crime[11] ou arrepende-se do mesmo, procurando evitar um dano ou ressarcindo o dano causado[12].

Não havendo uma total coincidência entre as figuras legalmente previstas, a diferença fundamental entre o arguido "arrependido" e o arguido "colaborador" reside no tipo de intervenção do agente do crime e na forma de manifestação do arrependimento. Enquanto o arguido "arrependido" será aquele que procura a reparação do dano, mesmo que não colabore, concretamente, na recolha de provas e/ou na descoberta de outros responsáveis pelo crime; já o arguido "colaborador" é aquele que contribui de modo decisivo para a actividade probatória das autoridades, sendo irrelevante a reparação posterior do dano.

E, se a figura do "arrependido" pode surgir no âmbito de crimes de execução singular, já a figura do arguido "colaborador" só terá relevância em situações de comparticipação criminosa e criminalidade organizada.

---

[9] Artigos 71.º e 72.º do Código Penal.
[10] Ver notas (21) e (22).
[11] Quando ocorre uma verdadeira desistência, nos termos dos artigos 24.º e 25.º do CP, o agente beneficia de dispensa de pena caso tenha impedido o resultado ou se tenha esforçado seriamente para o impedir.
[12] O arguido arrependido, que confessa o facto e procura a reparação do dano, irá beneficiar de vantagens na determinação da medida da pena, artigos do 71.º, n.º 2, *e)* e 72.º, n.º 2, *c)* CP e de uma redução da taxa de justiça, artigo 344.º, n.º 2, *c)* do CPP.

Contudo, esta distinção será tendencialmente irrelevante, uma vez que para a problemática da investigação criminal e obtenção de meios de prova, apenas nos interessa a figura do arguido enquanto "colaborador" na administração da justiça e porque todo o arguido "colaborador" terá que ser, como adiante veremos, "arrependido".

Por outro lado, a figura do arguido "arrependido" como colaborador da justiça não se confunde com a de "informador" ou testemunha. O "arrependido" praticou factos passíveis de serem qualificados como crime, enquanto a testemunha surge, no âmbito do processo penal, como figura isenta de qualquer responsabilidade penal.

Não obstante não haver qualquer confusão entre as duas situações, o "arrependido" pode ser considerado "testemunha" para certos efeitos excepcionais e delimitados, como acontece com a aplicação de medidas de protecção[13].

2. Distinção face ao "agente encoberto"

Na delimitação da figura, importa ainda estabelecer uma clara distinção entre a colaboração dos chamados "agentes encobertos" e a colaboração de "arguidos arrependidos".

A possibilidade de recurso a agentes encobertos está prevista, no direito português, na Lei n.º 101/2001, de 25 de Agosto, que estabelece o *Regime Jurídico das Acções Encobertas para fins de Prevenção e Investigação Criminal* (RJAE).

Logo no artigo 1.º, n.º 2, da referida Lei se determina que as acções encobertas serão aquelas que forem *desenvolvidas por funcionários de investigação criminal ou por terceiro actuando sob o controlo da Política Judiciária, com ocultação da sua qualidade e identidade.*

Portanto, a pergunta que se pode, desde logo, colocar é a seguinte: poderá este terceiro ser um "arguido"? Ou, ampliando o âmbito da questão, poderá este terceiro ser um dos agentes do crime[14]?

---

[13] Ver Lei n.º 93/99, de 14 de Julho, relativa à Protecção de Testemunhas em Processo Penal.

[14] No direito espanhol, a lei fornece uma resposta claramente negativa ao limitar a figura a "funcionários". Sobre a questão, ver CARLOS EDWARDS, *El arrependido...*, cit. (8), pp. 53 e ss.

Desde já se deixa claro que a lei não dá uma resposta expressa a estas questões. Contudo, face às regras constantes do RJAE e às disposições processuais em vigor, podem retirar-se algumas linhas de orientação quanto às respostas possíveis.

Como ponto de partida, pode logo concluir-se que uma coincidência entre a qualidade de arguido e a de "agente encoberto" dificilmente se verificará, uma vez que o agente encoberto deverá actuar *"sob o controlo da Polícia Judiciária"*.

Não será, portanto, "agente encoberto" aquele que, actuando por sua própria iniciativa ou interesse, de modo espontâneo, venha depois a "arrepender-se" e a fornecer provas ao processo.

Por outro lado, a regra geral em matéria de acções encobertas é a de que o agente que assim actue estará isento de responsabilidade penal, desde que a sua actuação respeite os critérios de proporcionalidade referidos na lei[15]. Pelo que, apenas em casos excepcionais poderá o "agente encoberto" vir a assumir a qualidade de arguido por força da sua actuação enquanto tal.

Mas, do que se trata aqui, verdadeiramente, é de saber se alguém que já se constituiu como agente do crime pode ainda – quando se trate de uma actividade criminosa complexa ou contínua, por exemplo – vir a assumir a qualidade de "agente encoberto" nos termos do RJAE.

E, apesar de não existir nenhuma disposição em contrário, o recurso a agentes do crime no âmbito de acções encobertas deverá ser ponderado como último recurso, porque sempre terá uma utilidade muito reduzida em sede de julgamento, ficando seriamente em causa o cumprimento do requisito da adequação acima referido.

E assim é porque a assumpção por parte de um agente do crime – instigador, co-autor ou cúmplice[16] – da qualidade de "agente encoberto" não será idónea a afastar a constituição posterior deste como arguido, sempre que as condutas anteriores à actuação *"sob o controlo da Polícia*

---

[15] Artigos 3.º, n.º 1, e 6.º, n.º 1, do RJAE: adequação aos fins de prevenção e repressão criminal e proporcionalidade face a estas finalidades e à gravidade do crime sob investigação.

[16] A figura da autoria mediata estará naturalmente excluída sempre que se trate dos casos típicos em que se verifica uma exclusão de responsabilidade do instrumento.

Judiciária" tenham revestido a execução de uma qualquer forma de comparticipação punível no acto ilícito.

Isto porque o sistema processual português assenta em critérios de legalidade – desde logo, legalidade na promoção da acção penal, imposta pelo artigo 262.º, n.º 2, do Código de Processo Penal[17] – o que implica que, havendo notícia fundada da prática de um crime, não exista margem de apreciação, por parte dos órgãos de polícia criminal ou do Ministério Público, respectivamente, quanto à comunicação da notícia do crime ou à abertura do inquérito.

Do mesmo modo, não haverá margem de discricionariedade no que respeita à constituição do referido agente do crime como arguido, face ao disposto no artigo 58.º, n.º 1, do Código.

Assim, tratando-se de agente do crime, o recurso à figura do "agente encoberto" não afasta quer a abertura de inquérito contra si, quer a respectiva constituição como arguido, pelo que o valor das declarações do "agente encoberto", nestes casos, será medido do mesmo modo de quaisquer declarações de co-arguido, apresentando também as mesmas limitações de produção e valoração[18].

Limitações às quais dificilmente se poderá subtrair, mesmo recorrendo a certos expedientes processuais, uma vez que o artigo 133.º, n.º 1, do Código de Processo Penal é claro quanto ao âmbito da proibição de cumulação da qualidade de arguido e da qualidade de testemunha, sendo irrelevante se se trata de um mesmo processo ou de processos conexos.

Já o n.º 2 do mesmo artigo levanta algumas dúvidas, uma vez que parece permitir que um co-arguido possa, quando expressamente consinta, depor como testemunha contra outro arguido, em outro processo sobre o "mesmo crime ou crime conexo", caso tenha havido separação de processos.

---

[17] Ficam, claro está, salvaguardadas as situações em que a abertura do inquérito depende de uma manifestação de vontade da vítima (crimes semi-públicos e particulares, cfr. artigos 113.º e seguintes do Código Penal) e, ainda, a hipótese de denúncias manifestamente infundadas, cfr. artigo 246.º, n.º 5, do Código de Processo Penal.

[18] Veja-se que para além das limitações de valoração decorrentes de se tratar de um declarante suja identidade não é revelada em julgamento, se for o caso, constantes do artigo 19.º, n.º 2, da Lei n.º 93/99 de 14 de Julho – Lei de Protecção de Testemunhas – acrescem as limitações decorrentes de se tratar de um declarante que é, simultaneamente, co-arguido.

Simplesmente, esta norma nunca poderá ser interpretada no sentido de permitir que um co-arguido, que mantém ainda esta qualidade, possa ser obrigado a depor – ainda que num processo separado, sobre o mesmo crime – sobre factos relacionados com a sua própria responsabilidade penal, ante a proibição de imposições legais de auto-incriminação[19], que se retira do princípio constitucionalmente previsto da presunção de inocência[20]. Caso lhe for reconhecido o direito a não responder – e não vejo outra hipótese – então estas declarações não poderão, sequer, ser valoradas como prova, como adiante se verá.

A utilidade do recurso a esta figura, que terá, também, pouco interesse prático, deverá então apenas ser admitida quando constitua o único meio de obter outros meios de prova que não se reduzam às declarações do co-arguido, e que só possam ser obtidos através de uma actuação – em si passível de ser qualificada como crime – a desenvolver pelo agente do crime, sendo então justificada, à luz destes objectivos e ponderada a gravidade do crime sob investigação, a isenção de responsabilidade penal do "agente do crime" face às condutas desenvolvidas na qualidade de "agente encoberto"[21].

---

[19] Uma vez que, não havendo condenação transitada em julgado, não existe a garantia de que tais declaração não possam vir a ser reproduzidas em audiência de julgamento, ante o disposto nos artigos 356.º e 357.º do Código de Processo Penal e, mesmo tendo havido condenação transitada em julgado, que tais declarações não possam ainda vir a produzir efeitos incriminatórios para o "arguido", ante a possibilidade de um recurso extraordinário de revisão nos termos do disposto nos artigos 449.º n.º 1 e 463.º do Código. Em sentido semelhante, mas aceitando os "testemunhos" quando já tenha ocorrido o transito em julgado, RODRIGO SANTIAGO, "Reflexões sobre as declarações do arguido como meio de prova no Código de Processo Penal de 1987", *Revista Portuguesa de Ciência Criminal*, Lisboa, 4, n.º 1, 1994, pp. 56 e 57. Sobre a *ratio* do direito ao silêncio e da proibição de leituras de declarações em audiência de julgamento, ver MARIA JOÃO ANTUNES, "Direito ao silêncio e leitura em audiência de declarações do arguido", *Sub judice. Justiça e Sociedade*, Lisboa, n.º 4, 1992, pp. 25 e 26.

[20] Artigo 32.º, n.ºs 2 e 8, da Constituição da República Portuguesa.

[21] Por analogia de situações, deverá aqui exigir-se que as provas ou meios de prova que, previsivelmente, possam vir a ser conseguidas pelo "arguido encoberto" tenham natureza de "provas decisivas", exigência constante de todas as disposições legais portuguesas que prevêem benefícios de isenção ou redução de pena, na fase processual, para os arguidos colaboradores, ver notas (22) e (23). Ver também Ponto II.3.

3. A relevância legal do arrependimento e da colaboração processual dos arguidos

Estando delimitado o objecto central desta intervenção: a colaboração processual de agentes do crime – mesmo que ainda não formalmente constituídos como arguidos – nas fases de investigação e julgamento criminais, que não constituam, *per si*, a prática de facto punível, cumpre então fazer uma breve referência aos instrumentos legais aplicáveis.

A relevância legal do arrependimento encontra a sua sede normativa principal no Código Penal, que atribui a esta circunstância um valor atenuante geral e especial na determinação da medida da pena.

Ainda no Código Penal[22], mas também em outra legislação[23], foi prevista a atenuação especial da pena para situações de arguidos "colaboradores" com a justiça, sempre que haja um contributo decisivo na recolha da prova, para algumas categorias de crimes associados a criminalidade especialmente violenta ou organizada.

De um ponto de vista estritamente processual, contudo, a confissão dos factos não implica nenhum benefício directo na determinação da medida da pena, mas apenas a renúncia à produção de prova e a redução da taxa de justiça.

Em contrapartida, havendo confissão dos factos, pode o julgamento ser fortemente comprimido, uma vez que a confissão, quando integral e sem reservas, implica a renúncia à produção de prova e a passagem imediata à fase de alegações orais[24].

Claro que este regime tem uma aplicação muito limitada, uma vez que apenas valerá para crimes puníveis com pena de prisão inferior ou igual a 5 anos e, havendo co-arguidos, a confissão for feita, de modo

---

[22] Artigo 368-A (Branqueamento), artigo 372.º (corrupção passiva para acto ilícito) e 373.º (corrupção passiva para acto lícito).

[23] Artigos 8.º, 9.º, 9.º-A da Lei n.º 36/94, de 29 de Setembro, Combate à Corrupção e Criminalidade Económica e Financeira, artigos 31.º e 51.º do Decreto-Lei n.º 15/93, de 22 de Janeiro, Tráfico e Consumo de Estupefacientes e Substâncias Psicotrópicas e nos artigos 2.º, 3.º e 4.º da Lei n.º 52/2003, de 22 de Agosto – Lei de Combate ao Terrorismo.

[24] Artigo 344.º, n.º 2, do CPP.

coerente, por todos os arguidos. Mais, o tribunal pode sempre colocar em causa o carácter livre e sincero da confissão[25].

III. O estatuto processual de "arrependido"

1. A colaboração do "arguido" durante a investigação criminal

Quando se pensa na figura do "arrependido" ou nas formas possíveis de colaboração processual dos "arrependidos", pode pensar-se em dois tipos diferentes de intervenção processual.

Logo na fase de investigação criminal, o recurso à colaboração de agentes que tenham participado – ou que se encontrem a participar – numa actividade criminosa pode revelar-se essencial como meio de obtenção da prova ou como meio de obtenção de outros meios de prova. Nesta fase, a colaboração de um dos possíveis agentes do crime – quando se trate de criminalidade organizada – pode mesmo constituir o único meio eficaz de obtenção da prova.

Contudo, vigorando em Portugal o princípio da imediação da prova – ou seja, a proibição de valoração de qualquer prova que não haja sido produzida ou examinada em audiência, constante do artigo 355.º do Código de Processo Penal – as declarações dos arguidos, ou, aliás, de qualquer outro interveniente processual, nas fases preliminares do processo serão, em regra, irrelevantes, devendo ser repetidas no âmbito da audiência de julgamento.

Pelo que a utilidade da colaboração do "arrependido" na fase da investigação criminal estará, naturalmente, limitada ao valor probatório a atribuir às declarações do arguido na fase do julgamento. E, como veremos, trata-se de um valor bastante reduzido.

Claro que esta colaboração poderá ainda revelar-se valiosa como forma de obtenção de outros meios de prova, a cujo acesso a investigação nunca teria tido de outro modo. Penso mesmo que será esta a maior utilidade da colaboração processual dos co-arguidos.

Neste âmbito, valendo, no direito português, o princípio da livre obtenção de meios de prova, previsto no artigo 125.º do Código, ou seja,

---

[25] Artigo 344.º, n.ºs 3 e 4, do CPP.

a regra de que serão admissíveis todas as provas (e respectivos métodos de obtenção) que não forem proibidas por lei, a exigência assentará apenas no modo de obtenção da prova, estando assim vedado o recurso aos meios ilícitos de obtenção da mesma, referidos no artigo 126.º do Código.

Poderá partir-se de dois planos de análise desta problemática. Por um lado, a obtenção de declarações ("confissões" ou outras declarações) de arguidos e, num segundo plano, a obtenção, através de declarações ou outros modos de "colaboração processual", de diferentes meios de prova contra os restantes co-arguidos.

Valendo no sistema português o princípio da atipicidade na obtenção e produção de prova, nada obsta a que sejam obtidos meios de prova através de formas de colaboração "atípicas" por parte do arguido, tais como a identificação de locais do crime ou da localização de cadáveres, a recolha e entrega de objectos do crime, a indicação de locais para realização de revistas e buscas, entre outros[26].

Uma só advertência deve ser feita, contudo, quando o meio de prova não revele um valor probatório auto-suficiente – sendo necessário, para que do meio de prova se retire um determinado sentido e valor probatórios, a prestação de outro meio de prova – e o valor deste assente na necessidade de prestação de declarações, pelo menos, complementares, por parte do co-arguido.

Nestes casos, o valor probatório do meio de prova que esteja dependente das declarações do arguido estará naturalmente sujeito às mesmas limitações de valoração aplicáveis a estas[27].

Mas, especificamente sobre as declarações do arguido, existem várias regras expressas no CPP, relativas às diversas fases processuais. Desde logo, sempre que se trate de arguido detido, durante a fase de inquérito, o mesmo é obrigatoriamente ouvido por um juiz, podendo haver outros interrogatórios, quer o arguido se encontre preso ou em liberdade, feitos

---

[26] Neste sentido, também, TERESA BELEZA, "Tão amigos que nós éramos...", cit. (3), p. 42 e ss..

[27] O que acontece, por exemplo, quando o arguido entrega um objecto pertencente a terceiro que terá sido utilizado na prática do crime, por terceiro, mesmo que se comprove por outros meios de prova a utilização do objecto na prática do crime, se a prova de que tal utilização foi feita pelo terceiro resida apenas nas declarações do arguido colaborador.

pelo Ministério Público ou órgão de polícia criminal, durante o inquérito, ou pelo juiz, durante a instrução e o julgamento[28].

Existem algumas regras comuns a todos os interrogatórios de arguido que são instrumentais face à garantia de que é respeitada a proibição de auto-incriminação e de que as declarações do arguido são espontâneas e voluntárias, tais como a de que o arguido deverá encontrar-se livre na sua pessoa sempre que for ouvido e a de que nunca presta juramento[29], o direito de ser acompanhado por defensor e, talvez a mais fundamental, o direito a recusar-se a responder a perguntas incriminatórias[30].

Mas, para além do cumprimento destas regras, deverá ser exigido à autoridade judiciária que procede ao interrogatório do arguido – e que assim, obtém, as suas declarações – uma postura de lisura e lealdade na apresentação dos factos e na formulação de questões ao arguido.

Este dever de lealdade, que sempre se retiraria da conjugação dos princípios do Estado de Direito Democrático e da Dignidade da Pessoa Humana, resulta também do disposto no artigo 126.º, n.º 2, do Código de Processo Penal quando proíbe a "utilização de meios enganosos", a "ameaça com medida legalmente inadmissível" e a "promessa de vantagem legalmente inadmissível".

Assim, no sistema português, o recurso a meios mais "expeditos" de obtenção de confissões – tais como, a promessa de isenção ou atenuação da responsabilidade criminal, a promessa de privilégios injustificados no cumprimento da pena, a ameaça de condições especialmente desfavoráveis no cumprimento da pena ou a referência a factos objectivamente falsos que possam condicionar a vontade do arguido de prestar declarações – é proibido e importa a nulidade absoluta das provas assim obtidas, ou seja, a total impossibilidade de utilização das mesmas, salvo quando esta obtenção constitua, em si, a prática de crime, caso em que poderão ser usadas contra os gentes do mesmo (cfr. artigo 126.º, n.ºs 1 e 4, do Código).

Sendo certo que não se trata deveres especiais aplicáveis apenas à obtenção de declarações de arguidos – valem, de modo geral, para a

---

[28] Artigos 141.º e 144.º, n.º 1, do CPP.
[29] Artigo 140.º, n.ºs 1 e 3, do CPP.
[30] Artigo 61.º, n.º 1, alíneas d) e f) do CPP.

obtenção de quaisquer meios de prova – a verdade é que, tratando-se de arguido, que se encontra numa posição de prévia e natural fragilidade à qual está, normalmente, associada também uma especial susceptibilidade perante declarações ou comportamentos das autoridades judiciais, assentes na natureza coerciva do processo penal, haverá exigências acrescidas em redor do cumprimento dos mesmos.

Pelo que, na obtenção de declarações do arguido que possam constituir um meio de prova, as autoridades judiciárias podem fazer referência aos benefícios substantivos e processuais decorrentes de uma "colaboração processual" útil por parte do arguido ou de um "arrependimento sincero", mas nunca sob a forma de promessas concretas no que respeita aos precisos contornos da responsabilidade penal do mesmo ou da pena ou medida a aplicar, a final (ou, inversamente, sob qualquer forma de ameaças).

Valendo, no sistema português, o princípio da legalidade e sendo impostas regras apertadas no que respeita aos poucos mecanismos da chamada "diversão processual" – mecanismos mais próximos do sistema de oportunidade penal – quer no que respeita aos seus pressupostos, quer no que respeita à necessidade de uma avaliação e decisão judicial sobre a legalidade da aplicação dos mesmos[31], pode concluir-se no sentido de ser impossível, nas fases de inquérito ou instrução, fazer-se uma previsão segura sobre o sentido da decisão de mérito final ou sobre a pena ou medida que irá ser aplicada pelo juiz.

Portanto, qualquer promessa ou "ameaça" nesse sentido, feita por órgão de polícia criminal ou por magistrado do Ministério Público será sempre, pelo menos, um meio enganoso[32].

Assim, o recurso a este tipo de meios pode, portanto, revelar-se contraproducente, quer porque se trata de uma nulidade especial[33], insanável, que pode ser arguida a todo o tempo por qualquer interessado,

---

[31] Veja-se que em qualquer dos mecanismos previstos nunca se prescinde da intervenção do juiz e que para todos foram previstos pressupostos de legalidade, cfr. artigos 280.º, 281.º, 281.º, 391.º-A e 392.º do Código de Processo Penal.

[32] No mesmo sentido, GERMANO MARQUES DA SILVA, "Bufos, infiltrados, provocadores e arrependidos...", cit. (1), pp. 32 e ss.

[33] Sobre a natureza desta nulidade, ver PAULO DE SOUSA MENDES, "As proibições de prova no processo penal", *Jornadas de Direito Processual Penal e direitos fundamentais*, Coimbra, Almedina, 2004, p. 141 e ss..

quer porque, quando arguida e declarada, pode implicar a nulidade de todas as provas obtidas em sequência do método proibido, nos termos do disposto no n.º 1 do artigo 122.º do Código de Processo Penal e de acordo com os termos formulados pela teoria do *"fruit of the poisonous tree"* e, portanto, também de outros meios de prova que foram conseguidos a partir das declarações viciadas.

Por fim, cumpre ainda chamar, de novo, a atenção para o facto de que só podem ser valoradas como meio de prova as declarações do arguido prestadas em audiência de julgamento, perante o juiz, sendo muitíssimo limitada a admissibilidade da leitura de declarações anteriormente prestadas (cfr. artigos 355.º, n.º 1, e 357.º do Código)[34].

2. A aplicação de medidas de protecção aos arguidos "arrependidos"

Para além da imposição de medidas proibitivas e sancionatórias de garantia de que as declarações do arguido são voluntárias e espontâneas, podem ainda ser aplicadas medidas de protecção do arguidos "arrependidos" ou colaboradores com a investigação[35].

Assim é porque as medidas previstas na legislação sobre Protecção de Testemunhas são aplicáveis a quem assuma, em processo penal, a qualidade de arguido, como decorre da definição de "testemunha" constante do artigo 2.º, alínea *a*) da Lei de Protecção de Testemunhas[36].

---

[34] Sobre esta possibilidade, ver JOSÉ DAMIÃO DA CUNHA, "O regime processual de leitura de declarações na audiência de julgamento: arts.356º e 357º do CPP. Algumas reflexões à luz de uma recente evolução jurisprudencial", *Revista Portuguesa de Ciência Criminal*, Lisboa, 7, n.º 3, 1997, pp. 403 a 443 e MARIA JOÃO ANTUNES, "Direito ao silêncio...", cit. (19), pp. 25 e 26.

[35] Sobre a importância de previsão deste tipo de medidas, ver BORGNA, P./LAUDI, M./RUSSO, L./SALUZZO, F., "Quale protezione per i pentiti in Italia?", *La giustizia penale*, Roma, 7, 93, n.º 7, 1988, Parte III, pp. 367 a 378.

[36] Sobre a matéria da protecção de testemunhas e para uma análise da aplicação prática do enquadramento legal em vigor, ver CARLOS PINTO DE ABREU, "Os programas de protecção de testemunhas nos EUA e em Portugal", Conferência proferida no 2.º Congresso de Investigação Criminal da ASFIC/PJ e do IDPCC/FDUL, Lisboa, 2009, publicado na presente colectânea.

Para que possam ser aplicadas tais medidas de protecção ao arguido, bastará apenas que o arguido possua informação ou conhecimentos necessários à revelação, percepção ou apreciação de factos que constituam objecto do processo; a vida, integridade física ou psíquica, liberdade ou bens patrimoniais de valor consideravelmente elevado do arguido ou de outrem sejam postos em perigo por causa do seu contributo para a prova dos factos que constituem objecto do processo; e, consoante o tipo de medida, estiver em causa a investigação de certos tipos de crimes ou quaisquer crimes puníveis com pena de prisão de máximo igual ou superior a oito anos, cometidos por quem fizer parte de associação criminosa, no âmbito da finalidade ou actividade desta.

O tipo de medidas a aplicar obedece ao princípio da tipicidade sempre que seja necessário o afastamento das regras de imediação e sujeição ao contraditório e consiste nas seguintes:

  i) Ocultação da testemunha (cfr. artigo 4.º da Lei de Protecção de Testemunhas);
  ii) Audição da testemunha com recurso à ocultação e por teleconferência (cfr. artigo 5.º da Lei de Protecção de Testemunhas);
  iii) Reserva do conhecimento da identidade da testemunha (cfr. artigos 16.º e ss. da Lei de Protecção de Testemunhas);
  iv) Aplicação de medidas pontuais de segurança (cfr. artigo 20.º da Lei de Protecção de Testemunhas);
  v) Integração de testemunhas em programas especiais de segurança (cfr. artigo 21.º da Lei de Protecção de Testemunhas).

Tratando-se de arguido recluso, está prevista, no Decreto-Lei n.º 190//2003, de 22 de Agosto, que regulamenta a Lei de Protecção de Testemunhas, a adopção de medidas especiais de segurança dentro do Estabelecimento Prisional que passam pela garantia de isolamento do "arrependido" face aos restantes reclusos e pela disponibilização de meio de transporte especial para estes arguidos.

3. Os benefícios substantivos e processuais dos arguidos "arrependidos"

Regressando ao plano das vantagens, quais são, então, os benefícios substantivos e processuais aplicáveis aos arguidos colaboradores ou "arrependidos"?

Logo no artigos 71.º e 72.º do Código Penal encontram-se referências à relevância do arrependimento, sendo importante para a determinação da medida da pena, a conduta do agente posterior ao facto *"quando seja destinada a reparar as consequências do crime"* e, caso tenha havido *"actos demonstrativos de arrependimento sincero"*, pode proceder-se a uma atenuação especial da pena. Mais, caso concorram, para além do arrependimento, na vertente da reparação do dano, outras circunstâncias atenuantes, está prevista a dispensa da pena (cfr. artigo 74.º do Código Penal).

Ainda no Código Penal, mas já na perspectiva de uma colaboração do agente do crime na actividade probatória, está prevista a atenuação especial da pena nos crimes de branqueamento de capitais, artigo 368.º-A, e corrupção passiva, artigos 373.º e 374.º do Código.

Mas estão também previstas atenuações ou isenções da pena em legislação extravagante, a propósito de certas formas ou tipos de criminalidade. Assim, a Lei n.º 36/94, de 29 de Setembro, relativa ao Combate à Corrupção e Criminalidade Económica e Financeira prevê algumas medidas de valorização penal da colaboração do arguido:

i) A atenuação da pena, nos crimes de corrupção, peculato, participação económica em negócio e infracções económico-financeiras de dimensão internacional ou transnacional, quando o agente auxiliar concretamente na recolha de provas que venham a ser decisivas para a identificação ou a captura de outros responsáveis (cfr. artigo 8.º);

ii) A dispensa de pena no crime de corrupção quando o agente tenha denunciado o crime e contribuído de modo decisivo para a descoberta da verdade (cfr. artigo 9.º-A);

iii) E, por fim, uma medida de natureza mista, processual e penal, aplicável apenas a casos de corrupção activa, que consiste na possibilidade de suspensão provisória do processo, mediante a imposição de regras de conduta ao arguido, também quando este tenha denunciado o crime e contribuído de modo decisivo para a descoberta da verdade (cfr. artigo 9.º).

No âmbito do tráfico de estupefacientes, o artigo 31.º do Decreto-Lei n.º 15/93, de 22 de Janeiro prevê igualmente a possibilidade de atenuação ou dispensa da pena quando agente auxilie concretamente na recolha de provas decisivas para a identificação ou a captura de outros responsáveis.

Também no que respeita ao terrorismo, a Lei n.º 52/2003, de 22 de Agosto – Lei de Combate ao Terrorismo – foi prevista a atenuação especial da pena quando *"o agente abandonar voluntariamente a sua actividade, afastar ou fizer diminuir consideravelmente o perigo por ela provocado ou auxiliar concretamente na recolha das provas decisivas para a identificação ou a captura de outros responsáveis"*, artigos 2.º, 3.º e 4.º da Lei.

A diferença fundamental entre este último tipo de benefícios e os previstos nos artigos 71.º e 72.º do Código Penal assenta, precisamente, na distinção feita em cima entre o arguido "arrependido" e o arguido "colaborador", uma vez que, enquanto aquelas normas genéricas são aplicáveis a todos os tipos de crimes, também a situações de execução singular do crime, e dependem da concreta reparação do dano, já as normas que assentam na colaboração com a actividade probatória serão aplicáveis apenas a formas de criminalidade considerada especialmente complexa ou organizada e dependem de ter sido fornecido, pelo agente do crime, um contributo decisivo para a recolha da prova do crime quanto a outros participantes ou agentes do crime.

Este tipo de normas que fazem depender a pena a aplicar, no final do processo, de uma determinada colaboração processual colocam-nos dois problemas. Desde logo, cumpre saber o que é que se deve entender por "provas decisivas", uma vez que se trata de um pressuposto da eventual isenção ou dispensa da pena. Por outro lado, importa saber se a avaliação do carácter decisivo das provas produzidas pelo "colaborador" se avalia numa perspectiva *ex ante*, aquando do término da colaboração, ou numa perspectiva *ex post*, após o término da produção da prova em audiência de julgamento.

O segundo problema é, apesar de tudo, mais fácil de resolver. Pareceria que, tratando-se de meras declarações de arguido "colaborador", a avaliação do carácter da prova produzida só poderá ser feito após, pelo menos, a prestação de tais declarações, em audiência de julgamento.

Contudo, a lei portuguesa refere-se constantemente ao fornecimento de "provas decisivas" para a identificação e a captura de outros agentes do crime, e não a "provas decisivas" para a respectiva condenação, pelo que se terá que seguir uma perspectiva diversa.

Assim, a avaliação do carácter decisivo das provas indicadas pelo "colaborador" deverá ser feito através de um juízo de prognose póstuma. Ou seja, o juízo deverá ser feito a final, pelo tribunal, uma vez que é ao tribunal que compete a determinação da pena e da sua medida, mas numa perspectiva *ex ante*.

O que quer dizer que o tribunal terá que avaliar a pertinência das informações dadas pelo arguido "colaborador", na fase de investigação, ponderando a sua eficácia para a descoberta de outros agentes do crime, tomando em consideração apenas o valor intrínseco destas e não outras circunstâncias que tenham ocorrido posteriormente, ainda que estas tenham descredibilizado ou inutilizado as "provas" obtidas.

No que respeita à qualidade das provas produzidas, deverá apenas exigir-se que estas tenham sido relevantes no processo de identificação ou captura de outros agentes do crime, ainda que não venham depois a revelar-se decisivas para uma condenação[37].

Claro que quando à lei se refere à identificação ou captura de outros responsáveis, remete-nos para a necessidade de ponderação das provas recolhidas à luz de critérios relacionados com um juízo meramente indiciário, próprio de uma acusação, e não já para um juízo de certeza, inerente a uma condenação.

Num juízo semelhante ao subjacente à dedução de acusação, deverá exigir-se que as informações do co-arguido tenham dado origem, exclusivamente ou em conjunto com outras entretanto recolhidas, a um "pacote probatório" susceptível de conduzir a uma acusação contra os restantes agentes do crime. Ou seja, que deste auxílio concreto na recolha de prova, se tenham conseguido obter "indícios suficientes[38]" de que

---

[37] Assim, o sistema português afasta-se de outros, em que as contribuições do "arrependido" devem tratar-se de elementos relativos a co-autores, instigadores e cúmplices que sejam suficientes para que o juiz de instrução possa elaborar um juízo de probabilidade sobre a existência do factos e os seus «executores», ou permitam um enorme avanço para investigação, designadamente, a identificação de objectos, elementos ou locais do crime, ou, em qualquer caso, impeçam a prática de um crime ou a continuação da actividade criminosa, ainda que não revelem, posteriormente, valor probatório, por todos, CARLOS EDWARDS, *El arrependido...*, cit. (8), pp. 47 e 48.

[38] Sobre o que se deva entender por "indícios suficientes" ver JORGE NORONHA E SILVEIRA, "O conceito de indícios suficientes no processo penal português", *Jornadas de direito processual penal e direitos fundamentais*, Almedina, 2004, p. 163 e ss.

tais agentes se constituíram como autores ou comparticipantes de um determinado crime.

Numa visão de conjunto, para que se pondere a aplicação dos benefícios processuais e penais previstos na lei, o tribunal terá que concluir que as informações prestadas pelo arguido:

a) Constituíram, conjugadas com outros meios de prova, prova indiciária suficiente para sustentar uma acusação contra, pelo menos, um outro agente do crime;

b) Constituíram, através de uma actividade de recolha de prova levada a cabo pelas autoridades, um elemento relevante para a construção de um "pacote probatório" susceptível de sustentar uma acusação contra, pelo menos, um outro agente do crime (um elemento sem o qual tal construção não teria sido possível, ou teria sido extremamente difícil e muito mais morosa);

c) Conduziram, isoladamente ou através de uma actividade de recolha de prova levada a cabo pelas autoridades, à identificação de outro ou outros agentes do crime e à posterior captura dos mesmos, permitindo, de modo imediato, a cessação da actividade criminosa;

Ao utilizar as expressões "identificação ou captura", a nossa lei deixa claro que não há qualquer associação entre a concessão dos benefícios e a eficácia da investigação numa perspectiva repressiva – ou seja, não há qualquer condição de eficácia para a concessão destes benefícios que assente na efectiva dedução de acusações ou condenações dos restantes agentes do crime.

Em contrapartida, o fornecimento de meras declarações incriminatórias para outros agentes do crime, sem qualquer elemento de prova adicional ou complementar que as corrobore, não deverá sustentar um juízo favorável no que respeita à colaboração do arguido, uma vez que tais declarações, por si só e sem qualquer corroboração, nunca poderão ser consideradas como indícios suficientes do que quer que seja. Sendo estas a única prova a produzir em julgamento, sempre estaria afastado um juízo de probabilidade de obtenção de uma condenação.

Contrariamente, o facto de, posteriormente à recolha da prova, a mesma vir a perder-se por razões não imputáveis ao arguido "colaborador" não poderá ser valorado contra este, razão pela qual o juízo a realizar pelo tribunal será um juízo de prognose, de adequação probatória dos elementos fornecidos pelo arguido, face à fase de investigação, e não um juízo meramente póstumo de eficácia final desses elementos para o desfecho do julgamento.

IV. VALOR PROBATÓRIO DAS DECLARAÇÕES DO "ARREPENDIDO"

4. As declarações do co-arguido em audiência de julgamento

Mas, para que se possa concluir que o arguido "arrependido" ou "colaborador" forneceu um contributo decisivo para a recolha da prova, importa ainda determinar, face ao que já se disse anteriormente, qual o valor probatório das declarações dos arguidos em audiência de julgamento, uma vez que estas serão certamente um elemento essencial do "pacote probatório" recolhido pelo Ministério Público.

Ora, não existe nenhuma disposição na lei portuguesa que, de modo claro e directo, determine o valor probatório geral das declarações do arguido[39]. Vale, neste âmbito, como regra geral, o princípio da livre avaliação da prova constante do artigo 127.º do Código de Processo Penal.

Importa, portanto, que se faça uma análise sucinta do regime de prestação de declarações por parte do arguido para que se possam retirar algumas conclusões e, em qualquer caso, se houver a pretensão de aproximar o valor probatório das declarações de co-arguido às declarações de qualquer outra testemunha.

Porque, independentemente de uma eventual suspeição natural que recaia sobre as declarações dos co-arguidos, a verdade é que o regime de prestação de declarações por parte dos arguidos não é idêntico ao imposto a quem deponha na qualidade de testemunha.

Desde logo, o arguido nunca presta juramento (cfr. artigo 140.º, n.º 3, do Código), e, mesmo quando aceita prestar declarações, pode recusar-se a responder, sem necessidade de fundamentar a recusa (cfr. artigo 345.º, n.º 1, do Código). Por outro lado, o contraditório encontra-se ain-

---

[39] Para uma perspectiva história ver RODRIGO SANTIAGO, "Reflexões sobre as declarações do arguido...", cit. (19), p. 28 e ss.

da limitado pela proibição de contra-interrogatório directo entre o Ministério Público, o advogado do assistente ou os defensores do co-arguidos e o arguido declarante (cfr. artigos 343.º, n.º 5, e 345.º, n.º 2, do Código)[40].

E a verdade é que o direito ao silêncio e à recusa de responder a perguntas incriminatórias, direito este que, no âmbito de uma ponderação como prova de declarações de co-arguido, terá sempre um efeito muito limitador do direito ao contraditório, quando exercido pelo co-arguido que pretenda prestar declarações assume, como consequência reversa, uma proibição de valoração destas declarações contra os restantes co-arguidos.

Assim, quando o arguido se recuse a responder a qualquer questão sobre os factos formulados pelo juiz, jurados, Ministério Público, advogado do assistente ou defensor, passou a estar prevista, desde 2007[41], para as declarações de arguido assim obtidas, uma proibição de valoração da prova, o que quer dizer que este tipo de declarações não pode servir de fundamento à decisão judicial relativa a um outro co-arguido (cfr. artigo 345.º, n.º 4, do Código)[42].

Nos restantes casos, ante o silêncio da lei, deve, portanto, avaliar-se as consequências dos outros condicionamentos referidos na determinação do valor probatório das declarações do co-arguido.

5. O valor probatório das declarações de testemunhas "protegidas"

E pode dizer-se, com certeza, que a forma como é prestado depoimento ou realizada a inquirição tem relevância na valoração probatória das declarações assim obtidas, pois também se encontram previstas regras expressas sobre a valoração de declarações testemunhais sujeitas a medidas especiais de protecção.

---

[40] Sobre estas questões, retirando deste regime fortes limitações ao valor probatório das declarações do co-arguido, TERESA BELEZA, "Tão amigos que nós éramos...", cit. (3), p. 27 e ss.

[41] Trata-se de uma inovação da reforma penal de 2007, introduzida pelo Lei n.º 48/2007, de 29 de Agosto, que procedeu à revisão do Código de Processo Penal.

[42] Daqui resulta, contudo, que podem ser valoradas contra o próprio declarante.

Assim, dispõe o n.º 2 do artigo 19.º da Lei de Protecção de Testemunhas que, quando as declarações da testemunha sejam prestadas nas condições especiais aí previstas relativas à não revelação da identidade da testemunha, seja vedada a fundamentação da sentença de condenação, de modo exclusivo ou decisivo, em tais depoimentos.

Porquê a não revelação da identidade?

Por duas razões, em primeiro lugar porque a não revelação da identidade da testemunha ao defensor do arguido coloca seriamente em causa o direito ao contraditório (direito constitucionalmente previsto no artigo 32.º, n.º 5), uma vez que, sem saber a identidade da testemunha pode não ser possível a formulação de perguntas relativas a outros factos que a testemunha conheça e que sejam favoráveis ao arguido e, também, porque a não revelação da identidade torna praticamente impossível à defesa a colocação em causa da credibilidade da testemunha.

Em segundo lugar, porque, estando a não revelação da identidade da testemunha associada à adopção de medidas complementares, tais como a ocultação da imagem, a distorção de voz e a teleconferência, e apesar da Lei de Protecção de Testemunhas estabelecer uma presunção de imediação, no seu artigo 15.º, a verdade é que o conteúdo útil do princípio da imediação pode, também, ficar irremediavelmente em causa quando haja um recurso cumulado a estas medidas de protecção.

Pois se a imediação, associado à obrigação de oralidade, visa, precisamente, garantir que o tribunal posse formar livremente a sua convicção sobre o depoimento da testemunha – ponderando hesitações, expressões, movimentos corporais, entre outras formas de expressão – tal convicção estará sempre bastante limitada quando a testemunha preste o seu depoimento com a imagem ocultada e a voz distorcida, mesmo que não haja recurso à teleconferência.

Foi, portanto, acertada a opção do legislador, quando impôs uma forte limitação à valoração das provas assim obtidas, estabelecendo no n.º 2 do artigo 19.º da Lei de Protecção de Testemunhas uma proibição de valoração como prova exclusiva ou principal, para os depoimentos obtidos sem revelação da identidade da testemunha.

6. O valor probatório das declarações do co-arguido "arrependido"

Sabendo já que, em alguns casos especiais, o valor probatório das declarações do co-arguido será inexistente – quando este se recuse a responder a questões auto-incriminatórias – ou muito diminuto – quando o depoimento seja feito com ocultação ou reserva da identidade – cumpre agora determinar o valor probatório destas declarações quando se trate de co-arguido identificado que responda de modo satisfatório e cabal às questões colocadas pelo tribunal e sujeitos processuais.

E é, precisamente, nestes casos que tal determinação se revela mais difícil, pois a lei processual penal não fornece nenhuma directriz vinculativa para o juiz, valendo a regra da livre apreciação da prova. Contudo, como já se referiu, a natureza do depoimento dos co-arguidos e a forma como são prestados podem dar-nos algumas orientações sobre a matéria.

Assim, não sendo prestado, nunca, juramento por parte do arguido, as declarações deste revelam uma menor garantia de veracidade face às declarações de uma testemunha, que presta juramento e aceita a cominação prevista na lei para a falsidade das declarações.

Sendo a regra, para o arguido, de que este é irresponsável pela prestação de declarações falsas, é inevitável que se atribua a estas declarações um valor probatório menos intenso do que é atribuído aos depoimentos de testemunhas.

Por outro lado, o direito ao contraditório, na modalidade de livre *"cross-examination"*, está fortemente limitado quando se trate de depoimento de arguido. O Ministério Público, o advogado do assistente e os defensores dos restantes co-arguidos não podem formular, directamente, perguntas ao arguido, devendo solicitar que estas sejam formuladas pelo juiz (cfr., artigo 345.º, n.º 2, do Código de Processo Penal).

Ora, quando se entenda que não existe, neste âmbito, um dever do juiz presidente de formular as questões sugeridas pelos restantes sujeitos processuais, terá também que se concluir que o valor probatório das declarações assim prestadas não poderá ser equiparado ao das declarações de testemunhas em que haja sido garantido o pleno contraditório[43].

---

[43] Neste sentido, também, TERESA BELEZA, "Tão amigos que nós éramos...", cit. (3), p. 50 e ss.; RODRIGO SANTIAGO, "Reflexões sobre as declarações do arguido...",

No que respeita à argumentação de que, sendo valoradas as declarações do co-arguido, se estaria a violar o direito ao silêncio dos arguidos que optaram por não prestar declarações[44] – numa lógica de que os que nada dizem são prejudicados face aos que decidem confessar – a mesma não pode ser aceite.

Ora, as declarações de co-arguido, a serem valoradas, são-no nos mesmos termos de qualquer outro meio de prova, testemunhal, documental, pericial. E, sempre que for produzida prova que demonstre, para além de qualquer dúvida, a culpabilidade de um arguido, o facto de este se remeter ao silêncio sempre será valorado com ele.

O que é importante é determinar se o tribunal pode assentar uma convicção de culpabilidade para além de qualquer dúvida, de modo exclusivo, em declarações de co-arguido.

Cumpre, portanto, ainda avaliar se o tribunal, na valoração das declarações prestadas pelo arguido, deverá partir de uma posição de suspeição face às mesmas, e porquê. Parece ser este o entendimento consensual da doutrina e da jurisprudência em Portugal[45]. Entendimento, aliás, que não se coloca em causa de modo absoluto.

As declarações de co-arguido terão que ser sempre valoradas de modo diminuto face a declarações prestadas por testemunha isenta, uma vez que o co-arguido não será nunca um observador isento no processo e terá sempre um interesse directo no desfecho da causa.

Por outro lado, não havendo uma garantia de isenção e lisura na actividade dos agentes de polícia criminal e das autoridades de judiciárias, a obtenção de declarações de arguido ou confissões sempre revela alguma fragilidade, ante a elevada probabilidade de ter sido exercida alguma forma de intimidação ou de recurso a meios enganosos[46].

---

cit. (18), pp. 61 e 62. Referindo também, como problema fundamental, a limitação da "igualdade de armas", MARIE-AUDE BEERNAERT, "Repentis et collaborateurs de justice…", cit. (4), p. 160.

[44] Argumentando deste modo, RODRIGO SANTIAGO, "Reflexões sobre as declarações do arguido…", cit. (19), pp. 59 e 60.

[45] Dando pouco ou nenhum valor a tais declarações, GERMANO MARQUES DA SILVA, "Bufos, infiltrados, provocadores e arrependidos…", cit. (1), p. 31 e ss.; TERESA BELEZA, "Tão amigos que nós éramos…", cit. (3), p. 58; RODRIGO SANTIAGO, "Reflexões sobre as declarações do arguido…", cit. (19), p. 60;

[46] E, apesar de se poder argumentar no sentido de que este tipo de conduta por parte dos órgãos de polícia criminal será irrelevante, tendo em conta a proibição de

Tudo isto leva-me a concluir que, tratando-se de declarações não ajuramentadas, prestadas com limitação do contraditório e por pessoa com interesse pessoal na causa e especialmente vulnerável a situações de intimidação, estas nunca poderão fundamentar, de modo exclusivo, uma decisão condenatória para os restantes co-arguidos[47].

No sentido desta conclusão, depõe também o próprio regime probatório da confissão integral com reservas ou da confissão parcial constante do artigo 344.º do Código e a limitação do valor probatório da confissão integral e sem reservas que é sempre imposta quando se trate de crime punível com superior a 5 anos de prisão.

E esta conclusão é válida quer para as declarações meramente descritivas da prática dos factos, por si só, quer para declarações complementares de co-arguido associadas à produção de outros meios de prova obtidos através da colaboração do mesmo, tais como objectos do crime, documentos, gravações, etc.[48].

---

valoração de declarações que não tenham sido prestadas na audiência de julgamento, a verdade é que todas as declarações dos arguidos nas várias fases processuais que antecedem o julgamento se encontram registadas e transcritas no processo, o qual é entregue ao juiz, logo no início da audiência. Ora, só se poderia falar, verdadeiramente, da garantia do "juiz virgem", se este apenas pudesse ter acesso aos elementos de prova que, nos termos do CPP, podem ser produzidos ou ponderados no âmbito da audiência de julgamento. O que não acontece no sistema português. Havendo um acesso integral ao que se passou antes do julgamento por parte do juiz que vai julgar, penso, então, que a tomada de declarações de arguido durante a fase de inquérito deveria ser sempre registada num qualquer formato electrónico duradouro que confira, pelo menos, a garantia de que se trata de declarações livres e espontâneas. Até porque, mesmo na audiência, é permitida a leitura de declarações anteriormente prestadas pelo arguido em casos especiais, nos termos do artigo 357.º do Código.

[47] Neste sentido, também, TERESA BELEZA, "Tão amigos que nós éramos...", cit. (3), p. 50 e ss.; RODRIGO SANTIAGO, "Reflexões sobre as declarações do arguido...", cit. (19), p. 62.

[48] Esta exigência vem atenuar, em muito, o risco de "provas forjadas" por arguidos "arrependidos", risco para o qual nos chama a atenção GERMANO MARQUES DA SILVA, "Meios processuais expeditos no combate ao crime organizado: a democracia em perigo", *Direito e Justiça*, Lisboa, 17, 2003, p. 25. Claro que o autor faz referência a um caso que nunca teria paralelo no sistema português, uma vez que a situação relatada – aplicação de penas diminutas a traficantes de droga em troca de informações sobre as redes de tráfico – assentava numa presunção legal de co-autoria aplicável às companheiras dos traficantes, apenas pelo facto de, mesmo sem consciência da origem do dinheiro, terem beneficiado do produto do crime. Ora, no direito português, uma tal presunção sempre seria inconstitucional por violação do princípio da dignidade da

V. Conclusões

Apesar de se ter feito, ao longo desta intervenção, uma referência distinta às figuras do arguido "arrependido" e do arguido "colaborador" – distinção cuja utilidade é manifesta e não se discute – a verdade é que subjacente a qualquer enquadramento substantivo ou processual da contribuição dos arguidos que colaborem na recolha de prova, quer no plano da utilidade probatória desta colaboração, quer no plano da aplicação de benefícios ao arguido, terá que estar um "arrependimento", verdadeiro ou utilitário.

O arrependimento terá que ser sincero (ou, pelo menos, utilitário), porque apenas poderão ser valoradas como prova as declarações integrais do co-arguido, quando este, para além de aceitar incriminar os co-arguidos, aceite também a auto-incriminação. Ou seja, apenas quando o arguido se sujeite plenamente ao contraditório e aceite a possibilidade de auto-incriminação, no âmbito de um arrependimento sincero, é que poderão sequer ser valoradas as suas declarações, no que respeita aos co-arguidos.

E terá também que ser sincero, porque os benefícios processuais e penais a que o arguido "colaborador" pode ter acesso apenas serão concedidos se se tratar de uma colaboração corroborada por outros elementos de prova. Como já atrás se disse, a mera existência de informações incriminatórias para outros co-arguidos não terá qualquer valor.

E, nesta medida, o recurso à colaboração processual de "arguidos arrependidos" não se revela contrário ao princípio da lealdade processual.

O recurso a comparticipantes ou outros modelos de cooperação criminosa consiste num modo de facilitar a prática de crime e de aumentar as probabilidades de sucesso do "crime perfeito[49]", razão pela qual o recurso a comparticipantes é valorado como agravante do grau de ilicitude do facto[50].

---

pessoa humana, artigo 1.º da Lei Fundamental. Por outro lado, como já se viu, no direito português não seria possível condenar alguém tendo como única prova as declarações de um suposto "co-arguido".

[49] Enquanto crime pelo qual o agente não chega a ser considerado responsável.

[50] Veja-se o exemplo do artigo 132.º, n.º 2, h) do CP, no âmbito do qual a comparticipação é fundamento de uma agravante da moldura legal.

Em contrapartida, quando o agente do crime opta por recorrer a um modelo de comparticipação, aceita um novo factor de risco na sua actividade criminosa, que corresponde ao risco de dispersão da informação e de veiculação da mesma às autoridades judicias.

O aproveitamento, por parte do sistema de administração da justiça, deste factor de risco criado e aceite pelo agente é tão censurável – ou contrário ao princípio da lealdade processual – como o aproveitamento de um qualquer objecto que o agente utilizou na prática do crime o qual foi encontrado, posteriormente, no local do crime.

A razão pela qual sustento que as declarações do co-arguido não deverão fundamentar, isolada ou exclusivamente, uma condenação, não assenta na existência de uma suspeição natural contra quem, arrependido da sua participação numa actividade criminosa, venha a optar por colaborar com a justiça. Não propugno que se deva dar relevância jurídica, por regra geral, a uma mera imagem social negativa associada aos delatores.

O reconhecimento de um subsistema de valores éticos no âmbito de uma organização ou comparticipação criminosa, se atendível no âmbito da ponderação do grau de ilicitude ou de culpa ou na motivação e formação da vontade do agente do crime, não pode sobrepor-se ao plano dos valores éticos impostos pela lei e que correspondam a um valor objectivo de licitude.

O arrependimento, quando integral e não condicional, só pode ser valorado de modo positivo por parte da lei e do julgador[51]. Pois é só através do arrependimento que o arguido se reencontra com os valores vigentes e impostos por uma dada ordem jurídica e, de certo modo, se inicia o processo de "reparação do dano".

Pelo que, havendo este arrependimento sincero, e não havendo indícios que levem o tribunal a duvidar do carácter livre da confissão ou da

---

[51] Assim não se entende que se designe o "arrependimento" e a colaboração com a justiça como uma *"perfídia"*, como faz GERMANO MARQUES DA SILVA, "Bufos, infiltrados, provocadores e arrependidos...", cit. (1), p. 32. E nem se pretenda distinguir entre o arrependimento sincero motivado pelo altruísmo e o arrependimento sincero motivado pela atracção de uma redução da pena. No plano da moral, estas motivações serão atendíveis, mas já no plano do Direito, importa apenas que o arrependimento haja sido sincero, isto é, que o arguido tenha confessado com uma verdade susceptível de comprovação com outros meios de prova. E quem poderá julgar negativamente, em qualquer plano, aquele que, tentado por uma redução da pena, confessa, totalmente e sem reservas, a prática do crime e indica os seus comparticipantes?

veracidade dos factos declarados, as declarações do co-arguido podem ser uma prova atendível sempre que sejam corroboradas por outros meios de prova, principais ou acessórios.

Bibliografia

ANTUNES, Maria João, "Direito ao silêncio e leitura em audiência de declarações do arguido", *Sub Júdice. Justiça e Sociedade*, Lisboa, n.º 4, 1992, pp. 25 e 26;

BARREIROS, José António, "Le probleme des repentis. Crime et chatiment. Statut des repentis", *Revue de Science Criminelle et de Droit Penal Comparé*, Paris, nouvelle serie, 4, 1986, pp. 753 a 755;

BEERNAERT, Marie-Aude, "Repentis et collaborateurs de justice dans le système pénal : analyse comparée et critique", *Annales de Droit de Louvain*, Bruxelles, 62, n.ºs 1-2, 2002, pp. 148 a 161;

BELEZA, Teresa Pizarro, "Tão amigos que nós éramos: o valor probatório do depoimento de co-arguido no processo penal português", *Revista do Ministério Público*, 19, n.º 74, 1998, pp. 39 a 60;

BORGNA, P./LAUDI, M./RUSSO, L./SALUZZO, F., "Quale protezione per i pentiti in Italia?", *La Giustizia Penale*, Roma, 7, 93, n.º 7, 1988, Parte III, pp. 367 a 378;

BOULOC, Bernard, "Le probleme des repentis. La tradition française relativement au statut des repentis", *Revue de Science Criminelle et de Droit Penal Comparé*, Paris, nouvelle serie, 4, 1986, pp. 771 a 782;

COSTA, F. Castanheira da, "Leituras proibidas", Acórdão do Supremo Tribunal de Justiça de 27/04/9, *Sub Júdice. Novos estilos*, n.º 4, 1994, pp. 78 a 84;

CUNHA, José Damião da, "O regime processual de leitura de declarações na audiência de julgamento: arts. 356.º e 357.º do CPP. Algumas reflexões à luz de uma recente evolução jurisprudencial", *Revista Portuguesa de Ciência Criminal*, 7, n.º 3, 1997, pp. 403 a 443;

EDWARDS, Carlos Enrique, *El arrepentido, el agente encubierto y la entrega vigilada: modificación a la Ley de estupefacientes. Análisis de la ley 24.424*, Buenos Aires, 1996;

MENDES, Paulo de Sousa, "As proibições de prova no processo penal", *Jornadas de Direito Processual Penal e direitos fundamentais*, Coimbra, Almedina, 2004, pp. 133 a 154;

PALAZZO, Francesco, "Le probleme des repentis. La legislation italienne sur les repentis : discipline, probleme et perspectives", *Revue de Science Criminelle et de Droit Penal Compare*, Paris, nouvelle serie, 4, 1986, pp. 757 a 769;

PETTIT, Louis-Edmond, "Le problème des « repentis", *Revue de Science Criminelle et de Droit Penal Comparé*, Paris, nouvelle serie, 4, 1986, pp. 751 e 752;

QUINTANAR DÍEZ, Manuel, *La justicia penal y los denominados arrepentidos*, Madrid, Editoriales de Derecho Reunidas, 1996;

SANTIAGO, Rodrigo, "Reflexões sobre as declarações do arguido como meio de prova no código de processo penal de 1987", *Revista Portuguesa de Ciência Criminal*, 4, n.º 1, 1994, pp. 27 a 62;

SILVA, Germano Marques da, "Bufos, infiltrados, provocadores e arrependidos: os princípios democráticos e da lealdade em processo penal", *Direito e Justiça*, 8, t. 2, 1994, pp. 27 a 34;

SILVA, Germano Marques da, "Meios processuais expeditos no combate ao crime organizado: a democracia em perigo", *Direito e Justiça*, 17, 2003, pp. 17 a 31;

SILVEIRA, Jorge Noronha e, "O conceito de indícios suficientes no processo penal português", *Jornadas de Direito Processual Penal e direitos fundamentais*, Coimbra, Almedina, 2004, pp. 155 a 181.

Índice

Justificação do Congresso
CARLOS ANJOS 11

Apresentação científica do Congresso
MARIA FERNANDA PALMA 13

Intervenção do Bastonário da Ordem dos Advogados
MARINHO E PINTO 17

PAINEL 1.º
CRIMINALIDADE ORGANIZADA E INVESTIGAÇÃO CRIMINAL

Criminalidade organizada e combate ao lucro ilícito
AUGUSTO SILVA DIAS 23

Criminalidade organizada e corrupção
CARLOS RODRIGUES DE ALMEIDA 49

Autoria e participação no "crime contratado"
HELENA MORÃO 57

PAINEL 2.º
COOPERAÇÃO INTERNACIONAL NA INVESTIGAÇÃO CRIMINAL

Criminalidade organizada na Europa: perspectivas teorética e empírica
HANS-JÖRG ALBRECHT 73

Cooperação judiciária europeia e internacional
CARLOTA PIZARRO DE ALMEIDA 101

PAINEL 3.º
MEIOS DE OBTENÇÃO DE PROVA

A nova regulamentação da vigilância das telecomunicações na Alemanha
KLAUS ROGALL 117

Escutas telefônicas
LUIZ FLÁVIO GOMES 145

Investigación criminal y protección de la privacidad en la doctrina del Tribunal Europeo de Derechos Humanos
LORENA BACHMAIER WINTER... 161

PAINEL 4.º
OS SIGILOS BANCÁRIO E FISCAL E A DIFICULDADE DE RESPONSABILIZAR DIRIGENTES E BENEFICIÁRIOS ECONÓMICOS DAS ORGANIZAÇÕES CRIMINOSAS

Perspectivas constitucionais em matéria de segredo bancário
MARIA FERNANDA PALMA.. 189

A orientação da investigação para a descoberta dos beneficiários económicos e o sigilo bancário
PAULO DE SOUSA MENDES 201

A investigação da criminalidade tributária organizada: relato de uma experiência
ANTÓNIO TROGANO 215

PAINEL 5.º
A PROBLEMÁTICA DOS CIRCUITOS ECONÓMICO-FINANCEIROS ASSOCIADOS AOS PARAÍSOS FISCAIS

O crime de "lavagem de capitais": uma perspectiva crítica dogmática e de política criminal, em especial a partir da experiência legislativa cabo-verdiana
JORGE CARLOS FONSECA 263

*Parcerias público-privadas: a única forma eficiente
de combater a pirataria*
    LAURENT MASSON 295

PAINEL 6.º
**PESQUISA, RECOLHA E PRODUÇÃO DE PROVA
DA ACTIVIDADE CRIMINOSA ORGANIZADA**

*O intercâmbio de informações no domínio da investigação penal
entre Estados-membros da União Europeia*
    MARK A. ZÖLLER 307

*Direcção e execução da investigação criminal no quadro
do Estado de Direito (Contributos para uma melhor sintonia)*
    EUCLIDES DÂMASO SIMÕES 319

*Um novo paradigma metodológico na investigação
do crime organizado*
    JOSÉ BRAZ 331

PAINEL 7.º
**RELEVÂNCIA DO INSTITUTO DA PROTECÇÃO DE TESTEMUNHAS
COMO MEIO DE PRODUÇÃO E PRESERVAÇÃO DE PROVA
NA CRIMINALIDADE ORGANIZADA**

*Os programas de protecção de testemunhas
nos EUA e em Portugal*
    CARLOS PINTO ABREU 351

*"Arrependido": a colaboração processual
do co-arguido na investigação criminal*
    INÊS FERREIRA LEITE 381